图书 影视

人类迁徙

SAM MILLER ［英］山姆·米勒 著　　尹利萍　张旭光 译

MIGRANTS
The Story of Us All

天津出版传媒集团
天津人民出版社

目 录
CONTENTS

序	为什么现在的我们尤其需要了解迁徙史	001
第一章	尼安德特人、现代人和贝格尔号	013
	初次中场休息：好奇心基因 DRD4-7R	027
第二章	巴比伦、应许之地和《灼热的马鞍》	031
	第二次中场休息：表亲通婚	050
第三章	腓尼基人、希腊人和雅利安人	053
	第三次中场休息：帕西人	075
第四章	流亡者、罗马人和破坏者	079
	第四次中场休息：我的叙事选择	101
第五章	阿拉伯人、维京人和新特洛伊人	105
	第五次中场休息：我的出生地	130

I

| 第六章 | **热那亚、哥伦布和泰诺** | 135 |
| | 第六次中场休息：封闭和隔离 | 159 |

| 第七章 | **弗吉尼亚、奴隶制和五月花号** | 165 |
| | 第七次中场休息：奴隶制和移民活动 | 190 |

| 第八章 | **林奈、中国城和淘金热** | 195 |
| | 第八次中场休息：护照 | 212 |

| 第九章 | **犹太复国主义者、难民和舅婆婆波莉** | 217 |
| | 第九次中场休息：外籍人士和移民工人 | 239 |

| 第十章 | **自由、哈莱姆区和彩虹部落** | 245 |
| | 最后一次中场休息：游牧民族 | 264 |

| 第十一章 | **外来工、短工和偷渡劳工** | 267 |

| 作者赘语 | 295 |
| 参考文献 | 301 |

序

为什么
现在的我们
尤其需要了解
迁徙史

我想讲一个短小却非同寻常的故事，来作为本书的开端——这是一位移民的故事，在历经了一场战争和一次穿越地中海的可怕旅程后，他在欧洲开始了新生活。出于某些原因，我对这位移民的民族和宗教暂作保密。

AT，30多岁，人脉甚广，他曾生活在一个亚洲国家，而该国打了一场旷日持久的战争，最终战败。AT也曾亲自上战场，深知自己会被胜方处决。敌军现在正拥入他所在的城市，他们和他说着同样的语言、信奉一样的宗教，却杀害了他的岳父——AT的岳父在当地颇有盛名。

AT的生父行走困难，他拒绝离开这座城市，说宁愿死在家中，也不愿成为难民，但最终AT说服了他。AT背着父亲出了城，在AT身旁，他的小儿子握着他的手。祖孙三人设法逃到了附近一个相对安全的山谷。随后，AT独自返回城里寻找他的妻子，二人此前因混乱失散了。后来AT得知她已遇害。

他回到山谷，找到老父亲和小儿子，与其他难民一道前往土耳其海岸，再自那里乘船前往地中海。他们并没有一个明确的计划，仅仅是想逃避暴力冲突，找到一个容身之所。他们的船在几个港口停泊时都不受待见，甚至包括AT的姐夫逃亡去的希腊大陆上的一个处所也同样如此。在那里，他得知姐夫也已遇害，便在墓前祈祷，而后就离开了。

难民们继续乘船西行。这是一段痛苦的旅程。他们听说意大利大陆，特别是罗马周边对他们这样的移民来说是个好去处，于是便去了。他们在西西里短暂逗留，AT 的父亲在此去世了。后来，他们又被迫返回地中海，到达突尼斯，然后在那个地方困了一年之久。AT 在那里遇到一位来自黎巴嫩的女移民，她爱上了他，他却纠结不已——他想留下来和她结婚，但仍想去意大利。于他而言，那儿已经成为他的一方梦中情土。最后，他和他儿子以及其他来自同一国度的人登上了一艘前往意大利的船，最终在罗马西边的奥斯蒂亚上岸。

一开始，AT 和儿子以及其他同伴生活艰难。他们在登陆的海滩附近建起临时的难民营，AT 的儿子却被指控偷猎，很快他们就卷入了当地的政治争端。但 AT 聪明地攀附上一个罗马权贵，成了他的得力助手。最终，通过迎娶该权贵的女儿，AT 成为罗马举足轻重的人物。

一些读者可能已经猜到，AT 并非一般移民——他是特洛伊的埃涅阿斯，生活在今天的土耳其。他那位被杀害的岳父正是国王普里阿摩斯，他的突尼斯女友是迦太基的狄多，那位罗马权贵则是被称为拉提努斯的国王。据维吉尔说，埃涅阿斯的后代统治了罗马好几个世纪。对我来说，这个故事提醒着我，在过去的三千年里，移民的处境几乎丝毫未变——迁徙从一开始就是人类故事的主题，迄今仍一如既往。

我们需要公开探讨移民问题，这刻不容缓。这不仅是孤立的国与国之间的问题，也不仅是边界、护照、指标、壁垒和签证的问题，而是更深层次、更根本的关于我们作为人类到底是谁的问题。

　　每个人似乎对移民都有着自己的看法。事实上，如果你稍做探究，就会发现大多数人的观点都是摇摆不定，甚至自相矛盾的。另外，一些人在这个问题上直言不讳，另一些人则对移民问题避而不谈，因为该问题已变得令人不悦，没有哪个话题像它一样能让人情绪波动，造成家庭不和，令朋友反目，甚至使一个组织或政党分裂。许多人很难从他人的角度看待这个问题，尤其是从生活背景完全不同的他人的角度。

　　我的观点是，移民问题实际上已经成为一个衡量其他一系列问题的现代指标，这些问题包括身份、种族、宗教、家庭观念、爱国主义、怀旧、融合、多元文化主义、安全、恐怖主义、种族主义等，它们影响着我们的生活和思维方式。移民之所以具有如此大的影响力，是因为从历史和文化上来说，它们都是人类历史发展中的重要元素。当然，我们都是移民的后裔，所以这也是我们每个人的经历，不管我们自己是否是移民。

　　我要说的是，移民在人类历史上的作用常常被低估、忽视或误解。造成这一情况的原因可能有很多，我猜测最主要的原因是我们的叙事方式将人类历史视作一个不断进步的过程（其间有一些起伏）。在这个进程中，野蛮人渐渐转变为公民，游牧民成为房主——这一叙事方式至今仍是主流。今天，我们大多数人都拥有住址和国籍，许多人拥有土地或房屋，我们定居于某处，我们属于某个地方。

　　然而，这在人类历史长河中只是稍纵即逝的浪花。人们似乎觉得拥有固定住所和终身国籍是稀松平常的事情，就好像它们是人类与生俱来的一部分。我却认为，在某些方面，事实正好相反：作为一个迁徙物种，我们人类几乎是无与伦比的，因为我们可以在任何地方茁壮成长。让更多的人认识到这一点，可能会促使我们重新校准对"正常"世界的看法。人类历史通常是由定居在某处的人们所写就的，也是为他们而写就的，这些人借助历史抒发对某个特定地点或国家的感情，或者记录他们在某个帝国的奇遇。这类人对自己的生活和过去的描述更有可能留存下来。而在我看来，这种历史书写方式往往会使得我们对人类过去的理解出现一定偏差。

　　本书的目的是将人类的迁徙重置于人类发展的中心地位，这在某种程度上也可能有助于重置现代有关移民的探讨。我们首先对一个在现代广为流传的概念，即所谓的"安栖神话（myth of sedentarism）"提出质疑，这种概念认为人类天生就是定居型的。随后通过一系列可被看作实验的尝试，透过迁徙、人类行动、社会变革这一三棱镜审视人类历史上的重要时期，而非去考量静态停滞、一成不变的社区、种族或民族。

　　并非只有移民才能通过这种特殊的视角来审视人类历史；但若是移民，阅读本书时可能会有不同的收获。就拿我来说，在成年后的绝大部分时间，我都远离我的祖国英国。离开的原因很多：为了和妻子生活在她的国家——印度；为了工作（我受聘于BBC）；也为了写书；还有很单纯的原因，就是我自己想这么做。所以，在过去的十年里，在酝酿本书之时，我曾居住在印度、坦桑尼亚、尼日利亚、突尼斯、阿富汗、柬埔寨、埃塞俄比亚和印度尼西亚（少则三个月，有时更长些），其间只短暂地返回英国几次，且通常只是回到伦敦那所我出生的房子里。现在，我已习惯了没有一个被自己称之为家的地方。在此，我也必须承认自己是幸运的，与大多数移民相比，我的人生确实容易得多。我的护照、工作、背景、肤色和性别等综合因素都使我可以轻而易举地住在任何我想住的地方，长期居住或短期逗留均可，而大多数移民都没有我这样的运气。我绝对不是个典型的移民，尽管大多数人都很难确定究竟谁才是典型移民。

　　关于移民，并没有一个简单明了又被普遍认同的定义。许多对移民的定义都不免流于偏狭，或只针对现代社会中的移民。它们通常指向国家、边界或公民身份。在此，我特意选取了一个宽泛的定义，它出自心理学家格雷格·麦迪逊（Greg Madison）的著作。据他所言：

> 移民是从一种文化迁移到另一种文化的人，且两种文化有显著的不同，并且在足够长的时间里，这个人在从事日常活动的过程中将面临适应新环境的挑战。

我更喜欢这个定义,因为它没有提及国籍、种族或边界,因此,它可以用来描述现代和古代的移民者;它还强调移民者的经历,而不是迁移的距离或跨越的边界;而且它的范围十分宽泛,既囊括了那些自愿选择迁移的人,也有被迫迁移的人,以及介于这两个极端之间的每一个人。

实际上,这个定义说明"移民"一词聚合了移民经历极其多样化的各类人等:奴隶和配偶移民、难民和退休人士、游牧民族和旅居者、征服者和求职者。这是一个上位词、一个概括性的总称,既涵盖了那些打算移民的人、那些移居到别处并短期逗留的人(像我这样的),也涵盖了那些被迫迁移的人,即被驱赶或流放的人。它也适用于那些仅跨越国际边境线几千米的人,以及那些在国内长途迁徙的人。

围绕移民问题的措辞往往相当丰富,却又令人费解,且近来越来越与单一民族国家及其边界、种族和种族主义联系在一起。"移入者"和"移出者","到达者"和"离开者",这些词显然是对同一群体的称呼,却被臆想出截然不同的意思。对许多人而言,两个词具有迥然相异的内涵。在富裕国家,"移出者"通常被视为具备冒险精神的人,而"移入者"往往被视作寄生虫。人们对移民的态度也可能大相径庭:既期望他们能被同化,又鼓励他们保持独特性;既希望他们能捍卫自身文化遗产,又让他们吸纳接受新的文化。他们既被认为低人一等,又被认为不同凡响;他们的经历既浪漫传奇,又饱受指摘;他们既受到艳羡,又遭到厌恶。

在现代,许多国家的定居人群都对移民存在特有的关切,且分歧巨大,甚至经常跨越传统的政党政治路线。政治家们在反对移民方面往往不敢后人,尤其是在时事艰难的时候。另外,人们对许多移民的态度往往受经济周期的影响。经济增长期有外来劳动力需求,雇主和政府会不遗余力地吸引移民;而当经济衰退不可避免之时,他们又希望移民"回家"。正如瑞士剧作家马克斯·弗里施(Max Frisch)在谈及他所在国家的移民政策时所说:"我们召唤劳力,于是人类来了。移民经常是被去人性化和另眼相待的,他们的诉求往往被淹没在对他们的争议和刻薄中。"

在接下来的半个世纪中,移民的挑战可能远大于既往。富裕国家的人口老龄化意味着他们需要更多的移民来解决劳动力短缺的问题。随着全球气候变化，我们的世界将发生天翻地覆的变化，移民人数将急剧增加，移民意愿会持续增强。沿海居住区将消失，田野会变成沙漠，远离热带的冻土或将成为农业用地。一些人认为，移民届时将是人类最严峻的考验。这也是另一个我们需要重新审视自己对移民的看法，并认识到迁徙一直并将持续在人类历史中发挥关键作用的原因。

但同样重要的是，我们不应对移民问题太过焦虑。它有时的确会引起混乱，往往还会造成破坏性影响——很多实例说明移民远非温良贤德之辈。早期的欧洲移民将疾病和死亡带到了美洲，而在斯里兰卡、美国、日本、古巴和新西兰等地，最早的原住民则因移民的到来而沦为少数群体。但人们通常会忘记，这些所谓的"土著"也曾是异地迁移而来的，只不过他们是第一批而已。移民经常会对当地的动物实施灭绝政策，如此下去，我们可以沿着反向螺旋推导直至地球生命的起源。

关于人类迁徙，我们很难界定其起源，因为它没有自然的起点。简单来说，我认为应该追溯到最远古的时代，这不仅是因为以史为镜能让我们获益匪浅，还因为迁徙是我们这个星球历史的基本组成部分——不仅人类会迁徙，我们史前人类的祖先和他们的动物表亲也会。最新的科学研究发现，我们能够把迁徙追溯至很久远的时期，甚至是史前。

这个千年伊始，古生物学家在探索加拿大金斯敦市附近的一个废弃砂岩采石场时，在岩石中发现了一系列神秘的标记，或者说凹痕。进一步研究显示，这些凹痕是足印化石。这是有史以来发现的最早的足印，属于一群早已灭绝的动物。科学家判断其为介于龙虾和蜈蚣之间的杂交物种，个体长约18英寸（约46厘米）。足印非常多，以至于连科学家们都无法确定这种动物个体究竟长了多少条腿——但估计在16到22条之间。科学家们可以从其他化石痕迹中看出，这一物种在沙地中急行时身后还拖着尾巴。当时所有其他动物都生活在海洋里，而这一物种刚刚从海洋踏上陆地。这至少说明了，我们可以认为这些"虾蜈蚣"是约5.3亿年前的第一批移民，它们迁徙到了另一个截然不同的栖息地。

目前尚不清楚为什么这些海洋生物会登陆，它们可能想在陆地寻找食物，或逃避捕食者，或为气候变化或物种数量过剩所迫，抑或它们只是迷路了。我倒想将这一行为归因于它们的冒险精神或好奇心，但苦于没有证据。这一壮举之所以如此惊世骇俗，是因为陆地上在这之前从未有过其他动物——没有恐龙，没有蚂蚁，没有老鼠，没有蟑螂，就连植物也屈指可数。

因此，这些古生物的壮举真不亚于人类登月。就像登月一样，跟大多数迁徙不同的是，那里没有其他生物，因此没人因为"虾蜈蚣"的到来而感觉受到冒犯，或者担心这些"新来的"会惹麻烦。这是真正的处女地。甚至"新来的"自己可能都不怎么待见这个地方：没有食物，也没有遮阳之处（虽然当时也可能一直下雨），它们一定很快就感觉自己要脱水了。

这是个几乎难以想象的、非常久远的时代，远到甚至在哺乳动物或鸟类出现之前，那时我们的祖先是没有腿的、像鱼一样的生物，它们还在海里漂游。

我们不知道接下来到底发生了什么，但有可能"虾蜈蚣"就像宇航员一样，回到了它们来的地方，因为此时距动物开始在陆地上建立永久殖民地至少还有1.5亿年的时间。最早的陆地移民中也有我们人类的远祖，它们登陆后进化成了小型鱼龙，四个鳍变成了四条非常短的腿，我们现今每个人（以及所有爬行动物、哺乳动物和鸟类）都是其后代。

大约在2.5亿年前，一些鱼龙的祖先进化成了一种被称为"犬齿兽"的动物，这种动物看起来像蜥蜴和狗的杂交物种，所有的哺乳动物都是由它进化而来的。犬齿兽的化石在包括南极洲在内的每个大陆都有发现，这表明它们作为移民是多么的成功——可以说是现代人类到来之前最成功的。①

灵长类动物在距今约 8000 万年前才出现。早期的一些灵长动物作为迁徙者也相当令人瞩目，但跟我们最亲的类人猿表亲却没那么有冒险精神。黑猩猩是人类最近的亲戚（它们与人类的近亲程度甚至大过它们与大猩猩——它们的第二近亲），但它们从未离开过撒哈拉以南的非洲，直到现代为人类所迫。黑猩猩和人类之间的进化线在大约距今 500 万年前分裂，一些最早期的人类骨骼在南非和埃塞俄比亚被发现，而那都是黑猩猩从未生活过的地方。黑猩猩就是人类留守在家中的远亲，一直待在它们祖先的栖息地。②

早期的人类历史是学者们争论的焦点，特别是关于移民的问题。学者们普遍认为，人类都发源于非洲——盲目的民族主义者和进化论反对者们则对此提出了反对意见，他们认为一些人类群体（通常是他们自己的群体）从古至今一直生活在一个地方。但这些讨论的细节近年来也发生了很大变化。

现代科学（尤其是现代和古代生物的 DNA 测序）彻底改变了对人类早期迁徙的研究。过去十年的研究结果复杂得超乎所有人预期——几乎所有人的来历都比自己想象得更加复杂。那些曾被用在世界地图上简单指示人类千万年来在地球上的定居情况的方向性箭头都是过度简化的，且常常是错误的。更具体地说，尤其是在亚洲和欧洲大陆，我们现在已知的有层叠交互的人口流动，看上去更像是一个特大城市的交通地图，而不是一个

---

① 犬齿兽生活的世界与我们的世界非常不同，这主要是因为那时只有一块被称为"泛大陆（Pangaea）"的巨大陆地，这些原始的哺乳动物得以向全球各地迁移。也有人认为鼠类是哺乳动物中最成功的迁徙者，尽管它们的迁徙路线与人类的迁徙路线相呼应，这说明它们很可能是为了食物而跟着人类迁徙的。鼠类和人类都是犬齿兽的后代。最近的鼠类和人类的共有祖先生活在距今大约 1 亿年前。

② 当然，有些人类也居留在祖先的故乡，而成年黑猩猩实际上每天都在进行小范围的迁徙——它们几乎总是睡在不同的树上，并且经常连续腾挪数小时。但它们从未冒险穿越中非和西非的森林和大草原。它们的近亲倭黑猩猩（the bonobos）都生活在刚果河以南，黑猩猩则生活在刚果河以北。其他有些灵长类动物也已迁徙到很远的地方，虽然有可能是迫于无奈。马达加斯加的狐猴是如何从非洲迁徙的就是一个谜，因为它们跨过印度洋需要越过 400 千米宽的莫桑比克海峡。许多科学家认为，它们一定是意外坐着漂浮的木筏或抓着缠绕的植被漂洋过海的。

简单的流程图或家谱就能概括完全的。

直到最近，人们达成了一个模糊的共识：非洲曾有过两次大规模的人类外迁。第一次是在 50 多万年前发生的，这有助于解释为什么在欧洲和亚洲发现了类似人类的尼安德特人的头骨。人们认为这一次迁移是失败的，因为尼安德特人灭绝了。第二次迁徙始于距今不到 10 万年前，主角是"解剖学上的现代人"，也就是"像我们这样的人"。这一次的迁移是成功的，因为这些移民逐渐定居在世界各地——撒哈拉沙漠以南的非洲之外的所有人都是他们的后裔。但我们现在知道，这种关于人类进化历史的旧观点具有误导性，而且在与尼安德特人有关的一个关键点上是完全错误的。

现在，从对古代和现代人类基因组的研究上来看，实际上有两次以上来自非洲的大迁出，而且至少有一次非洲大陆回迁。在欧洲和亚洲，有多层、多向的层叠交互的迁移。打开遗传学家的研究资料，并根据他们的发现制定历史时间表，就会显示一个独一无二的不断迁移的物种。当然，这些迁徙行为历时相当久，我们很难知晓是否有人有生之年都在长途跋涉。但很明显，尽管地理和气候会造成巨大阻碍，但人类在历经数代后逐渐坚定了探究除南极洲以外的世界的每个角落的决心。我们永远无法确切得知是什么让人类如此执着，可能背后有一系列相互关联的诱因，其中不少都是今天为世人所熟知的，例如想远离其他人类、气候变化和寻找食物的需要。此外，冒险精神、好奇心或不安分也同样重要。事实上，一些科学家提到已为人们所知的"好奇心基因"的存在，在约 20% 的人类中发现了这种突变基因。

但是，遗传学家们最令人吃惊的发现可能是关于尼安德特人的，他们被认为是人类的远亲，野蛮而愚蠢，在距今约 4 万年前时销声匿迹。然而，他们毕竟并没有"灭绝"——理论上，他们现在还和我们在一起，因为绝大多数现代人类都是尼安德特人的后裔。

第一章

尼安德特人、现代人和贝格尔号

从尼安德特火车站出发，沿着绿树成荫的林间步道走过一段不远的下坡路，一座镶满曲面玻璃的优雅建筑随即映入眼帘——那是一座独一无二、专为西欧原住民建造的博物馆。博物馆附近是一片经精心照料而生气勃勃的林地，隐约间掩映着德国峡谷的昔日过往。之所以这样说，是因为在19世纪中叶之前，这里完全是另一番景象。尼安德河谷的这片区域曾经是一处幅员辽阔的石灰岩态峡谷，高可达50米，因洞穴和瀑布闻名，浪漫主义流派的画家们对此地颇为钟爱。不过，后来石灰岩身价上涨——周边城市杜塞尔多夫（Düsseldorf）林林总总的市政建筑广泛地采用石灰岩作为石材。一小队矿工将这段峡谷夷为平地，摧毁了其间的所有洞穴，将其改造成采石场，并在石灰岩资源枯竭之后弃之而去，仅留下一片荒芜。近年来，人们对这片峡谷的生态景观进行了修缮，重新种植了林木，将其改建成设有路标的旅游胜地，向那些对人类悠久历史有浓厚兴趣的游客开放。

1856年夏，两名意大利移民工人进入峡谷探寻石灰岩矿床时，无意间发现了一处通往古代洞穴的入口。当他们试图在洞穴里刮除经数个世纪的沉淀作用而形成的坚硬地表沉积物，继而确认矿床成分时，偶然发现了一些年代久远的骨迹。他们把这些骨头拿给土地承包人看，承包人认为那些骨头是熊的遗骸，却也没有十足的把握。于是，他们决定把这些骨头带到当地一位兼做化石收藏的教师那里进行鉴别。这位教师——福尔罗特（Fuhlrott）博士立刻认出这些骨头是人骨，且注意到这些人骨在很多主要方面都与现代人类的骨骼有所区别。十几年后，这些骨头被鉴定为先期灭绝人种的一个单独亚种，并依据峡谷名将其命名为"尼安德特人（Homo Neanderthalensis）"。尼安德特人再次走进了人们的视野。①

尼安德特博物馆是一幢独体建筑，内部单螺旋结构的平缓阶梯向上舒缓伸展，贯穿着整个古代历史。德国少年儿童常将此地作为社交聚会的场所，他们用仿制的头骨扮怪，在室内沙坑模拟挖掘古代骨骼，还和真人大小的早期裸体人类模型玩自拍。博物馆是孩子们嬉笑打闹的欢乐之地。馆里甚至设计了一个着西装打领带的尼安德特人，他斜倚在博物馆内的栏杆上，不时被游客误认成人群中的一员。的确，他就算以这样的装束出现在返回杜塞尔多夫的火车上，也不大可能引起太多乘客的关注。然而，这一精心的设计似乎在揭示着一则更加重要的信息，即试图重新为尼安德特人赋予人性的光辉，从而让我们记住——他们既是欧洲的原住民，又是我们的祖先。

时至20世纪20年代，"尼安德特人"这一词条已在几种欧洲语言中成为常见用语。② 人们用它来描述那些手脚笨拙、相貌返祖的人，这还得部分归因于H. G. 威尔斯（H. G.Wells）在1921年创作的短篇故事《可怕的人》（The Grisly Folk）。威尔斯虽然认同尼安德特人为最早的欧洲人，却把他们描述成愚蠢、丑陋、多毛，且如狒狒一般到处乱跑的人。在故事里，他们

---

① 早在1856年之前，尼安德特人的骨骼就已经被发现了（译者注：1848年发现于港口城市直布罗陀）。但是彼时学界并未将其认定为不同亚种。人们最初采用"愚人（Homo Stupidus）"命名这一新型亚种，以此与意为"聪明人"的"智人"进行区别。当人们在尼安德河谷经历了尼安德特大发现之后，时钟又走过了3年，《物种起源》（The Origin of Species）开始出版。（译者注：《物种起源》的作者是达尔文，达尔文在这本书中开创了"生物进化论"的思想。）尼安德特大发现对于科学气候的形成具有重大推动作用，从而使生物进化论的思想逐渐为民众所接受。德国学界对此争议颇深，其中一位科学家——奥古斯特·迈耶（August Mayer）教授主张，在尼安德河谷发现的"畸形"骨骼属于一位患有佝偻病的哥萨克骑兵，他在拿破仑战争时期（Napoleonic Wars）受伤后爬入洞穴中。当学界注意到在尼安德河谷中发现的骨骼与在直布罗陀发现的尼安德特人的骨骼存在相似性后，英国古生物学家乔治·巴斯克（George Busk）抛出了如下观点："即使迈耶教授也无法再将这具骸骨认定为1814年拿破仑战争中爬进直布罗陀巨岩（Rock of Gibraltar）密闭裂缝中的佝偻哥萨克骑兵了。"（译者注：直布罗陀巨岩是位于直布罗陀境内高达426米的巨型石灰岩。）

② 尼安德特是指位于德国境内的尼安德河谷。"尼安德（Neander）"这个词条取自希腊文，在希腊文语境中具有多种含义，但是非常巧合的是，其具有"新人"之意。尼安德河谷是据17世纪德国神学家约阿希姆·尼安德（Joachim Neander）之名命名的。在尼安德出生时，其祖父依据彼时的风尚，将其姓氏"诺依曼（Neumann）"翻译成古希腊语"尼安德"。

被如我们一样聪明、英俊、懂得团队合作的"真正的人"打败、杀戮。尼安德特人旋即成为动画中惯于描绘的手里挥舞棍棒、嘴里叽里哇啦、穴居于山洞之中的搞笑荒诞形象，通常还会和恐龙一起出没。一时间，"指关节拖地的尼安德特人（Knuckle-dragging Neanderthals）"成为描述保守党政客和酗酒球迷的侮辱性字眼。

尼安德特人并没有指关节着地行走，他们直立行走，会用火，拥有语言和艺术——尤为重要的是，相对于现代人类而言，他们的大脑体积更大，对病患照顾有加，且在几个冰河时代中生存繁衍、延续种族。他们的生活足迹遍布类型广泛的气候环境——从大西洋到西伯利亚中部，从北极到中东。无可否认的是，他们的眉宇更加宽厚，而且就解剖学角度而言，他们的身材较多数现代人类更为短小强悍，但是和取代他们的非洲新移民相比，并没有明显区别。

尼安德特博物馆设法构建出一些以漫长得无法估量的失落世界为主题的零碎假想图景。需要记住的是，在近乎 50 万年的悠长岁月里，尼安德特人是唯一生活在欧洲大陆上的人类，他们在历史长河中所存在的时间印记几乎是我们现代人在这片大陆上生活时长的 10 倍。而且随着基因科学和古生物学的交汇，学界愈发可能深入了解尼安德特人以往的生活情况。譬如，他们来自何方，他们的血脉与社交，以及他们的疾病和饮食。

然而，在科学的范畴之外，还有很多东西是我们永远无从得知的。当我结束了我的访问，快速逛完博物馆的礼品店（里面售卖"尼安德特人啤酒""石器时代"棒棒糖、穴居人拼图和真正的化石，售价仅 1 欧元），走到外面的夏日阳光下，我试图想象曾住在这里的男人、女人和孩子们的生活。例如，他们是否每年都回到同一个洞穴居住？他们是否认为洞穴是他们的家？他们是否会有一种家的感觉，就像我们现在使用这个词时怀有的情感？他们如何看待外来者——如其他的尼安德特人群体，或来自非洲的新移民？

然而，尼安德特人的声音就像所有早期人类的声音（以及许多迁徙者的声音）一样，是无法溯回的。我们不知道他们在想什么，不知道他们如何看待他们的世界，不知道他们最关心的是什么——这一切，我们永远都不会知道了，但我们的想象力和同理心绝不应该因此受到限制。小说家们比 H. G. 威尔斯通常更深思熟虑，威尔斯宣称我们不如试着想象"大猩猩是如何做梦和感觉的"。

举例来说，威廉·戈尔丁（William Golding）的第一部小说《蝇王》（Lord of the Flies）大获成功，但尚未获得诺贝尔文学奖之前很久，就在他的第二本书《继承者》（The Inheritors）中描述了一个尼安德特人社区的衰落和死亡。这是一部奇特而感人的小说，超前于时代，也是戈尔丁自己的最爱。这部小说也是对威尔斯的刻意回应。其中引用了威尔斯的一句话作为题词，即他说尼安德特人"丑陋和奇怪得令人厌恶"。戈尔丁对尼安德特人的看法则完全不同。除了书中悲伤的最后几章，世界都是通过他们的眼睛来看的。他们在戈尔丁的故事中是好人：体贴，有爱心，与大自然和谐相处，温柔，天真，在北欧的某个地方幸福地生活着。他们随季节迁徙，夏天住在森林里，冬天转移到海边的洞穴里——他们的生活一直如此。然后，在一个可怕的夏天，新人类出现了，也就是现代人。他们饥饿、绝望、狡猾，随时准备杀戮。他们有长矛和船只，以及对更广阔世界的了解。他们认为尼安德特人是魔鬼。小说的结尾，夏末时，尼安德特人被消灭了——除了一个被新人类带走的男婴。①

尼安德特人作为一个独立的亚种已经灭绝了，至于原因，我们不得而知，对此有一系列可能的解释。不过，我们有理由认为"新人类"至少负有部分责任。他们抢夺了更多的稀缺资源，他们有更好的武器，并且可能带来了尼安德特人并不具免疫力的疾病。如果是这样的话，那这也不是历史上唯一一次移民对现有人口的灭绝：在现代，带有武器和疾病的欧洲人摧毁了美洲和澳大拉西亚的整个土著社区，并毁灭了许多其他社区。

然而，我们在做这类比较时要小心。尼安德特人和解剖学上的现代人

---

① 最畅销的以尼安德特人为主题的小说是琼·M. 奥尔（Jean M. Auel）所著的《爱拉与洞熊族》（The Clan of the Cave Bear）。与戈尔丁的结局相反，这本书写了一个年轻的现代女孩与家人分开后，被一群尼安德特人收养。在这本书中，尼安德特人被描绘成几乎不能说话、不能哭或笑的人群。除此之外，尼安德特人并没有被妖魔化，奥尔赋予他们两个族群积极和消极的性格特质。

可能在欧洲共存了几千年——在这种情况下，后者是否还能称为移民？几千年对我们来说非常漫长，但在历史长河中只是很短的一段。在这期间，尼安德特人和现代人都在欧洲境内迁移，可能距离得相当远。因此，这个故事并不是尼安德特人被新移民取代那么简单。

事实上，这两个亚种都是迁徙者，对他们来说，季节性和永久性的迁移是正常和必要的，我们只能假设"何时何地迁移的问题"是所有早期人类讨论的主要话题。简单来说，人类在这个阶段并没有建造房屋和洞穴，只有些临时性或季节性的庇护之所。早期的人类是游猎采集者和拾荒者。在农业发展起来之前，尼安德特人灭绝大约3万年后，只要人类的食物是活的、会移动的，或者仅在大片土地或海洋中生长，那么待在原地的人类便会几乎一无所得。

此外，尼安德特人灭绝的观点也值得推敲。原因很简单，我们现在已知尼安德特人和现代人有了孩子，而大多数现代人都是这些孩子的后裔。大多数现代人DNA的一小部分（占1%到4%之间）源于尼安德特人。但我们还不知道尼安德特人和现代人是在何时、何地完成的交配，不过遗传学家可能很快就能向我们揭晓这个谜底。这两个人类亚种的混合提醒着我们大多数人具有亲缘关系，那些通常被认为风马牛不相及的民族——印度农民、西伯利亚游牧民族、形形色色的欧洲人和美洲原住民，不仅有着共同的现代人先辈，而且都有着尼安德特人血统，因此相互之间有着内在联系。

唯一没有尼安德特人基因的人，是那些拥有来自撒哈拉以南非洲绵长而不间断的血脉的人，即那些从未离开过人类最初作为一个独立物种出现的那片大陆的人。所有人类都来自非洲——不管是尼安德特人和现代人，还是任何其他消失在史前阴霾中的亚种。① 至于其他地方，甚至包括非洲的大部分地区，人类都是相对的后来者，即移民和移民的后代。

---

① 人们已经发现了许多其他的同族人类，包括直立人（Homo Erectus）——他们经常被认为是尼安德特人和智人的祖先。2010年，人们在西伯利亚洞穴中挖掘出的手指骨中发现了被称作丹尼索瓦人（Denisovans）的其他亚种的DNA。亚序列分析表明，亚洲人种的DNA中普遍含有少量的丹尼索瓦人的DNA。其他亚种，例如弗洛勒斯人（Homo Floresiensis）和吕宋人（Homo Luzonensis），则已在东南亚岛屿上发现的古遗骨中被证实存在。

史前的人类进程是一个非同寻常的发展过程。抵达欧洲和在欧洲内部的许多古移民，包括尼安德特人和现代人，与亚洲和美洲的情况相比只能算"小巫"。想到达欧洲，来自非洲的人们仅需抵达中东，然后左转，沿着地中海或黑海的海岸线行进即可，而前往全球其他地区的路途要艰难得多。一些早期移民通过海路进入亚洲和更远的地方，从一个岛屿到另一个岛屿，最终抵达澳大利亚；另一些则进入内陆前往西伯利亚（或可能沿着中国的海岸线前行），穿过白令海峡，最终穿过美洲，到达现在的智利南端。

近年来，作为人类基因组测序的副产品，以及随着从古遗骨中提取DNA技术的进步，我们对这些古老的人类有了更多了解。这个问题并不总能一目了然，就目前而言，最明智的做法可能是让科学家们去争辩（他们的争论似乎永远不会完结），从而得出人类在世界各地定居的日期和路线。但抛开这些晦涩难懂的争论，我们只需记住一点，即人类迁徙的的确确发生了，这一点不可否认；现代人在掌握我们今天所认为的最基本的技术的很久之前，就实现了定居全世界这一惊人壮举，无论这是好还是坏。他们那时有火、有语言，有用石头、木头或骨头制成的简单工具，也就仅此而已。

对我而言，更重要的问题不是这是何时或如何发生的，而是这一切为什么会发生，以及对这个问题的试探性回答可能会揭示我们作为一个物种的什么特质。在此，我们要进入古心理学的复杂世界，试图理解人类迁移到这个星球每个角落的动机。文字直到公元前 3000 年才在美索不达米亚（Mesopotamia）城邦出现，但那时已经太晚了，几乎所有目前有人居住的地方那时都已经有人居住了，所以我们必须从其他地方寻求答案。[1] 在大多数情况下，移民必然是多种因素作用下的结果，例如气候变化、资源稀缺和领土争端。但这可能适用于任何物种，其他陆地哺乳动物可能也概莫能外，比如鼠类也表现出了这种四处游移的倾向。因此，我倾向于这样一个

---

[1] 当时人类尚未定居的地方很少，包括一些边远的岛屿，如新西兰、冰岛和马达加斯加。

观点，至少对于一些人（也许还有一些鼠类）来说，迁移是一种根深蒂固的、远古的、本能的，也许是存在于基因中的欲望。

请记住，久居某处，有一个永久性的家，相较于深刻久远的历史，是一个相对现代的现象。仅仅 400 年前，世界上约三分之一的人口都还是游牧民族。即使时至今日，也有 3000 多万人①过着传统的游牧生活，还有数百万人可被称为"雇员式游牧民"或"短期移民工人"。所以我认为，如果我们能抛开待在或靠近自己出生之地是与生俱来的或自然状态这样一种观念，便可以对人类这个物种了解得更多。也请记住，考虑到所涉及的时间跨度，并且没有任何关于人类所去地点等的先决信息，伟大的史前迁徙发生的方式很可能比我们现在所能设想出来的还要复杂得多，也许失败多于成功，挫折和死亡也比我们所能知道的还要多得多。

他们最漫长的行程是到达南美洲最南端，被称为"火地岛"的一系列岛屿，现今为阿根廷和智利共有。科学界一直认为，人类在 1 万年前第一次抵达此地，他们的祖先从非洲一路到了亚洲，又继续行进至阿拉斯加，南行穿越美洲，最终抵达南纬 54° 以下，这是离南极最近的人类聚居地。直到最近，人们还认为北美最早的人类是捕猎者——他们被在大平原上游荡的大型猎物吸引来到内陆。但目前最流行的理论是"海带公路假说（Kelp Highway Hypothesis）"，根据该假说，第一批美洲人根本就不是大型猎物的狩猎者，而是沿着海岸行进的渔民，他们循着大量的水下海藻前行，这些海藻支撑着一个广袤而丰富的海洋世界，其中满是可食用的海洋生物——对于人类来说，那无异于"海鲜自助"。

因此，很可能在几千年前，早期移民中旅行最多的一群人，也就是现

---

① 历史背景在这里非常重要，3000 万现代游牧民占不到世界人口的 0.5%，但在 1 万年前远超当时的世界总人口，当时几乎所有人都属于游牧民族。

在被称为"雅甘人（Yaghan）"的一群人，到达了靠近合恩角、饱受风灾洗礼的火地岛群岛的南部岛屿。他们再也无处可去，只好留了下来。雅甘人族群蓬勃壮大，练就了相当惊人的抗寒能力，能在亚极地的温度条件下裸体生活，并成功地适应了世界上最恶劣的生存条件，这不管与哪一族群相比都是非常了不起的。他们继续过着游牧生活，捕获贝类、捕食鱼和海狮，只与火地岛其他的族群交媾。他们从未离开火地群岛半步，直到新的一群旅行者和移民出现在火地岛海岸。这段可能是他们最伟大的迁徙故事，而在现代人的后记里，雅甘人此后的生活便不再幸福了。

欧洲人与雅甘人最早的接触并不顺利。自16世纪往后，许多欧洲人开始环游世界。他们来到南海，然后理所当然地"发现"了这片雅甘人和其他种群占领了1万年的大陆。葡萄牙的麦哲伦（Magellan）曾在这片大陆旁直航而过，距离近到甚至能看见雅甘人点燃的火堆（也许他们是借此警示彼此有舰队抵达），他给这些岛屿取名为"Tierra del Fuego"，即"火地岛"。英国探险家和奴隶贸易商弗朗西斯·德雷克（Francis Drake）引领了第二次环航，并短暂地停泊，还以英国女王的名字将雅甘群岛命名为"伊丽莎白一世群岛（Elizabethides Isles）"。幸运的是，这个拗口的名字很快就被人们遗忘了。

到1624年，一支荷兰舰队的17名船员在雅甘岛登陆时丧生。其中一些尸体被肢解，自此以后，欧洲人就认为雅甘人是最可怕的食人族。事实上，并没有明显的证据表明雅甘人进食过人肉，不管是熟的还是生的。

火地岛在19世纪最重要的来访者，是一艘叫作"贝格尔号"的军舰，它受命在南海海域进行一系列的探测工作。1829年，在一位出身名门的年轻人罗伯特·菲茨罗伊（Robert FitzRoy）[①]的指挥下，"贝格尔号"来到火地岛。几个火地岛人偷走了"贝格尔号"上的一艘划艇，菲茨罗伊船长挟持人质并试图夺回划艇，但未能奏效。于是，他带着4名人质航行到了英国，人质被分别起名为"吉米·纽扣（Jemmy Button）""富吉亚·篮

[①] 菲茨罗伊是皇家血统，年仅23岁。他之所以被任命，是因为前任队长因抑郁自杀。菲茨罗伊后来成为国会议员，然后成为新西兰总督，后来成为气象局的创始人，以及达尔文进化论观点旗帜鲜明的反对者。

子（Fuegia Basket）""约克·明斯特（York Minster）"和"记忆之船（Boat Memory）"①，这大概是因为船员们懒得叫他们的真名。在约 1 万年后，参加那次前往美洲南端大迁徙的移民的 4 个后裔再次踏上了并不情愿的迁徙之路。

被弄上船回到英国后，几名人质更多地被视作科学标本或珍稀物种，而非俘虏。人们给他们穿上衣服，修剪头发，送到寄宿学校，教授英语，把他们变成基督徒，送给国王威廉和王后阿德莱德。一年多后，活下来的 3 个俘虏（"记忆之船"在登陆英国后不久就死于天花）重新登上了"贝格尔号"，他们此行的任务是在火地岛上建立一个传教站，使雅甘人皈依基督教。正是在此行的船上，菲茨罗伊为他们画了仅存的肖像。

菲茨罗伊还邀请了一位 22 岁的博物学家查尔斯·达尔文（Charles Darwin）加入"贝格尔号"的返航之旅。就这样，达尔文和十几岁的吉米·纽扣成了忘年交。吉米很爱笑，每当达尔文晕船时，吉米总是对他关怀备至。达尔文后来回忆十几岁的吉米时，说他"非常肥胖，对穿着特别讲究，总是怕弄脏鞋子，总戴着手套，头发修剪整齐"。

3 名人质被送回到火地岛，而达尔文并不怎么喜欢吉米族群里的人。

> 这些可怜的家伙长得很矮小，他们丑恶的脸上涂着白漆，皮肤脏脏不堪又油腻，头发打着结，声音刺耳，手势暴力。很难相信这些人是人类的同族，是同一个世界的居民。我看到他们就会不由自主地想，这些低级动物能享受什么生活乐趣？对这些野蛮人，还有什么更合理的问题可以问呢！
>
> 他们的国家遍是破败野生的乱石、高耸的山丘和无用的森林，

---

① "吉米·纽扣"是用一颗珍珠母纽扣换来的；而"富吉亚·篮子"在被绑架时被认为只有 9 岁，她的名字源于她当时乘一艘篮子形船；"明斯特"则是在一块岩石附近被绑架，水手们认为那岩石看起来像约克大教堂；"记忆之船"是为了纪念那条丢失的划艇而命名的。他们的真名是奥伦·德利科（O'run-del'lico，吉米·纽扣）、约克·库什利（Yok'cushly，富吉亚·篮子）、埃勒·帕鲁（El'leparu，约克·明斯特），记忆之船的真实姓名不详。其中，只有吉米·纽扣认为自己是纯雅甘人，而富吉亚·篮子是半雅甘人血统，另外两人属于一个名为"阿拉卡鲁夫（Alakaluf）"的族群。

这一切都可以透过薄雾和无休无止的风暴尽收眼底。可供居住的土地被海滩上的石头侵占,为了觅食,他们不得不四处游荡。而且这里的海岸太陡了,他们只能借助简陋的独木舟四下活动。他们不知道家的感觉,更不知道亲情为何物……①

达尔文对雅甘人的这一看法并没有给他带来多大的荣光,他后来甚至暗示他可能对雅甘人存在误解。"贝格尔号"和达尔文于一年后回到了他们送回3名人质的地方,那时富吉亚和约克已经一起逃离了。那里没有任何基督教传教的迹象,也没有他们带来的种子种出的菜园,富吉亚带回来的西方世界的衣物和英国陶器也没了踪影。他们花了一段时间才找到吉米·纽扣。

"我们都认不出可怜的吉米了。"达尔文写道,"看着他,我们太痛苦了。他瘦弱、苍白、一丝不挂,仅仅腰间裹了条毯子,头发垂在肩上。"但是达尔文很快意识到,吉米自己很满足——他有足够多的食物,并不觉得冷,且已经结婚了。达尔文在日记里写道:"我们很惊讶地发现他一点也不想回英国。"达尔文脑中有个念头一闪而过:吉米作为一个无家可归的"野蛮人",似乎比做个"英国绅士"更快乐,而且雅甘人可能和世界上其他族群的人一样,也有亲情。

在"贝格尔号"到来之后,火地岛遭到了严重的破坏。欧洲人把传教士、疾病和战争武器带到了岛上。很快,雅甘人就发现他们因袭的土地不再属于自己了。19世纪末出现了淘金热,这意味着更多的移民,以及逃离奥匈帝国统治的贫民和受歧视的大量克罗地亚人涌入。由于欧洲人的过度捕猎,雅甘人赖以吃穿来源的海狮和海豹数量锐减,因此他们只能靠捕食贝类为生。一些人离开火地岛去了南美洲的其他地方;另一些人则与欧洲人成婚,屈从于主流的讲西班牙语的定居者;一群雅甘人甚至试图在马尔维纳斯群岛定居,但失败了。已延续万年的雅甘人的生活方式,至此行将结束。

2022年2月,克里斯蒂娜·卡尔德隆(Cristina Calderón)去世,享年

---

① 达尔文对雅甘人的负面评价的部分原因是他错误地认为雅甘人是食人族。

93岁，她是世界上最后一位以雅甘语为母语的人。自2005年，倒数第二位会说雅甘语的人——她的妯娌艾米琳达（Emelinda）去世后，她就再没能和一个能流利地说雅甘母语的人交谈过（尽管一位从事雅甘研究的记者在2003年指出，这两个女人曾闹矛盾，彼此间也不怎么说话）。近年来，卡尔德隆已经成了名人，作为最后一个"纯种"雅甘人，她成为一个失落世界和那些自恃"文明人"之辈对待这一地区或其他地区原住民隐约的遗憾的象征。记者、人类学家和乘游轮的游客蜂拥而至，来到她位于世界最南端的小镇——威廉斯港的家来拜访，她在这里平静地回应着他们的提问。他们写文章，发论文，或在脸书上贴出和她的自拍，她甚至被联合国教科文组织宣布为"人类活着的珍宝"。在2010年智利庆祝独立200周年的活动中，卡尔德隆被誉为"国家女英雄"。

最后的雅甘人的故事有着某种可悲的讽刺意味。她作为最伟大的移民的后代，目睹他们的生活方式被19世纪和20世纪的移民所摧毁。但这是历史上一再重复的模式，那些已经消失的民族，有些留下了文学、建筑、考古遗迹或遗传痕迹，另一些则什么也没有留下。

雅甘人留下了丰富的游牧生活考古记录——由贝壳、骨头和植被堆积而成的成千上万的堆肥，考古学家们管它们叫"垃圾堆"。他们也留下了自己的语言，被子孙后代详尽地收录下来，一个拗口的雅甘词汇还获得了新生。"Mamihlapinatapai"一词作为世界上"最言简意赅的单词"，被列入《吉尼斯世界纪录大全》，它曾被用作一首歌的歌名、一个展览名和一部短片的片名，并在2011年的一部纪录片《浮生一日》（*Life in a Day*）中出现，让人记忆犹新。这种兴趣的诱因是这个词被认为是不可翻译的，尽管这个词通常会被硬性地翻译为："两个人共有的一种神色，即双方都希望对方能先开始做他们都想做的事，但是双方都不愿意首先开始。""Mamihlapinatapai"一词的概念和它内含的焦虑似乎吸引了千禧一代，带有一种令人感动、几乎是伤感的感受性。这也使得达尔文将雅甘人描述为"野蛮和未开化的人"显得比以往任何时候都更荒谬。

最后，雅甘人还留下了成千上万的后代，他们不是像克里斯蒂娜·卡尔德隆那样具纯正血统或以雅甘语为母语的,而是异族通婚的子孙。他们许多人相互之间或对人口普查员及来访者都声称自己是"雅甘人"——因此,通过他们,"雅甘人"得以延续。

事实上,雅甘人和我一样,和火地岛的欧洲定居者一样,也和大多数会读到这些文字的人一样,都有着共同的传承。我们都是尼安德特人的后代,是 10 万年前离开非洲的现代人的后裔。我们应该记住,血缘关系要比纯正血统悠久得多。我们应该哀悼的是雅甘文化的湮灭,而不是雅甘血统的断绝。

初次中场休息
好奇心基因 DRD4-7R

2018年10月一个潮湿的早晨，我在父亲的旧书房里向一个小试管里吐了25分钟的口水。当时我在伦敦做短暂停留，和母亲一起住在半个多世纪前我出生的房子里，那时的我正处于两份工作交替之际——前一份工作在柬埔寨，新工作在突尼斯。这里依然是我最熟悉的地方，我最接近家的地方，它总能激发我内里的童真。

2014年3月，我曾短暂地回到这个家，陪伴我濒死的父亲。6个月后，他去世了，我又开始四处奔波。我变得有点像一个流浪者，后来我在亚洲和非洲做过一些短期工作。在BBC国际媒体慈善机构的工作让我比大多初到一个国家的人有更多接触当地人的机会。我的签证、航班和住房都是事先安排好的，还能拿到工资，我感到非常幸运。然而，当我回到伦敦后，一些已经认识我大半辈子的人提出的问题和假设让我感到既怪异又偏执。他们问我什么时候才会安定下来，待在一个地方，对此我无法简单作答，便难免烦躁。他们的发问让我觉得自己似乎选择了一种违背自然法则的生活方式，没有家这一点使我有些不配为人，全部家当都在两个行李箱里似乎显得我穷困潦倒。我显得有些古怪，就像没长大，或者不合群。

我不善于向同龄人解释自己——原因很简单，我也不明白为什么我是这样，而他们不是。但我感觉我似乎有一种欲望——我渴望迁移，渴望到一个新的地方，渴望和与我不同的人接触，这些是我的一部分。对单调的恐惧和对新鲜事物的兴奋是毋庸置疑的——比如在一个新的城市里探索交通系统，考虑午餐该吃什么当地菜——但这种感觉其实要更深入，就好像过度好奇是我基因的一部分。

的确，有些人认为好奇心基因是存在的，他们也有了确凿的证据，即我们的基因组中被称为 DRD4-7R 的一串标记。它是一个大规模存在于所有人类族群中的古老突变基因，但在美洲的第一批居民中尤为普遍。据推测，这也是他们迁徙至世界尽头的部分原因。当然，这一点无法被证实——遗传学无法回答雅甘人前往火地岛的动机问题。

尽管如此，DRD4-7R 已经有了自己的虚拟生命。在谷歌上搜索这个代号组合，你会很快进入一个很火但往往不可靠的基因伪科学的奇怪世界。数十篇关于 DRD4-7R 的文章，将其归结为领域宽泛的一系列极其松散的行为和状态：好奇心、承担风险、冒险、吸毒、旅行癖、寻求新奇、青少年犯罪、滥交、自闭症和注意力缺陷多动障碍。

"'旅行癖基因'是真的吗？你有吗？"《每日电讯报》(Daily Telegraph) 的大字标题触目惊心。天体物理学家马里奥·利维奥 (Mario Livio) 在《兴奋科学》(Excited Science) 播客中一反常态，他不讲天体物理，而是提出问题："你有'好奇心基因'吗？（它会让你更成功吗？）"而《另类日报》(Alternative Daily)，一个健康和保健网站，宣称："如果你喜欢旅行或冒险，你就拥有这个基因。"

甚至还有一个名为"DRD4-7R 背包客贴吧"的旅行博客，上面是一个50 多岁的流浪者辛迪·希恩 (Cindy Sheahan) 的沉思、遭遇和想法，她大多数时间都在独自旅行。希恩女士解释了她给博客命名的缘由。

> DRD4-7R，这是什么鬼？我第一次听说这个概念是约 6 个月前……它被称为"不安分基因"或"旅游癖基因"……我不是什么科学家，但我是个浪漫的人，所以我接受这个理论，并宣布我确实有这个基因，也受到了 DRD4-7R 的影响。

对此，科学上仍未有定论。但举个例子，确实有越来越多的证据表明，包括 DRD4-7R 在内的一些遗传标记与特定族群在史前迁徙过程中从非洲迁徙的距离间存在联系，但这远不足以解释他们长距离迁移的原因。当然，仅靠基因本身也无法解释为什么有些人有旅行癖，而其他人没有。

这些警示并没有阻止我被勾起兴趣，甚至是好奇。在读了几篇这样的文章后，我突发奇想，决定检测一下我的DNA——这就是为什么我会在那个10月的早晨往试管里吐口水。我不仅是为了检测好奇心基因，还因为我了解我的家庭，或者说我觉得我了解——我知道我的生父并不是大家表面看到的那样，他不是抚养我长大的那个人，不是我承传姓氏的那个人，也不是给我一半法国血统的那个人。我很好奇这些是否会显示在我的DNA中。我也想知道，我那拥有18世纪就生活在英国的犹太人的血统的外祖母的基因，会不会清晰地通过我的唾液呈现出来，里面也会有其他迁徙的痕迹吗？最重要的是，很大程度上是出于情感的原因，我希望能测出我与尼安德特人有近一点的亲缘关系。

于是我密封了这管唾液，把它装入检测公司提供的包得严严实实的盒子里。它会长途跋涉，经由伦敦西部的一个邮局和荷兰的一个配送中心，到达美国北卡罗来纳州的一个实验室。我有望在5周后了解到更多关于我的祖先的情况——或许会有点太多。

第二章

巴比伦、应许之地和《灼热的马鞍》

20 世纪 70 年代初，还在伦敦读小学的我学会了含糊不清地念叨一个新地名：美索不达米亚。我们依时间顺序被教授历史，所有在美索不达米亚之前的历史都由化石和臆测一语代之，尼安德特人和第一次大迁徙则根本未被提及。

那是我们学到的第一个与分娩有关的隐喻——我们被郑重告知，美索不达米亚是"文明的摇篮"。它是农业和灌溉、财产和城市、宫殿和庙宇、文字和统治者、边界和法律、税收和军队的"发源地"。我们还学到，因为一个奇迹般的技术突破，即人类设法驯化了野生植物和野生动物，世界才得以呈现现在的模样。

大多数历史学家会认为这种说法简单片面，也不准确。我认为它还忽略了故事中最重要的部分，那就是人类与此同时也通过传播每个人都有自己所属地的概念开始了自我驯化。实际上，这意味着我们的一些祖先开始被绑定在一个地方，在那一小块土地上，而这后来成为定义我们身份的核心内容。就这样，我们慢慢创造了一个新世界，而在这个世界里，移民似乎是不正常的行为。

大约 12 000 年前，在美索不达米亚建立之前，我们都是移民——从某种意义上说，我们每个人似乎都没有永久的家园。[①] 但约在此时，首先在中

[①] 没有确凿的证据表明，在此之前，人们在特定的地点长期、全年持续地居住，这一点存疑，无法被证实。有人认为，一些用竹竿支撑在海面上的东亚渔村可能在时间上早于最初的中东定居点，然而并没有考古学证据能证明这一点。此外，鉴于这种建筑所用材料的性质，以及海平面的上升，证据恐怕不太可能会被发现。还有一些早于中东定居点的纪念性建筑，例如土耳其与叙利亚边界的哥贝克力石阵（Göbekli Tepe），还有同样古老的巴勒斯坦的村庄，这些地方可能全年都有人居住。

东，然后在全球其他几个地区，世界人口中的一小部分停止了迁移，他们成为定居者——即人类历史上的首批非移民。目前我们还不甚清楚为什么这一小部分人停止了迁移。历史学家曾认为，早期的人类是因为食物稀缺而定居并开始生活在村落里的。为了获取食物，他们开始发展农业。但相反的观点现在甚嚣尘上。研究表明，这些第一批非移民大多生活在资源丰富的地方，比如湿地或两个气候带交界的位置，这种地方有足够的食物来维持固定的人口。他们很少有人有时间和机会去种植野生谷物——那简直就是在播下农业革命的种子。

那时，只有极少数人生活在小村庄里，他们用木材、泥土或石头建造了自己的家，一年四季都住在里面——人类第一次可以拥有超出自己携带能力的物资，并终于有了能存放物品的地方。正如字面含义所示，通过将自己固定在某个恒定地点：一所房子、一个住所或一个家中，这些定居者驯化了他们自己。而且几千年来，随着他们驯化植物和野生动物，再加上在农业上不停地进行新尝试，越来越多的人成为定居者。

随着农业在美索不达米亚的发展，新定居的农民不断开垦土地来建造家园和种植作物，其中一些人宣称他们与所耕种的土地有特殊关系，这些土地为他们所有。庄稼是他们的，房子也是他们的，那么依据占领的逻辑，他们种植庄稼和建造房屋的土地也是他们的。这大概是从占有到拥有的一个平稳挪移，把世界分割成财产单位的过程业已开始，而这一过程在本质上就排除了那些迁移者。①

第一个村庄里的第一批房屋都是只有一个房间的圆形小屋。后来，圆形小屋主要被有多个房间的矩形房屋所取代，其中每个房间的用途不同。考古

---

① 当然，这不是一个简单的线性的过程，有时很难说清楚谁是定居者，谁又不是。一些游猎者住在村庄里，而一些村民自愿回归游牧的生活方式，或当他们的农田变得不那么肥沃时被迫回归。动物驯化的影响很复杂，并且和动物的种类有关。例如，对绵羊、山羊和奶牛的驯化创造出一种新的中间类型的移民：田园式的半游牧者，即牧羊人，他们与所放牧的家畜一起进行季节性迁徙，但他们可能与定居点有紧密的联系。后期对一些不怎么迁徙的动物，如鸡和猪的驯化，则强化了定居的生活方式；而对马、骆驼和美洲驼等更具移动性动物的驯化，实际上促生了一种新的迁徙生活方式——游牧民可以更快地迁移，并携带更多的财产。

学家发现的这些房屋的遗迹为我们提供了最早期人类不平等的重要证据：富人的房屋面积大、房间多，而穷人的房屋面积小、户型单一。在这种情况下，我们可以说，不动产的产生是这些早期定居者为世界带来的最大变化。他们给人类社会引入了两大划分标准，即把人们分为拥有土地的人和没有土地的人，定居的人和未定居的人——这两大标准相互重叠，一直延续至今。

美索不达米亚的一些村庄变成了城镇。随着狩猎者的可用土地减少，城镇吸引了来自农村的移民。许多人继续耕种他们的田地，另一些人则发展出了新的技能，包括制陶、编织和金属加工，并以他们的技能和产品换取食物。这些城镇通常有承担市政或宗教职能的建筑；一些城镇居民可能成为牧师或管理者，抑或身兼二职。他们的财产和地位可以继承，少数人拥有了立法和征税的权力。其中一些城镇规模越来越大，也愈加富庶和强大——大约5000年前，第一个城邦出现了。城邦和它们积累的财富需要得到保护，用于提供食物和税收的农田也需要得到保护。因此，人们修建围墙，标记城邦边界并加以守卫，还操练士兵。人们害怕其他城邦的袭击，但更害怕那些掠夺者，即那些游牧民族。他们通常没有土地，被城市居民称为无法无天的野蛮人。

美索不达米亚在几个方面都对这段历史很重要，不仅仅因为它是人类永久定居的第一个地方——从狩猎者，到农民，接着是城市居民；也不仅仅因为土地个人财产的概念似乎在这里被创造了出来；还因为正是在这个时候，我们看到出现了几类新移民；而且更为重要的是，我们在这里找到了现存最早的关于人类对移民和移民态度的书面记录。

19世纪50年代之前，我们对美索不达米亚的了解主要来自古希腊史料中半神话性质的描述。像巴比伦（Babylon）、尼尼微（Nineveh）①，以及乌尔（Ur）②和尼布甲尼撒二世（Nebuchadnezzar）③这样的地名和人名，我的祖先都知道，但它们更像一个想象出来的世界，而非真实的人类历史。

---

① 古代亚述的首都。——译者注
② 古代美索不达米亚南部苏美尔的重要城市。——译者注
③ 古巴比伦王。——译者注

没有多少证据表明它们确实存在。但自19世纪50年代以来，考古学家在伊拉克、叙利亚、土耳其和伊朗不断挖掘出了美索不达米亚的古城，这些地方遭到了多次战争和革命的破坏。考古学家们在这里发现了非凡的宝藏，最具价值的是数十万块标有独特楔形文字的泥板。泥板上的大量文字现已被翻译了出来，内容包括目录清单、账簿、祷词、赞美诗、教科书、历史故事、信件和神话故事。这些文字是全世界存留下来的最早的文字，其内容范围和细节都令人叹为观止，使得大部分失落世界的重现成为可能。

当然，美索不达米亚的文字仅能呈现部分的景象：仅限于生活在城市的有钱、有权之人的视角，以及他们的描述。但是，我们仍然有可能捕捉到其他非城市居民或初到城市之人的生活。从这些泥板的记录中，我们可以发现为数众多的一群人，他们未见发声，他们都是移民，包括被迫的和自愿的，或介于两者之间的。他们是山里来的入侵者，是战争中俘获的奴隶，是从阿富汗带来天青石或从印度河流域带来玛瑙珠的商人，是被流放到偏远之地的人群，也是被派往遥远王国和亲的皇室女眷。但最大的移动群体已不再是狩猎者，而是游牧民族，主要是羊倌和牧羊人，他们驱赶着驯养的畜群，夏季去往山间，冬季来到平原。

美索不达米亚的文字几乎没有我们现在所称的种族主义印记——这在很久以后的人类历史上才会出现，却把人们按照明显的地位等级进行区分，并且对那些未定居的人有一种强烈的偏见：那时的人们普遍认为城市生活优于农场生活，农夫又优于游牧民。每个城市都有与自己密切相关的神，水神恩基（Enki）[①]和母亲女神宁胡尔萨格（Ninhursaga）[②]的故事的开场白——"城市是纯净的，而你们是被分配给它们的"——表明了城市定居者对神的虔诚信仰。

这些神的故事往往细节丰富、十分戏剧化——人们常常会对比做出多

[①] 苏美尔的水神和智慧神，是美索不达米亚七大神祇之一，在众神中位列第三。——译者注
[②] 苏美尔人的母亲女神，也是美索不达米亚万神殿中最古老和最重要的女神之一。她被称为众神之母和人类之母，因为她参与创造了神和凡人的实体。——译者注

样的解读。例如，有人认为《马尔图的婚礼》(The Marriage of Martu)①就是对游牧民生活方式的不屑，所以他迁移到城市里寻找新娘。②故事快结束时，一个城市妇女带着轻蔑的口气谈到准新郎马尔图和他的子民：

> 他们具有猴子的特征，不停地四下游荡……他身着麻袋皮，住在帐篷里，经受风吹雨打，不会背诵祈祷文。他住在深山，对神赐予的地方视而不见，在山麓挖松露，不知道怎样屈膝，还吃生肉。他活着的时候没有房屋，死后也不会被送到墓地。

这位城市妇女在试图劝阻她最好的朋友嫁给马尔图为妻，在结束这段恶意满满的说辞时，还有意用了一个反问句："我的朋友呵，你怎么会要嫁给马尔图？"如果故事就此结束，或者如果带有楔形文字的泥板被损坏（其实许多泥板已然损毁），我们有可能会觉得美索不达米亚的城市居民认为游牧民族是低等人，但这则故事的最后一句才是点睛之笔——就是那位准新娘说的，只有四个字，其中三个用的古苏美尔语："我要嫁他。"不过我们无从得知他们是否自此过上了幸福的生活。

因此，这个故事可以有完全不同的解读——它既宣扬了人类本质上的统一，又是鼓励种族融合的早期版本。这个故事一方面让人感觉游牧民族与城市居民有很大不同，另一方面又说他们可以被教化，可以在城市定居，甚至可以与城市女性通婚。总而言之，它体现了在我们今天看来的许多美索不达米亚城邦都具有的多元文化包容性。这个故事和其他一些古代故事都使我们隐约地意识到，我们都曾是游牧民族。

山中的野人在城市里会变成文明人，似乎是美索不达米亚人文字中的一种比喻。类似的用法在《吉尔伽美什史诗》(The Epic Of Gilgamesh)中也有，

---

① 神话作品，马尔图是游牧民族的神。——译者注
② 马尔图也是一个象征性的人物。有一位与其同名的神灵，被描绘成游牧民亚摩利人（Amorites）的代表，在公元前2000年间统治了美索不达米亚的大部分地区，更多定居的美索不达米亚精英将他视为局外人和入侵者，这有助于解释《马尔图的婚礼》的更广泛的背景。

这本书被普遍认为是世界上第一部伟大的文学作品。但可惜的是，尽管它备受赞誉，却鲜有人读过。《吉尔伽美什史诗》包含许多主题：权力、专制、智慧、死亡、性，不一而足。和任何一部古代作品一样，它对现代读者而言言辞激越。但故事的核心关乎两个人，乍一看这两人完全不同：吉尔伽美什（Gilgamesh）是乌鲁克城的统治者，老谋深算，专制暴虐；恩奇都（Enkidu）则是一个全身赤裸、毛茸茸的野蛮人，出生在荒野高地，由瞪羚抚养长大。

故事伊始，恩奇都因为与一个叫莎姆哈特（Shamhat）的女人的邂逅而被改变，甚至被驯化。莎姆哈特后来用自己的衣服盖住恩奇都，像带一头驯服的野兽一样将他带到乌鲁克。在那里，恩奇都和吉尔伽美什相遇了，所有人都惊异于他们相似的外表。他们成了朋友，一起经历了伟大的冒险，他们几乎已经合二为一，成了一枚硬币的两面。这使得我们这些读者不由得想，在某种程度上，我们每个人其实都有一部分是恩奇都，一部分是吉尔伽美什。恩奇都死后，悲痛欲绝的吉尔伽美什似乎变成了他们两个的混合体，徘徊在世界的边缘，徒劳地寻求永生。

《吉尔伽美什史诗》可以看作一个移民故事，但又有所不同。它不像许多其他移民故事一样试图讲述一个群体或一个社区的缘起，或者评说移民是好还是坏。相反，它通过探究我们为什么不愿待在现在的地方，深挖人类的心理状况，或者更准确地说，探究为什么我们想离开家。对恩奇都和吉尔伽美什来说，迁徙并非生活所迫，而是一种生活选择。简而言之，恩奇都移民是想蜕变为另一个人，吉尔伽美什则想探寻他到底是谁。恩奇都原本快乐地生活在大自然中，后为性和友谊所诱进入了另一个世界——热闹的乌鲁克城。在那里，他获得一个新的身份。与此同时，吉尔伽美什却想不顾一切地离开乌鲁克去寻找冒险和荣耀，并说服不情愿的恩奇都穿越荒野，去寻找一个他们可以杀死的山怪。所以当恩奇都死后，吉尔伽美什说他会披头散发地在荒野中徘徊——成为恩奇都曾经的样子。当发现自己不能永生，无法既是神又是人时，吉尔伽美什泪流满面，然后回到了城里——我们被引导着相信他成了明智的国王。

大多古代文献中都有提及移民，例如来自中国、印度和埃及的移民，但他们通常是转瞬即逝的、不甚鲜明的人物：奴隶和囚犯，来自境外的神秘而不可靠的人，路过的游牧民族，或是史前传说中的人物。他们常常只有一个模糊的影子。但在一个古老的文本里，我们听到了移民自己的声音，听到他们在耶利哥（Jericho）的城墙边欢呼，在巴比伦的河流边哭泣。

在这个古老的文本里，"大洪水"席卷而来，只有8个人幸存，他们爬上了一艘自制的木船，带着比人类数量庞大得多的动物，在水中绝望而漫无目的地漂流了6个月，直到搁浅在现在土耳其东部的阿拉拉特山（Mount Ararat）。我们不知道这里离诺亚在洪水袭来前本来居住的地方有多远，但他的老家肯定不在山顶上。然后上帝命令诺亚和他的3个儿子——闪、含和雅弗，以及他们不知名的妻子离开他们的船，"你们要生养许多儿女，使你们的后代遍满全世界"。① 让人口重新繁衍起来，是神直接下达给移民的一道旨意。

后面的《创世记》一章现在常被称为"国表"，是对大洪水后移民的稍加掩饰的表述，这里列出了诺亚的70名后裔，其中大多数是我们现在所说的中东及周边国家的创建者。这些创建者中大多数人的名字也成为类似命名的"国家"的名称：诺亚的孙子迦南（Canaan）的名字成为迦南人（Canaanites）的来源；另一个孙子亚述（Ashur）的名字成为亚述人（Assyrians）的来源；第三个孙子雅完（Yavan），是第一个爱奥尼亚人（Ionian），或希腊人（Greek）；一个名叫希伯（Eber）的玄孙成为希伯来人（Hebrews）的祖先。

这个名单有些令人困惑，有些名字被重复使用，它也是一个受制于更多现代教徒的、有争议且经常被冠以种族主义解读的名单，也非常容易看出为什么"国表"可能沦为那些寻求区分和歧视不同种族的人的工具。然

---

① 她们在《禧年书》（the Book of Jubilees）中是有名字的，分别叫作 Emzara、Sedeqetelebab、Ne'elatama'uk 和 Adataneses，而且还是埃塞俄比亚东正教和埃塞俄比亚犹太人的典范。

而，它原本想表达的是，人们彼此之间存在联系，我们都是诺亚（和他夫人）的后裔，都是移民的后裔。

在《创世记》的末尾，注意力转向了希伯来人，更具体地说是亚伯拉罕——希伯来人的传奇先祖。亚伯拉罕正在美索不达米亚北部哈兰（Harran）的家中，上帝突然出现在他面前，命令他迁徙："'离开你的国家'，这是神的旨意。"此外也没有解释为什么亚伯拉罕必须离开。我们也只能猜想虽然亚伯拉罕在那里过得很快乐，但除了听从神的旨意，他别无选择。不过，上帝也为亚伯拉罕提供了一些帮助，还用"应许之地"诱惑他："我必叫你成为大国，我必赐福给你，叫你的名为大。"于是亚伯拉罕离开哈兰，前往迦南，那个"应许之地"。这个已被诺亚的其他后裔占据的领地，从那以后就开始争议不断。

亚伯拉罕抵达迦南后筑了一座坛，向神祷告，然后几乎马上就离开了，显然对"应许之地"有些失望。迦南当时正闹饥荒，所以亚伯拉罕和他的一小群随从继续前行，最后到了埃及。亚伯拉罕和他的后裔曾多次尝试在"应许之地"永居，但都以失败告终，而那次短暂的造访只是一个开始。当他在埃及积累大量财富后，亚伯拉罕最终回到了迦南，他在那里定居下来，与当地的酋长作战，并与他们结盟。

《创世记》的其余部分都是关于亚伯拉罕和他的家族的故事，他们与"应许之地"之间的关系越来越复杂。在最后的几章中，他们再次前往埃及——又一次为饥荒所迫。当然，这次的故事尽人皆知。这一新的迁徙，20世纪70年代的音乐剧《约瑟夫与神奇梦幻彩衣》（*Joseph and the Amazing Technicolor Dreamcoat*）精准地提供一条故事线。亚伯拉罕的一个曾孙约瑟夫（Joseph）在被嫉恨他的兄弟们出卖为奴隶后，先是被迫前往埃及，后来成为法老的得力助手；而此时，他的兄弟为饥荒所迫，从迦南逃亡，最终兄弟团圆，一切都蒙赦免。

宗主制时代早已结束；相反，在仁慈的法老将尼罗河附近肥沃的土地赐予约瑟夫和他的家人，以及他们的追随者后，这个家族变得兴盛起来。而这一点总会被人遗忘，因为《创世记》以亚伯拉罕的后裔快乐地定居在埃及而告终。

两次伟大的迁徙分别叫作《出埃及记》和"巴比伦之囚"。这些都是试金石般的故事,已远超中东起源的史诗,以绘画、电影、音乐等多种形式反复被人们提起。二者都涉及以色列人作为移民群体的巨大困难、悲伤、不确定性和思乡之情;它们还都讲到了原住民所遭受的虐待。但在其他方面,两个故事截然相反。在《出埃及记》中,摩西(Moses)带领以色列人逃亡;在"巴比伦之囚"中,他们被迫迁移,被掳到一个陌生的地方。

摩西出生时的埃及与约瑟夫和他的兄弟们四代前移居所到的埃及大不相同。新法老将以色列人视为威胁,其方式可概括为偏执的多数派对成功的小规模移民的反应。他荒谬地称以色列人"比我族更强大",还说他们会和他的敌人结盟。于是,以色列人自由工作的权利被剥夺,成为应征入伍的劳工,为法老建造宏大的城市。即便如此,新法老还是对以色列人十分忌惮,下令屠杀所有以色列男童。因此,以色列人只有离开。

摩西本人曾迁移多次。他只有三个月大的时候就开始了第一次独自旅行,他被装在篮子里,沿着尼罗河漂流,后与他的皇家养母住在宫殿里,被以埃及人而非以色列人的身份养大。年轻时,摩西逃离了一个谋杀现场,逃到了米甸(Midian),也就是现在的沙特阿拉伯,他在那里安心满足地生活了很多年,为当地一位牧师牧羊,还娶了他的女儿。局外人是摩西身份的核心,他自豪地宣称自己是一个移民、一个外来者,"一块陌生土地上的陌生人"。① 然后有一天,当摩西和他的羊群在沙漠中徘徊时,他看到一丛

---

① 摩西在解释他给大儿子取的特殊名字时说了这句话。摩西给他取名为"Gershom(革舜)",这在古希伯来语中意为"这里的陌生人"或是"陌生人的名字"。"ger"最常被译为"Sojourner(旅居者)",但这会误导人以为旅人只会在那里逗留很短的时间。其实翻译应具体取决于上下文,"Foreigner(外国人)""Stranger(陌生人)"或"Migrant(移民)"是更准确的翻译。

燃烧的灌木，接着听到一个神一样的声音呼唤他，劝说不情愿、内向、孤独的他重返埃及，带领以色列人前往"应许之地"。

回到埃及后，摩西肩负双重使命，首先要说服法老允许以色列人离开，其次是说服犹豫不决、陷入困境的以色列人迁移到迦南，回到"应许之地"。他反复哄骗他们说，那里满是牛奶和蜂蜜。在经历了10次瘟疫之后，60万以色列人和他们的牛羊群开始向东移动。埃及距离迦南只有400千米远，但他们花了40年的时间，也就是平均每小时走一米多一点，堪称史上最缓慢但也是最坚决的迁徙之一。

关于从埃及到迦南这一旅途的描写充满了丰富的细节，刻画了以色列人经历的种种艰辛，以及与迁移有关的细微差别。以色列人饥饿、焦躁，内部还出现了分歧，吵闹不停。有些人想返回埃及。而他们的领袖总是不告而别。有一次，摩西的兄弟们因为他娶了一个非以色列人而对他大为光火。当然了，食物也不够吃。他们在野外度过了很长一段时间，靠吃沙漠中的植物为生，那时他们总会回忆起他们在埃及时吃得有多好。他们会列出最想念的食物：肉、鱼、黄瓜、瓜、韭菜、洋葱和大蒜。看着以色列人移民迁徙最初几年的遭遇，很难不对他们感到同情。

在他们前往"应许之地"的旅程行至一半时，以色列人因绝望和自以为是变成了自相残杀的流浪汉，他们非常乐意以最微不足道的理由打破新制定的第六条诫命——"不可杀人"。摩西自己也攻击了以前保护过他的米甸人，杀了那里所有男丁和已婚女子，只留下了没有出嫁的女孩子。到旅途结束之时，40年前逃离埃及的成年男性移民里，只剩三名还气息尚存。以色列人变成了一支残暴的侵略军，在征服耶利哥和迦南其余大部分地区时大肆杀戮。在耶利哥的一座城市里，除了一个曾为以色列人做探子的女人和她的家人，所有活物——包括孩子和牲畜，都丧生于以色列人剑下，这座城市也被一把火烧成灰烬。

从《出埃及记》到《约书亚记》，主要叙述的都是胜利者的故事。40多年后，那些饱受压迫、犹豫不决地离开埃及的移民，成了"应许之地"骄傲不屈的主人。但是，这些故事还有另一种更抚慰人心、发人深省的隐含意义，如今常常不为人所注意，因为它大多出现在一长串有关饮食和仪式的律法和戒律中。这些戒律看起来晦涩难懂：摩西下令，移民不应受到压迫，同样的法律应适用于每个人，其中包括移民。有好几次，摩西提醒以色列人，他们出于一个特殊的原因，要人道地对待移民，因为"你们在埃及也曾是外来者"。

对犹太人来说，这是一个令人悲伤和引人反思的时期。这一时期的故事叙述的细节偏少，例如，没有深入地对巴比伦之旅的描述，或者两代人之后的快乐返程之旅。

相反，"巴比伦之囚"作为其他故事的一部分，或通过哀歌为我们所了解，也许是因为它距今太近，故而不能当作神话来讲述。旋律派（The Melodians）乐队和波尼·M（Boney M）乐队的现代音乐版本《巴比伦河》广为流传，它的开头是这样的：

> 在巴比伦的河边
> 我们在那里坐下，哭泣
> 想到锡安
> 我们挂起竖琴
> 在河边的柳树上
> 因为在那里，掳走我们的人要我们唱一首歌
> 抢夺我们的人要我们欢笑，说
> 给我们唱一首锡安歌吧
> 我们又怎能在外邦
> 唱耶和华的歌呢？

这首诗歌很好地攫住了犹太人的屈辱及悲伤和绝望的情绪。这些移民被迫为俘虏他们的人唱歌和演奏音乐——更糟糕的是，他们还得强颜欢笑。

事实上，大规模掳掠犹太人至巴比伦的事情发生过好几次，每一次都是对人们不服从的惩罚。不像从埃及的迁移，有一系列参考资料和考古发

现涉及"巴比伦之囚",其中甚至还有一个刻在石板上的流亡国王约雅斤（Jeconiah）的定量供给簿。我们知道巴比伦还有其他移民群体,例如埃及人、腓尼基人（Phoenician）和波斯人。其中有些人和犹太人一样,是被掳来的；其他人似乎是自愿来的,他们想逃离另外的敌人或者他们自己的统治者。巴比伦很可能是第一个"大熔炉"：一个大的多民族城市地区,在街上可以听到许多种语言,几乎可以肯定是当时世界上人口最多的城市。很明显,一些移民（比如犹太人）在巴比伦之外的行动受到限制,但我们从当时的记录中可知,他们许多人都能够拥有财产、签署合同、雇用员工,一位埃及移民甚至成了法官。

此时也出现了很多异族通婚的情况,巴比伦人对此没有怎么设防,但有些犹太人对此很不满,因为在流放中,种族的纯洁性似乎变成了一个大问题。在第一次驱逐过了大约 50 年后,犹太人才被允许返回家园,这一问题变得更为紧迫。① 其中有祭司以斯拉（Ezra）,他到达耶路撒冷（Jerusalem）时发现很多犹太男人娶了异族人为妻,于是勃然大怒。《以斯拉记》就是根据他的名字命名的,其中记载,他"撕破衣服,扯下头发,拔掉下巴上的胡须,宣称与圣种混合是可憎的"。于是,犹太人同意"抛弃或放逐所有的外邦女子,以及与她们所生的儿女",这下这些妇女和儿童也成了无家可归的移民。

在 1974 年的系列讽刺西部片《灼热的马鞍》（Blazing Saddles）中,一个印第安人骑在马背上,挥舞着战斧,大喊大叫——这是许多西部牛仔和印第安人电影中的典型场景。就在这时,由导演梅尔·布鲁克斯（Mel Brooks）扮演的酋长戴着可笑的大羽毛头饰,开始用蹩脚的意第绪语对他

---

① 嫁给犹太人的妇女和她们的孩子不被允许加入 42 360 名返回的犹太人行列。一些犹太人去了别处,包括纯正血统的和非纯正血统的。其中有个叫以斯帖（Esther）的,是一个古巴比伦俘虏的曾孙女,留下来嫁给了波斯皇帝,当时他也是巴比伦的统治者。

的随从说话。在一部以闹剧和时代错乱为乐的电影中,这是一个荒谬的时刻。但当人们意识到,几个世纪以来,大家为了在美国本土语言中辨识出希伯来语单词而耗费了大量努力,这就显得更加荒谬了。因为有许多人以前曾相信,甚至一些人至今仍相信,部分或所有的美洲原住民都是以色列"失落的部落"的后裔。

另一次主要的被迫迁徙,它发生在"巴比伦之囚"之前。两千年后,这一事件为最伟大的移民故事之一提供了素材,是一个持续激发人们想象的传奇,一个被用来作为基础的神话,被后来各种不同族群——从英国人到毛利人,从非裔美国人到日本人——所采用。就像"巴比伦之囚"一样,这是一次从现在的以色列到美索不达米亚的大规模转移。①

相较于埃及的《出埃及记》和"巴比伦之囚",在过去500年中,亚述人的被虏在犹太教和基督教的发展中发挥了更大的作用。他们被称为"失落的部落"——失落是因为不像那些被掳到巴比伦的人,亚述人被俘虏后就不会返回了。全部12个部落中有10个"失落的部落",每一个都以约瑟夫的一个兄弟或儿子的名字命名,他们每一个都在"应许之地"上安了家。

至今仍有人在找寻或声称找到了这些"失落的部落"的后裔。就像特洛伊的故事一样,"失落的部落"的故事为任何试图从古代迁徙中创造一个基础神话的人提供了可塑的原始素材。

欧洲探险家"发现"美洲大陆,标志着中世纪后期对以色列"失落的部落"痴迷的开始。上帝怎么会不知道有这么一块人口众多的大陆呢?更具体来说,这片大陆上的人又是如何融入国际大家庭的呢?例如,印加人(Inca)和阿兹特克人(Aztec)是怎么从诺亚时期传承下来的?有些人甚至认为有第二艘方舟,说它向西漂流,命运至今未知;其他人则在《圣经》中寻找其他解释,经常歪曲一些模糊晦涩的段落的意思,强行称它们暗示美洲可能存在。而"失落的部落"之谜在某种程度上为其提供了一个更简单

---

① 对此,我们也有许多证据。尤其是其中的一块楔形文字石碑,描述了亚述统治者萨尔贡二世(Sargon II)是如何在公元前720年从撒玛利亚(Samaria)——也就是现在的以色列北部带走了27 290人的。

的答案。

是谁第一个提出美洲原住民实际上是"失落的部落"的后裔,我们不得而知。1502 年,一位颇有影响力的早期西班牙殖民者巴托洛梅·德·拉斯·卡萨斯(Bartolomé de Las Casas)牧师移居到伊斯帕尼奥拉岛(Hispaniola),本书后文还会提及他的其他事迹。拉斯·卡萨斯牧师断言,岛上的居民是犹太人的后裔,讲的是一种破败了的希伯来语。另一位旅行者指出,"古巴"在希伯来语中是"头盔"的意思,因此该岛上最早的统治者一定是一个戴着特别华丽头饰的以色列酋长。同样的,17 世纪的西班牙历史学家胡安·德·托克马达(Juan de Torquemada)认为,海地的尤纳河(Yunah)显然是以约拿(Jonah)的名字命名的,雅基河(Yaqui)则是以雅各布(Jacob)的名字命名的。前往新大陆的旅行者们收集到了大量类似的证据:有些部族对男子行割礼,有些部族不吃猪肉,或吟诵着听起来像"哈利路亚"的经文;或者最常见的是,新大陆上的居民都符合反犹太主义者对犹太人的刻板印象——大鼻子、贪财吝啬。他们用这些证据证明自己找到了"失落的部落"。

这个神话就这么流传了下来,一直蔓延到北美大陆。早期的殖民者威廉·佩恩(William Penn)描述了以他的名字命名的这个州的美国土著:"他们的眼睛又小又黑,有点像一个一本正经的犹太人",他还写道:

> 他们的语言高深而又难懂,但在意义上却和希伯来文一样丰富;就像速记时写的字一样,一个字可以代替三个字……至于他们的起源,我倾向于相信他们是犹太种族;我的意思是他们具有犹太人的主要特征。

还有些研究人员在包括切罗基语、克里克语和莫希干语在内的一系列美洲土著语言中发现了希伯来语的词汇。接着,19 世纪出现了一系列的骗局——例如有人说从美国土地上挖出了刻有希伯来文的硬币和其他手工艺品;特别是纽瓦克圣石(Newark Holy Stones)中包含的一块黑色石灰石,上面刻着缩微版的希伯来版"十诫"。后来得知,这件事都是一位当地的牙医自导自演的,他可能出于好心,试图向白人种族主义者证明,所有人都是同祖同宗的,而受种族主义者鄙视的土著美国人和他们一样,也是重要人物的后裔。

人们很容易嘲笑那些自信地宣称以色列"失落的部落"会在美洲被发现的人,但这种信仰非常普遍,且让人欣慰。这种信仰有助于人们理解一个不断变化的世界,并将现在与想象中的过去联系在一起。这些说法不局限于新发现的"种族"。直到大约 100 年前,人们仍普遍认为英国人也属于一个"失落的部落"。而"英国"这个词本身就来源于希伯来语,意思是"契约之人"。

据研究"失落的部落"的现代权威学者图德·帕菲特(Tudor Parfitt)说,英国以色列主义运动在 1900 年约有 200 万成员。在某些方面,英国以色列主义既是浪漫民族主义的衍生物,也是国家建设实践的产物。它为以前在欧洲西北海岸外的一个不重要的岛屿赋予了一个古老的身份,以及赋予其基于丹部落(the Tribe of Dan,以色列十二部落之一)神秘迁移的重要性和帝国的命运。根据英国以色列主义的说法,该部落到英国的旅程可以循着命名中有"Dan"或近似"Dan"的地方重溯:达达尼尔海峡(the Dardanelles)、马其顿(Macedonia)、多瑙河(the Danube)、丹麦(Denmark)、敦刻尔克(Dunkirk)、唐卡斯特(Doncaster)、邓巴(Dunbar)和邓迪(Dundee),甚至伦敦(London)和爱丁堡(Edinburgh)。而对此,尚没有什么严谨的论证。

英国以色列主义最有影响力的著作是爱德华·海因(Edward Hine)的《英国和以色列十个失落部族的四十七种关联》(*Forty-seven Identifications of the British Nation with the Lost Ten Tribes of Israel*),它是维多利亚时期的一部畅销书,有 40 多个版本。这是一本不同寻常的书,里面充满了对《圣经》中晦涩段落的人为解读,以及大量精巧的废话。海因断言,撒克逊人(Saxons)是以撒的儿子(Isaac's sons)的缩写。他列出了一张词汇表,记录了他认为已经流传至现代英语中的希伯来语,其中包括"garden"和"kitten"这样的词。

英语	希伯来语	英语	希伯来语
ENGLISH.	HEBREW.	ENGLISH.	HEBREW.
Sever	Shaver	Crocus	CRoCum
Sabbath	Sabbath	Balsam	Ba Sam
Scale	Shakal	Garner	Ga Kan
Kitten	Qui To N	Garden	Ge DaR
Goat Kid	Gi Di	Hob	Ha B
Doe	Tod	Tar	Tar
Gum	Ga M	Light	LaHT

他认定"加冕石（The Coronation Stone）"实际上是《创世记》中描述的雅各布之枕，是由丹部落带到英国的；而维多利亚女王毫无疑问是大卫王的直系后裔。① 根据海因的说法，英国人很特别，是上帝的选民。这是一个循环论证：英国人一定属于一个"失落的部落"，因为他们很特别；而他们之所以很特别，是因为他们属于一个"失落的部落"。

我们有可能认为英国以色列主义者是荒谬但无害的基督教福音派信徒，但这一切还有更黑暗的一面。海因的书在很大程度上也是在为大英帝国辩护，他用"失落的部落"的故事来解释和证明大英帝国的发展，他描述古代以色列和维多利亚时代的英国都有能力"用少量的力量获得决定性的胜利"——当然这并不十分准确。他曾提到澳大利亚和新西兰一些土著民族的高死亡率和濒临灭绝的状况，令人不寒而栗。他说："人们已经注意到这件残忍的事，但这个观察本身是邪恶的，因为这是上帝自己的设计。"如此看来，海因似乎笃信大英帝国是天选之国。

英国以色列主义运动在 20 世纪上半叶继续蓬勃发展，一直被视为有点狂热，但影响力有限。维多利亚女王的一个孙女在 1981 年去世前，一直是其联盟组织"英国–以色列世界联合会（the British-Israel-World Federation，BIWF）"的资助人。BIWF 至今依然存在，但规模小了很多，办公地点已

---

① 事实上，如果大卫王真的存在，有超过一打的孩子，那么维多利亚女王和其他数百万人有很大可能是大卫王的后裔。我们中也可能有数以百万计的人是成吉思汗、查理曼大帝（Charlemagne）、埃及艳后克利奥帕特拉（Cleopatra）或维京人（the Vikings）的后裔。

不再位于白金汉宫附近的办公室内，而是位于英格兰北部的奥克兰主教镇（Bishop Auckland）。BIWF 坚信英国人是丹部落的后裔，现如今强烈反对中东的移民。BIWF 也成为热忱且经常表现古怪的英国脱欧支持者。它一度呼吁其追随者禁食一天，以支持英国脱离欧盟，宣称"我们需要祈祷，随着谈判艰难推进，主会将英国完全从巴比伦的欧盟中拯救出来"。即使在讨论英国脱欧时，古老的美索不达米亚移民故事也没有被遗忘。

英国并不是 19 世纪唯一一个对以色列痴迷的国家，北欧国家也有类似的、影响力较小的运动，这些运动都试图基于一个"失落的部落"的古老移民传奇来展现北欧白人国家的种族优越性。在 20 世纪的美国，它同样也是教会传布福音的核心，其创始人还宣称德国人是亚述人的后裔。这是一种对世界和过去的过时的观点，但仍有几个美国福音派分裂团体还在重复爱德华·海因关于以色列血统在《圣经》上和语言学上的证据。他们对 DNA 测序结果视若无睹：结论显示，无论是英国人还是德国人，甚至几乎所有其他争夺以色列"失落的部落"头衔的人——从美洲原住民和新西兰的毛利人（Maori）到印度的米佐人（Mizos）和新几内亚的戈戈达拉（Gogodala）部落——都没有这样的血统。

然而多少有些讽刺的是，即便这些说法在细节上是错误的，但它们确实有助于提醒我们移民在人类历史中的中心地位。从广义上来说，这些说法也并非完全错误，因为撒哈拉以南非洲以外的每一个人都具有中东血统。我们现在通过基因测序结果得知，虽然竞争以色列"失落的部落"失败，但那些非洲竞争者都有坚实的古代中东特征，因为他们的祖先在现代人离开非洲之后穿过中东。当然，他们的祖先也都是尼安德特人，在更早的时候就以同样的方式旅行了。至于"失落的部落"，他们很可能以某种方式分解了。正如我们都是许多不同史前部落的后裔，他们在经历了迁徙和通婚后，现如今几乎都消失在了历史的迷雾中。

第二次中场休息
表亲通婚

我的一个表妹凯特最近联系了我,她在脸书(Facebook)上很肯定地宣布道:"我们是第一代表亲!""对,我们是!"我果断地应答道。我们在同一家公司做了 DNA 测试,收到了一封自动发送的电子邮件,告诉了一些我们打小就知道的事实。

系谱学可能很枯燥,除非这个系谱和你有关。即便如此,它也并不总是光芒万丈的。但近年来发生了一场静悄悄的革命——自 2003 年第一个人类基因组测序项目完成以来,家谱故事的另一个方面出现了。随着越来越多的人进行 DNA 测试——主要是为了了解他们的祖先,以某种方式汇总他们的数据就成为可能,这可能会开始改变我们看待世界的方式。这一变化可能会削弱我们的许多民族和种族确定性,并有助于我们构建一幅历史上智人作为一个迁徙的物种、数百万人迁徙的图景。每个人的 DNA,包括已逝者的,都有助于建构这幅图景。

在将口水吐进试管的 5 周后,我在突尼斯,坐在笔记本电脑前,满怀期待地打开电子邮件,仿佛我即将了解到一些关于自己的、会改变我的生活的事情。我毫不犹豫地测试了可以测试的一切:除了血统,我还想了解自己是否患有会危及生命的遗传性疾病。最奇特的是,DNA 测试还会预测一系列"特征",例如我是否会有酒窝、我是否爱吃香菜,以及我早上通常几点钟起床。

结果显示,我没患上什么危及生命的疾病。其他预测出奇地准确:我是音痴,我没有眩晕症,我没有酒窝,我可以闻到芦笋味,我的无名指比食指长，我确实有"分离的"耳垂，我早晨一般确实在 7：12 左右起床。但预测也不全对：我其实喜欢香菜，我的第二个脚趾也不比它的胖邻居长。①而且测试结果也未能揭示我是否携带"好奇心基因"——我写了封邮件向该公司表达我的不满。是的，我有尼安德特人的基因：测试公司在我的DNA 中检测到 248 个来自尼安德特人的变异基因，比凯特的略少，远低于接受过测试的非非裔人的平均水平。我满心期待自己有更多的尼安德特人血统，所以对此结果有点失望。

令我更加失望的是，我没有发现我的祖先与已知情况的明显不同，且至少在近 1000 年里他们没有大规模的洲际迁徙。结果似乎证实了我对家族的了解——我有英国、法国和犹太血统。我的秘密父亲的 DNA 是无法略过的，以法国和更笼统些说北欧血统的形式出现。报告显示我有 24.3%的德系犹太人血统，这几乎与我外祖母的血统完全吻合。这下我知道了许多——按我外祖父的说法，知道的甚至太多了（他发现他妻子的家庭对家谱相当痴迷）。另外，我母亲的一些亲戚对家族史产生了极大的兴趣，他们翻阅了老旧的记录，资料显示我的外祖母是一个名字让人难以忘怀的名叫 Israel Israel（伊斯雷尔·伊斯雷尔）的人的曾曾曾孙女，他于 1817 年在伦敦去世，父亲是从德国移民过来的。我几乎觉得我祖先们反复沿用的名字给了我声称自己是以色列"失落的部落"后裔的权利，或者实际上只是一个稍微失落的部落。

然而，还是有一个小小的谜团。当我看到凯特的血统测试时，我的疑惑更深了。那个测试结果的电子邮件为我们每人提供了一长串远亲：第三、第四和第五代表亲。所有这些表亲都具有我们家族的德系犹太血统，而且几乎都住在美国——然而我全然不知自己为何与他们中的任何一个有如此密切的关联，因为我对家族那段时间的历史实在知之甚少。当然，可能会有被遗传学家委婉地将其称为"错误归因的亲子关系"的情况。但同样令人惊讶的是，这些所谓的美国表亲们许多彼此之间也没有密切关联。因此，

---

① 这些当然都是有根据的猜测，是基于具有相似基因的人的报告反馈内容做出的。这些预测背后的关键科学是基于统计学而非遗传学。

得有多位19世纪的德系犹太人婚姻不忠和跨洲收养，才可能产生这样的结果。但这似乎不太可能。

有一个解释或许更说得通——这表明DNA测试公司可能需要改进他们的测试方法。这是一个更偏技术性的原因，但它至关重要。我们从家谱证据中可知，许多犹太人族群间通婚的程度高于大多数其他族群。事实上，当我看到20世纪初我那些痴迷家谱的犹太亲戚制出的家谱时，就发现表亲间通婚情况非常普遍。在一个有5个子女的家庭中，其中3个子女都与自己的表亲成婚。

所以，用族谱的术语来说，这就意味着那些列在我测试结果里的表亲不是我的第三代表亲。但由于犹太人近亲之间的通婚如此之多，就共享基因而言，他们在更广泛的非犹太人群体中相当于我的第三代表亲。① 这是关于我们彼此相关的另一个提醒。比如说，我和我的表妹凯特一定是远亲，不仅因为我们有共同的外祖父母，而且在更古老的年代，我们有共同的父系祖先。

我们永远不可能为所有曾经存在过的人类画出一张完整的家谱，这单纯是因为太多的人没有留下DNA痕迹——既没有后代，也没有骨骸。但是强大的计算机和从古代骨骸中提取DNA能力的提高，意味着我们可以填补许多空白。这些技术已经让我们了解到我们与尼安德特人在遗传物质上有多少共同之处。同样的做法也可以在其他古老的群体中实施，从中我们将能够拼凑出许多过去被遗忘的迁徙。

---

① 这是经基因研究证实的。以色列裔美国遗传学家吉尔·阿兹蒙（Gil Atzmon）指出，共享的遗传因素表明，犹太社区内的任何成员间都彼此关联，就像是更大范围人口的第四代或第五代堂兄弟姐妹一样，这相当于在纽约街头随机抽取的两个人之间的关系的十倍。

第三章

腓尼基人、希腊人和雅利安人

距我在突尼斯的临时住所步行大约 20 分钟远的地上有一个深坑，上面覆盖着一层厚厚的有机玻璃。它看起来像一口井，但实际上这是一个通往古代腓尼基墓穴的通道，于 1994 年被一个园丁偶然发现。地窖里有一口石棺，里面放着一具年轻人的骨架，他死于 2500 多年前。

这个地窖位于比尔萨山（Byrsa Hill），曾经是迦太基城的中心。迦太基在当时是地中海最富有和最强大的城市，现在是突尼斯的一个高档郊区。根据传说，迦太基城是由狄多建立的，在特洛伊战争后不久，埃涅阿斯来到了这里。狄多并不是当地人，传说她是一位公主，来自现今黎巴嫩的沿海城邦，该城邦通常被称为"腓尼基文明（the Phoenician civilisation）"。狄多跟埃涅阿斯一样是逃亡过来的，在她的兄弟下令杀死她的丈夫后，一座新城在比尔萨山及其周围拔地而起。在腓尼基语中，"迦太基"这个词的意思就是"新城"。

这副比尔萨山年轻人的遗骨完好无损，他双手交叉置于骨盆前，身旁环绕着一些陪葬品——双耳细颈土罐、一盏灯、一个装有油膏的象牙盒和一些食物。这具骨架的发现在突尼斯和黎巴嫩引起了一些腓尼基末期爱好者的兴奋。这两个比较小的地中海国家都为自己的古代腓尼基遗产感到自豪，都声称自己的文明孕育出了字母表，并曾一度统治了地中海。

比尔萨山年轻人被进行了一次法医学重建。他的骨头被仔细测量，脸根据头骨的形状被复原出来。他穿着雅致、发型考究，被命名为"阿里切

（Ariche），意思是"心爱之人（beloved one）"。他的骨架和重塑成为展览的一部分。2014 年，比尔萨山的年轻人短暂地"返回"了他黎巴嫩的"家乡"，并在贝鲁特（Beirut）的美国大学展出。在贝鲁特时，研究人员从他的肋骨中取出了两块骨头碎片，并送往实验室。

在那里，人们从这些骨头碎片中提取了 DNA——这是第一次分离和测试腓尼基人 DNA。与此同时，来自现代黎巴嫩的 47 名公民的 DNA 也被进行分析，这些人都有可能是比尔萨山年轻人的现代亲属。所有人都希望，甚至设想着，这些基因样本的测序将证明迦太基人的黎巴嫩起源，甚至期待能显示在黎巴嫩众多的现代社区中，哪一个才是古代腓尼基人最亲近的后裔。

结果令所有人都很惊讶，也有点失望——比尔萨山的年轻人和他最近的祖先均不是来自黎巴嫩，甚至他也没有可以证明他来自地中海东部地区的任何 DNA 片段。相反，他有很强的完全不同地区的血脉，靠近现在西班牙和葡萄牙的大西洋海岸地区。①

比尔萨山的年轻人不再完全符合我们过去的许多简单说辞之一：当时迦太基是腓尼基人的定居点。当然，这些结论并没有丝毫减少研究的意义，因为还有很多其他无可争议的证据证明腓尼基人与迦太基有联系。但是，这个年轻人和他的 DNA 提醒了我们，过去可并不一定不如现在这般复杂。我们对古代迁徙概念的简单化，以及那些熟悉的地图上的宽大箭头，充其量只是无限接近，而且往往具有很深的误导性。它们永远也无法完全反映构成我们古代世界又继续构建我们现代世界的数以百万次计的个体迁徙。

腓尼基人在地中海周边及非洲和欧洲的大西洋沿岸建立了几十个定居点，但关于他们对移民的态度，我们几乎一无所知。他们可能发明了字母表，却不是伟大的作家。公元前 149 年，迦太基的图书馆和城市的其他部

---

① 最接近的基因是在西班牙北部莱昂（Leon）附近发现的一些古代 DNA。这个年轻人不是腓尼基人的后裔并不令人惊讶。腓尼基人在地中海沿岸及其他地区的许多地方建立了定居点，包括撒丁岛（Sardinia）、西西里岛（Sicily）和马耳他（Malta）的主要贸易港口。他们比古希腊人所到区域更加向西，穿过直布罗陀海峡，在现在的摩洛哥建立了定居点。他们在建造迦太基城之前，甚至先建造了加的斯城（Cadiz）。

分一起被罗马人摧毁，他们即使写了东西也几乎完全散佚。所以我们不得不依靠考古学，以及希腊和罗马的零星记载——这些记载往往因他们与腓尼基人为敌而被他们添油加醋。亚里士多德的《政治学》(*Politics*)中零散地提及一点，关于为防止社会动荡将贫穷的迦太基人送到新的定居点，但是我们能从别处了解到，贸易才是腓尼基人将权力和影响力扩展到西部地中海和更远地区的主要动机。①

对于古希腊人来说，来源的问题则几乎完全相反。历史、考古和文学信息多得让人望而生畏，任何宏大的概括都有与其背道而驰的大量反例。突然间，它变得不那么晦涩模糊，而是更清晰地联系了起来，这在很大程度上是因为古希腊思想影响深远。

值得注意的是，乍看之下，移民似乎并没有像主导以色列人、腓尼基人，甚至罗马人那样主导古希腊人的故事。例如，在许多国家，现在的学生对希腊人都有相当多的了解：他们的神和牧民、庙宇和神谕、暴政和民主、雅典和斯巴达、《伊利亚特》(*Iliad*)和《奥德赛》(*Odyssey*)、希腊戏剧和哲学、奥林匹克运动会和著名战役——希腊内战或与波斯人之间的战争，但他们对移民知之甚少。我认为这既是一个疏忽，也是一个错误。

希腊移民的巨大规模以及希腊对移民一直以来的看重，在那些认真对待其历史的人中是众所周知的，但其他人没有注意到。在我们所知的古代和古典时期，在亚历山大大帝试图征服已知世界之前，希腊人建立了至少270个新的独立定居点：主要是在围绕地中海和黑海的沿海城市，包括马赛

---

① 迦太基也催生了其他"新城"。公元前227年，一位迦太基将军在西班牙建立了卡塔赫纳(Cartagena)，后来被罗马人重新命名为"新迦太基(Carthago Nova)"，意为"新的新城(New New City)"。1533年，西班牙人建立了哥伦比亚的卡塔赫纳市(Cartagena de Indias)，或称"西印度群岛的新城(New City of the Indies)"。在哥伦比亚的现代卡塔赫纳城有一个相当大的黎巴嫩社区，这与他们城市名字的腓尼基起源毫无关联。

（Marseille）和那不勒斯（Naples）。① 这与所有其他小的和大的迁徙行为完全不同。事实上，移民、流亡和家园的问题就像一条千头万绪的线，我们所知的古希腊人的几乎每一件事中，都存在许多杂乱的末端。

另一个使移民在我们对古希腊最基本的了解中扮演了次要角色的原因是：希腊人所写的很多关于移民的东西都是负面的，移民个体常常被描述成悲剧性的、颠覆的、非人的或非完全希腊人的。在希腊的世界观中，没有游牧民族明确的地位。人类整体，尤其是希腊人，都是定居者——或者说应该是定居者。举例来说，公元前 330 年，亚里士多德把大多数类型的自愿移民描述成不正常的，并将永居在城市或其农村腹地的想法视作自然和永恒的人类状态：

很明显，城邦是自然而然存在的，自然，人也生活在城邦中。
并非因为环境而没有城邦的人，不是个流浪汉，就是个超人类。

这是一个颇有分量的重要的论点，且与现代观点遥相呼应。而且，在亚里士多德的最后几句话中，有对史前世界的一种模糊的认识，那是一个有比人类伟大得多的、神一样的英雄的世界，比如珀尔修斯②和赫拉克勒斯③，他们可以在不违背自然的情况下自由穿行。但即使是这些英雄在职责和神灵的驱使下四处游荡，他们也更愿意在一个他们可以称之为家的地方安顿下来。

亚里士多德为一些希腊古老的故事提供了一个哲学基础，例如在《荷马史诗》中，移民通常受到诅咒，迁移是来自诸神的惩罚。在《伊利亚特》中，阿喀琉斯（Achilles）宣布：

当雷神宙斯降严厉的惩罚于人时，他会让他成为被蔑视的对

---

① 那不勒斯最初也叫尼波利斯（Neapolis，形容词 Neapolitan 就源于此），意为像迦太基城的新城。
② Perseus，希腊神话中宙斯之子。——译者注
③ Heracles，大力神，宙斯与珀尔修斯的孙女阿尔克墨涅之子。——译者注

象，把他置于地球上，使他在人间游荡，无论是人类还是众神都不待见他。

在《奥德赛》中，海神波塞冬（Poseidon）诅咒奥德修斯（Odysseus），使他成了一个在地中海游荡的悲剧人物。这对奥德修斯而言是一场灾难，因为"对凡人来说，没有比游荡更糟糕的生活了"。奥德修斯的唯一目标很明确，就是回家，再没什么比这更重要的了。他为此花了10年时间。这个原始的探索过程以及希腊神话中其他的流浪和迁徙，都是非常好的故事，但主人公几乎总是受害者，他们渴望一种定居的生活，害怕自己永远处于流放的状态。

在亚里士多德的时代，流放已成为一种由人民或城邦统治者施加的，普遍且被广泛惧怕的司法处罚形式。欧里庇得斯①书中的一个人物曾说："被剥夺自己的城市是'最大的不幸，大到无以言表'。"流放对一些古希腊和罗马人来说是比死亡更糟糕的一种惩罚。亚里士多德的老师柏拉图曾师从苏格拉底，后者在被判处流放后选择了自杀。

但也出现过反论，尤其是在历史学家中间。例如，希罗多德②遍游讲希腊语的地方，甚至去过更远的地方——尽管范围可能没有他所说的那么广泛。我们不知道他是靠什么谋生的，但他使出于好奇而周游世界成了一种有吸引力的人生选择。在他的《历史》（Histories）一书中，移民故事占据着重要的地位，希罗多德因此被指责太过偏爱蛮夷。一些少数派的哲学派系，如犬儒主义（Cynicism）则宣称，那些流浪的人是更有智慧的人。然而在流传至今的哲学和文学作品中，尤其是在雅典的著作里，最流行的观点是移民不是件好事，往往还很危险，因此最好避免移民。这一观点和我们对无论是希腊还是非希腊的古代世界都在不断迁移的认知之间，存在着严重的矛盾。

---

① Euripides，古希腊三大悲剧作家之一。——译者注
② Herodotus，古希腊历史学家。——译者注

关于个人和群体身份的想法对于理解希腊对移民的态度至关重要，尤其是在建立新定居点的问题上。在这一背景下，探究他们和其他人一直用以描述迁移和移民的语言是有启发意义的。在这种情况下，甚至连"希腊人"的概念都会让人觉得困惑和不合时宜。大多生活在新定居点说希腊语的移民，不会从根本上认为自己是希腊人，而会认为自己来自某个特定的城邦：也许是科林斯[①]或是雅典。腓尼基的移民也是如此，他们来自特定的母城：一般是提尔（Tyre）和西顿（Sidon）。他们自然而然地忠诚于自己原来的城邦。"城邦"一词本身就是希腊语中"Polis"一词的粗略翻译，之所以说它粗略，是因为它没能承载"Polis"一词原本既指地方，又指那个地方的人的意味。

希腊移民用一个特定的词"Metropolis"来称谓他们的原始城邦，这个词到今天仍在使用，但有了新的含义。它是一个具流动性的词语，其词根、变体和缩写在世界几十种不同语言中都可见到。[②]古时候，"Metropolis"中的"Metro"就意为"母亲"，因此整个词最好就译为"母亲城"或"母国"。从"Metropolis"迁移到的新的定居点有个专门的术语，叫"Apoikia"，意思是"第二故乡（home away from home）"。但不幸的是，与"Metropolis"不同，"Apoikia"一词在历史的长河中遗失了。这主要是因为它在稍晚一点的时期被一个拉丁词"Colonia（殖民地）"所取代——今天的"Colony"一词就是由"Colonia"衍生出来的。就像在许多语言中也以这5个字母开头的其他词一样，时至今日，除了与裸体主义者和蚂蚁相关的以外，它们在世界大多地方都承载着负面含义。因为这个原因，在过去的几十年里，许多历史学家已经停止使用"Colony"这个词来描述希腊的定居点，因为

---

① Corinth，希腊海港城市。——译者注
② "Metro"是英语单词"Mother"的来源，几乎在从冰岛语到孟加拉语的每一种印欧语中，都有类似表示母亲的词。在"Metropolis"一词变成一个描述大城市（或虚幻城市、超大型城市）的词语之前，它的形容词形式变成意为主教或伦敦地铁线路的词，它的缩写形式变成城市交通系统、纽约博物馆和伦敦警察的缩写，但这个词本身的意思就是"母亲城"。法国人用"Métropolitain"这个词来表示法国大陆。"Polis"一词本身，也经历了复杂的形变，出现了"Politics""Policy"和"Police"这些衍生词。

它们大多不具有现代殖民地的性质，只是存在于原始城邦之外。

希腊各城邦对移民的态度也存在差异。他们中的许多人都有自己的创世神话，并自豪地宣称自己是神话中移民的后裔——那些移民通常是半神化的超级英雄，如赫拉克勒斯或珀罗普斯①。而雅典人与众不同，他们没有创世神话，其独特的身份认同和雅典优于其他希腊城邦的观念，部分源于雅典人是本地人，而非移民——用早期希腊诗人品达（Pindar）的话来说，雅典人"生于大地"。这个城市的传奇创建者就生于雅典大地。②希罗多德重复了一位雅典特使在西西里的希腊殖民地的一番吹嘘："我们雅典人，是希腊最古老的民族，是唯一没有移民的希腊人。"

"生于大地"这个比喻作为雅典例外论的原因或解释，在希腊文学中反复出现。这一点很重要，因为雅典对古代世界以及近代西方文明的发展都产生了深远的影响。就从这个时候，我们在古雅典可以追溯一个早期版本的观点，即世界上有两种类型的人：一种声称自己永居或很长一段时间都在一个特定的地方，另一种承认或自豪于自己来自别处。这样的分歧在很长时间里都持续存在着。

这样一来，在古雅典，原住民并非移民的概念就被正常化了。依此得出的令人不快的推论——移民和他们的后代永远不可能成为真正的雅典人——也被正常化了。事实上，雅典人的例外论也延伸到了居住在那里的外来者身上，这在城邦的社会结构内制造了一个既深又久的裂痕。雅典有个庞大的外来移民社区，被称为"外邦人（metics）"，他们在那里定居，但无法成为公民。更重要的是，他们的后代即使出生在雅典，也不能成为雅典公民。这些外邦人可能来自各个社会和经济阶层——既可能是刚获得自

---

① Pelops，宙斯之子坦塔罗斯（Tantalus）的儿子。——译者注
② 根据阿波罗多罗斯（Apollodorus）的说法，雅典的创建人厄里克托尼俄斯（Erichthonius）是从赫菲斯托斯（Hephaestus）试图强奸雅典娜时溢出的精液中诞生的。雅典娜用一片棉花将她大腿上的精液抹到雅典的土地上。雅典对外宣称的本地化主张并非完全没有受到质疑。在欧里庇得斯的戏剧《伊翁》（Ion）中，一个来自希腊北部的男人娶了一个雅典人，宣称"这片大地不孕育子嗣"。执着的雅典历史学家修昔底德（Thucydides）间接地质疑雅典人本地化的说法，说古时候并没有定居的希腊人。

由的奴隶，也可能是雅典最富有的人。他们缴的税比公民高，但仍然没有选举权，而且即使他们的家族已经在那里生活了好几代，他们也需要有个有公民身份的担保人。这样一来，就产生了一个雅典特有的阶级——由于他们的血统，他们不能成为完全的公民。

大约在公元前 435 年，在雅典生活的外邦人的人数与雅典公民齐平，而外邦人需要比公民表现得更好。在欧里庇得斯的戏剧《哀求者》(*The Suppliants*) 中，有一段对一个外邦人生动的描述："他表现出了外邦居民应有的样子，他没有令别人生厌或给这个城市带来麻烦。"这一描述引起了现代移民的第二代和第三代的共鸣——他们许多人都觉得比起永久居民的后代，他们总是要接受更严格的审查，他们虽然出生于这个国家，却仅被视为半个公民，并且他们的居留权甚至可能被剥夺。

希腊人对移民的理解也有很大的不同。古代最伟大的定居点建造者并不是来自迄今依然著名的雅典和斯巴达城邦，而是来自已经被人们遗忘的地方：米利都（Miletus）、埃雷特里亚（Eretria）、迈加拉（Megara）和福西亚（Phocaea）。① 米利都位于现在的土耳其海岸，有着比其他任何一个城邦都更多的定居点，至少有 36 个，主要环绕着黑海建立；2500 年前由米利都人沿海岸建立的部分定居点，至今还在讲希腊语。

福西亚城邦，现在是土耳其的小海滨城镇福卡（Foça），那里的移民走得比较远，去了意大利、法国和西班牙。在他们建立的定居点中，马西利亚（Massilia）成为马赛，在法国通常被人们亲昵地称为"La Cité Phocéene"，即福西亚城。马赛一直保持着希腊文化传承，并为自己把"文明"带到西欧而自豪。老港口的铺路石上镶嵌了一个巨大的金属徽章，福西亚人被认为是由此上岸的，上面刻着：

---

① 雅典人建立新城邦较晚，也没走得很远。斯巴达没有建立正式的定居点，尽管一个被称为"斯巴达私生子（Spartan bastards）"的自由职业团体确实在意大利南部建立了塔兰托市（Taranto）——今天已成为该国的主要海军基地。这个自由团体，又叫"Parthenidae"，是斯巴达妇女的后代，而他们的父亲不是公民。

> 在约公元前 600 年
> 希腊水手由此登陆
> 他们来自小亚细亚
> 希腊城市福西亚
> 他们创建了马赛
> 文明就此闪耀西方

马赛的故事在英语为母语的人群中基本上被忽略了，实际上，它是一个关于希腊移民的温和而又来源不明的故事。根据传说，移民们受到了已定居在附近乡村的人们的热烈欢迎。第一批移民的领导人据说娶了当地国王的女儿，这是一个和其他几个创世神话呼应的副线故事，其中包括罗马神话，可能被看作一种给移民提供合法性的方式，否则他们可能会被视为土地掠夺者。

几十年后，马赛遥远的母城福西亚被波斯军队占领。许多福西亚人逃离了他们的祖国，并有第二批更大规模的移民向西迁移。马赛很快成了一个大都市，在尼斯（Nice）[尼卡亚（Nikaia）]、昂蒂布（Antibes）[昂蒂波利斯（Antipolis）]和其他地方建立了定居点。它发展成了一个探险和新贸易路线的基地，特别是通过陆路和水路进入北欧时。大约在公元前 320 年，一个来自马赛的名叫皮西亚斯（Pytheas）的希腊水手走得更远，他写下了到寒冷的北海的旅行记录，在那里他围着一个被他称为布莱坦尼克（Bretannike）的大岛绕行——这是已知的最早的关于英国的参考资料。

毫无疑问，贸易在新的希腊定居点的创建中发挥了关键作用，但还有很多其他原因导致如此之多的希腊人移民到新的或旧的城邦，或越过城邦进入蛮夷之地。这些原因与现代移民的动机非常相似，包括人口过剩、干旱、气候变化、战争、逃离暴政、厌倦和好奇心，以及为了获得土地、权力或工作；还有一些人则被迫迁移——作为奴隶、流亡者、罪犯和战俘。

希腊文献中几乎没有关于女性移民的记载。既有资料表明，移民中男性远多于女性，女性移民往往是妓女或女神职人员；尽管有一些零星证据表明，定居点建立后，有女性加入后来的移民群体。至少在原则上，大多数希腊城邦并不反对通婚。男性移民会在本地固有人口中寻找配偶，但有关当地女性对此有多少选择权的实证资料一如既往的少。

至于定居点建设者是如何对待当地居民的，并没有明确的模式。像马赛一样，在那不勒斯，两方关系据说一直很好，非希腊当地人被允许"成为新城邦的公民和地方官员"。在其他一些地方，原有的居民被新移民赶走，或者被奴役——在叙拉古（Syracuse）①便是如此。偶尔，希腊移民自己也成了奴隶。这种情况发生在那不勒斯南部的波西多尼亚（Posidonia），根据一个很久以后的记载，新移民仅被允许庆祝他们的一个节日，过节时"他们聚集在一起，纪念他们古老的语言和习俗。在哭泣和哀号之后，他们便分开了"。

随着时间的推移，关于如何建立一个新定居点的非正式的实施规则出现了。例如，在迁移之前向神寻求建议成了一种习俗，通常是通过咨询德尔斐（Delphi）②的祭司。新城市的领导人通常会在离开大都市之前被任命，移民们（几乎总是些年轻人）会宣誓效忠于这位领导人。在许多情况下，移民们会带着取自母邦神圣壁炉中的火种。在到达新的定居点后，他们通常会建一个临时的阿波罗神庙，并开始为新城市设计一个网格规划。就这样，一种特殊的移民——以建设新定居点为目的的希腊移民——变得正常化。通常，遵循这些规则的人会被视为好移民。

在古希腊，还有另一种与移民有关的活动，它与现代社会产生了强烈的共鸣，甚至被收录进法典，那就是寻求庇护。"庇护"这个词与宗教圣所紧密相连，通常指的是庙宇神殿。原则上，受庇护的个人免受管理者合法或非法要求的危害。这是一个强有力的想法，在古代颇有争议。在许多地方，任何人都有避难权：罪犯、政治移民、逃跑的奴隶、逃离婚姻的妇女、普通旅行者。不过，各地在具体细节上存在差异，比如在雅典，杀人犯和

---

① 意大利古城。——译者注
② 希腊古都。——译者注

一系列其他罪犯没有避难权，逃兵或虐待父母的人也没有。不遵守避难权法规的官员将受到诸神严厉的惩罚——曾有一位斯巴达国王，处决了在神圣丛林寻求庇护的难民。

公元前330年，有关寻求庇护者和定居点建设的这两条不成文的法规，被亚历山大大帝严重削弱——或者可以说被完全破坏了。亚历山大的军队把老人、妇女和儿童从希腊城市底比斯（Thebes）的避难庙宇里拖拽出来，并在那里对他们施行了"惨绝人寰的暴行"。亚历山大向东进军亚洲的时候，对埃及发起了迅猛攻击，创建或重建了数十座城市，并将其中许多城市以自己的名字命名。这些城市并不像早期的希腊定居点那样独立，而是亚历山大帝国的一部分。它们通常从一开始就是多种族的城市，由亚历山大的希腊或非希腊士兵驻守——这些士兵通常是从波斯招募来的权贵，他们继续使用"总督（Satrap）"这样的古波斯官衔。

亚历山大个性复杂、难以捉摸，是个昙花一现式的传奇人物——无论在他生活的时代还是现在，他既被认为是英雄，也是恶棍。在探究人们早期对待移民的态度时，他是一个关键人物。他的遗留物至今还在希腊和毗邻的北马其顿之间被争夺不休。有趣的是，亚历山大自己也是个典型的没有"归属地"的人。他出生在马其顿，一个位于希腊北部的边境地区。他父亲是一位国王，母亲是一位来自另一个边疆王国的公主。有充分证据证明，这一点造成了他早期一种分裂的忠诚。在亚历山大20岁的时候，他的父亲被谋杀，亚历山大接管了新近强大起来的马其顿王国，成为统治者。而这个王国总不被其他希腊人视为完全的希腊王国。有位现代作家撰写过亚历山大的传记，里面写到城邦中的希腊人对马其顿的态度：

> 带着一种亲切而又复杂的轻视。他们普遍认为马其顿人是半野蛮人，语言和方言粗俗鄙陋，政治制度落后，军事上不堪一击，习惯性地不遵守承诺，穿熊皮，每日饮酒，甚至酗酒，近亲通婚，常常有人遭到暗杀。

对一些人，尤其是来自希腊腹地雅典周边的人来说，亚历山大（和他父亲）其实是外来者，既是侵略者又是外来征服者的野蛮人。而亚历山大也几乎没有做什么来改变他们的看法。

亚历山大的成年时光不算太长，几乎都在四处迁移中度过。他其实是个移民，却是个不寻常的移民，因为他无论去哪里都带着一支人数众多的军队。显而易见，他是那种永远安定不下来的人，头脑中也没有明确的目的地，对待家的态度就像个游牧民。当他在亚洲穿上当地人的服饰、按照当地人的习俗生活时，一些希腊人认为这进一步证明了他并不是希腊人的一员，就像维多利亚时代的人们所说的那样"入乡随俗"了。当他娶了亚洲妻子，还说服或强迫他军队中的其他人也这么做时，这种说法更加甚嚣尘上。他继续东进，征服了波斯后，对他的大将们的建议置若罔闻，这除了因为他也许有些好奇心、荣耀感和对冒险的热爱之外，也因为他没有清晰的目标或动机，就这样一直到了印度边境，直到被自己的士兵逼着返回。士兵们想回家或者在某处安定下来，亚历山大却不想。

最后，亚历山大死在了巴比伦，距他出生的地方2000多千米，享年仅32岁。亚历山大留下的文字中有他的短期计划，包括征服迦太基和西地中海，以及沿北非海岸修建一条路。但是，最引人注目的是一条激进的提议——他的意图昭然若揭：

> 建立城市，将人口从亚洲转移到欧洲，或反向为之，从欧洲移到亚洲；通过通婚，让亚欧这两块最大的大陆建立一种统一的和谐和友谊。

亚历山大似乎提出了一项非同寻常的计划，一项跨洲的社会工程：一次大规模、双向、由国家组织的两大洲人的移民和通婚行动——以使希腊人、波斯人和亚历山大帝国的其他民族团结起来。他认为亚洲人和欧洲人是平等的，他们可以通过移民和通婚融合起来，从而终止几个世纪以来的纷争。

可以说，亚历山大早已开始了这项工程。他鼓励希腊士兵在新征服的波斯帝国定居，并竭力主张，甚至迫使他们与当地女性结婚。但这仅是小规模、从欧洲到亚洲单向的移民。目前还无法推测他将如何推进计划的其他部分，是否会牵扯女性移民，以及他会如何在希腊城邦安置波斯人。亚历山大的后代继任者们并不那么热衷于改变世界，而是更加公然地为自己的希腊血统感到骄傲，他们既没有意愿也没有能力去实现亚历山大的想法。就这样，古代最大规模的有组织的迁徙计划随着亚历山大的去世而烟消云散。

亚历山大的英雄事迹广为流传，成为西方 23 个世纪炫耀的起始，也许是拜他的英年早逝和战无不胜所赐。他似乎代表希腊人或欧洲征服了世界，但实际上，他最辉煌的时候也只是征服了一个面积比他攻克的波斯帝国略小的地区。我们有必要提醒自己，他曾短暂地控制过三大洲交汇处的狭长东西地带，那里的主要居民是农民和城市居民等定居人口，但并没有一个洲是为他所统治的。这片狭长地带的两端居住着其他未被征服的定居民族——西边是迦太基人，东边是印度人和中国人。但是，有人类居住的大部分地区他都鞭长莫及，那些地方的大多数人对城市知之甚少，对希腊更是一无所知。那里的农民和游牧民族没有留下任何文字记录，我们很难知道他们的过去，但我们并不能以此为借口而忽略他们的存在。

然而，中国和印度确实有这一时期的文字得以留存下来，能够与希腊的记载进行比较。这两个国家关于移民的记载并不多，但与希腊一样存在一种主流的说法，即城市定居者在地位上具优越性；还宣称不管是在地理意义还是在比喻意义上，定居者这一特定群体都生活在世界的中心。尽管这些不同文化间的互动水平很低，有时定居者的文字记载中也会出现关于游牧民族的表述，但仅是因为他们住在定居点的边界地区。在这些文字记载中，游牧民族要么经常惹麻烦，要么能给城市居民带来稀缺商品，要么会沦为奴隶，或是三者兼而有之。除此之外，许多遥远地方的古代作家都把游牧民族写成半人半兽的怪物——或许是为了警示人们不要离家太远。

古代中国人经常把他们的游牧邻居比作动物。比如说，他们认为戎狄人是狼，对待这种人"不能有一丝纵容"。然而也有一些复杂的记载表明，外族人并非一定与文明世界背道而驰。他们共享古代遗产，非中国的血统并没有错，错的只是他们的行为。根据这一时期的一些作家的说法，外族人可以而且应该通过吸纳中国文化顺理成章地成为中国人；祖先或外表在这种时候似乎无关紧要，因此异族通婚也是可以的。一位中国作家认为，外国人真的希望融入中国，他们争先恐后、迫不及待。但是，移民们自己究竟是怎么想的，我们无从考证。

我们对印度移民了解得更多，这个国家过去（现在仍然）有着多元文化。古代印度移民的故事是其现代政治激烈斗争的一个诱因，我们会在后文详述这一点。与中国的情况不同，关于印度，有两个角度的描述——因为在亚历山大死后的一个世纪里，一个旅行者和一个定居者分别记录了古印度摩揭陀国孔雀王朝的都城华氏城（Pataliputra）[①]，尤其是那里的移民待遇，华氏城可能是当时世界上最大的城市。那位旅行者是希腊的大使，名叫麦加斯梯尼（Megasthenes），他受派于希腊一个亚历山大的继承者的城邦。孔雀王朝的庞大和有序给麦加斯梯尼留下了深刻的印象，让他赞不绝口。他还指出，孔雀王朝的人会细致地照顾外来人口，而不仅仅是大使：

> 他们专门任命官员……以确保没有外来人被错待。如果外来人中有人生病，他们会派医生来照顾；如果死亡，他们会负责安葬，并把他遗留下的财产交给他的亲属。

[①] Pataliputra 是梵语，华氏城（Patna）的古称。——译者注

第二个描述者考底利耶（Kautilya）①是孔雀王朝的一位顾问。他表明，这些被指派帮助外来人的官员也同时在监视他们。考底利耶可能是麦加斯梯尼的同时代人，但他的著作在 20 世纪早期才被发现，其中提供了关于 2300 多年前孔雀帝国非常翔实的资料。他撰写了一本内容丰富的著作《政事论》(The Arthashastra，英文为 The Science of Politics)，其中用很长的篇幅论述了在国内外建立一个间谍网的重要性。他说，这些间谍应"出身良好，忠诚可靠，训练有素，善于针对各国和各行进行伪装，并掌握多种语言和丰富的艺术知识"。间谍们应该能够，

> 查明有迁徙习惯的移入移出者移居的原因，犯罪的男女移民的移入和移出，以及间谍的活动。

因此，我们可以确信，麦加斯梯尼受到了严密的监视。

印度北部的早期文献很少提及移民，至少没有提及大规模的人口流动。但至少在原则上，到了一定年龄的印度人应会进行迁徙。不少早期的著作都提到了印度人人生的四个阶段，通常来说是：学生、户主、退休和终止。"退休"阶段在梵语里叫作"林栖期（Vanaprastha）"，字面意思是"去森林里"。大约 2000 年前编纂的《摩奴法典》(The Laws of Manu) 里说，祖父辈的印度人必须迁徙："当户主注意到他的皱纹和白发，看到了他孩子的孩子，那么他就应该退隐到森林中去了。"户主的妻子要么跟丈夫一起走，要么和他们的儿子们待在一起——目前还不清楚她是否可以自主抉择。

但是，印度人退隐到森林中，并不完全等同于英国 60 多岁的老人为追寻日光迁移到西班牙，或美国人退休后迁居佛罗里达，因为这些祖父辈的森林居士是需要放弃物质享受的。他们得花很多时间在森林里祈祷，睡在地上，吃野生植物、坚果和浆果，总之就是要过一种较为清苦的生活。这种生活方式其实是对游牧生活的模仿，不仅因为它寻求复制现有森林居民

---

① 古印度政治家、哲学家，被称为"印度的马基雅维利"。——译者注

的生活方式，还因为它设想人类在生命终结之时回归我们的游牧根源。但它也表明游牧生活方式是艰苦的——但是正如我们已经和即将要看到的，其实并不是非如此不可。

有一个双音节词在最早的梵文文本中反复出现，无论是世俗的还是宗教的，这个词在其他语言中经常不被译出。这个词有着一段奇怪而扭曲的现代历史，成为破解移民之谜的重要线索，后来被引入许多西方语言，并被赋予了新的含义，尤其是在20世纪上半叶，这一新的含义变得更具争议性。这个词就是"ārya（阿雅）"，在西方更广为人知的是稍事修改后的形式"aryan（雅利安）"。在某种程度上，"雅利安"只是一个描述性的标签，古代作家用它来代指印度北部的主流文化和人民；在梵语中作形容词使用时，它的意思是"高贵"。但到了近代，由于几次离奇的词源转折，"雅利安"成了一个带有种族色彩的词，用来指金发碧眼白皮肤的北欧人。这一切可以追溯到一次古代大迁徙，尽管许多现代印度民族主义者坚称这次大迁徙从未发生过。

18世纪，一些学者注意到梵语和西方古典语言之间的相似之处。不久，人们普遍认同这些语言的确起源相同，因此印度北部、伊朗和欧洲的大多数语言都是相互关联的。不久以后，人们设想出了一个叫"印欧人"的古老民族，他们迁移到了整个欧洲和亚洲的大部分地区，他们的语言衍生成了各种各样的现代语言，从西边的冰岛语到东边的孟加拉语，都是印欧人语言的衍生物或次衍生物。但对于印欧人的来源，人们并没有定论。此外，也没有明显的历史或考古证据证明曾有过大规模的迁移，更没有证据能证明语言的传播依赖于人口的大规模迁移。

但是，一些欧洲学者认为他们找到了答案。他们在那些有关雅利安人的古代文献中找到了一些线索。基于相当单薄的文本证据——尤其是《梨俱吠陀》(Rigveda)①，他们推断早期梵文文献中的雅利安人是来自西方的移民或入侵者。他们还提出各种雅利安人的假定家园，尤其是德国。这种观点的论据更是站不住脚，充满了种族主义色彩。但来自几个国家的大批学者都认同，雅利安人最初是金发、碧眼、白皮肤的德国人，只不过随着他们离开北欧家园的时间渐长且与他族通婚，他们的特征渐渐变得不那么明显了。

但在现代印度，关于雅利安人起源的争论依然存在，且这类争论常常让人大为光火和不快。互联网上的帖子呈现两种极端，分别支持"雅利安人入侵理论"和"出自印度理论"——两种理论的首字母缩略词很相似，分别为 AIT 和 OIT。两方的支持者喜欢在社交媒体上争吵和咒骂，经常令外人大感不解。AIT 过去的情况前文已经描述过，而它更温和的现代支持者目前认为，雅利安人是"移民"，而非"入侵者"。他们争辩道，事实上，从来没有证据表明雅利安人来自欧洲，反倒有线索显示雅利安人很可能来自中亚或俄罗斯的大草原。与此同时，OIT 的支持者借鉴了古老的传统，结合现代民族主义，认为印度人一直在印度。麦加斯梯尼曾断言："印度种族繁多，但没有任何一个有着外国血统。"事实上，最早的印度著作没有明确提到任何大型的群体移民。因此，按照这个逻辑，印度一定是印欧人的故乡。

虽然远没有纳粹声称雅利安血统的危险性，但同样荒谬且具更详尽论据的观点是由一些"出自印度理论"的支持者提出的。其中的先驱是 P. N. 奥克（P. N. Oak），一位业余史学家，也是《世界历史中遗失的章节》(Some Missing Chapters of World History) 一书的作者，他一直认为印度的历史是由其敌人书写的。这本书的部分内容乍一看充满了揶揄的味道，似乎是在讽刺白人至上主义者和他们的欧洲雅利安主义，这一点从章节标题就可见一斑——"古代英格兰是一个印度教国家""威斯敏斯特教堂也是湿婆神庙""古代意大利是一个印度教国家，教皇是印度教牧师"。书中写道，拥有大教堂的城市索尔兹伯里（Salisbury）最初叫"Shaileeshpury"，意思是

---

① 一本印度雅利安人初期部落的诗歌集。——译者注

"山神之镇"。依此类推，罗马（Rome）以罗摩神（Lord Ram）[①]命名，而亚伯拉罕（Abraham）最初是梵天（Brahma）[②]，基督（Christ）是克里希纳（Krishna）[③]。P. N. 奥克于 2007 年去世，他生前一直相信这一切，他的一小群追随者也是如此。

在他们试图将印欧人的家园牢牢地置于印度的过程中，大多数"出自印度理论"的支持者并没有像奥克那样走得那么远。而且幸运的是，业余语言学家在当今雅利安人的争论双方均势力渐微。考古学家试图通过专注于早期梵文记载的属于哈拉帕文明（the Harappan civilisation）遗址的发掘来解决这一争端。底层逻辑很简单：如果这些发掘显示了雅利安文化的连续性，那么这将证实"出自印度理论"；如果没有表现出连续性，就将证实"雅利安人入侵理论"。但实际上，事情并没有那么简单。当探究作为神秘旅程的一部分——马的考古时，分歧甚至加深了。[④] 似乎只有一件事是确定的：如果你是一个印度教民族主义者，你很可能会认同印度是印欧人的家园；如果你不信奉印度教且认为印度是一个有着多元文化的国家，那么你可能会支持大批雅利安人移民到印度的观点。

在过去的几年里，DNA 鉴定法已经被应用于涉及面更广的问题，如确定所谓的印欧家园的位置，以及 AIT 和 OIT 究竟孰对孰错。这使得古代人口从俄罗斯大草原迁移来的说法越来越受推崇（俄罗斯大草原指的是覆盖乌克兰东部、俄罗斯南部部分地区和哈萨克斯坦西部的区域）。该地区的古代游牧居民已被确定为第一批印欧人——其后代在欧洲和亚洲讲印欧语系的社群中随处可见，且由于后来的移民迁移，在美洲和澳大利亚也可找见。

---

① Lord Ram，又称茹阿玛，印度史诗《罗摩衍那》的男主人公。——译者注
② Brahma，婆罗门教、印度教的创造之神，与毗湿奴、湿婆并称三主神。——译者注
③ Krishna，又译奎师那，印度教毗湿奴神的第八个化身，佛教黑天的原型。——译者注
④ 问题的症结一度变成了古印度是否有马存在。最古老的梵文文本《梨俱吠陀》多次提到了马，但在哈拉帕文明遗址的发掘中，人们没有发现任何关于马匹的遗迹，既没有马的图像，也没有马的遗骨。倒是有一些模糊或破碎的图像，如果加上点想象力，可以认为是马。马骨已经在一个最新的哈拉帕文明遗址中被发现——既可能是真的马骨遗迹，也可能是有人想让人相信哈拉帕有马而故意放进去的。争论至今还在继续。

一位名叫托尼·约瑟夫（Tony Joseph）的记者曾试图向他的印度同胞解释，雅利安人极有可能来自俄罗斯大草原。他在2018年出版了《早期印度人》（Early Indians）一书，表示根据最新研究，大约4000年前移民（主要是男性）进入了现在的印度，带来了梵语以及新的宗教信仰和习俗——其中一些信仰和习俗在现代印度教中还发挥着重要作用。约瑟夫因此受到许多印度民族主义者的强烈谴责。他的批评者似乎深受移民对他们的基因样本，以及他们引以为豪的语言、信仰和习俗有所贡献这一观点的威胁。网络又一如既往地使争议升级和恶化，一些线上评论的语气既绝望又轻率（尽管更多的是深思熟虑的批评）。托尼·约瑟夫因此被指控发表"破坏国家结构"的言论，宣扬"种族主义者欧洲中心论的谎言"，宣扬"虚假不实的左派过气言论"。更有甚者，还有人说他攒集了"一堆自相矛盾、漏洞百出的主张"，全部应该被扔进"垃圾堆"。

对于那些从未在印度生活过的人来说，关于古代移民的晦涩辩论竟会变得如此情绪化，甚至使印度人群情激奋，真是匪夷所思。但大多数参与讨论的人私下也会承认，关于印度的雅利安人的问题只是关于真相、关于4000年前可能发生的事情的一部分而已。古代移民问题已成为一系列其他问题的代表。这其中的争论涉及种姓、性别、语言、宗教、肤色，当然，移民问题在这中间扮演着重要角色。除了在身份问题上存在着的巨大分歧，雅利安争端牵涉的其他问题上也都存在分歧——这个主题值得单独写一本书，而不仅是这个吝啬的段落。但值得注意的是，印度的权力在很大程度上仍然掌握在肤色较浅、种姓较高的男性北方人手中，他们精通印欧语言。从遗传学角度来说，他们更有可能是大约4000年前迁移到印度的移民的后裔。

在查证印欧语系的使用者最初来自哪里时，最近的历史研究提出了一个更宽泛的问题，那就是"祖先家园"这个概念，现在已经成为一种常态化的假设，认为所有人都有这样一个家乡，不管是在俄罗斯大草原还是其他什么地方。而事实上，情况恰恰相反。这些可能的古代家园——无论是通过DNA，还是考古学，或是语言分析及文化传统来确定的——充其量都只是我们古代祖先在悠悠历史长河中的临时住所。

　　事实上，当我们研究俄罗斯大草原上那些假定的第一批印欧人时，发现他们也不是定居者，而是不断迁移的游牧民族。这已经成为一个固定模式了。无论我们多么努力地证明我们的先祖在某个特定的地方定居，我们都是游牧民族的后裔。如果我们真的需要找到一个古老的家园，如果找到这一家园就能满足人们的一些深层次的心理需求，那我们为什么不能接受我们唯一真正的古老家园是一整个大陆——非洲？我们为什么不能接受，我们所有的祖先都曾在那里流浪，我们都来自那里？

第三次中场休息
帕西人

在我向试管里吐口水的 6 个月后,我的女儿罗克西(Roxy)也做了同样的事情。她倒不是为了做亲子鉴定,也没有这个必要——她的外表和举止都和我十足地相像,只是她更美丽、更沉静、更年轻。当然,她有一半的 DNA 来自我,因此继承了我的犹太人、英国人和北欧人基因。罗克西和我感兴趣的是她另外一半 DNA。

罗克西母亲的祖父母和曾祖父母都在印度出生,但我们并不觉得会在她的基因中发现来自印度的 DNA,因为她的母亲希琳(Shireen)来自一个很小的族群。几个世纪前,这个族群从波斯移民到印度,直到近代他们才开始与外族通婚。他们是琐罗亚斯德教徒(Zoroastrians,即拜火教/祆教),这是居鲁士大帝(Cyrus the Great)的宗教,居鲁士大帝把犹太人从巴比伦释放出来;这也是大流士三世(Darius III)的宗教,他在公元前 333 年被亚历山大大帝的军队打败。① 今天,世界上大约有不到 20 万的琐罗亚斯德教徒,其中不到一半生活在印度,在那里他们被称为"帕西人(Parsis)"。

大约 1000 年前,第一批帕西人从波斯移民到了印度。当时的波斯,穆斯林占多数,随后又有几波移民潮。帕西人经常被当作移民群体成功融入东道国社区,但还能保留其独特民族特征的典范,特别是在印度。还有一

---

① 我的三个妻舅巴赫拉姆(Bahram)、阿尔达希尔(Ardashir)和纳希万(Naoshirvan)的名字都取自波斯萨珊王朝(Sassanid dynasty)曾与罗马帝国作战的皇帝们的名字。人们常常忘记萨珊王朝的军队在抵抗罗马人的战争中表现有多么出色——他们在 260 年的埃德萨战役(Battle of Edessa)中俘虏了瓦勒良皇帝(Valerian,他后来在囚禁期间死亡),在 363 年的萨马拉战役(Battle of Samarra)中杀死了朱利安皇帝(Julian)。

个众所周知的基础神话，一个关于糖的故事，描述了他们到达印度时的情景。据这个故事所说，当帕西人第一次乘船到达该国西部的古吉拉特邦（Gujarat）时，他们发现与当地人语言不通。当地的国王拿出一满罐牛奶，礼貌地示意他的土地上没有可供移民们居住的空间。移民的首领是一位琐罗亚斯德教的教士，他将一勺糖撒入牛奶中，牛奶没有从罐中溢出，味道还变得更甜、更丰富了。就这样，移民被允许留下来。

这是一个经典的"好"移民的故事，被帕西人和其他人自豪地反复传诵。在印度，几乎没有人认为这次移民是失败的。这个小的帕西社区的社会地位和富裕程度都提升得很快，尤其是在英统时期，但自独立以来也是如此。与来到印度的穆斯林和基督徒不同，帕西人并没有试图让其他印度人皈依他们的宗教。而且帕西人的出生率一直很低，他们的人口数量一直维持在不构成威胁的程度。不过，帕西人有时也会面临更强大族群的暴力威胁——在过去的200年里，至少出现过5次反帕西人的暴动。

帕西族群的故事还有另一个版本，叫作"桑加的故事（Qissa-i Sanjan）"。这次可没有那么甜蜜了，因为现代和古代移民被迫要做出一些重要的决定，特别是关于语言以及女性可被允许的穿着上的决定。在这个故事里，琐罗亚斯德教的教士被告知，如果帕西人想留下来，他们必须停止使用他们以前的语言，改说古吉拉特语；帕西人中的女性必须和当地妇女穿着一样的服饰。教士同意了，其余帕西人遵从指示。

至于我女儿的 DNA，结果确实表明她的母国是伊朗，而不是印度。据她的唾液的实验室分析显示，她从母亲那里继承的 DNA 有 85% 以上来自曾被称为波斯的地方。这表明在印度的帕西人和其他规模大得多的族群之间几乎没有联姻。但检测结果的确揭露了一个惊人的事实：大量以前不为人知的帕西人的远亲，生活在世界各地。这提醒了人们，许多帕西人后来也离开了他们的第二故乡印度，再次迁移。现代世界最著名的帕西人都是长期的移民：皇后乐队主唱佛莱迪·摩克瑞（Freddie Mercury）出生在桑给巴尔（Zanzibar），在印度求学，生活在英国并在英国去世；指挥家祖宾·梅塔（Zubin Mehta）出生在印度，在奥地利接受训练，曾在英国、美国、意大利和以色列生活过。印度的帕西人数量持续下降，一方面是因为低出生率，另一方面是因为在过去的 50 年里，很多帕西人再次迁移——他们离开印度，移民到美国、英国、加拿大和澳大利亚。

第四章

流亡者、罗马人和破坏者

他裹着宽袍，高高地矗立在主广场的一个柱基上，向东望向大海。白色的条痕是海鸥刚刚送给他的礼物，让他青铜色的头发更显斑驳。他左手拿着一本没有名字的书，紧贴在胸前；另一只手支撑着下巴，脸上显露出一种阴郁、沉思的庄重神情，让人感觉他宁愿身处别处。游客聚集在他脚下，却很少看向他——他太高、太阴郁了，不适合拿来自拍。但是他所在的柱基是人们的聚集之所——在黑海广袤的沙滩上暴晒了一天的人们，会在夏日傍晚时分在此尖叫、进食和亲吻。这些人是来康斯坦察（Constanta）度假的，这里是旅游公司口中的罗马尼亚（Romania）里维埃拉（Riviera）的中心，每年夏天都会接待数十万的游客——每天都有来自维兹航空（Wizz Air）的班机，从伦敦被遗弃的第四座机场卢顿（Luton）飞过来。

如今的康斯坦察已成为一个中产阶级的享乐之地，但人们也记得它是古老的托米斯（Tomis），是某人被迫移民的地方。[①] 古罗马诗人奥维德（Ovid）就曾站在那个基座上，因为被发配到此度过余生而痛苦绝望。再也没有人比他更厌恶流放，更黯然神伤了。在他之前，也有被流放的名人，但他是

[①] 康斯坦察最近之所以声名鹊起，是因为它是大满贯网球运动员西蒙娜·哈勒普（Simona Halep）的出生地。她有着阿罗马尼亚（Aromanian）血统，是最近从巴尔干半岛（Balkans）南部到罗马尼亚的移民的后裔。阿罗马尼亚人以前被称为瓦拉几亚人（Vlachs，又称弗拉赫人）。罗马尼亚最伟大的足球运动员格奥尔基·哈吉（Gheorghe Hagi）也是阿罗马尼亚血统，他就出生在康斯坦察城外。2009 年，他成为一支（间接地）以罗马诗人奥维德的名字命名的，叫"奥维迪乌（Ovidiu）"的足球队的老板，后来将球队名改为"康斯坦察未来（Viitorul Constanta）"。

第一个将自怜和乡愁用艺术形式表达出来的人。这一点很重要,因为奥维德可能是第一位将待在家里、千方百计避免迁移这个概念描述出来的人,他认为流亡是最糟糕的命运。奥维德对移民行为的恐惧和仇恨甚至有点极端——他在晚年所作的长诗《哀歌》(Tristia 或 Sorrows)中传达的关键信息之一,就是死了都比永久流亡要好。

奥维德讨厌托米斯,或者说他恨它,他把它描绘成藏污纳垢之所。他讨厌那儿的天气,讨厌那儿的风景,讨厌缺少陪伴,讨厌一个伟大的诗人得不到欣赏:"写了一首诗,却无人聆听,就像在黑暗中独舞。"他问是否有任何流亡者"被抛到更偏远、更肮脏的地方",并嫉妒地列出了那些被流放到比他的所在更好的地方的人。但他的呻吟也是有目的的——他希望借此说服奥古斯都(Augustus)皇帝,让他回到他心爱的罗马。

关于奥维德流亡,有一个未解之谜。他在《哀歌》中揭示了他受惩罚是出于两个原因。第一个是他对诗歌的热爱,这被奥古斯都认为有伤大雅;至于第二个原因,他选择保密,永远不向外界透露,但他认为他可能会被原谅。他希望他时而讽刺、时而恳求的文字能打动皇帝,让他返回家乡。因此,他刻意地将托米斯描述得远比实际情况更令人不满。比如,他说托米斯常年积雪,草木不生、鸟不生蛋,说这里的居民野蛮,说葡萄酒都冻成了冰,得砍成块儿再解冻。而事实上,托米斯比威尼斯和热那亚(Genoa)更靠南,在6个世纪前就是希腊人的定居点,那里每年通常只有不到一周的时间会下雪。至于鸟儿,它们每天都在向可怜的奥维德的雕像实施报复。

奥古斯都终究没有赦免奥维德,后者于17年死在了托米斯。① 奥维德后期的作品《黑海零简》(Letters from the Black Sea)表明他对自己流放生涯更多的接受度,也与这个地方的缺点达成了部分的和解。他用当地语言写诗,描述了人们如何善待他,尊他为一个诗人,并免除了他的地方税。甚至他此时还表现出了有点致歉的意思,因为他描述了由于自己"不聪明的天赋",造成了当地人的不悦——当地人听说了奥维德在《哀歌》中向

---

① 恰好在两千年后的 2017 年 12 月,罗马市议会撤销了对奥维德的判决。

他远在罗马的朋友们如此描述托米斯：

> 但我没有做错什么，托米斯的人们，
> 我没有犯罪：我爱你们，虽然我厌恶你们的土地。

对奥维德的自怜也有其他的解读方式。这并不关乎气候，或当地人，或者葡萄酒，或任何有形的东西，而在于他遭受了丧失自由和被迫离开熟悉事物的心理冲击。或许用"思乡"一词来描述他的感受更为确切，或者说"怀旧"，以及对早年所做的选择的"追悔"。英国旅行作家简·莫里斯（Jan Morris）宣称："奥维德是在为我们今天数以百万计的人写作，包括在关塔那摩湾（Guantànamo Bay）①受折磨的人，还有后悔在多尔多涅（Dordogne）②买下养老的房子的人。"这是一个相当大的体验跨度，我会在这个频谱里把奥维德置于稍靠近多尔多涅的那端。也许会有人说我没有同理心，但对于一个诗人，我能想到许多比在黑海海岸的别墅里写着自传体抒情诗度过晚年更糟糕的命运。

事实上，奥维德并非来自罗马。他出生在意大利中部人口稀少的阿布鲁佐（Abruzzo）山区，离罗马有一天多的路程。他被父亲送到罗马以接受良好的教育，此后他逐渐爱上了这个第二故乡，在那里，他是一位诗界明星。奥维德生活的年代，罗马已经成为一个不断壮大的帝国的总部，也是众多移民的家园，他也是第一个将罗马称为"世界之都"的人。对古代墓碑铭文的现代研究以及对出土骨骼和牙齿的科学分析告诉我们，这座城市的居民来自帝国内的各处，甚至来自帝国以外。出生于西班牙的诗人马提亚尔（Martial）后来问一位罗马皇帝："哦，恺撒！有没有什么人是如此偏远，或如此野蛮，以致在你的城市里找不到他？"③这个问题的答案不言而

---

① 位于古巴岛最东端，建有监狱。——译者注
② 法国多尔多涅省是欧洲旅游胜地。——译者注
③ 与雅典人不同，似乎没有人声称罗马人是从这片土地上诞生的。1世纪的哲学家塞涅卡将移民看作是人类历史不可否认的一部分，"毫无疑问的是，没有一个人一直待在原来的地方"。

喻。尽管大多数罗马人总是对生活在边境的人保持警惕，但他们都对自己复杂的移民历史感到自豪。

罗马的故事通常开始于一个特洛伊王子的不幸流浪，就像这本书一样。埃涅阿斯的确有一个竞争对手，是由狼哺育长大的罗慕路斯（Romulus）①，他用自己名字的前三分之一命名了罗马，据说他建立了这座城市。也许我们最好认为罗马始建于想象，是被维吉尔、奥维德和一众罗马帝国早期的作家，通过它的两个基础神话的各种版本错综捏合在一起的。

埃涅阿斯的故事可以作为古代或现代移民叙事的代表。但这个故事有很多版本，在大多数版本中，我们可以感受到讲故事的人的"特别关照"。在荷马的《伊利亚特》中，埃涅阿斯只是一个小人物，但他至关重要，因为他是注定要在战争中幸存下来的唯一的特洛伊人。②到了许多世纪后的奥维德时代，埃涅阿斯已经被塑造成了来自东方的传奇移民，他的后裔在意大利中部的不毛之地播撒文明，并致力于将罗马变成世界之都。毫无疑问，不论埃涅阿斯出身于帝王之家还是神界，都是一些现代政府所谓的高价值移民。如果他是一个平民，或者是希腊人、腓尼基人或波斯人，那么他对罗马人的象征价值就没有那么大了。特洛伊人已经灭绝，埃涅阿斯也只带来了一小队移民。因此由于他们的稀有性，罗马的特洛伊人可以增进而不是消散罗马人独特性的概念。

公元前 27 年，罗马共和国不复存在，取而代之的是罗马帝国，这时，埃涅阿斯的地位变得更高了。这是因为罗马帝国第一位皇帝奥古斯都及他

---

① 传说中建造罗马的双胞胎狼孩之一。——译者注
② 在荷马的版本中，埃涅阿斯因此被众神从阿喀琉斯手中拯救出来。至于埃涅阿斯在战后的情况，荷马没有提到任何伟大的旅程（这是奥德修斯的命运），也没有提到任何与罗马沾边的事情。但他隐晦地提到了埃涅阿斯的命运，说他将成为"特洛伊的国王，后世子孙也是"。因此，荷马还为后来的作家提供了"新特洛伊"的暗示，或者是一副钩子，能串联他们的故事。

的后代（亲生的也好，收养的也好）在近一个世纪的时间里一直统治着罗马，而他们来自一个声称是埃涅阿斯直系后裔的家庭。另外，埃涅阿斯的母亲是女神维纳斯（Venus）。在奥古斯都执政初期创作的《埃涅阿斯纪》（*The Aeneid*）①中，维吉尔描述了英雄埃涅阿斯到达罗马时，他母亲给了他一个魔法盾牌。盾牌上的图像会动，埃涅阿斯得以目睹这座城市未来的景象。他最后看到的景象是他的后人奥古斯都皇帝，坐在阿波罗神庙外，统领罗马的辉煌，被征服的人们"服饰和武器各异，语言也多种多样"，排队向他们的君主供奉礼物和宣誓效忠。另一方面，奥古斯都十分满意自己特洛伊移民后裔的身份，不过他可能更自豪于自己的祖先是一位女神。

在许多留存下来的故事中，罗慕路斯都是个生活混乱、爱惹麻烦的人物。他杀了自己的孪生兄弟雷穆斯（Remus），他也是一些现在所说的不受控的移民的支持者。罗慕路斯和雷穆斯在罗马附近出生，他们是王室继承人，是埃涅阿斯的后代，是战神玛尔斯（Mars）的儿子，也是家族残酷权势争夺的受害者。权势之战后，他们被留在洪水泛滥的河边等死，结果一匹狼将他们救到洞穴中喂养。

最终，在公元前753年，罗慕路斯建立或者说重建了罗马。他的城市需要人，他就把罗马的一部分变成避难所，逃亡者来此便可得以保全。就如后世的作家和他们现代的翻译者所诠释的那样，这意味着他让"各色人等"，包括"附近族群的乌合之众""自由人和奴隶混杂的人群"都定居在了新建的城池里。他们来此别无所求，只想重新开始。他们就是许多现代政府所谓的低价值移民。新来的人都是男性，这给罗慕路斯带来了一个问题，而他解决这个问题的方式给他带来了相当大的恶名。

在过去的500年里，"强夺萨宾妇女"一直是许多著名画作的主题——据我所知，所有这些画作都是男性艺术家的作品，其中大多数作品都展现了被男人追逐和猥亵的不同状态下的裸体女人，背景都是满是精美建筑的大城市。这并不是奥维德时代关于罗慕路斯和萨宾妇女的故事版本。首先，

---

① 古罗马史诗。——译者注

在奥维德和他的作家同伴们的想象中，早期的罗马是一个粗鄙不堪的地方，到处都是木屋和动物，并非一个伟大的城市；其次，无论萨宾妇女身上到底发生了什么，并没有迹象表明她们在罗马市中心的公共场合曾赤身裸体；第三，他们使用的是拉丁词语"raptio"，这里最好翻译为"绑架"——这并不能完全让新移民摆脱罪责，但可以表明他们可能并没有实施大规模的强奸。

比如，奥维德在去托米斯之前写了《爱的艺术》（*Ars Amatoria* 或 *Art of Love*），讲述了萨宾妇女的故事，这是一本关于男女诱惑技巧的三卷本的指南。奥维德对故事的背景以及这些男人是否是移民不感兴趣，而只关注男人如何说服女人接受性和婚姻。与奥维德同时代的李维（Livy）把这个故事视为一个真实的历史事件，并赋予了它一个更广阔的政治背景。他解释说，邻近部族的长辈们已经决定，原则上不让他们的女儿嫁给这些聚集在罗马的"逃亡者和流浪汉"。因此，罗慕路斯为了确保罗马的下一代得以延续，也为了让真正的爱情顺其自然地发生，组织了对萨宾妇女的绑架。

李维写道，这导致了罗马人和萨宾人之间一场旷日持久的战争，直到被掳的萨宾女子成了母亲后，呼吁她们的父亲和丈夫停止互相残杀，这场战争才结束。这是故事中唯一一处能听到女人们自己声音的地方。这声音带来了和平。战斗结束了，罗慕路斯和萨宾国王同意分享权力。到目前为止，萨宾女人们已经把她们那些说话粗鲁、没有礼貌的配偶们变成了好公民，他们养家糊口，尊重自己的姻亲。① 逃亡者成了父亲，移民已经转变成了户主，罗马就此诞生。

在此后的许多世纪里，罗马一直无足轻重。当希腊人和迦太基人控制

---

① 一个世纪后，普鲁塔克（Plutarch）回应了李维的叙述，解释说，罗慕路斯实施绑架的目的是"把两个民族结合在一起，使之关系更加紧密"。普鲁塔克认识到被绑架的妇女对绑架行为感到"愤慨"，但表示并未实施强奸。这个版本的故事成了20世纪20年代斯蒂芬·文森特·贝内特（Stephen Vincent Benet）的短篇小说《萨宾女人》（*The Sobbin' Women*）的原型，又启发了20世纪50年代流行的音乐剧《七新娘巧配七兄弟》（*Seven Brides for Seven Brothers*），该剧以俄勒冈州（Oregon）的山区为背景。7位新娘是7位克服了最初的犹疑和她们家人的阻挠嫁给7个乡巴佬的城市女女。剧中，由霍华德·基尔（Howard Keel）扮演的最年长的兄弟，拿着一本普鲁塔克的书出现，并唱着这些不朽的台词："告诉你那些哭泣的女人／她生活在罗马时代。／她们好像都去游泳了，而她们的男人去放牧了。／一个罗马军队骑马经过，看到她们在哭哭啼啼，／所以他们把她们带回去抹干眼泪。／至少普鲁塔克是这么说的。"

着意大利南部、西西里岛和地中海地区时，其他地方的同时代的人很少注意到它的存在。但在奥维德的时代，人们普遍相信另一个早期的故事，这个故事涉及来自现在法国的移民。与埃涅阿斯和罗慕路斯的故事相比，这个故事对移民的态度要消极得多。这个故事让人联想到门口的野蛮人，并有助于解释罗马人对外来者深奥和捉摸不透的复杂态度，以及为什么后来的罗马人如此重视军事力量。

据后来的史学家说，公元前390年，高卢部落的人（Gaulish）把罗马洗劫一空，据说他们是为了寻找美酒和水果。李维称他们是"野蛮的高卢人""手持奇怪武器的奇异战士"，他们唱着"粗俗的歌曲"，把罗马变成了"一堆燃烧着的废墟"。高卢人的入侵被记录为罗马的一场噩梦，一场巨大的创伤。这成了一个"永不想再现"的时刻：这座城市重建了高墙，在接下来的一个世纪里，它成了意大利半岛的主导力量。罗马也会受到威胁——特别是迦太基将军汉尼拔（Hannibal）和他的登山象——但不会被征服。至少在高卢人洗劫罗马之后的800多年里，罗马没有被征服过。公元前146年，罗马对迦太基进行了报复，他们摧毁了这座城市，烧毁了它的图书馆，同年还摧毁了科林斯，这是希腊最后一个抵抗罗马的伟大城邦。自此，罗马成了一个强大的国家。

120年后，罗马也是从一场结束了罗马共和国内战的灰烬中诞生的帝国。到了这个时候，"罗马"这个词的含义就发生了变化。当然，它也指的是一个城市，过去和现在都是。但随着罗马的发展，它的意义远远超出了城市本身。罗马成了帝国的首都，文明的样板，军事和宗教力量的来源。罗马的定义不再是它的城市边界，而是它遥远的疆域。在某种意义上，所有生活在其境内的人都是罗马人，虽然他们中的大多数并没有完全获得公民的权利。

很久以后，罗马的概念可以脱离罗马城而存在，就好像罗马真的是一个车轮上的想象之城，可以被推到那些自称为罗马人的人所想去的任何地方。但是在奥维德的时代，罗马的疆域从北海延伸到撒哈拉，从大西洋延伸到黑海。① 当时已经有很多罗马公民从未涉足过这座城市本身，他们可能是通过购买或服役获得罗马公民身份的人，或者是被分配到新殖民地定居的士兵，抑或只是罗马公民的后代。

在罗马帝国的行省中，数十甚至数百个小型的罗马得以建成，这些城镇的居民都是当地罗马化了的精英，通常是来自意大利和其他地方的士兵的后裔。每个城镇都有相似的建筑和结构规划：有公共浴池、广场、庙宇、剧院和圆形剧场，有皇帝的雕像，还有道路和供水系统，它们通常源自一条沟渠。还有类似的关键人物的阵容：通常有一个可能在罗马生活过的总督，以及对于维护帝国稳定同样重要的士兵和税收人员。人们被鼓励饮酒，也被倡导使用拉丁语，尤其是在帝国西部，而希腊语仍然是帝国东部最重要的语言。只要不破坏罗马的价值观，当地的宗教和习俗会被允许保留下来。罗马被带到了各省，不久以后，来自外省的移民将统治罗马。

这些外省迷你罗马的一个范例是意大利加（Italica），它位于现代西班牙的塞维利亚市（Seville）几千米开外。意大利加的历史可以追溯到公元前206年，当时是为对抗迦太基的战争中的罗马老兵建立的一个定居点，为了纪念这里最早的居民（他们有意大利血统）而得名意大利加。意大利加并没有什么特别或不同寻常之处，只是在超过25年后，它因为是图拉真（Trajan）的出生地而闻名于世。图拉真是第一个非意大利裔的罗马皇帝，他原是一名士兵，他父亲也是一名士兵，他一生的大部分时间都在帝国的边境地区度过，主要是在叙利亚和多瑙河沿岸。他之所以被选为前任皇帝的继承人，主要是因为他拥有罗马军队中许多军团的忠诚。

如果因为图拉真来自西班牙而对他的任命有任何批评，那这些批评都未奏效。当然，也有可能没有人真的敢挑剔他的出身。然而，后来当历史

---

① 要是奥维德当时被流放到巴勒斯坦的某个罗马附庸国，他可能会遇到一个木匠的儿子，名叫耶稣。

被书写下来的时候，图拉真只是几十个出生在远离罗马的地方的罗马皇帝中的第一个。因为到了 3 世纪，移民统治罗马已是司空见惯的事了。①

图拉真以亚历山大大帝为榜样，而亚历山大大帝也是个外来人。此外，图拉真也率领他的军队到亚洲征战——尽管他那时已经 60 多岁了，而亚历山大驰骋亚洲时才 30 岁左右。他征服了亚美尼亚（Armenia）、美索不达米亚和波斯的部分地区，但他哀叹自己太老了，不能继续向前征服印度。他班师回朝，但就像他的榜样一样，死在了回程途中的土耳其南部，离他认为的两个故乡都很远。

在图拉真的统治下，罗马帝国达到了最大的规模，与亚历山大时期的规模相当。正如人们所希望的那样，他被人们记住，是因为他在地中海的阳光下建造了一个巨大的石柱，那是一根以他的名字命名的 30 米长的大理石石柱，至今还矗立在罗马中心。它螺旋形的雕刻描绘了罗马帝国向多瑙河之外的扩张。在他的继任者——同样来自意大利加的哈德良（Hadrian）手中，罗马帝国的面积缩小了一点，而哈德良最著名的功绩是在英国北部、距离罗马 1700 千米的地方建了一座长城，所以以此记住他也许是合适的。

修建哈德良长城的确切理由并不清楚——此前和之后修建的许多城墙也不明就里。一些历史学家认为，修长城是为了抵御来自北方的入侵者；另一些人则认为，长城是一种控制大范围人口流动的手段，或者是作为相当有威慑力的海关哨所修建起来的；也有人认为，它的作用仅仅是标记罗马帝国的边界。有趣的是，这堵城墙的存在，以及在此之前，它沿线上的旧军营的存在，实际上吸引了大量来自帝国其他地方的移民到英国的这一地区，来守卫前线——这多少有些讽刺。

例如，人们在位于诺森伯兰郡（Northumbrian）乡村深处的一个罗马军事定居点文德兰达（Vindolanda）进行了考古发掘，结果让那些像我一样探寻移民的直接声音的人感到惊讶。研究人员在现场发现了大量的木牍，上面有用墨水写的文字。它们为来自罗马帝国其他地方的人们提供了难得的

---

① 在 3 世纪和 4 世纪，仅有不到 10% 的罗马皇帝（共约有 50 个）出生在今天的意大利，这一时期最常见的罗马皇帝来源国是现在的塞尔维亚（Serbia），有 11 位皇帝。

机会，让他们得以一窥边境生活的日常。木牍的作者大多数是士兵和他们的家人。[①] 那些文字内容十分多样，包含信件、清单、账户、便笺和假条等。一位书写者语气轻蔑地提到了"小不列颠人（Brittunculi）"，他们被嘲讽投掷标枪都上不到马背上。还有一张给一个士兵的便笺，似乎说一个附带的包裹里面有"一些袜子和两条内裤"，也许是远方的朋友或亲戚寄来的。

不过，最有意思的发现，也是一个意想不到的迁徙故事的线索，不是从文德兰达发掘出来的，而是在哈德良长城东端附近。这里出土了一块墓碑，上面刻着两种语言——拉丁语和阿拉姆语（Aramaic）的铭文，还刻着一个坐在藤椅上穿着优雅的女人，她的一边放着珠宝盒，另一边放着一篮羊毛。她的名字叫里贾纳（Regina）[②]，现代作家很快就给她起了个绰号"奎尼（Queenie）"。从简短的拉丁铭文中，我们了解到很多关于她的信息：她属于卡图维拉尼（Catuvellauni）部落，该部落统治着伦敦北部地区。她曾经是一名奴隶，被一个名叫巴拉特（Barates）的男人买下，这个男人帮她脱离奴籍并娶她为妻。她于30岁时离世。

里贾纳丈夫的身份让这个故事更加耐人寻味。巴拉特来自位于罗马帝国另一端的叙利亚沙漠中部的巴尔米拉市（Palmyra），距离哈德良长城近4000千米。里贾纳墓碑上拉丁文铭文的末尾，用阿拉姆语的草书巴尔米拉字体刻了几个额外的单词："啊！里贾纳——巴拉特解放的女人！"里贾纳和巴拉特的叙利亚—英国爱情故事感人肺腑，铭文的直截了当也同样令人震惊——没有自命不凡，没有自恃高贵，没有身为移民或使用母语的局促，也没有来自不同大陆和社会背景的人混杂的尴尬。其实，这些才是要记录下来留给后人的东西。

巴拉特并不是唯一一个在3世纪早期移民到英国的叙利亚人。还有一个叫尤利亚·多姆娜（Julia Domna）的人，她是塞普蒂米乌斯·塞维鲁皇帝（Septimius Severus）的妻子，在英国度过了两年时光。与此同时，她

[①] 文德兰达的作家都声称自己是罗马人，他们用拉丁语写作。他们许多人的名字表明他们来自现在的比利时和德国，可能还有西班牙，但不来自意大利。

[②] "Regina"有女王之意，后文的"Queenie"亦可表示王后。——译者注

的丈夫在试图征服现在的苏格兰，但以失败告终。尤利亚和塞维鲁是一对旅行经历丰富的夫妇，他们的祖先也分布在各大洲。两人都不是来自欧洲——尽管他们确实声称都继承了一些古罗马的血统。尤利亚出生在叙利亚埃梅萨（Emesa）一个讲阿拉伯语的祭司家族，埃梅萨也就是现在叙利亚的霍姆斯（Homs）。塞维鲁出生于利比亚，被认为是非洲第一位皇帝（除他之外，非洲至少还有两位皇帝），也可能是第一个不以拉丁语为母语的人。

塞维鲁树敌无数，但据我们所知，都不是因为他的出身。除了后来提到他在讲拉丁语时的非罗马口音，没有任何迹象表明与他同时代的人对他的北非血统有什么非议。此时，男性（偶尔也有女性）从各种民族背景中走上有实权的岗位已经稀松平常——通常他们都离出生地很远。2世纪时的英国至少有三位来自北非的州长和两位来自现在的克罗地亚的总督，而继塞维鲁之后的四位皇帝出生在现今的法国、阿尔及利亚、黎巴嫩和保加利亚。

这些显然没有把罗马帝国变成某种多元文化的乌托邦。要成为皇帝，需要有士兵、金钱、运气，以及铁石心肠，只有这样，你才可以统治一个拥有奴隶、高度军事化的集权专制国家，然后你很有可能战死沙场，或在自己的龙床上被杀害。但值得注意的是，以今天的标准来看，罗马确实是"色盲"，因为那里几乎没有提到肤色问题。任何不利因素——可能来自不同的外表，来自说拉丁语时带有不同寻常的口音，来自童年没有在罗马度过——均可以轻易克服，特别是如果有几个军团在侧的话。①

渐渐地，从各省罗马公民中抽调的一小批精英，在帝国的运作中发挥了越来越大的作用。但绝大多数生活在意大利以外的帝国的人都不是罗马公民。这种情况在212年发生了变化。当时，卡拉卡拉（Caracalla）皇帝

---

① 很多年后的作家，6世纪时安条克（Antioch）的约翰·马拉拉斯（John Malalas）说，塞普蒂米乌斯·塞维鲁皮肤黝黑，据说他还因为妹妹几乎不会说任何拉丁语而感到尴尬。塞维鲁于210年在约克（York）死于一次感染，是第一位在约克城死亡的罗马皇帝。另一位是君士坦丁（Constantine）的父亲君士坦提乌斯一世（Constantius），死于306年。尤利亚·多姆娜去世的地点离家近一些——在她的儿子卡拉卡拉遇刺身亡后不久，她在安条克自杀。卡拉卡拉是在现代土耳其的哈兰城外小便时被一名百夫长杀死。人类的祖先亚伯拉罕就是在这个城市度过了他大部分的青年时光。

颁布了一项法律，规定所有居住在帝国边界内的自由男性都应该成为罗马公民，帝国的所有自由女性都应该拥有与罗马自由女性相同的地位。卡拉卡拉皇帝是塞维鲁和尤利娅的儿子，出生于里昂（Lyon），有叙利亚—利比亚血统。一位现代历史学家认为，这可能是世界历史上最大规模的公民身份授予，影响了3000多万人。旧的公民权利和特权等级制度被一举推翻（尽管新的等级制度很快就又出台）。目前尚不清楚卡拉卡拉为什么采取这一步骤，可能是为了增加税收，或者是为了取悦大多在附属机构服役的罗马士兵。这意味着大量不会说拉丁语或希腊语、未被实质上罗马化，或曾经被认为是野蛮族群的人，现在都是罗马帝国的公民。

大约1600年前，一个名叫盖塞里克（Gaiseric）的人带着一支庞大的军队在直布罗陀（Gibraltar）附近穿越了地中海。他可能出生在现代的匈牙利，但他的祖先来自更远的北方。随后，他沿着北非的海岸占领了迦太基，并在此安家。迦太基此时已被罗马统治了将近600年。盖塞里克和他的后裔统治迦太基长达94年。他们是基督教徒，他们当时祈祷的教堂遗迹可以在突尼斯北郊的古迦太基废墟中看到。盖塞里克也是一个汪达尔人（Vandals），实际上是汪达尔人的国王，他们的名声如他们部族的名字示意的那样，随时间而被玷污了。

汪达尔人在对罗马最后的叙述部分是关键人物，根据这个故事的传统讲述，罗马这个最伟大的帝国被来自北方和东方的移民摧毁了。匈奴人、哥特人（Goths）、伦巴第人（Lombards）、阿兰人（Alans）和其他族群的人也是这个故事的一部分，他们通常被认为是未开化的野蛮人，就是来搞破坏的。事实上，这个故事的很大一部分不是失实的就是误导性的，反映了现代以前人们对移民极度妖魔化的态度。但要把所谓的野蛮人入侵置于情境中，我们有必要在回到汪达尔人之前，将时间和地点再拉远一点。

无论在古代还是近代，"野蛮人（barbarian）"都是个复杂的概念。它衍生出了广泛的其他术语的集合，它们大多带有贬义，如"野蛮的（barbaric）"和"未开化（barbarism）"，有时也有描述性的——"柏柏尔人（the Berbers）""巴巴里海岸（the Barbary Coast）"。这个概念对于理解不断变化的罗马的世界观至关重要。更具体地说，是可以了解罗马人对那些住在他们边境附近的人有何看法。它最初是希腊语，用拟声的方式描述某人说一种让人无法理解的语言的声音。而最早的希腊作家，如希罗多德，不加评判地、中立地使用它来描述那些言语无法被理解的人。但到了希腊后期，它已演变为一个消极的术语，带有野蛮和愚蠢的含义，在很大程度上也是被传承到拉丁语（和其他语言）中的含义。但正如"罗马"一词会随着帝国的发展而变化一样，"野蛮人"这个词的含义也经常改变——但几乎总是"罗马"的反义词。

尽管如此，罗马人对野蛮人的看法并不统一。事实上，罗马人对他们的描述充满了刻板印象：高卢人是战争狂，爱尔兰人滥情，而埃塞俄比亚人狡猾和懦弱。偶尔，罗马作家甚至会自我攻击。例如，奥维德总是以自怜为荣，流放时宣称："我是野蛮人，没有人理解。"① 在罗马帝国时期，野蛮人倾向于更具体地指向北欧和东欧人，他们也是罗马奴隶和士兵的来源。

对于历史学家塔西佗（Tacitus）来说，在 1 世纪末他写《日耳曼尼亚志》（*Germania*）时，所有日耳曼人都是野蛮人——但这并不是个完全负面的判断。按照他那个时代的标准，塔西佗对野蛮人很友好，在他的著作中，我们可以看到早期未腐败的贵族野蛮人与腐败的罗马帝国权贵形成鲜明对比。偶尔会有关于野蛮人的概括——塔西佗告诉他的读者，日耳曼人"在野蛮人中几乎是独一无二的，他们有一房妻室就满足了"，但更普遍的是，他通过指出日耳曼野蛮人之间的差异——在习俗、信仰、行为、武器、

---

① 与此同时，罗马演说家和哲学家西塞罗（Cicero）明智地认识到，希腊人会把早期说拉丁语的人视为野蛮人。在他的《论共和国》（*De Re Publica*）中，率军向迦太基发动最后进攻的西庇阿·埃米利安努斯（Scipio Aemilianus）问道："那现在告诉我，罗慕路斯是野蛮人的国王吗？"西庇阿后来自己回答了自己的问题，说成为野蛮人与性格相关，与种族无关。

发型和对罗马人的态度方面——来质疑对日耳曼野蛮人的刻板印象。

事实上，塔西佗可能从未到过他所描述的地区，即莱茵河以东和多瑙河以北，这是一片面积比现代德国大得多的土地——而是依赖于其他旅行者和作家的描述撰写了这部著作。但《日耳曼尼亚志》作为后来"民族志"的一种模式，还奠定了德国人的文化身份，据传对纳粹思想也有影响。

塔西佗提到的大多数部落很快就从历史记录中消失了，有些部落可能一开始就根本不曾存在。但是，书中前面部分隐晦地提到的三个居住在日耳曼尼亚的群体，即盎格鲁人（Anglii）、哥德人（Gotones）和汪达利尔人（Vandilios），他们后来的迁徙将构成这个故事和许多其他故事的一部分。而他们现在更为人所知的名称是：英国人、哥特人和汪达尔人。

塔西佗的世界观和日耳曼观是以罗马为中心的。那些住在离罗马帝国最近的日耳曼人最像是罗马人。他们是定居的，更易接受罗马的律法，并遵循罗马的习俗；而那些住得更远的人则很奇怪，经常被视作类人类，有时甚至被视作怪物。例如，芬尼人（Fenni）——可能就是现代的芬兰人（Finns）——就被描写成"极端野蛮和穷困潦倒，他们没有武器，没有马，没有家；他们吃草，穿兽皮，席地而卧"。塔西佗说他还听说除芬尼人之外，还有一些部落的人"有着人类的面孔和特征，动物的身体和四肢"。

他并不是第一个讲述遥远的地方住着怪物的故事的人，在早期的希腊和中国文字作品中，这是一个常见的比喻。但它也提醒着我们，尽管罗马人掌握了大量知识，[①]但对他们边界以外的远方地区几乎一无所知。尽管当时游牧民占世界人口的大多数，但在370年前后大批游牧民出现在东欧以前，他们几乎没有与游牧民族的互动。

---

① 这是许多古代书写的一个特点，而且经常在最近关于外层空间的叙述中得到回应。世界（或宇宙）被想象成一系列的同心圆，以帝国城市或作家所在的城市为圆心。当你穿过一层层圆圈时，它的居民就逐渐变得更野蛮、更原始、更像动物，直到在外圈，人类和其他动物拥有共同的身体特征。

哥特人和汪达尔人（但没有英国人）在接下来罗马帝国发生的事件中扮演了重要的角色——他们前后相隔45年，在5世纪分别劫掠了罗马。这两起事件将他们提升到了主要嫌疑人的地位，而这一罪行并不总是容易归类。毕竟，罗马并没有灭亡。它仍然是教皇和天主教会的家园，但它已不再是帝国最重要的城市。这个帝国的很大一部分仍然繁荣兴盛，并且依旧叫作罗马帝国，首都都在君士坦丁堡，直至1453年东罗马帝国灭亡。而神圣罗马帝国，古罗马帝国西部地区的重生版本，一直到1806年才灭亡。

毫无疑问，当时的罗马帝国与奥古斯都、哈德良或塞维鲁统治时期的罗马帝国非常不同，但这种转变早在哥特人和汪达尔人及匈奴迁到南欧之前就开始了。罗马帝国东西部的行政分治发生在285年，不到30年后罗马就皈依了基督教。现代德国的古罗马历史学家亚历山大·德曼特（Alexander Demandt）多方收集了210个导致罗马帝国衰落的原因。这是一个很好的兼容并蓄的列表（痛风、土壤侵蚀、嗜睡和无子女都名列其中），但如果佯装不知来自北欧和东欧的移民在罗马帝国的转型中起到的决定性作用，那就太愚蠢了。就像只简单地将这种转变归咎于移民，也同样是愚蠢的。

以376年到378年的毁灭性事件为例，它通常被认为是罗马帝国衰亡的开始，在移民相关故事的讲述方面，颇具启发性。下面两句话讲述的是同一个故事，两个版本的事实都很准确，却是从不同角度来描述同一群移民的：

一位罗马皇帝允许一大群移民进入他的领地。他们谋杀了他。
一位罗马皇帝允许大量的移民被残酷对待。他们谋杀了他。

下面是我自己刻意用客观公正的语气写就的一段话，主要基于当代罗马作家阿米亚努斯（Ammianus）的描述：

一大群移民聚集在多瑙河北岸。瓦伦斯（Valens）皇帝允许他们在罗马领土上定居，因为他认为这些移民可以扩充他的军队。这些移民乘坐小船或游泳进入罗马帝国，尽管有些游泳者溺水而亡。大约有9万移民被赶到临时帐篷里，没有食物供给。罗马军事当局以一个人卖身为奴来换一条狗的代价向他们兜售狗肉。最后，这些移民挣脱了营地的束缚，与其他来自同一社区的移民联合起来，组成了武装团队，向南进发。一段时间后，他们在战场上与瓦伦斯皇帝的军队交锋，瓦伦斯在战斗中被杀。

事情已然变得更加复杂，也更难认定责任。①

然而，这个版本仍然未能囊括更广泛的背景，这与移民的身份和他们为什么迁移息息相关。这些移民是哥特人，他们一直居住在现在的乌克兰，而且他们在逃离另一个移民群体——匈奴人。阿米亚努斯对所有牵涉其中的人都持批评态度，但总的说来，他还是更同情哥特人。他们被描绘成野蛮人，但同时也是受害者，尤其是当他们在集中营里的时候。阿米亚努斯称卖狗、贩奴的罗马将军是"可恨的"，认为他们的行为是"可耻的"和"恶劣的"，对瓦伦斯皇帝的评价也很难听——说他优柔寡断、不公正、没有教养、脾气暴躁。

阿米亚努斯把他最猛烈、最尖锐的批评留给了另一个移民群体——来自东方的入侵者，匈奴人。

阿米亚努斯对匈奴的描述引人注目，部分是因为它显示出了罗马人对游牧生活的不熟悉以及对游牧民族的轻蔑。这个帝国虽然被野蛮人包围，但这些人大部分是定居下来的，并且在很大程度上已被罗马化了。所以对大多数罗马人来说，匈奴是噩梦。

这些事件很重要，因为它们代表了罗马和后来的欧洲新动荡的开始——在这个时代，动辄数以万计人参与的活动变得正常。来自亚洲的匈

---

① 罗马现代历史学家玛丽·比尔德（Mary Beard）的确从这些事件中得出了一个明确的讯息："对难民的残酷行为会产生可怕的后果，这绝对是个教训。"

奴带来了一系列连锁反应，影响了整片大陆，包括北非。我是在学校学到这些被称作"野蛮人入侵"①的事件，我记得我被一张写着这个标题的彩色地图所吸引，上面满是长长的粗大箭头，许多指向罗马，每个箭头上都标注着一个"野蛮人"族群的名字。

举例来说，匈奴向西横扫地图的中心，虽然他们到了意大利北部和法国中部，但从未真正到达罗马或大西洋。经常被匈奴追赶的哥特人确实到了罗马和大西洋，还曾一度控制了地中海北部海岸的大部分地区。汪达尔人似乎走了一条最复杂的路线，从欧洲中部西行经西班牙，然后向南到摩洛哥，向东到后来成为其首都的迦太基，然后向北前往西西里岛和罗马。与此同时，盎格鲁人从现在的丹麦和德国的边境线出发，完成了最短的旅途之一，跨过海洋到达一片以后以他们的名字命名的土地。②

当我还是个学生的时候，我很高兴看到这些野蛮人死后还有很多东西留下来，而不仅仅是个地名。例如，"匈奴（Hun）"一词在20世纪成了对德国人的一种称呼；"哥特（Gothic）"这个词现在可以指一种中世纪的建筑风格——这一风格起初被诋毁，后来又深受喜爱，经常与罗马式建筑（Romanesque）被放在一起比较，还可以用来指代一种写作手法、一种小说体裁、一种摇滚乐风格，以及最近的一种阴郁的、身着黑色装束的青年亚文化。

那些汪达尔人呢？唉，他们运气不佳，催生出了"肆意破坏财产（vandalism）"一词，并在许多现代欧洲语言中催生了诸如此类的术语，汪达尔人自身却被遗忘殆尽了。我问过友人和陌生人，发现来自不同国家的许多人——受过良好教育，且并非历史学家——知道匈奴人（"匈奴大帝阿提拉！"）和哥特人，但是许多人从来没有听说过汪达尔人（"是个摇滚

---

① 历史学家现在倾向于用较少唤起性和倾向性的描述——"移民时期"——来描述大约386年至568年的历史阶段。老版的措辞有它的捍卫者，尤其是在那些认为当时和现在的野蛮人会威胁破坏伟大文明的人当中。

② 而伦巴第人（Lombards）向南进入意大利；法兰克人（Franks）则向西，也进入了一片今后以他们的名字命名的土地。一些撒克逊人则越过海峡进入英国，他们的起始地将以三个英国郡的名字留存下来：莱塞克斯（Essex）、苏塞克斯（Sussex）和米德尔塞克斯（Middlesex）。

乐队吗?")。而汪达尔人是古代最精于旅行的人,他们的王国统治北非和其他地中海沿岸岛屿的时长,比罗马帝国任何一个朝代时间都久。似乎也没有人知道盖塞里克,他是汪达尔国王,在位49年。

盖塞里克领导的汪达尔人无疑在455年洗劫了罗马,但他们似乎没有破坏任何东西。事实上,他们没有杀人、强奸或纵火焚烧(这是其他"野蛮人"在罗马和其他地方的所作所为),甚至有可能是被皇帝的遗孀邀请进城的。至于具体的破坏行为,只有一个未经证实的:试图移除朱庇特神庙的镀金青铜天花板,但他们没有成功,仅此而已。与哥特人和伦巴第人不同,汪达尔人的历史没有从古代传续下来,这可能使得他们更容易被妖魔化。现代历史学家不得不从其他著作和考古中拼凑出他们的故事。从现存的证据来看,汪达尔人似乎不是典型的野蛮人。在北非,现在很多方面都跟罗马时期保持了连续性,比如行政结构、关键人员、时尚、继续使用拉丁语和基督教等情形。通过异族通婚,汪达尔人开始与古老的罗马精英阶层融合。① 他们不是破坏者,或者可以说,汪达尔人是破坏者的说法没有事实依据。

汪达尔人就这样从历史记载中消失了,直至16世纪,他们才再次出现。那时,在早期欧洲民族主义者富有创造力的头脑中,他们已面目全非了。他们在德国是英雄,在法国是恶棍,但这两种说法都不准确。英雄主义的版本诞生于德国波罗的海沿岸的梅克伦堡公国(Mecklenburg),那里的人们决定把汪达尔人视为其古老而光荣的祖先,这种虚构的历史很快被其他波罗的海国家所采纳。而在由一些英国人的支持在法国传播的一个罪恶的版本中,在证据缺乏的情况下,汪达尔人被指责在406年对高卢发动了毁灭性的袭击,几乎比汪达尔人劫掠罗马早50年。

1794年,法国革命者牧师格雷瓜尔修士(Abbé Grégoire)意外创造了"肆意破坏财产(vandalisme)"一词,用它来描述和谴责革命者破坏艺术品的行为——这个邪恶的版本最终胜出了。这个词迅速流行起来,虽然遭

---

① 古罗马帝国的伟大统帅斯提里科(Stilicho),父亲是汪达尔人,母亲是罗马人。而汪达尔人的倒数第二个国王希尔德里克(Hilderic),其姥爷是罗马皇帝瓦伦提尼安三世(Valentinian III)。

到德国一些学者的批评，称这是"对他们祖先的侮辱，他们的祖先是勇士，而不是破坏者"。格雷瓜尔修士也未能解释他为什么选用这个词。①

与此同时，我似乎对汪达尔人萌生出了好感，对这群被自己名字污名化的移民产生了一种情感上的迷恋。尼安德特人的声名也曾受到过类似的影响，但他们的存在并没有完全沦为次要的"脚注"。"Vandal（破坏公物）"这个词已经像"Boycott（抵制）"或"Sandwich（受夹板气）"一样，只有学究和沉迷酒吧竞猜游戏的人才知道它的起源。当有人使用"破坏他人财物"这个词时，我必须克制自己提出异议的冲动。在这个问题上，我可能已经变得有些无聊了。

我发现自己在偏僻的地方寻找汪达尔人的遗迹，通常一无所获。这些移民到北非的欧洲人没有留下任何宏伟的建筑，几乎连小型建筑也没有——突尼斯南部倒有一个，由一座被遗忘的教堂废墟的拱廊构成。还有一些其他的发现：珠宝、铜币和银币、陪葬品、古代土地记录、铭文。一些在迦太基和其他地方的家庭镶嵌图案可以追溯到汪达尔时期，包括现藏于大英博物馆的一幅画，画面是一个人离开一个城市时，骑在马背上挥手的场景。我开始在离我突尼斯的家最近的古迦太基地区漫步，在无人照管的废墟中寻找汪达尔人曾经祈祷的教堂。我家附近有三座教堂：一座在悬崖之上，迎风眺望大海；另一座在大路旁，从路过的汽车上可以看到其中殿和后殿的完整轮廓；第三处是我的最爱，田野中央有几根悲怆倒伏的柱子，以及地窖的残垣断壁，只有在小麦收割后才能看得到。

我仍然在找寻汪达尔的纪念品，但最近的一个发现让我狠狠地自嘲了

---

① 根据研究汪达尔人的现代专家的说法，这个词可能比稍合适一点的替代词"哥特主义"或"伦巴德主义"听起来好；另一些人则指出，汪达尔人迫害来自不同教派的基督徒，并摧毁他们的教堂。尽管也没有什么证据能证实这一点。

一番，减轻了一些这种痴迷。我和一个朋友一起去了"邦角（Cap Bon）"（突尼斯的一个狭长半岛），去海里游泳，去寻找更多迦太基、罗马和汪达尔的遗迹。邦角是古代一次大战的遗址，当时一支有1000多艘船只的罗马军队被一支规模较小的汪达尔人海军击败，着火的无人船只被汪达尔人引入罗马舰队。但我找不到汪达尔人的踪迹，甚至连现代的博物馆的标牌上也不曾提及他们。唉，我悲叹道，可怜的汪达尔人又一次被遗忘了。

然后，当我走在克莱比亚镇（Klebia）的一条后街上，找到了所有的罗马遗迹后，我看到了一些让我忍俊不禁的东西——为自己自命不凡的多愁善感感到尴尬，也为涂鸦艺术家的独具匠心感到高兴。这是一个低调的后现代玩笑，用白漆写在一面建了一半的墙上。涂鸦就只有一个词——汪达尔。

第四次中场休息
我的叙事选择

很快我就要离开突尼斯了，这里是我一年多来的家，本书到目前为止的大部分内容也是在这里撰写的。我的即将离开让我陷入了一种内省的情绪，我思考着下一步该去哪里。翻看前面的篇章，我思忖着写这本书是不是个错误的决定。因为生活在这里，在地中海南岸，靠近迦太基遗址，无疑影响了我选择深入探究的移民故事，也粉饰了我对遥远的过去的看法。我们所有写作的人都有自己的背景、动机、困惑。有些人试图把它们隐藏起来，或者审慎地声称已经把它们搁置一旁，害怕如果将困惑和选择公之于众可能会导致自己失去威信。但我更喜欢将自己的一切摊开，让读者去了解和判断，而且我并不会因此羞愧。所以，这样一来，关于迦太基和地中海就可能会有更多的东西。对于那些读过我其他作品的读者来说，关于印度的东西就要比他们期盼的少得多——而印度曾是我十多年的家。

我现在面临着新的选择，不仅仅是选择住在哪里。当我加速穿越千年，接近当下之时，我也在处理一系列的难题。让我来解释一下。这本书并不旨在全面记录历史上人们对移民的态度，但它确实力图用一种略微不同的方式讲述我认为重要的关于过去的故事；讲述透过一个棱镜，在其中迁移是一种正常的活动，甚至可能成为更好地理解人类状况的关键。现在，当我准备投身于后罗马时代的讲述的时候，"重要的故事"这几个字就变得有点不精确了。原因很简单，有很多故事可以说是重要的，而且至少有一些文学和考古的佐证资料。然而，我将不得不舍弃其中的许多。

这样的舍弃是应该的吗？其实我已经舍弃了一些可能应该包含在内的

故事，比如来自日本、东南亚、埃及和撒哈拉以南非洲的故事。但在我开始考虑中世纪移民时，迫切需要重新思考这个问题。出于这个原因，我觉得有必要更清楚地阐释我的目的，说明我想要达到的目标。

这是一个巨大的简化，但是核心的困境大体是这样的。

我要选择那些被低估或被忽视的移民事件吗？这些事件鲜为人知、值得关注，且在很大程度上被那些以欧洲为中心的宏大历史叙事排除在外，或较之黯然失色。

或者：

我要正面对抗那些主流的叙事吗？就是西方人和其他许多人在学校学到的，那些更广为人知的移民故事？

我选择了后者作为叙述重心。在我看来，这才是当务之急——因为就其本质而言，它通过隐晦和暗示，有时甚至是更直接的方式，挑战了许多关于移民的现代假设，而恰好关于移民的相关讨论已变得令人非常不快。

这种选择也让我的任务变得更加清晰。当我进入被称作"中世纪"（主要是在欧洲）的阶段时，我将抵制全球化的诱惑。因此，至少在这本书中，我会忽略 900 年中美洲玛雅帝国崩塌后的大迁徙，忽略富拉尼人（Fulani）分散在撒哈拉以南的广大非洲领域，忽略蒙古人的游牧帝国，忽略 13 世纪第一批人类踏上新西兰，也忽略土著阿伊努人（Ainu）从日本大部分地区被迫迁徙。同时，我会关注来自欧洲外围的移民——先是穆斯林，然后是维京人，在最短暂的交集后，将出现在历史舞台的中央。我将跳过欧洲和中东的边缘地带，以中世纪最具流动性的宗教基督教和伊斯兰教为背景。这两种宗教的教义总是交织在一起，它们的帝国、征服、胜利和失败也持续主导着很多的政治和历史叙事——我认为，这也影响着我们对移民的看法，无论是现在还是过去。

至于我，我不知道我接下来会住在哪里。我在英国广播公司的日常工作已几乎全部完成，我在突尼斯的时光已经渐近尾声。我会想念这个城市和这里的朋友们。有时，这里对我来说是个完美的所在：它温暖、靠海、宽容、引人入胜，有时令食物和午休，平静得让人仿佛进入了另一个世界。我确实想过要留下来，在地中海南海岸抛下船锚。但另一些事在催促着我离开。我需要不停移动的感觉，去探索那未知的世界，这样才能感觉自己在作为一个人活着。所以，我会短暂地回到伦敦——那座我童年的城市，待在我出生的房子里——我的母亲仍住在那里，拜访老友、爱人和家人——先喘口气，再重新出发。

第五章

阿拉伯人、维京人和新特洛伊人

现在，我想讲述另一个简短而非凡的故事：这也是一个移民的故事，主人公是另一个埃涅阿斯，他在一场战争中幸存下来，历经艰辛穿越亚洲，到欧洲开始了新的生活。老规矩，这位移民的国籍暂时保密。

AR 20 来岁，有良好社会关系。不巧的是，他属于一场内战的战败一方。战胜方和 AR 说同样的语言，信奉同样的宗教，占领了他居住的大城市。他们几乎杀了他大家庭的每一个成员。AR 和他 13 岁的弟弟一起逃跑了，他俩试图游过一条宽阔的河流以躲避追捕。追赶他们的人在河岸边喊话，说只要他们回去就保证他们的安全。AR 的弟弟相信了他们的话，游了回来，结果被斩首了。AR 则继续向远处游去。

AR 到达了北非。在突尼斯，他和他以为是朋友的人待在一起，但是他们背叛了 AR。在他们搜查 AR 的下落时，他躲在当地一个酋长妻子的裙子下面才得以逃脱。之后，他再往西逃亡，到达摩洛哥，在那里休整了一下，与其他从他的城市里逃出来的人会合。他计划穿越西班牙的安达卢西亚省（Andalusia），他的家族在那里拥有大片的土地。

AR 在马拉加（Malaga）附近登陆欧洲，聚集了一小群支持者。安达卢西亚的统治者对他有所忌惮，想拿舒适的住所和将女儿婚配给他来收买他。但是 AR 认为收回他家族失去的土地是他与生俱来的权利,于是在战斗中击败了那位统治者,并控制了西班牙南部大片地区。在接下来的 275 年里,AR 和他的继承人一直统治着安达卢西亚。

阿拉伯、早期伊斯兰和西班牙历史的爱好者们肯定都猜出了 AR 的身份,他就是阿卜杜勒·拉赫曼(Abd al-Rahman),他既是一位王子,也是一位诗人,一个母亲是柏柏尔人的阿拉伯穆斯林。他通常被用阿拉伯语昵称为"达希勒(Dakhil)",即"移民",出生和成长于现今的叙利亚。据说他是唯一一名 750 年从大马士革城内和周边的倭马亚王朝大屠杀中幸存下来的成年男性继承人,此后他向东逃亡,游过幼发拉底河——他的兄弟在此惨遭谋杀。随后,他原路返回到巴勒斯坦,穿越北非,然后又穿越地中海,在安达卢西亚①——他家族帝国的边缘地区——建立起自己和他后代子孙的政权。

阿卜杜勒·拉赫曼在位 32 年。他和他的后继者们建立了一个多文化、阿拉伯语的欧洲帝国,并以它的包容和学识闻名于世。尽管阿卜杜勒·拉赫曼建立了自己的王国(赶走了法国查理曼大帝的势力),但他在西班牙从未真正开心过,因为他总希望自己能回到家乡。他把自己最喜欢的西班牙宫殿命名为"鲁萨法(Rusafa)"——在这座有围墙的叙利亚城市,他度过了童年的大部分时光。有一天,他偶然看见了一棵孤零零的棕榈树,思乡之情涌上心头。于是,他写了一首诗,一首关于乡愁的赞歌。

鲁萨法的中心矗立着一棵棕榈树,
生在西边,离棕榈林很远,
我对它说:你我何其相像,远离家乡,被迫流放,

---

① "安达卢西亚(Andalusia)"这个名字的一个可能且被广泛引用的来源是"汪达卢西亚(Vandalusia)",即"汪达尔人的领土(land of the Vandals)"。在 5 世纪早期,汪达尔人统治着西班牙南部的大部分地区。另一些人的观点是"安达卢西亚"是"亚特兰蒂斯(Atlantis)"的语言变体。

远离家人和朋友，
你在一片陌生的土地上发芽，
我和你一样，远离家乡。

阿卜杜勒·拉赫曼在阿拉伯人中是不同寻常的存在——在这段时期和早期——因为他公开抒发了他的思乡情绪。许多阿拉伯人遵循一种更悠久、更深远的前伊斯兰传统，与他的这种情绪截然相反——他们极力夸大自己的流动性，神化他们的游牧过去，浪漫化他们的荒凉生活。这也解释了为什么骆驼和帐篷一直是阿拉伯身份的重要象征。一些词源学家认为"阿拉伯（Arab）"这个词最初的意思就是"游牧者（nomad）"，包含着一种共同的、移动的生活方式的意蕴。这已成为那些无法解决的循环的语言争论之一，因为在公元前853年，第一次有文献记载"阿拉伯"这个词为定居的美索不达米亚人使用，那时大多阿拉伯人都是游牧民族。第一次提到这个词的有名有姓的人是一个名叫金迪布（Gindibu）的阿拉伯人，据我们所知，他拥有1000头骆驼。

在这些最早记载的参考文献中，许多都提到阿拉伯人是骑着骆驼的阿拉伯游牧民战士或商人。当我们在半个多世纪后开始阅读阿拉伯人自己的文字时，会发现骆驼和帐篷在其中意义重大。此外，部落族谱、山羊、马匹和下作的幽默也同样重要。现在，并非所有前伊斯兰阿拉伯人都是游牧民，早在570年先知穆罕默德出生之前，麦加城就是重要的贸易和朝圣中心。但是，前伊斯兰阿拉伯身份似乎集中在流浪或各种形式的移民文化上，以游牧形式呈现——以及长途贸易和劫掠。

例如，还有阿拉伯语中所谓的"强盗诗人"，阿拉伯语叫"su'luks"。他们在先知诞生前的一个世纪随处可见。他们是沙漠中的年轻人，通常来自高贵的家庭，他们是爱冒险的浪漫流浪汉形象，离群索居、作诗、向往死亡、酗酒，且拒绝与部落和城镇的常规联系。一个典型就是酒鬼浪荡子乌姆鲁勒·盖斯，他的沙漠爱情诗仍在中东被广泛诵读，开明地以胸部、帐篷门和骆驼的隐喻为特色——他称，有一个苗条的女友，腰细得像系在骆驼鼻上的皮缰绳。乌姆鲁勒·盖斯像阿卜杜勒·拉赫曼一样，是个贵族诗人，同时也是一个骑着马和骆驼自由游荡的人——"我不是在每一个风吹过的荒原上都让我的坐骑精疲力竭吗？"①

在所有这些与沙漠相关的浪漫话语中，也有可能发现更深层次的东西：这几乎是一种游牧哲学，蕴含着真正的智慧。有一位无名的阿拉伯人，在波斯国王库思老（Khusrow）的前伊斯兰宫廷上宣称，他的人民"拥有土地，但土地并不拥有他们。他们有足够的安全感，不需要用城墙来设防"。同样还是这个阿拉伯人，谈到了城市和定居生活方式十分危险，说他的人民：

> 权衡了城市和建筑物的问题，发现它们不仅不足，而且有害——因为地方和身体一样遭受疾病侵害……因此他们居住在遥远的地方，那里没有污染，满是新鲜空气，没有瘟疫。

这些明智的话很快就被忽视了。在接下来的几个世纪，即伊斯兰教诞生之初的几个世纪里，阿拉伯人开始以自己是伟大的城市建设者而自豪。

没过多久，伊斯兰世界和阿拉伯世界交叠的重心，就从阿拉伯半岛的沙漠和小镇转移到了中东及其以外地区的新建和重建的城市：大马士革、巴格达、撒马尔罕、开罗、凯鲁万和科尔多瓦。因此，当阿卜杜勒·拉赫曼逃离大马士革时，他并没有在他祖先的沙漠之地寻求庇护，而是前往遥远的西部，到了另一座城市。他的目的地是新帝国的首都科尔多瓦——到了10世纪，这里成为世界上人口最多的城市之一，甚至可以与巴格达相媲美。这两座城市都由相互竞争的伊斯兰哈里发所控制。这些都是先进的城市，比基督教时期欧洲的任何城市都要大，所以理所当然地为自己的权力、富裕、宫殿和图书馆而自豪。

---

① 乌姆鲁勒·盖斯死于安卡拉，据传说是被害死的，更有可能的是，乌姆鲁勒·盖斯在君士坦丁堡拜会了查士丁尼后，回程途中死于瘟疫。

从这个角度来看，很明显，伊斯兰教的兴起可以被描述为定居主义和城市化的胜利，一个游牧民族和商人变成房主和宫殿居民的故事。但这也有可能发展出另一种叙事，允许并鼓励，有时甚至赞美迁徙的行为。我来解释一下，这个版本融合了先知穆罕默德和他游历甚广的同伴和后继者的生活故事。

穆罕默德来自麦加的一个商人家庭。麦加已经是一个有数百年历史的异教朝圣地，是一个比现代沙特阿拉伯还要多元的社会的一部分，拥有庞大的基督、犹太人社区和信仰其他神的人。母亲去世后，穆罕默德由一个来自埃塞俄比亚的女人看护照顾。他的直系亲属并非游牧民族，但愿意为了生计而长途跋涉。他的两个叔叔是贸易商，走的是经过麦加的旧商队路线。其中一个定期去也门购买香料，然后卖给朝圣者；另一位在他成为孤儿后做了他的监护人，曾带着年轻的穆罕默德前往叙利亚，进行贸易拓展。年轻时，穆罕默德曾为一位名叫赫蒂彻（Khadija）的商人工作。她把他送到叙利亚，他们后来结婚了。① 随后，穆罕默德在麦加安顿下来，过着定居的家庭生活，当他大约40岁时，他开始隐居到附近的山上，进行冥想。在一个山洞里，他第一次听到了由大天使加百列（Gabriel）启示的真主的话，后来被记录为《古兰经》（The Quran）。

两次迁徙标志着从610年接受《古兰经》启示，到22年后先知去世之间伊斯兰教早期的历史。面对麦加旧统治家族对新宗教的强烈反对，两次迁徙都必要且谨慎。第一次更长时间的迁徙始于615年，当时穆罕默德将他的80多名追随者从陆路和海路送到现在埃塞俄比亚北部的基督教阿克苏姆王国（the Christian kingdom of Aksum）。在那里，他们寻求保护并如愿以偿。在讲述早期伊斯兰教胜利的故事时，一小群去非洲的人在麦加之外建立了第一个穆斯林社区的故事经常被遗忘，这些人后来暂时定居在那儿，受到基督教统治者的保护。

---

① 根据一些记载，年轻的穆罕默德被送去麦加郊外，与贝都因人（Bedouins）一起生活：这是为了让他适应沙漠生活，使意志变得坚强，并提高他的阿拉伯语水平。这在当时是一种普遍的做法，与英国贵族送小孩去寄宿学校并没有太大区别，但这种情况并没有强化阶级分化，反而在游牧民族和定居者间创建了永久的纽带。

第二次迁徙，史称"圣迁（Hegira）"，发生在622年，当时穆罕默德和他的所有追随者都离开了麦加，因为他们担心自己的生命和新的信仰受到威胁。这些移民们在雅斯里布（Yathrib）重新聚集在一起，很快将该地更名为"麦地那（Medina）"，在阿拉伯语中就只是"城市"的意思。他们在他们的新家受到了喜忧参半的欢迎，包括大型多神教和犹太教社区，和一些最近皈依伊斯兰教的信徒。然而，皈依者的人数越来越多，他们的非穆斯林盟友也在增长。7年后，穆罕默德得以凯旋，回到麦加。但麦地那仍然是他的首都，在那里，他很自豪地被称作"穆哈吉尔（muhajir）"，也就是移民。①

移民到麦地那还有个更深刻、更具象征性的意义。因为"圣迁"标志着伊斯兰历法元年的开始，时至今日还在为许多伊斯兰世界所沿用。在一个伊斯兰国家读任意一份报纸，报头上的伊斯兰日期后面都会标注有字母AH，字母H（阿拉伯字母"ھ"）代表"Hegira（圣迁）"，AH则注释为"Anno Hegirae（伊斯兰教纪元）"或"After Hegira（圣迁之后）"，其含义类似于表示公元的字母缩写"AD"或"CE"。因此，伊斯兰时代不是从真主话语的启示开始，亦非始于先知的诞生或逝世，而是从简单的移民行为开始——将移民的现实或可能性放在伊斯兰故事的核心。

伊斯兰时代接下来出现了更多的移民行为，也出现了更多的战争和征服。在一百年内，阿拉伯人控制了一个可能比罗马鼎盛时期还要大的帝国，它从大西洋延伸到印度河。711年，即圣迁后92年，阿拉伯人的统治区域已达现今的西班牙和巴基斯坦南部。这些新的伊斯兰领地，至少被一位有名有姓的人统治过，就是居住在大马士革的哈里发。这对于这些早期皈依一个新的一神论宗教的人来说，简直是个惊人的成功开始——比如，对照早期基督教徒们几个世纪来面对的迫害，对比简直太鲜明。伊斯兰教的成功被认为在很大程度上是因为移民——士兵、官员、传道士等群体，从阿拉伯腹地或其他地方，行至新帝国的边界，再行至更远的地方。

此处值得暂停一下，简单地看看有关早期基督教与其他教的对比——其

---

① 部分原因在于，"穆哈吉尔"一词在阿拉伯语中仍被用作"移民"，通常带有褒义。与此同时，"Hegira"是相关阿拉伯语单词"hijra"的中世纪拉丁语版本，意为"迁徙"。

中的相似之处比差异更惊人，特别是在移民问题上。是的，毫无疑问，伊斯兰教建立其第一个现世帝国比基督教花费的时间要短得多，但这两种宗教在他们的宗教体系和实践上都具高度流动性，甚至是迁移的。两者都不与特定的领土或种族群体绑定在一起，尽管他们的圣地和他们的创建者在早期都极具重要性。在任何正式意义上，他们都不属于特定的社区或地域，这与犹太教或印度教对比十分鲜明。

伊斯兰教早期发展的速度显示了这两大宗教在移民问题上最显著的区别。早期穆斯林移民的原因很多，而不仅仅是为了传播新的信仰。许多穆斯林就像其他移民一样，为寻找财富、权力和土地，或者为了寻找刺激，抑或只是为了寻找他们前所未闻的土地而迁徙。是穆罕默德自己部落的人引领了第一波从阿拉伯半岛出来的移民潮，往往还是长途迁徙；他们征服了新的土地，并定居下来，与当地女性结婚。事实上，伊斯兰早期最重要的两个帝国家族——倭马亚家族（总部在大马士革，然后在科尔多瓦）和阿拔斯家族（总部在大马士革，然后在巴格达）——最初来自麦加，也是该部落的成员。穆罕默德的叔叔阿拔斯——后来以他的名字命名了阿拔斯王朝，其子女分散在各地，据说他在去世后不到200年的时间里就有了33 000个后代。

因此，早在阿卜杜勒·拉赫曼到达之前，伊斯兰教的西班牙就已有了一个确定无疑的穆斯林移民等级制度。那些来自先知部落的人处于顶端，但包括非阿拉伯人在内的其他国家的人，也可能升至高位，比如塔里克·伊本·齐亚德（Tariq Ibn Ziyad），他的阿拉伯军队于711年在直布罗陀附近登陆，于是拉开了穆斯林在西班牙南部近800年历史的序幕。然而，塔里克本人和他军队中的大部分人并非阿拉伯人，而是柏柏尔人，是新皈依伊斯兰教的北非人，阿拉伯语是他们的第二语言。柏柏尔人构成了新政权的步兵、骑兵和税吏，并定居在新帝国的许多边境地区；阿拉伯移民则倾向于前往科尔多瓦和安达卢西亚等其他大城市的宫廷。阿卜杜勒·拉赫曼本人是个移民，是西班牙第一位倭马亚王朝的统治者，因为他所有的麦加祖先都有柏柏尔族的母亲。正是因为她的部落关系，才使他有可能穿越北非逃亡，并帮助他在就职一个新帝国的领导时，在柏柏尔移民中铺平了道路。

事实上，早期的柏柏尔和阿拉伯移民人数很少，西班牙南部的新统治者需要与旧的前伊斯兰贵族结盟，或缔结婚姻联盟，这些贵族主要是哥特血统。他们还要吸引当地穆斯林皈依者的支持，以及那些选择不皈依的基督和犹太教徒的支持。[①] 然而，倭马亚王朝在科尔多瓦统治的成功和富足，很快便吸引了许多阿拉伯移民远道而来，尤其是叙利亚和也门移民。柏柏尔人也大量来到这里，作为农民、士兵和传教士工作或定居。很久以后，随着11世纪倭马亚王朝统治的崩溃，他们又成了征服者。甚至还有一些穆斯林维京人，稍后会详细介绍。

但也有大量的非穆斯林移民将科尔多瓦变成了当时最具国际化和种族多元化的城市，其中包括许多国外的基督徒：法兰克贸易商、来自阿玛尔菲海岸（Amalfi Coast）的意大利商人、欧洲外交官——其中有一位未来的基督教圣人——戈尔泽（Gorze）的约翰——在科尔多瓦待了3年。据传，未来的教皇西尔维斯特二世（Sylvester II）也来过这里。来自欧洲其他地区和中东的犹太学者蜂拥来到安达卢西亚，帮助启动希伯来语研究的复兴，并将科尔多瓦变为一个主要的犹太教研究中心。西班牙南部也是奴隶贸易的主要交易场所。这里有大量的东欧奴隶，被称为萨卡里巴，他们中许多都是宦官，从小就被阉割，正是他们构成了安达卢西亚官僚机构的中流砥柱。这是一个大融合的时代，种族纯洁性或肤色的观念在政治和社会生活中所起的作用远不如日后的时代。

在安达卢西亚，甚至有可能遇到几个不太可能遇到的来自遥远的北欧的代表。在第一个千年的最后几个世纪里，这些人是西半球最伟大的移民

[①] 西班牙的基督教和穆斯林皇室家族之间也有一些通婚。巴斯克公主昂内卡（Onneca）既是科尔多瓦的哈里发阿卜杜勒·拉赫曼三世和潘普洛纳（Pamplona）国王加西亚·桑切斯（Garcia Sanchez）的祖母，也是莱昂（Leon）国王桑乔一世（Sancho）的曾祖母。

和探险家。因为在西班牙南部，居住着一小群斯堪的纳维亚人，就是我们现在所知道的"维京人"。844 年，他们或他们的祖先参加了维京人对塞维利亚的袭击。这场袭击起初很成功，但最终被安达卢西亚人击退。许多维京人战死，另一些则被抓获，并皈依了伊斯兰教，他们被允许定居在塞维利亚城外，据说他们在那里成了奶酪制造者。

现代人对维京人的几种刻板印象中，没有一个能让人联想到西班牙南部的穆斯林奶酪制作者；更重要的是，也没有一个能公正地描述维京人移民的规模和范围。这些关于维京人的观点的共同点是北欧人的迁移，更具体地说，是斯堪的纳维亚人乘船长途旅行到其他国家。但除此之外，刻板印象在很大程度上取决于一个人的年龄和原籍国，从极度消极到狂热积极的都有。

对维京人的积极看法倾向于把他们描绘成自由、无畏的人，有着非凡的决心、才智和冒险精神。对于来自斯堪的纳维亚半岛的人来说，维京人是移出者，而不是移入者——挪威人、瑞典人和丹麦人之间经常有友好的竞争，看谁拥有最好的维京人传承。对我来说，一切都完全相反。孩提时代的我对维京人的主要印象是强奸和掠夺，他们是愚笨的、肮脏的、肌肉发达的、戴着角盔的男人，跌跌撞撞地随意杀人。这大体是无稽之谈。如今，英国的学校在为学生们描述维京人时会更加细腻入微。①

近几十年来，略带歉意的母语为英语的史学家们也一直在澄清事实，尤其是有关英国维京时代的复杂故事方面。一个涉及面更广的故事也开始被讲述，既包括一些维京移民融入欧洲统治精英的非凡能力，更广泛地，也包括维京人的掠夺、贸易和移民的惊人地理规模。这些旅程让维京人从三个方向上距离家乡 2000 多千米：向西北跨越大西洋到达冰岛、格陵兰岛

---

① 维京时代通常指 793 年到 1066 年，是一个现代的创造，日期与发生在英国的事件有关，即 793 年维京人袭击林迪斯法恩（Lindisfarne），和 1066 年哈拉尔三世（Harald Hardrada）在斯坦福德桥（Stamford Bridge）的失败。"维京人"这个词是用来描述那个时期的斯堪的纳维亚人的现代用法，是 19 世纪早期的创造，尽管它可以追溯到维京时代，作为对掠夺者的描述。我们现在知道，维京人经常洗澡，他们没有带角的头盔，而且他们似乎并不比他们同时代的人更暴力。这些误导性的观点主要来自维多利亚时代的文学作品和好莱坞电影，在这些电影中，维京人和海盗无异。我的一个英国朋友出生在曾经是维京人驻地的林肯郡，他受到的关于维京人的教育比我在伦敦时学到的要客观得多。

和加拿大；西南至英国、法国和地中海；东南从俄罗斯到黑海和君士坦丁堡。

历史学家们无法就究竟是什么原因驱使维京人踏上这些旅程达成一致。本土人口过剩似乎是一个重要的原因。作为杰出的造船者和航海家，维京人无疑拥有比同时代人更高超的旅行技能，可以到更远的地方。但除此之外，还有许多其他因素，包括财富和权力、土地和地位的可能性，还有逃离暴政的愿望和深深的好奇心——这些因素的不同组合，有助于解释三次维京移民中的巨大差异，以及许多个体移民的生活选择。大量书面、考古和遗传的证据有助于为我们对维京人的现代理解带来一些急需的细节，尽管和许多移民一样，维京人自己几乎保持缄默。

首先是横跨大西洋的那些尝试——在第二个千年的最初几年，他们到达了现在的加拿大海岸。20世纪60年代，挪威考古学家在纽芬兰发掘出了一处被毁坏了的维京人定居点，这个定居点足以容纳150人。这一发现证明，在哥伦布之前的半个世纪，欧洲人就到达了美洲——冰岛传奇中，关于船只在格陵兰岛以西航行几天后登陆的描述并非空想。考古证据表明，维京人并没有在此停留很长时间，很可能不到20年，但关于他们最初建造定居点的动机，或他们为什么离开的线索很少。传奇和其他书面资料提供了更多的证据。

维京时代结束后写成的两个冰岛传奇故事，讲述了红胡子埃里克（Erik the Red）和他的孩子们的故事，他们是定居和探索格陵兰岛及北美的关键人物，两个故事略有不同。埃里克本人一直在迁徙，曾三次被流放——第一次是在他年轻时从挪威南部，另外两次是从他在冰岛的新家。每一次，他都被指控参与杀害维京人或他们的奴隶。第三次驱逐的结果是埃里克和他的家人从冰岛来到了格陵兰岛，他们成为那里的第一批维京定居者。两个传说都说，正是埃里克给格陵兰岛起了最具误导性的名字，仅仅是因为他认为，这个名字意味着"人们会更想去那里"。

对比去别处，对财富的找寻似乎在维京移民穿越大西洋的目的上，没有那么重要。根据两版传说，好奇心、声名和对新土地定居的渴望似乎是维京人继续向西旅行的主要原因。"关于发现新国家的讨论非常热烈"，《格陵兰萨迦》（*Greenlendinga Saga*）中在谈及航海出格陵兰岛的决定时说。埃里克从马上摔下来伤了腿，不能旅行了。于是，他的儿子莱夫（Leif）和索瓦德（Thorvald）引领了一系列前往加拿大海岸的探险，"他们发现那里的景色非常迷人，森林几乎一直延伸到海岸，还有白色的沙滩"。他们以生长在那里的野生葡萄命名此地为"文兰（Vinland）"。索瓦德简单地说："它很美，我想在这里安家。"

但在加拿大的冒险很快就结束了，移民失败了。这块地已经有人了。索瓦德被美国原住民一箭射死，可能是因纽特人。一位幸存者说，维京人"因为当地土著居民的存在，永远无法在安全或免于恐惧的环境中生活"。我们不知道因纽特人是怎么看待这些闯入者的，欧洲人直到1497年才回到加拿大海岸。他们把维京人曾定居的岛屿命名为"纽芬兰"。这个名字，在这种情境下，比格陵兰岛更不合时宜。

去格陵兰岛和冰岛的维京人待得更长些，尽管它们都为我们提供了非常不同的现代叙事。在格陵兰岛，移民们建立了三个延伸出去的沿海社区，人口最多的时候也不足5000人。早前此处曾有来自北美的人类定居者，但在维京人到达之前，他们已经离开了。因此，新移民只需要与气候和饥荒做斗争。几个世纪以来，这些斯堪的纳维亚人的小群体一直居住在靠近大海的土地上，他们耕种和狩猎，与冰岛和其他地方保持联系，但他们一直处于边缘地位，当因纽特人穿过加拿大北部岛屿来到这里时，生存要求就更高了。到1450年，一切都结束了。最后的斯堪的纳维亚人不是灭绝了就是逃走了——事实如何还不清楚。有故事说，一些格陵兰人幸存下来，也许是在冰封的内陆，但后来的探险家们并没能找到他们，只发现了他们农场、房屋和教堂的废墟。

然而，冰岛在过去和现在都是一个特例，是人类迁徙故事中的异类。它是地球上最后几个没有原住民的重要大陆之一，在870年最初定居之后，也没有后续的大规模移民迁入。在不到一个世纪的时间里，后来者抱怨说，所有最好的农田都不见了。由于冰岛与世隔绝以及后来移民数量少，冰岛在遗传和文化上保有异乎寻常的高度连续性。①

议会民主——至少对自由人来说——是于930年在冰岛首次实行的，也是几乎所有挪威传奇写就的地方。这有助于形成一个浪漫的移民叙事，部分目的是促进旅游，在这种叙事中，冰岛（而不是北欧大陆的斯堪的纳维亚）是最好的维京文化的继承者。人们通常忘记了，870年的第一批定居者并不都是维京人。毫无疑问，他们是由现在的挪威的维京人领导的，但他们带来了许多在突袭中绑架的人，成为他们的妻子或奴隶，或者两者兼而有之。的确，对冰岛人活着或已死去的母系祖先进行的DNA研究表明，大多数冰岛女性移民不是斯堪的纳维亚人，而是来自苏格兰和爱尔兰的凯尔特人。

关于维京人大迁移的方向，比较有逻辑的解释是：就像挪威为北大西洋维京定居点提供了大部分移民一样，瑞典的维京人穿过波罗的海向东，穿过俄罗斯向南。他们的经历不大会有什么不同。这群现在通常被称为"伏尔加海盗（Volga Vikings）"的人并没有去探索新领地，他们在更广泛的人口中没有留下任何重要的遗传痕迹，也没有留下任何古老的维京人社区。他们去寻找银子，成为商人、敲诈勒索者和拜占庭皇帝的雇佣兵。不仅如此，他们还成了萌芽时期的俄国君主制的缔造者。

斯堪的纳维亚几乎没有自产的银子，而维京人需要它作为主要的可携带财富。当时银子的主要来源是阿拔斯帝国，它的银货币迪拉姆大致相当于中世纪世界的一种国际货币，这就是迪拉姆会在离阿拔斯首都数千千米的地方被北欧寻宝者挖出来的原因。维京人首先树立起贸易商的形象，出售奴隶和毛皮，建造小型定居点，这些定居点通常在他们需要拖船横跨乡村以便到达俄罗斯南部的大河处：第聂伯河（Dnieper）、顿河和伏尔加河。

---

① 新西兰最早是在14世纪初有人类定居，南极洲是另一个无人居住的大块领土。人们认为，在维京人之前，冰岛上住着一些爱尔兰基督教隐士，但他们没有家庭，也没有人在此永久定居。一个世纪后，当红胡子埃里克在冰岛出现时，几乎没有什么好土地了。从那以后，从基因上讲，直到最近才有些变化。还有一些后来的丹麦移民，但直到第二次世界大战前都没有人入侵，盟军不费一枪一炮就占领了该岛，并诞生了几百个一半美洲血统的冰岛人。在过去的二十年里，大量的移民迁入，到目前为止，最多的外国出生人口来自波兰。

然后，他们建立了更大的贸易点：诺夫哥罗德（Novgorod）作为北方的总部，然后基辅（Kiev）作为南方总部。它们被维京人留里克（Rurik）家族作为诸侯国统治。这个地区的维京人被称为"罗斯人（Rus）"，这个词的来源尚存有争议，但几乎可以肯定是"俄罗斯（Russia）"一词的来源。

就像维京人在穆斯林统治下的欧洲西部的安达卢西亚成为入侵者（和奶酪制造者）一样，他们也到达了欧洲东部靠近里海的穆斯林领地——一种北方新月形的维京势力，与穆斯林统治的南方新月重叠。在那个时期的阿拉伯文著作中，伏尔加河流域的维京人扮演着奴隶贩子和来自神秘北方的异国临时演员的角色。因此，例如来自巴格达 10 世纪的旅行者伊本·法德兰（Ibn Fadlan）偶然在伏尔加河岸上遇见了一个维京人营地，并宣称"我从未见过比他们更完美的身体；它们就像棕榈树一样"——这会是伊本·法德兰对维京人的唯一正面评价，他会接着说："他们是上帝最肮脏的造物。"

伊本·鲁斯塔（Ibn Rustah），一位与伊本·法德兰同时代的波斯人，却书写了截然不同的故事。他也赞赏维京人的身高和体格，但坚持要他们"善待他们的奴隶，给他们适当的衣服，因为对他们来说，他们可以成为贸易货品"。他说维京人"从不独自去小便，而总是带着 3 个同伴保护自己，手里拿着剑，因为他们彼此之间缺乏信任"。他没有提到他们的洗涤习惯，但确实指出他们的衣服总是干净的。很难核查这些描述，但其中肯定蕴含有一些讽刺的意味，因为这些描述的语气和内容与 19 世纪欧洲人对沙漠居民阿拉伯游牧民族的描述很相似。维京人，这些有着奇怪仪式的奇怪北方人，已经被异类化了。

维京人继续南行——到了 10 世纪，君士坦丁堡只居住着一小批雇佣兵——我们只能偶尔从维京人自己那里听到只言片语。比如其中一名士兵，他确实只留下了一个词。他在曾是君士坦丁堡大教堂的圣索菲亚大教堂涂鸦，就画在上层画廊的大理石栏杆上，用的是古代北欧的如尼符文（Runes）。栏杆太老旧了，已无法完全辨认内容，但"哈夫丹（Halfdan）"这个名字还可辨认。人们据此推测，完整的涂鸦文字应是"哈夫丹到此一游"。人们很容易就将这个哈夫丹联想成瓦兰吉卫队（Varangian）中一个闲极无聊的成员，即服务拜占庭皇帝的维京士兵。他们在格鲁吉亚、叙利亚、克里特岛和意大利作战，也花了很多时间在帝国首都闲逛。他们通过基辅来到此地，两个多世纪以来有数千人如此，其中许多人永远不会回返。

回到瑞典老家后，20多座为纪念那些为拜占庭而战死沙场的人的纪念碑有幸留存下来，上面刻着那些许久前就死去的人的名字，只有少数从君士坦丁堡衣锦还乡的富人。在瑞典哥特兰岛上发现的一块石头上，有关于维京人旅行癖最精简的证明，只有六个词，前两个是两个旅行者的名字，"奥米卡（Ormika）"和"厄夫瓦特（Ulfhvatr）"，接下来的四个词是他们的目的地：希腊、耶路撒冷、冰岛、阿拉伯。这很难不被看作赤裸裸的凡尔赛——奥米卡和厄夫瓦特只是在炫耀，就像现代的旅行者一样，他们试图游遍世界上每个国家。

对于那些喜欢短途旅行和即时回报的维京人来说，现今德国和荷兰的海岸线地区，当然还有英国，都别具吸引力。第一批来到英国的维京人根本不是移民，而是掠夺者、杀人犯、海盗和小偷，这或许最接近英语为母语的人士对维京人的刻板印象。事实上，我在学校里学到——当然是基于盎格鲁中心主义的——维京时代始于793年，维京人劫掠了位于英格兰东北海岸的林迪斯法恩圣岛（Holy Island of Lindisfarne）上的一家修道院，杀害了许多僧侣，卷走无数财宝。

英国人对维京人的负面态度主要源于这次和其他劫掠故事，而不是维京人如何控制和殖民于英国和爱尔兰大部分地区的这一更为复杂的故事。毕竟，维京移民统治都柏林几乎300年，统治奥克尼群岛（Orkney Islands）更久，而最后一个说挪威语的奥克尼人（Orcadian）19世纪才去世。在英格兰，维京人试图取代一个更古老的北欧移民群体——盎格鲁-撒克逊人（the Anglo-Saxons）。当计划失败后，双方领导人达成了一项协议，分享这个国家。

该协议约在886年达成，是在两个军阀——阿尔弗雷德大帝（Alfred the Great）和古特伦（Guthrum）——之间达成的。古特伦分裂了这个现在叫"英格兰"的国家。古特伦是个新近的移民，一位丹麦王子。与此同时，阿尔弗雷德将"盎格鲁-撒克逊"用在他的皇家头衔中，自豪地宣布他的移民血统。阿尔弗雷德的家族很可能来自现代德国和丹麦的边界地区，在英国已有近 400 年的历史。① 但盎格鲁 - 撒克逊人一直保留着他们的语言，几乎没有与以前的英国人口融合。事实上，两位和平缔造者说的是日耳曼语，阿尔弗雷德的祖先信奉与古特伦相同的神。② 也许他们之间最大的分歧是阿尔弗雷德是基督徒，而古特伦不是。但这种情况很快就改变了。作为和平条约的一部分，古特伦皈依并受洗，阿尔弗雷德是他的教父。维京人统治英格兰一半地区的第一个定居时期就此开始。这是一条对角线以北和以东的大片土地，从伦敦到利物浦，以约克为首都。丹麦法区（The Danelaw），作为维京移民统治的辖区而闻名，一直持续了 90 年。

20 世纪末在约克市中心的考古发掘，使英格兰的维京遗迹成了热门的旅游景点。购物中心下方的挖掘现场建造了一个游客中心，游客们可以乘坐地下缆车，穿越重建的维京时期的约克，领略城市景点和气息，沿途还配备机械维京人、他们的宠物和一些饥饿的老鼠。这是英国人对维京人态度软化的一部分体现。这里没有带角的头盔、没有强奸、没有掠夺，只有忙碌的工匠、店主和户主。

约克的实地挖掘表明，在丹麦法区统治时期，该市的人口急剧增长，与城市化相关的疾病也显著增多。对外贸易增加，维京人的珠宝和发型时尚也远播到移民社区之外。英格兰东部和北部的很多地方还有许多维京时代的名字，如那些以"by"或"thorpe"结尾的词。也正是在这一时期，大量简单词汇进入了英语：bag（袋子）、cake（蛋糕）、dirt（泥土）、egg（鸡蛋）、fog（雾）和 gift（礼物）等。

与英格兰的拉锯战一直持续到下一个千年。维京人在 954 年被驱逐，60 年后，当丹麦王子克努特（Canute）几乎掌控了整个国家时，维京人又卷土重来。克努特可能是第一个使用"英格兰国王"而不是"英国国王"头衔的人，

---

① 始于阿尔弗雷德统治时期的《盎格鲁 - 撒克逊编年史》，明确将他确定为征服移民的后裔，宣称他的就职发生在"396 年，他的族群第一次从不列颠人手中征服不列颠西撒克逊的土地起"。

② 古代的神的名字一直保留在盎格鲁 - 撒克逊语和英语中，用来表示一周中的每一天。根据阿尔弗雷德大帝的最后一位传记作者亚瑟所说，国王是"沃登（Woden）"的后裔，他的名字是我们今天"周三（Wednesday）"这个词的来源，他基本可以被认定就是北欧之神奥丁。

他的儿子直到 1042 年才被盎格鲁 - 撒克逊人推翻。① 这并不是维京人对英格兰兴趣的终结。在让人记忆深刻的一年里，维京人发起了一次，或者可以说是两次入侵。那一年是 1066 年，通常被持盎格鲁中心主义的历史学家们描述为维京时代的终结。事实上，可以说它只是标志着维京人的权势和影响力进入一个新的阶段，以及其与英国和欧洲其他王室盘根错节的纠缠。

这个版本的 1066 年的故事更加强调主角的维京根源。它始于挪威国王哈拉尔（Harald），很明显是维京人，那一年在英国的土地上，他被利箭穿喉。不要将他与哈罗德国王（Harold）混淆，哈罗德国王也在 1066 年死在英国的土地上，而是被利箭穿眼。哈拉尔国王，以"无情者哈拉尔"著称，有着相当不平凡的一生，在所有冰岛传奇中最惊险刺激的一个传奇中有所讲述。他是个王子、诗人、逃亡者、雇佣兵、骗子、暴君、移民，也是他所处时代旅行经历最丰富的人之一。哈拉尔曾住在君士坦丁堡，服役于瓦兰吉卫队，还曾居住在俄罗斯。在返回挪威继承王位前，他还娶了一位维京公主。在挪威统治了近 20 年后，他决定入侵不列颠，但这并不是一个明智的决定。②

当哈拉尔在约克郊外的斯坦福德桥战役中遇到哈罗德时，这次在这个皇帝的墓地被消灭的是挪威的哈拉尔。在此，所谓的维京人对英格兰的最后一次入侵结束了。但是这个故事仍有一两个维京人的翻转。不到一个月后，另一场更令人难忘的战斗在英国土地上演，在南部海岸的黑斯廷斯（Hastings）。战争的两个主人公：哈罗德再次出场，这一次他的实力被大大削减；以及"征服者"威廉，刚从法国来。是的，哈罗德和威廉也可能都被认为是维京人。首先是哈罗德，他总是被誉为英格兰最后一位盎格鲁 - 撒克逊国王，好像他母亲的维京血统无关紧要。她是斯堪的纳维亚人吉莎·索克尔斯多特尔（Gytha Thorkelsdóttir），一位丹麦公主，也是丹麦国王斯韦恩二世（Sweyn II）的姑姑，他在诺曼征服后两次试图入侵英格兰。

---

① 他统治的国家远不止英格兰。在写于 1027 年的一封信中，克努特将自己描述为英格兰、丹麦、挪威和部分瑞典人的国王，这一描述相当准确。

② 哈拉尔是奥拉夫的同父异母兄弟，奥拉夫后来成为挪威的守护神。当他的圣徒兄弟战死沙场时，15 岁的哈拉尔受了伤，并被带到森林中一个秘密的地方养伤。他随后逃离了他的祖国挪威，前往瑞典、俄罗斯和拜占庭帝国。后来他衣锦还乡，回到挪威，继承了他侄子的王位，统治挪威约 20 年。

因此，根据这个母系证据，我们甚至可以将哈罗德描述为英格兰最后一位维京国王——要不是有非常确凿的父系证据，将"征服者"威廉也描述为维京人的话。

关于威廉的维京血统最明显的线索是"诺曼"和"诺曼底"这两个词。诺曼人曾被称为"Nortmanni"，即"来自北方的人"，与英语单词"Norsemen（古斯堪的纳维亚人）"同源。威廉的曾曾曾祖父是一位名叫"罗洛（Rollo）"的维京掠夺者，他被法兰克国王招募，来保卫巴黎免受其他维京人的侵犯。911年，他在塞纳河两岸获得封地，这块领地很快基于它的新主人家乡的名字被命名为"诺曼底"。这个名字一直延续至今，在诺曼底还有数百个起源于斯堪的纳维亚的地名。与维京的那部分联系经常被人遗忘，只因罗洛和他的后代和同胞们很快就适应了当地的生活方式，皈依了基督教，改说法语，并与皇室联姻。①

因此，按照同样的逻辑，不仅英格兰的新国王是维京人，其他地方的诺曼统治者也是。诺曼人当然也旅行过——去统治南欧和中东的新王国。很难追踪无处不在的诺曼人，以及他们复杂的家谱。当"征服者"威廉成为英格兰国王时，他的同胞诺曼人罗伯特·吉斯卡尔（Robert Guiscard）——一个前雇佣兵——统治着意大利南部的大部分地区。罗伯特的儿子博希蒙德（Bohemond）参加了第一次十字军东征，成为安条克（Antioch，今土耳其东部）的统治者。博希蒙德的后裔统治着现今黎巴嫩的黎波里（Tripoli），直到13世纪末。

维京人移民——如果配得上这个名字的话——已经变得非常普遍，而且非常高贵。以那些俄罗斯维京统治者为例，就像诺曼底的维京人一样，他们适应了当地的生活方式。到了第三代，他们就采用了斯拉夫人的名字。"智者"雅罗斯拉夫——基辅大公，维京人留里克的第四代后裔，他的三个女儿嫁给了挪威、匈牙利和法国的国王，还有一个孙女嫁给了神圣罗马帝

---

① 最引人注目的是诺曼底的爱玛，她是罗洛的曾孙女，嫁给了两个互不相关的英国国王（埃塞尔雷德二世和克努特），并由此又生了两个英国国王（哈德克努特和"忏悔者"爱德华）。她也是"征服者"威廉的曾姑母。

国的皇帝。迁徙到俄罗斯的维京人移民后裔已经登峰造极，欧洲大多数现代王室的祖先都可以追溯到留里克。

在一个层面上，这个错综复杂的系谱网几乎没有什么实际意义，人们对维京人基因的四散只有一时的兴趣，因为雅罗斯拉夫、博希蒙德、"征服者"威廉，或英格兰的哈罗德是否真的是维京人，或者他们的 DNA 中有多少百分比可能是斯堪的纳维亚人，这并不起什么关键作用。[①] 但还有另两个重要的带伪装性的移民故事。

第一个是维京人及其后代成为中世纪所谓的贵族移民的核心部分。在中世纪，王后是外国人变得很正常，国王是外国人也很常见。对于想成为国王的人来说，最大的机会是在基督教世界的边境——在东欧，或者在夺回西班牙和葡萄牙上。十字军东征增加了这类的机会，特别是对次子或私生子来说，他们往往带着不可告人的动机前往中东。他们中的大多数一开始似乎真的相信将穆斯林统治者赶出基督教圣地的重要性，但是一旦他们到达那里，就变成了丑陋的掠夺者，建立几个由西欧人统治的十字军王国，花费大部分时间密谋推翻彼此。

第二个移民故事更具体地说是关于维京人的，但它也可以被视为反映了更广泛的移民经历。因为它的核心是一群人——来自北方的异教徒，他们被描述成不文明和残暴的野蛮人。在基督教的欧洲，人们对他们既鄙夷又恐惧。他们被纳入欧洲精英，成为"贵族"骨干的一部分。维京人及其后裔的军事能力无疑对他们的攀升成功至关重要，但同化也同样重要。在他们攀升的路上，他们放弃了奥丁[②]和托尔[③]以及所有以前信奉的神，也放弃了他们斯堪的纳维亚的姓名，放弃了他们的母语和习俗——他们几乎放弃了所有。

但这些昔日的维京人并没有完全忘记自己的历史，他们仍然为自己移

[①] 这个故事中还隐含着许多讽刺意味。维京人被誉为原始的北欧人，20世纪白人至上主义者将其称为最高级别的、最少被玷污的白人种族。而真正的维京人，当然对种族纯洁性几乎没有兴趣，而是投入了大量的精力强调与非北欧种族的混合。

[②] 北欧神话中的主神。——译者注

[③] 北欧神话中司雷、战争及农业的神。——译者注

民的过往感到自豪,乐此不疲地要求官方记述关于他们的祖先、北方异教根源的历史故事。因此,12世纪的盎格鲁-诺曼修道士奥德里克·维塔利斯(Orderic Vitalis)钦佩地将诺曼人描述为"未驯化的种族",他将包括西西里岛、安条克,以及英格兰和诺曼底的统治精英都归于诺曼人,形容他们"天生好战和勇敢"。他向他的读者解释说,"诺曼"这个词的本义是"北方的人",尤其指出诺曼底的罗洛是丹麦人。然后,仿佛在表演魔术一般,他通过给丹麦人,也就是诺曼人,赋予特洛伊的血统,又给他们叠加了一层更古老的祖先血统。奥德里克宣称丹麦人是达努斯的后裔,达努斯是特洛伊的安忒诺耳(帕多瓦神话的创始人)从前不为人知的儿子,他在《伊利亚特》和《埃涅阿斯纪》中都仅为次要角色。① 因此,通过这番神奇的操作,这些北方人——丹麦人、诺曼人、北欧人、维京人——随便你怎么称呼他们吧——摇身一变成了古代民族群体中受人尊敬的成员,他们也都是来自亚洲的移民。

后来所发生的事情是,罗洛和诺曼人,以及他们想象出来的特洛伊祖先,已经被硬加进了一个已有的贵族模板中,这几乎是那个时代司空见惯的事。新统治者宣告他们来自虚构的某种移民血统已经成为常态。维吉尔之后的中世纪,由于国家建设和自我扩张的需要,对特洛伊故事进行了扩充,以使新的统治者和新的王朝与罗马帝国第一代统治者有共同的祖先。正如埃涅阿斯据传创建了罗马,安忒诺耳建立了帕多瓦一样,更多的特洛伊人被认为是其他地方和其他族群的创建者,就像达努斯一样,他们的名字往往与特洛伊人的名字相匹配。

从7世纪开始,法国人就自称有特洛伊人血统。他们的特洛伊祖先被命名为"Francion(法兰西)",或"Francus(弗朗西斯)""Franco(弗朗科)"——有时是埃涅阿斯的侄子,在别处又说是普里阿摩斯的孙子——他们被认为穿越黑海,然后通过陆路穿越北欧,或者像埃涅阿斯那样乘船由地中海向西,而后建立了法国。20世纪有位研究人员统计,从中世纪早期

---

① 维吉尔首先声称安忒诺耳创立了帕多瓦。后来的作家将安忒诺耳的这个角色扩展到附近的威尼斯。帕多瓦有一座"安忒诺耳墓",是罗马晚期的石棺,在市中心的一个公共广场上高高地支起,为吸烟的学生提供了一个避雨的所在。

到文艺复兴晚期，这个故事竟然有 55 个法语版本。

其他人也纷纷效仿，特别是北欧小国的统治者：埃诺（Hainaut）、布拉班特（Brabant）、勃艮第（Burgundy）都声称自己有特洛伊人祖先。日内瓦也是如此，特洛伊人莱曼纳斯（Lemannus）是这座俯瞰着莱曼（Leman）湖的城市的创建者。奥斯曼人也不甘落后，至少他们可以标榜自己的地理位置是最接近特洛伊的。在 1453 年洗劫了君士坦丁堡后，这位奥斯曼苏丹据说曾前往特洛伊战争的遗址，并宣称自己是特洛伊的复仇者。在这些新特洛伊的幻想中，我最喜欢的是最简单的一个——由 15 世纪的科西嘉历史学家乔凡尼·德拉·格罗萨（Giovanni della Grossa）所提出的，他解释说科西嘉是由一个叫科索的特洛伊人建立的，他娶了狄多的一个叫西卡（Sica）的侄女。

英国人也声称自己承载了特洛伊人的传承，并对这个故事念念不忘。英国的版本比大多数其他关于特洛伊人祖先的幻想都要详尽，最早出现在 9 世纪由一位名叫内尼厄斯（Nennius）的威尔士修道士编纂的《不列颠史》中。他解释说，英国是以布鲁图斯（Brutus）的名字命名的，他是埃涅阿斯迄今不为人知的孙子。① 这个故事不断发酵和放大，到了 12 世纪，它已成为英国的一部史诗的第一部分，由蒙茅斯的传教士杰弗里（Geoffrey Of Monmouth）重述英国历史。这是一个幻想故事，以布鲁图斯的生活为开端，一直谈到李尔王（King Lear）、辛白林（Cymbeline）、亚瑟王（King Arthur）和盎格鲁-撒克逊人（Anglo Saxons）的到来（但在维京人即将出现之前戛然而止）。

首先，在杰弗里的故事版本中，特洛伊人布鲁图斯似乎受了诅咒。他出生在罗马，无意中致父母双亲死亡，因此被流放。他环游了地中海，进入大西洋，与一位不情愿的希腊女子结婚，并神奇地遇到了其他特洛伊人，其中包括他的新交的最好的朋友科里诺斯（Corineus）。此时，他们从法国向北驶向"最好的岛屿"，那里"除了几个巨人外"无人居住。他们杀死了所有的

---

① 内尼厄斯的叙述可能是由 7 世纪塞维利亚的伊西多尔（Isidore of Seville）的一句臭名昭著的言论引起的。圣伊西多尔经常被描述为古代世界的最后一位学者，他认为英国人被这么称呼是"因为他们是野兽（eo quod bruti sint）"。

巨人，并以布鲁图斯的名字将这个岛命名为"不列颠"，而它的西南角成了"康沃尔（Cornwall）"，以纪念科里诺斯。布鲁图斯在泰晤士河上建造了他的首都，并称它为"特罗亚诺瓦（Troia Nova）"或"新特洛伊（New Troy）"，现在更广为人知的名字是"伦敦"。布鲁图斯统治英国 23 年，他的三个儿子分别继承了他王国的一部分，大体相当于现在的英格兰、苏格兰和威尔士。

这个故事有好几十个版本，最终都基于杰弗里的故事。其中大多数都着重强调在布鲁图斯出现之前，英国除巨人外无人居住，并主张英国移民身份要早于后来的罗马人、盎格鲁-撒克逊人和诺曼人。最早的版本中有一个是泽西的韦斯（Wace of Jersey）[①]用古法语写的《布鲁特传奇》（*Roman de Brut*）[②]，以及一位名叫莱阿门（Layamon）的牧师写的一首 16 000 行的中世纪英语诗，他出人意料地把这首诗简洁地命名为《布鲁特》（*Brut*）。布鲁图斯的故事也出现在斯宾塞（Spenser）的长篇史诗《仙后》（*The Faerie Queene*）和一部名为《洛克林的悲剧》（*The Lamentable Tragedy of Locrine*）的戏剧中。这部戏剧多年来一直被奇怪地认为是莎士比亚的作品。弥尔顿甚至以黛安娜女神的预言形式，书写布鲁图斯对帝国创始做出的贡献：

> 布鲁图斯，远在西边，在海洋的广袤之地，
> 越过高卢王国，那里有一片土地，
> 海水环绕，昔日巨人居住的地方，
> 现在空无一物，它适合你的人民，转向那里
> 在那里，你将找到一个永久的居所，
> 在那里，你的子孙中又会出现一个特洛伊，
> 国王将从你们中诞生，令人畏惧的力量，
> 会征服世界，令各国臣服。
> 对于布鲁特的血脉，这个岛的王，

---

① 他还写了《罗洛传奇》（*Roman de Rou*），描述了维京人罗洛的起源。"鲁（Rou）"是罗洛名字的法语版本，这使他成了鲁昂市（Rouen）的创建者。

② 布鲁特即布鲁图斯。——译者注。

整个大地都将臣服。

当亚历山大·波普（Alexander Pope）考虑基于《埃涅阿斯纪》的史诗蓝本，写一本关于布鲁图斯的故事时，这一任务却由两位被遗忘了很久的名气稍小的诗人承担下来。曾以提出"耶稣是否曾到过英国"这个问题闻名的威廉·布莱克（William Blake）①也被特洛伊的布鲁图斯的故事所吸引，他在《特洛伊人的儿子布鲁图斯》（*O Sons of Trojan Brutus*）一诗中，对英国的起源表现出了鲜明的浪漫主义情怀，还描画了布鲁图斯和其战友在英国土地登陆的情景。

在近代，这个故事——就像英国的以色列人的故事一样——只在一小群怪异的人和幻想者中流行。布鲁图斯的神话以及英国人的特洛伊祖先，已在很大程度上被忽视或遗忘了，甚至在史书上也鲜少被提及，这是一种耻辱和损失。倒不是因为有任何证据能表明这些都是史实，而是因为它能告诉我们那个时期对待移民的态度。它还再度提醒我们，颂扬而非否认一个人的移民历史，曾经是件多么正常的事。英国人是来自现今土耳其人的后裔这个概念，尽管癫狂，但可能会令人感到真正的自豪。②

这个故事仅有一小部分得以流传下来，但仅与布鲁图斯据传的登陆地点有关。蒙茅斯的杰弗里描述得很清楚："身后带着风，他找寻着应许之岛屿，并在托特尼斯（Totnes）上岸。"布鲁图斯更现代的双行体诗也如是说：

我坐在此地，在这里将息，
这个小镇应被称为托特尼斯。

---

① 这是他在现为人知的《耶路撒冷》这首诗中提出的问题。这首诗在1916年被谱了曲，此后成为英国的非官方国歌。
② 事实上可能确实如此。从非洲到欧洲最可能的迁徙路线确要途经土耳其，但这样一来，这比特洛伊的可能日期要提早几万年，比尼安德特人则要早几十万年。当然，英国与土耳其之间还有其他重要的联系，包括生于斯和逝于斯的圣乔治（St George），以及英国第55任首相鲍里斯·约翰逊（Boris Johnson）。鲍里斯的曾祖父阿里·凯末尔（Ali Kemal）曾任奥斯曼帝国的内政大臣，在土耳其共和国早期被施以私刑处死。其子奥斯曼（后被称为"威尔弗雷德"）住在英格兰，将姓氏改为他母亲的婚前姓氏"约翰逊"。

托特尼斯镇有 8000 人口，位于英格兰西南部。其并非海滨小镇，而是地处达特河（River Dart）上游约 13 千米处。达特河河面宽阔，可通航，托特尼斯镇又不受潮汐影响，所以可能一些古老的船只确实能沿河而上。

　　托特尼斯镇坐落在河边的一座小山上，在半山腰的大街上，一块不显眼的石头嵌在人行道上，标注着布鲁图斯据传登陆的地点。墙上画着一个标识，指向布鲁图斯的标注石。但如果我没有往一个遮住了标识和标注石的垃圾箱后面看的话，我肯定会把这两个都错过的。我的一个在托特尼斯生活了一辈子的朋友并不知道这块石头的存在，所以很难不得出这样的一个结论：布鲁图斯的标注石是英国最不具吸引力景点的有力竞争者。托特尼斯镇曾为与特洛伊有关联而自豪，但现在布鲁图斯几乎被遗忘殆尽。今天，这座小镇作为"西南反主流文化之都"享有更现代的声誉，无须预约的冥想、"新月仪式"出现在镇周边的广告牌上。人们喜欢说，托特尼斯和纳尼亚①齐名了。

　　托特尼斯最近又重上了新闻。一名当地律师，也是英国脱欧的反对者乔纳森·库珀（Jonathan Cooper），宣布托特尼斯为一个独立的城市国家，与英国其他地区不同，托特尼斯将留在欧盟。他站在街头，向所有愿意宣誓效忠欧盟的路人分发托特尼斯护照。②还有专门给宠物的特殊护照。

　　托特尼斯护照使得布鲁图斯回到了不列颠的故事中。因为在每本护照的内页——已发出了 1000 多本——都有一个大胡子战士的形象，他戴着一顶装饰华丽的头盔，在他图像旁边印着"BRVTVS"③字样。库珀的独立主张基于这样一个论点：因为托特尼斯岛是由特洛伊人布鲁图斯建立的，所以托特尼斯人实际上是特洛伊居民，因此他们可以脱离英国，继续作为欧盟的一分子。当然这都是无稽之谈，反而有恶意颠覆之意，此举也给托特尼斯镇和英国的传奇创建人——特洛伊人布鲁图斯带来了诸多知名度。

---

① 一个魔幻世界。——译者注
② 宣誓词为："我们效忠欧盟，并承诺遵守和促进它所基于的普世价值观，如同情、忠诚、创造、利他、勤奋和热爱和平的承诺，尊重所有有感觉的生物。"
③ 实际上是"BRUTUS"，即布鲁图斯。——译者注

第五次中场休息
我的出生地

地名既能隐藏些东西，也能暴露些东西。在许多地名的背后，都是移民的故事，只是几乎被遗忘过半了。其中有些是显而易见的，但奇怪的是，人们竟没有注意到，好像日复一日的重复会驱赶原有的含义，比如：新英格兰、纽芬兰、新南威尔士、新泽西、新喀里多尼亚（New Caledonia）。另一些则需要进一步的阐释，如：诺曼底、俄罗斯、伦巴第、卡塔赫纳。这些地名中的每一个，都与移民相伴相生。他们怀念自己的故国，但又通常强大到足以将这种怀旧之情转加给此时身旁的人。当然，情况也并非总是如此：犹太人城镇、小印度和小意大利①就并没有很强大，这些地名有时会被用来描述贫民区。这些地名应有助于提醒我们，自古以来，人类是如何希望或被期望依据自己的出生地或祖先来定义自我的。

现代移民和他们的后代经常会被问到他们来自哪里，当他们回答"伦敦""巴黎"或"纽约"后，他们有时又会被问道："但最初是来自哪里呢？"曾几何时，我出于好奇心，和对民族融合的一种天真的旧式喜悦，也问过这种问题。可悲的是，这个问题已经被武器化了，尤其是当提问者是白人，而被问者是非白种人的时候。因为提问者可以是个种族主义者，希望借提问引出这方面信息，然后叫回答者"回家去"。所以我忍住不发问，或者找其他的方式来获取我想知道的东西。

在旅途中，我也被问到过这个问题，但作为一个没有面临过严重种族

---

① 小印度是新加坡印度族群的聚居地。小意大利是一个大城市中间的意大利人聚居区。——译者注

偏见的白人，我在这里的经历是非常不同的——也不太可能有人为了表达种族主义观点，而向我提出这个问题。然而出于一些我需要解释的原因，这个问题让我感到焦虑。

你看，从语义上讲，做英国人并不容易。当我被问到我从哪儿来的时候，我愚顽地挣扎着，发现自己给出了各式各样的答案，因为所有可能被用来描述我出生的大地的词——就举五例来说吧：不列颠、大不列颠、英格兰、联合王国和不列颠群岛——都是些不精准的典范，在特定的语境中，其含义会被扭曲。

以"England（英格兰）"和"English（英语）"为例，它们在时间和距离上都远离了它们远古的日耳曼语家园。在塔西佗的《日耳曼尼亚志》中，英格兰部落被第一次提及，只过了几个世纪后，他们作为盎格鲁人再次出现，此时是随撒克逊人和朱特人一起跨越北海迁徙的一部分。朱特人很快就在词汇上被抛到了一边，撒克逊人则定格在后来的英国历史中，被当作"盎格鲁-撒克逊"的后半部分而铭记，也被留存在像"苏塞克斯"这样的古老地名里。① 盎格鲁人在语言问题上超越了其他的迁徙同胞，盎格鲁的领地就成了英格兰。

与此同时，"English"一词也成了形容词，同时也是一种新语言的名称，这种语言在法语和挪威语中有大量借用。到了近代，英语已经传播得很远很广，所以现在说英语的人中只有少数是英格兰人。所有这些都引发了一些愤怒和困惑，尤其是对那些与英格兰人共享一个岛屿的说英语的人，即苏格兰人和威尔士人，他们不断地被称作英格兰人，当他们提出异议时，却被告知在某种程度上，苏格兰人或威尔士人是英格兰人的一个分支。

---

① 但朱特人在其他地方被记住了：有个地方叫"日德兰半岛（Jutland）"，构成丹麦大陆，并延伸入德国北部；常见的芬兰姓氏"尤蒂莱南（Juutilainen）"，被认为是指日德兰半岛移民的后裔。除了三个英格兰郡和一个前王国和现在的公国——威塞克斯（Wessex）之外，撒克逊人在英国以"撒克逊人（Sassenach）"为名头，这是苏格兰盖尔语对英国人古老的、隐含贬义的称呼；它也作为"萨克森·科堡·哥达王朝（Saxe-Coburg-Gotha）"名称的一部分出现，该王朝在最近的1909年时，还是英国、葡萄牙、比利时和保加利亚四个欧洲国家的统治者；还有三个德国现代化的州——覆盖了从北海到捷克边境的大片区域——均有"萨克森（Saxony）"作为它们名字中的一部分。

我的父亲来自苏格兰，这只是我不把自己称为英国人的几个原因之一，其他原因更为复杂，更关乎文化和心理。部分是因为我在英国从来没有真正感受到家的感觉，就好像我不属于那里，我出生在了错误的国家似的，几乎就像其他有些人觉得他们的性别生错了一样。

那么，"Britain（英国）"呢？它就更加令人困惑了。根据我的护照来看，我是个英国人，所以你可能会认为我来自英国。可以说对，也可以说不对，这确实是有点乱。问题在于，无论是在法律上，还是作为一个地理或政治实体的有效描述，英国并不真正存在。"英国"是个模糊的概念，其含义多年来一直飘忽不定——它已经和形容词"British"处于半脱离状态了。"Britain"一词的变体，第一次出现是在现在已经失传，但曾被广泛引用的来自马赛的皮西亚斯的著作中，包括欧洲西北海岸的两个大岛。后来的古典时期的作家，如希腊-埃及地理学家托勒密，将大不列颠，或叫"梅加莱·布列塔尼亚（megale Bretannia）"——指最大的岛屿（所谓的"大"是指大小，而不是伟大）——和"米克拉·布列塔尼亚（mikra Bretannia）"，或称小不列颠——指的是爱尔兰，区分开来。① 但到了蒙茅斯的杰弗里时代，被称为"小不列颠"的已不再是爱尔兰了，而是法国的布列塔尼（Brittany）地区。

大不列颠作为对最大的一个岛屿的地理描述存在下来，但它不是个政治单位，自身并没有形容词——没有人会声称自己是大不列颠人。大不列颠没有议会，没有运动队，没有官方地位。② 它经常被用作英国、政体、政权的简写，其官方的正式名称是"大不列颠及北爱尔兰联合王国"。有时这会引发争议，特别是当英国在奥运会上的代表队采用"不列颠队"的新名称时，曾引起北爱尔兰的一些严厉批评。

那么，"British（英国的）"呢？嗯，它被广泛用作描述性的词，放在

---

① 托勒密在别处将这两个岛屿称为"阿尔比恩（Albion）"和"希伯尼亚（Hibernia）"，这两个名字在诗歌中、浪漫主义的想象中和足球队的名称中一直存在。

② 在18世纪的大部分时间里，它确实作为一个独立主权国家存在。大不列颠于1707年由苏格兰和英格兰（包括威尔士）通过《联合法案》成立，并于1801年被"大不列颠及北爱尔兰联合王国"取代。

帝国、近卫兵、航空公司、护照、政府这些词之前。但事实上，在大多数情况下，它已经成为一个流传下来的形容词——不是不列颠的，也不是大不列颠的，而是联合王国的。偶尔有人试图赋予"British"一个更宽广的、涵盖所有岛屿的含义，就像"British Isles（不列颠群岛）"一词一样。但是出于历史和逻辑的原因，它不为许多爱尔兰人所接受——在我看来，爱尔兰人对一个寻求将他们包含在内的术语应该有否决权。因此，实际上，对于许多英国人称"不列颠群岛"的岛屿群，并没有一个通用的词，一些学者已经开始使用"Atlantic archipelago（大西洋群岛）"，其他人则使用"Britain and Ireland（不列颠和爱尔兰）"的提法。我发现如果没有这个表述，这篇中场休息便很难写就。

最后一个问题是关于"我是什么？"的种种。对于大多数国家来说，都有一个英语名词来描述其居民：西班牙人、俄罗斯人、印度人。对于联合王国的居民来说，有三个这样的词，都与那个借来的形容词"British"有关，而且它们都有不尽如人意之处。首先，"Briton（英国人）"这个词，通常被用作描述古代不列颠人，听起来既古老又实用；其次，有"Brit（英国人）"这个词，很多美国人（关于"美国人"这个词还有更多的说法）都用它，但它在英国本土从来也没能盛行起来，除非是用于非正式的或自我贬低的语境中；最后一个是"Britisher（英国人）"，这个词总是让我发笑，但至今在南亚仍被广泛使用。

所以我要说什么呢？现如今，我喜欢说我来自伦敦，这是事实，因为我确实在那里出生。伦敦又足够有名、足够具体，不需要更多的解释，但奇怪的是，在印度却行不通。当我告诉老一辈的印度人我来自伦敦时，我经常会被问："严格意义上的伦敦吗？"对此，我的回答很简单："是的。"但我现在意识到，我不太确定他们到底在问我什么。他们是想确认我没有把伦敦作为一个转喻，或作为英格兰或联合王国的替代词，就像人们在提到布鲁塞尔但意指欧盟，或在提到苏格兰场其实意思是伦敦警察时一样？还是他们想确认我不是从郊区来的？

第六章

热那亚、哥伦布和泰诺

第六章 热那亚、哥伦布和泰诺

意大利西部的港口城市热那亚是克里斯托弗·哥伦布的出生地。他的大西洋漫游最终成为所有现代人类迁徙中最宏大的一次：数以百万计的人，有的情愿、有的不情愿，均跨越到今天已为人所知的并不精准的"美洲"。在热那亚，人们可以造访哥伦布的故居，这个景点几乎和布鲁图斯的指示石一样让人提不起兴趣。这是一座破旧的两层建筑（3欧元即可进入），位于旧城墙附近，里面几乎什么也没有，只有两个穿着随意的人体模型和一张摆满了假水果的桌子。这座房子也是个赝品，建于18世纪，建在可能是当年哥伦布出生的地方。这座悲伤的老建筑于1892年被选来"代表"他的故居，作为对他第一次横渡大西洋之旅400周年庆的一部分。

哥伦布的房子和里面的东西并不是热那亚唯一的赝品，当然也不是最古老的赝品。在中世纪大教堂的地窖里，人们可以找到施洗者约翰的遗骨，曾盛着他的头献给萨洛米的盘子，耶稣被钉在上面的十字架上的一块木片，还有几缕圣母玛利亚的头发。最棒的是圣杯，那是一个六角形的绿色食器，耶稣和他的使徒们在"最后的晚餐"中用它饮酒。在第一次十字军东征期间（1096—1099），圣杯和其他许多文物被士兵们从圣地拿走，卖给热那亚商人，或被他们偷走——士兵们可能是太容易上当受骗了。

第一次十字军东征是热那亚同时作为重要的地方和要离开的地方的故事的真正开始。这座城市——以及东部和西部狭长的海岸线——被群山环绕，对许多热那亚人来说，最好的发展机会就是成为海上商人和海盗，或者另觅新的地方定居。他们很快发现他们可以快速致富。因此，在中世纪后期，热那亚及其沿海腹地的人在地中海和黑海建立了一个繁荣的贸易帝国，在奴隶贸易和黑死病传入欧洲的过程中发挥了主导作用。热那亚人尝试了不同形式的殖民控制，他们以热那亚公民身份或用外来身份稍加掩饰，出现在从十字军东征到欧洲征服美洲的几乎所有重大事件中。

热那亚城在第一次十字军东征之前就已经存在了。事实上，据说它是由另一个名叫雅努斯（Janus）的特洛伊移民创建的。① 但热那亚在罗马帝国时期并没有发挥任何重要作用，直到 11 世纪，它才从历史的萧条中脱颖而出。正是它在第一次十字军东征中发挥的关键经济和海军军事作用，使其摇身跃升为欧洲强国。热那亚在其主要的地方竞争对手威尼斯和比萨之前，率先加入了十字军东征，并因此收获了领土立足点和宗教文物。例如，那个高度可疑的圣杯，② 就是由一位名叫古列尔莫·恩布里亚科（Guglielmo Embriaco）的热那亚商人赠送给这座城市的，他最近刚被封为吉布里特勋爵。恩布里亚科让人们拆了他的船只，以建造攻城塔，占领耶路撒冷。他的义举为他赢得了十字军同伴的奖励——黎巴嫩海岸吉布里特的封地，他和他的后代在那里生活了两百年。

包括耶路撒冷和安条克在内的中东城市的一部分，被划分给了热那亚人，这些微型殖民地成为一小群移民的贸易驿站和家园。例如，在安条克，他们被新晋诺曼君主博希蒙德赐予了 1 座教堂、1 个仓库、1 口井和 30 间房子；在耶路撒冷和阿卡古城（Acre），威尼斯人和比萨人也在城内拥有界

---

① 不是那个古罗马的双面神雅努斯。虽然人们常说热那亚的确面临两个方向：东方和西方，或换种说法，面向大海和面向陆地。

② 圣杯，或称"中世纪圣名（Sacro Catino）"，它的缘起是让人惊叹的。任何现存的艺术品都不可能有这样令人印象深刻或难以置信的背景故事。据说它是用一块翡翠雕刻而成的——当路西法被赶出天堂时，那块绿宝石从他的头巾上掉落。后来，亚当和夏娃在伊甸园里也用了它，它又被示巴女王送给所罗门，然后它出现在了"最后的晚餐"上，最终到了热那亚。再后来，拿破仑的军队在 19 世纪早期把它带到了巴黎，经检测发现它是由玻璃制成的。在返回热那亚的路上，它被摔成碎片。人们笨拙地将它拼合起来后，发现中间缺失了一片。它最近得以修复，丢失的一片也被补全。近期对玻璃的化学分析表明，它是在美索不达米亚被制造的。

线明确的飞地①，因为意大利人的城邦此时已为争夺地中海的贸易主导权，陷入了痛苦而经常性的暴力竞争，竞争持续了几个世纪。

在那几个世纪里，热那亚共和国获得和失去了许多领土。它最重要和最持久的中世纪定居点是沿着伏尔加维京人所熟知的贸易路线，从现在的俄罗斯和乌克兰到君士坦丁堡，以及其以外的地方。例如，卡法（Kaffa）曾经是热那亚最重要的黑海领地，现在是费奥多西亚（Feodosia）的低端海滩度假胜地，热那亚一座摇摇欲坠的城垛仍然可以俯瞰它的港口。见多识广的柏柏尔穆斯林学者伊本·巴图塔（Ibn Battuta）在14世纪30年代到过卡法，他称卡法是：

> 一座伟大的沿海城市，住着基督徒，大多居民是热那亚人……我们看到了一个美丽的港口，拥有大约200艘船只，其中既有战舰，也有小型和大型贸易船，因为它是世界著名的港口之一。

15年后，"黑死病"来了。这种瘟疫很可能起源于东方，是由满身跳蚤的老鼠传播的，已经感染了亚洲的大部分地区。不久以后，老鼠和它们身上的跳蚤还有黑死病，乘着热那亚的航船穿过地中海，先是前往西西里岛，然后抵达了欧洲的其他地方，所到之处有三分之一到一半的人口死亡。

卡法在围困中得以幸存，也从瘟疫中恢复过来。到15世纪30年代，安达卢西亚旅行者佩罗·塔弗尔（Pero Tafur）宣称，这个城市"和塞维利亚一样大，或者更大，有两倍于它的居民"。他还在那里发现了很多部族，所以对瘟疫没有卷土重来感到惊讶。他还宣称，在卡法，热那亚人贩卖的奴隶——包括男性和女性，比世界上任何其他地方都多。他感到大为震惊的是：

> 卖家让奴隶们脱光衣服，无论男女，再给他们披件毛毡斗篷，

---

① 即某一特定人群的聚居地。——译者注

上面标着价钱。之后，脱下他们身上的遮盖物，让他们来回走动，以展示他们的身体是否有缺陷。

这并没有妨碍塔弗尔给自己买了三个奴隶，两女一男，他们现在和他在科尔多瓦的家里。我们不知道他们的名字，对他们的生活也不得而知。

奴隶、毛皮、小麦，以及鱼子酱——欧洲的新晋奢侈品——被带到卡法和热那亚的其他黑海殖民地市场，在那里被卖给商人们。商人们在君士坦丁堡用船将货品拉走。在君士坦丁堡北郊，穿过被称为"金角湾（Golden Horn）"的河流，就到了热那亚的另一个殖民地佩拉（Pera），这里占地37公顷。此后进入地中海，那里再一次可见一些长期的热那亚殖民地：大陆上的福西亚和临近的希俄斯岛（Chios）。再从那里去往热那亚，或者去地中海上几十个大西洋港口中的一个，或者穿过英吉利海峡进入北海。

这些热那亚殖民地和定居点（两者的区别并不总是很明显）与他们的母国有一系列不同的关系——通常最接近于古希腊提供的松散模式，其中许多地区在很大程度上独立于热那亚，由一位王子或一群热那亚权贵统治。① 这里很重要的一点是，对于志向远大的热那亚年轻男子来说，移居是正常的——不管是永久移民，还是为了达成赚取财富，衣锦回热那亚的目标——当欧洲殖民主义在16世纪开始蓬勃发展时，这种生活选择就会一再回响。但与维京人不同的是，他们不太可能被当地人口同化。从我们对他们定居点的了解来看，这些移民往往在他们去的任何地方，都会建立起小的热那亚定居点。13世纪用热那亚方言写成的一首韵律诗应该能反映这一思想：②

热那亚有那么多人

---

① 举例来说，希俄斯岛是以公司的模式实施管理的，公司的股票为一群热那亚投资者所持有，类似于后来被东印度公司采用的模式。

② 同一位诗人——被称为"热那亚匿名者"的——也建议，在离开热那亚之前，旅行者们应先写下遗嘱。

> 分布在世界各地
> 无论他们身处哪里
> 都会再建一个热那亚在当地

小热那亚可以采取不同的形式，不仅仅是殖民地一种形式。热那亚人统治着当地人，有时只是到处冒出的一个个小商人社区，从伦敦、布鲁日（Bruges）到加的斯和突尼斯、亚历山大港（Alexandria），以及再延展向东，小热那亚几乎遍地开花——但在这一点上，它们并不是独一无二的。举例来说，犹太人有更广阔的贸易网，当犹太人被屠杀或被驱逐出特定的领地时，热那亚人有时会踏入一片真空领地，这种事在中世纪的西欧屡屡发生。

威尼斯在东地中海也有许多类似的定居点。一位名叫马可·波罗的威尼斯商人成了那个时期最著名的欧洲探险家，还曾在13世纪时到过中国。但我们从东行的旅行者的叙述中得知，他们经常发现，当他们以商人、传教士或外交官的身份到达一处时，热那亚人已经在那里了。马可·波罗在波斯城市大不里士（Tabriz）曾偶遇热那亚商人，而佩鲁贾（Perugia）的传教士安德鲁提到，遇到热那亚商人的那个中国港口，现在被称为"泉州"。

热那亚人也曾向西行，其中一些进入了未知的领地。1291年，即在哥伦布开始类似旅程的201年前，维瓦尔第兄弟乘着两艘船进入大西洋，试图到达印度。他们从此便再无音信。一代人之后，兰斯洛托·马洛切洛（Lancelotto Malocello）"发现"了兰萨罗特岛（Lanzarote）——那里已经居住着柏柏尔移民的后裔，他用与自己名字类似的西班牙语版本命名了这个岛。据说他一直在寻找维瓦尔第兄弟的下落。15世纪早期，一位前往西非马里帝国（Malian Empire）的热那亚旅行者认为，他在非洲海岸证实了维瓦尔第后裔的存在，而在热那亚长大的哥伦布会被告知关于维瓦尔第兄弟的故事。

到15世纪末，最有影响力的热那亚移民社区是西班牙的城市塞维利亚，他们在那里经年累月地已被同化。塞维利亚位于内陆近70千米的通航河流上，控制着地中海和大西洋之间的大部分海上交通，对北欧至关重要，在 15 世纪对非洲和美洲也非常重要。自从 13 世纪这座城市最后的穆斯林统治者统治以来，热那亚人在塞维利亚已经有相当长的时间了。当基督教统治回归西班牙大部分地区时，热那亚人在这座城市获得了特权。此举激怒了来自法国、英格兰和加泰罗尼亚的其他外国人群体。①

　　一打以上的著名热那亚贸易家族成员在塞维利亚定居下来，他们中的一些人与当地家庭通婚，转而从事其他职业：银行家、海军军官、城市官员，甚至是皇家财务主管。他们在这里的融合程度比在别处都高。根据一位现代历史学家的说法，塞维利亚四分之三的贵族都具有热那亚人的姓氏，他们的影响力遍及整个国家，遍布所有的主要港口城市，甚至波及与他们通婚的皇家宫廷中的君主——卡斯蒂利亚的伊莎贝拉（Isabella of Castile）和阿拉贡的费迪南（Ferdinand of Aragon）。强大的热那亚移民在西班牙政治和经济精英群体中的存在，使得一位热那亚织布工的儿子更容易吸引皇室支持他横渡大西洋寻找印度的雄心勃勃的计划。热那亚人的长期存在，也使得君主们更容易将其他成功的少数民族社区驱逐出去。

　　西班牙在 15 世纪下半叶一直处于变化之中，在经历了几个世纪的分裂之后，找到一个新的身份既是一个想法，也是一个政治现实。这个曾经是欧洲最多元文化的国家的新统治者开始力行统一，这迫使许多人——主要是犹太人和穆斯林，要不皈依，要不就移民。伊莎贝拉女王和费迪南国王是西班牙最大的两个王国的继承人，他们渴望扩张自己的领土，并将基督教的罗马天主教版本传播到新的领地上。在这一点上，他们得到了一系列教皇的支持——连续两任出生于热那亚的教皇，和紧接下来的一位出生于西班牙的教皇。他们对君主的这一计划均持友好态度。

　　1492 年是西班牙历史上至关重要的一年，也是移民史上的关键一年。这不仅仅是因为哥伦布和那三艘船——尼娜号（Niña）、平塔号（Pinta）

---

① 热那亚人拥有自己的聚居区，或称"巴里奥（barrio）"，其中有一个贸易公司，一个码头，一所教堂，一个公共浴室，和一个公共烤箱。他们被免除税务，除谋杀这样的严重犯罪行为外被允许自治，如果其他热那亚公民犯下海盗行为，他们可以免于受牵连等。

和圣玛丽亚号（Santa Maria），于当年 8 月从塞维利亚以西的帕洛斯（Palos）启航，还因为当年发生了两件大事，其影响将持续几个世纪之久。1 月，西欧的最后一个穆斯林前哨站——格拉纳达王国（Emirate of Granada），向伊莎贝拉和费迪南的军队投降。这一年是第一批穆斯林到达西班牙后的 780 年。穆罕默德十二世埃米尔是来自麦地那的移民的后代，在西方基督教中被称为"布阿卜迪勒（Boabdil）"，或"最后的摩尔人"。他的政权被推翻，他被流放到摩洛哥。成千上万的穆斯林逃离格拉纳达，或皈依基督教。

驱逐西班牙的犹太人则更为引人注目。犹太人曾经享有类似热那亚人的特权地位，但在 1492 年 5 月，历经数十年的迫害后，他们被下令要么皈依，要么离开西班牙。据认为，当时大约有 15 万犹太人逃离，还有更多的犹太人皈依——尽管成为改宗犹太人，他们仍然是被迫害的目标。那些逃离的犹太人只被允许携带点私人物品，然后就慌忙四散奔逃。

那些逃往基督教国家的犹太人往往过得异常糟糕。逃往邻国葡萄牙的犹太人人数众多，他们面临着进一步的迫害，包括被迫皈依和奴役。在葡萄牙的犹太难民的孩子们大批量地皈依基督教，其中还有数百个孩子被迫移民。作为未成年移民，他们被运送到以前无人居住的非洲圣多美岛（São Tomé）上。西班牙的犹太人在北非和奥斯曼帝国受到了最热烈的欢迎。在那里，他们建立了自己的塞法迪犹太人社区（Sephardic Jewish communities），并在这些穆斯林占多数的国家里繁荣发展。直到 20 世纪下半叶，他们中的大多数人再次背井离乡，其中许多人去了以色列。

至于 1492 年发生的另一件事，是第一次横渡大西洋，以及 10 月 12 日三艘西班牙小船抵达加勒比海，他们在那里受到了迷人而友好的当地人的欢迎。我们有可能把这一幕看作是良好的，甚至是田园诗般的开局，但它即将发展成一场狰狞可怖的移民悲剧。因为在最广泛的层面上，这是一部延续多世纪、跨洲的历史剧的序曲。剧中第一季，一群移民来到一个新大陆，导致该大陆原住人口的大规模消亡；第二季中，数百万来自第三大陆的人被奴役，并被运来取代和补充那些原住民。再过几季情况也不会好转多少。细品前面几季，就像我现在要做的一样，会发现情况比预想的要复杂得多——但同样悲惨，而且往往荒唐。

先说哥伦布。他不仅仅是个移民，也许还是个航海游牧民族。自从他14岁离开热那亚以后，他一直在海上流浪，曾航行到地中海东部，又到了非洲西海岸的群岛，再向北到大西洋，继而最远到达了冰岛。他勇敢而固执，是一位才华横溢的航海家。他最希望的是变得富有和声名显赫，从而达到成功。人们对他的家庭生活知之甚少，只知道他娶了一个葡萄牙女人，她住在马德拉（Madeira）附近的岛上；他还在科尔多瓦有一个长期的情妇。历史上既没有关于哥伦布拥有房产的记载，也没有他在一段时期内定居的记录。

当哥伦布不在海上航行时，他就在陆路旅行，试图从西班牙君主（他们没有首都，于是在自己的王国内，作为陆地游牧民族四处游移①）或里斯本的葡萄牙国王那里，为他提议的跨大西洋探险筹集资金。当君主们没有表现出足够的兴趣时，他便派他的兄弟北上，试图获取法国和英国的支持。最终，西班牙的君主们由于特别关注葡萄牙在大西洋的影响力以及非洲通往亚洲的海上航线，便对哥伦布的计划给予了适度的支持，塞维利亚的银行家们也给予了哥伦布少量的支持。

哥伦布认为古希腊人和古罗马人是错误的，世界的周长比他们计算的要小得多，所以从欧洲向西航行到亚洲要相对容易得多。他此行的主要目的是开辟一条新的贸易路线，而不是开拓新的定居点。哥伦布并不完全清楚他的目的地。他读过马可·波罗的《马可·波罗游记》，其中谈到了很多关于去印度和东印度群岛的事。这些地名在15世纪的含义远比今天

---

① 伊莎贝拉和费迪南一生中的大部分时间都在移动中度过，与庞大的随从队伍一起奢侈地旅行，以此作为统一领地的手段，确保替代权力中心无法出现。

广泛和模糊，经常用来形容我们所认为的亚洲的大部分地区。哥伦布还谈到了去中国旅行的事，并带着一封西班牙君主写给可汗的信。可汗是马可·波罗时代蒙古统治者的头衔。另外还有两封制式信，上面留有空白，哥伦布可以在空白处写上收信人的名字。他还希望能找到日本，欧洲人从未去过这个被马可·波罗称为"黄金多得无法估量"的地方。君主们给了哥伦布一大堆尴尬的头衔：总督、主管和海军上将——大概是为了给他即将会见的亚洲当权者留下些深刻印象吧。他还带了一个会说希伯来语、阿拉姆语和一些阿拉伯语的翻译。即使他们要去拜访大汗，这些语言也并没有太大用处。

奇怪的是，没有人知道哥伦布第一次是在哪里登陆的。对于他作为航海家的所有丰功伟绩，都没有适当的记录或详细的描述。登陆点可能是巴哈马群岛中的一个岛屿，那里现在被称为"圣萨尔瓦多（San Salvador）"。我们从当时的记载中得知，他和他的船员们第一次踏上了美洲大陆。在一个"相当大而平坦的"岛上，他在"一些赤身裸体的当地原住民"面前升起了王室的旗帜。这些记载都是哥伦布写下的，或者是基于他航海日志的摘要。他用一种当地人显然听不懂的语言告知他们，他已经以费迪南国王和伊莎贝拉王后的名义"占领了这个岛"。他给了当地人一些红帽子和玻璃珠，他们给了他鹦鹉、长矛和棉花作为回礼。

哥伦布把岛上的居民描绘成既聪明又顺从的人，并写道，他们会成为"很好的仆人"，并且很容易皈依基督教。他绑架了其中的 7 个原住民，并评论说仅用 50 个人就能征服整个岛屿，且"让他们按我们的意愿行事"是件多么容易的事。3 只小船继续前进，又经过了几个岛屿。他指出这些岛有多么郁郁葱葱，土地多么肥沃，他已经开始考虑对它们实行殖民化了。"一般来说，"哥伦布说，"我希望占领经过的每一个岛屿。虽然我们仅强占了一个岛屿，但可以说我们已占领了所有的岛屿。"

在读哥伦布的航海日志时，很难不暗暗嘲笑他地理上的不精确。他在途经巴哈马群岛时，宣布他很想继续挺进亚洲，"看看是否能攻击日本岛"，然后再向中国进发。等到了中国，如他在给西班牙国王的信中所说，他打算"把陛下的信交给大汗"。他此时只偏离航线 12 000 千米。最终，在经过更多的列岛游后，哥伦布到达了他决定去的地方，基于这个地方的"大小和财富……肯定是日本"。而实际上，他到的地方是古巴。他说他"从未见过比这更美丽的国家"。在古巴，欧洲人第一次发现了吃玉米、采集烟叶和睡吊床的人（不久之后，当地语言中的三个词——"玉米""烟草"和"吊床"就进入了许多欧洲人的词汇表）。

到此时，哥伦布和他的船员们对金子产生了越来越浓厚的兴趣，这开始拖缓了他们的进度，使他们偏离了既定的目标。哥伦布发现许多岛上的居民——他很快就称他们为印第安人——鼻子上都有金鼻钉。当他询问这些金子是从哪里来的时候，他们指向其他岛屿的方向——不管是真是假，这可能是他们的一个聪明之举。所以当古巴人被问到他们黄金的来源时，他们指向下一个大岛的方向——朝向回欧洲的方向，那就是船只下一步的去向。那个岛是伊斯帕尼奥拉岛，现今被海地和多米尼加共和国分治，在西班牙殖民美洲的早期发挥了关键作用。①

哥伦布把与伊斯帕尼奥拉岛泰诺人（Taino）的早期关系描绘成亲和的、几乎是田园诗般的。船员们帮助了一个划独木舟的泰诺人，当时天气条件恶劣，他正挣扎求生。他们带他上了岸，还给了他一堆礼物。很快，一台四抬大轿带来了酋长。在第一个岛上擒获的俘虏的帮助下，哥伦布与酋长交换了礼物，并进行了交谈。这些俘虏现在已经能说一点西班牙语了。酋长给了哥伦布一条腰带和两块加工过的黄金，哥伦布回赠了一个靠垫、琥珀珠子、拖鞋和一枚金币，他们还一起用了餐。

哥伦布对酋长温文的气质印象深刻，尤其是当灾祸发生时尤甚。在 1492 年的圣诞节，西班牙船只中最大的一艘意外受损，无法修复。哥伦布在给伊莎贝拉女王和费迪南国王的信中回忆说，酋长对我们所遭受的灾难深表悲痛，并立即采取行动，帮助欧洲人卸下失事船只上的货品。他感叹地说：

---

① 哥伦布把这个岛叫作"西班牙岛（Isla Española）"，因为这里的田野、树木和鱼使他想起了西班牙。然后这个名字很快就被拉丁化为"伊斯帕尼奥拉（Hispaniola）"。

> 伊斯帕尼奥拉岛的"印第安人"是如此的深情，毫不贪婪，在各方面都是如此的顺从，所以我向各位殿下保证，在我看来，世界上没有比他们更好的人民、更好的土地了。

这艘船的损毁意味着一些欧洲人将不得不滞留在岛上。在沉船的第二天，船的木头残骸被拖到岸上，建成了一个小堡垒，哥伦布称之为"纳维达德（Navidad）"，即圣诞节之意。纳维达德成了自大约5个世纪前北欧维京人在纽芬兰的定居点以来，欧洲人在美洲的第一个定居点。它为39名被选定留下来的欧洲人提供了一个临时的家。建立定居点并不是计划的一部分，而是一个不幸的后果，但哥伦布认为这反倒是个机会——因为泰诺人有金子，他们很乐意用金子来交换一些小东西：鞋带、碎玻璃和陶器。哥伦布计划带更多的船只和人员回来。

差不多两年后，哥伦布真的带着一支大得多的舰队回来了：17艘船，1200多人，包括劳工和矿工、一些渴望发财的自由贵族、20个全副武装的骑士，以及他们的马匹；至少8个牧师，一些猪、山羊和绵羊，以及小麦和大麦种子，还有许多"小树和果木灌木"。他们打算留下来。欧洲人向美洲的移民就此开始。哥伦布在第一次返回欧洲时写的一封信中阐述了他的理由：

> 伊斯帕尼奥拉岛是个奇迹。那里山川和丘陵、平原和草场都很肥沃而美丽，最适合种植农作物和饲养各种牲畜，还有建造城镇和村庄的绝好地界。岛上有优质的港口，还有许多大河，河道宽阔，其中大多含有金矿。

哥伦布的目的已经从做贸易、勘探和觐见外国统治者转向定居和掠夺。黄金、棉花、乳香脂和奴隶是他计划运往欧洲的主要货品。哥伦布仍然希望进行一些徐缓的探索，他在前往伊斯帕尼奥拉岛的途中的确这样做了。他首先在一些较小的南部岛屿登陆，在那里发现了嗜食同类的证据，这些故事很快就传回了欧洲；① 然后他登陆了波多黎各（Puerto Rico）——据哥伦布船上的医生的说法，是"所有岛屿中最好的"。当地人看到欧洲人时，马上逃离了那里。然而，当哥伦布抵达伊斯帕尼奥拉岛时，他很快得知纳维达德的定居点已不复存在了，他以前的同伴都死了。田园生活结束了。

目前我们尚不清楚那些欧洲人究竟是怎么死的，一些自相矛盾的故事在流传着——主要来自在第一次旅行中欢迎哥伦布的酋长的追随者。他们有的说欧洲人内部起了纷争，还有的说当地人在一些泰诺妇女被绑架后采取了复仇行为，或者是他们生了病，还有的说是一个敌对的泰诺人团体杀死了他们。气氛发生了变化。一个叫"考纳博（Caonabo）"的酋长被俘虏，据说对罪行供认不讳。考纳博被送往西班牙受审，但在所乘船只沉没时被淹死，因为他被锁链锁住而无法游到安全的地方。另一位酋长，因为他的追随者被指控偷了欧洲人的东西，在一场公开仪式上被割掉了一只耳朵。在伊斯帕尼奥拉岛的几个地方，欧洲人和泰诺人之间发生了小规模的冲突，通常是由于欧洲移民试图抓获一些妇女。这些冲突导致农作物收成中断，又造成饥荒和许多泰诺人的死亡。一切都变得糟糕起来。

哥伦布被认为是一个灾难性的管理者，他此时愉快地消失去"发现"新的岛屿了，包括牙买加，留下移民们为许多事情争吵不休，包括是否应该奴役印第安人。当然，还有关于黄金的问题，因为人们越来越清楚，伊斯帕尼奥拉岛上的黄金远没有哥伦布许诺的多。此时往来于西班牙的船只川流不息，所以事情进展不顺的消息很快传到西班牙君主那里，还有人暗示新开采的皇家金矿被人贪污盗用。于是一名检查员被派去调查，结果是哥伦布返回西班牙，留他的兄弟坐镇指挥。两年后，当哥伦布再次得到国王和王后以及他的热那亚银行家们的支持时，他才又返回伊斯帕尼奥拉岛。

---

① 一位与哥伦布一起旅行的医生给塞维利亚市议会写了一封信，描述了在瓜德罗普岛（Guadeloupe）的一口锅中发现了一截人脖子，然后用绘声绘色又令人震惊的细节描述了伊斯帕尼奥拉岛南部岛屿上加勒比人的同类相食习俗。"加勒比海（Caribbean）"和"食人族（Cannibal）"这些词都源自加勒比语（Carib）。

而此时的伊斯帕尼奥拉岛上，形势变得更加糟糕。泰诺人的叛乱此起彼伏，有时是受到了愤愤不平的西班牙人的鼓动。哥伦布把欧洲人——西班牙人和热那亚人——留在岛上管理殖民地，但他们之间的关系业已破裂。其中一个管理者是安达卢西亚的地方法官弗朗西斯科·罗尔丹（Francisco Roldan），他背叛了哥伦布的兄弟，夺取了该岛西部的控制权，因为那里的"女人比其他地方更漂亮、更温顺"。罗尔丹劫持了一个泰诺酋长的家人作为人质，并索要黄金作为赎金。欧洲人开始自相残杀，哥伦布下令处决了几个西班牙人。不久，另一个检查员从西班牙抵达，哥伦布被套上铁链，用船押送回欧洲，他在那里被无罪释放。哥伦布最后又去了一次美洲。1502年，他被免去了所有的政治职务，沿着巴拿马海岸线旅行，并短暂地回到了伊斯帕尼奥拉岛。尽管证据确凿，他仍然坚信自己身处亚洲。

伊斯帕尼奥拉岛的泰诺人继续遭受越来越多的西班牙移民的蹂躏。很快，他们就被要求用黄金向新的统治者进贡。以前他们可以在河流的岩石中找到金子，可是现在他们不得不去挖掘金矿。随着男人和女人的聚少离多，泰诺人的出生率也下降了。许多泰诺妇女被西班牙人纳为妾，而许多泰诺男子则被迫成为矿工。拒绝成为基督徒的泰诺人可能会被强迫为奴，只要有叛乱的迹象便会被残杀。

巴托洛梅·德·拉斯·卡萨斯对此有一段精彩的描述。[1] 他是一位西班牙牧师，于1502年作为殖民者初到伊斯帕尼奥拉岛，目睹了许多杀戮事件。他详细地记述了对那些被怀疑抵制西班牙统治的泰诺人施加的惩罚。一些重要的人物会被绑在木制的烘焙盘上，用慢火烤死；或者被吊在绞刑架上，用稻草捆绑，然后将稻草点燃。不太重要的泰诺人被杀得更快。拉斯·卡萨斯说：

> 西班牙人下赌注赌他们是否能一下子把一个人切成两半，或一下子把一个人的头从身体上砍下来，或者能否一斧子下去开膛

---

[1] 细心的读者会记得拉斯·卡萨斯，他认为伊斯帕尼奥拉岛上的人属于以色列"失落的部落"之一。

破肚。他们抓住正在哺乳的婴儿的脚,把他们从母亲的乳房上扯下来,头冲前猛地撞击在岩石上。

他说,西班牙人内部达成了"一项非官方的协议:只要有一名欧洲人被杀,就处决一百名印第安人"。

拉斯·卡萨斯声称,当他半个世纪后写下这段文字时,伊斯帕尼奥拉岛的"印第安"人口已经从1492年的300万缩减到300人。拉斯·卡萨斯在过去和现在一直是一个有争议的人物,他无疑夸大了初始人口的数量(尽管伊斯帕尼奥拉岛在当时和现在一样,是加勒比人口最多的岛屿)。但很明显,在哥伦布登陆后的几十年内,谋杀、饥荒和疾病的综合作用导致伊斯帕尼奥拉岛泰诺人的语言和文化几乎完全灭绝。

人口的急剧下降,使得殖民者从其他岛屿引进人口充当劳力,特别是从巴哈马群岛。根据拉斯·卡萨斯的说法,"当地人口被强行放逐国外",但他们中的大多数人死在伊斯帕尼奥拉岛上,一大批新的被迫移民的人越过大西洋被运送过来:来自非洲的黑人奴隶建立了一种模式,这种模式将在美洲的许多地方反复重现。

在欧洲人到来之前,也有大量泰诺人居住在古巴、牙买加和波多黎各,但这些居住点也都被以类似的方式破坏。从1519年开始,中美洲大陆的人口也难逃厄运。西班牙移民带来的天花可能是最主要的杀手。墨西哥的阿兹特克帝国,在军事上被少数欧洲人和一些他们当地的盟友击败,但导致其人口急剧暴跌的却是疾病。接下来,十年之后,随着西班牙人带着他们先进的军事科技和致命的疾病来到秘鲁,印加帝国也解体了。西班牙获得了自己的美洲帝国,并且暂时将其完全掌控。①

---

① 在大陆上,地方领导人更有可能被纳入新的统治精英,因此对当地文化和语言的破坏并不像在加勒比地区那样广泛。也有一些通婚的情况。伊莎贝拉·蒙特苏马(Isabel Moctezumna)是一个阿兹特克皇帝的女儿,也是另两位皇帝的妻子,继而又至少嫁给了三个西班牙征服者。她与埃尔南·科尔特斯(Hernán Cortés)——阿兹特克帝国的征服者——还有个非婚生的孩子,她后代中有数人嫁入欧洲贵族家庭。印加帝国的公主奎斯佩·希萨(Quispe Sisa)也有类似的故事,她后来改名为伊内丝(Ines),与弗朗西斯科·皮萨罗(Francisco Pizarro)也有了一个孩子。

总的来说，这是一个相当怪诞的故事——由人数相对较少的一群移民在大约 50 年的时间里实施。他们主要是出于经济原因而来，通常来自西班牙较为贫困的地区，想找寻黄金和其他财富，尽管其中一些人想寻求权力。在这些早期的定居者中，确有一些怀着质朴的良好初心的人，包括第一次前往伊斯帕尼奥拉岛的哥伦布本人。拉斯·卡萨斯并不是唯一一个批评他的西班牙同胞残忍的人。同样值得一提的是，这些移民来自一个残酷的社会；而且在伊斯帕尼奥拉岛用到的一些残酷的殖民方法，以前在征服加那利群岛时也被使用过。

但是即使 500 年过去了，人们仍然很难不对这些制度化的谋杀、折磨和强奸的故事感到畏惧。对一些西班牙移民来说，美洲原住民没有灵魂，不是人。他们甚至被拿来和猴子进行比较。西班牙人还用一些美洲原住民食人或举办人祭的实例作为奴役或杀戮他们的借口，尽管第一批受害者——泰诺人，既不食人也不举行人祭。由于有教皇的支持，移民们可以声称西班牙人有上帝赋予的统治美洲的权力（除了一个中等大小、被称作"巴西"的部分被划给了葡萄牙邻居）。

对于一些最近的西班牙帝国的维护者来说，这个版本的西班牙移民到美洲的故事是黑色传奇的开始。他们认为这是一个跨世纪的国际阴谋，旨在诋毁西班牙及其取得的成就。根据这个传说，欧洲的其他国家，尤其是新教国家，联合起来攻击西班牙，为的是蓄意破坏它的荣耀和帝国，夺取它的领土，妖魔化西班牙人民，诋毁天主教。例如，拉斯·卡萨斯的《印度群岛的毁灭》(*Destruction of the Indies*) 17 世纪的英文翻译有一个新标题："教皇血腥色彩的真实展现。"紧接着的，是一句原文中没有的解释性的句子：

> 本书忠实地叙述了西班牙教皇党对西印度群岛居民所犯下的可怕的、史无前例的大屠杀、残害和各种各样只有地狱和恶魔才能制造出的暴行。

的确，荷兰人和英国人对拉斯·卡萨斯的作品表现出了极大的兴趣，这些作品经翻译在欧洲广泛销售。西班牙帝国的竞争对手们非常乐见把西班牙人描绘成残忍的屠夫，这既可以损毁西班牙的声誉，还可以借此转移人们对他们自己在美洲和其他地方对待土著居民行为的注意力。

西班牙人为土著人的待遇设定了一个低得惊人的基准。要是说16世纪早期在美洲的西班牙人，在任何一个最令人厌恶的移民名单上都排在前列，估计没有什么人会反对。但从我试图告诉你的更宏观的角度来看，西班牙人将一种征服性的移民行为正常化了，这种行为会反复上演，随国家的不同而被英国人、法国人、葡萄牙人、荷兰人和比利时人赋予变化性；从一个微观得多的角度，还有丹麦人。欧洲殖民主义时代开始了，这种殖民方式至今仍在影响着我们的世界。

在此之前，欧洲人很少接触后来被错误地称为原始人或野蛮人的人。中世纪时期，欧洲人习惯与阿拉伯人或蒙古人打交道，他们在经济和军事方面往往与欧洲人持平或更胜一筹。但在加勒比地区却并非如此。在那里，他们遇到了不用车轮、铁器或家畜的人，这些人对上帝、妇女的社会地位、土地所有权和服装都有不同的看法。他们以一种对欧洲人来说非常陌生的方式生活着。

哥伦布和其他人一直期待找到许多中世纪旅行书籍中提到的怪事物：狗头人、额头正中有一只眼的男人，或者一个全是女人的岛屿。当然，他们什么也没找到。但他们对已找到的人感到困惑，这些人很容易辨识，却似乎非常不同。他们常常把这些人当作怪物，或其他物种来对待。

在那些像拉斯·卡萨斯这样的作家的著作中，他们承认美洲土著是人类同胞，并公开批评西班牙人的残忍，可能可以看到另一个概念开始形成：即后来所说的"高贵的野蛮人"。这是一种对土著的浪漫化，一直延续到今天。拉斯·卡萨斯说伊斯帕尼奥拉岛的泰诺人：

> 几乎没有什么财产，且对物质财富没有获取的欲望，因此他们既无野心，也不贪婪，对世俗的权力完全不感兴趣。他们内心

无辜又单纯，并且思维活跃。

与他同时代的施虐狂相比，他对泰诺人的评价当然是全面积极的，但也是不准确和自觉高人一等的。拉斯·卡萨斯提供了一个可能是早期的"白人救世主情结"的例子。对他来说，泰诺人像空空的容器，没有差别、不世故，且天真。因此，拉斯·卡萨斯在总结他长长的泰诺人属性列表时，声明这些特质"使得他们特别愿意学习和理解我们天主教信仰的真理"。当然，其中缺少的是泰诺人自己的声音，以及那些被欧洲人登陆他们的海岸弄得四分五裂的其他聚居区成员的声音。那些声音永远消失的事实不应成为我们赦免自己责任的理由。我们有责任去想象他们的生活，重新拼接起他们的部分历史。考古学、遗传学、比较语言学，以及仔细阅读欧洲的资料，都可以为我们提供一些关于他们在 1492 年之前的生活线索。我们也确实知道一点他们深厚的历史。

伊斯帕尼奥拉岛的泰诺人最初是移民，就像我们所有人一样来自非洲，并且在近代再次成为移民。尽管泰诺人像古雅典人一样，坚称他们并非移民，他们一直都住在那里，并告诉西班牙人，他们是从岛上的两个洞穴里钻出来的。但事实上，我们现在知道了，泰诺人与他们新的欧洲统治者在两个方面共享着古老的遗传基因——他们都源自尼安德特人，也都源自大约 10 万年前离开非洲前往中东的现代人。当哥伦布和他船员的早期祖先向左向欧洲行时，泰诺人的祖先却向右行，最后，他们穿过俄罗斯远东地区到达阿拉斯加。这样一来，他们——而不是哥伦布，也不是维京人——"发现"了美洲。在那之后，他们转向西行。这之后一切都变得更加复杂，因为加勒比海的岛屿逐渐有人定居下来，不是通过从佛罗里达最直接、最明显的路径和今天的美国，而是借道中美洲和南美洲——这里的海流对准移民们更友好一些。

公元前 5000 年，人类首次在伊斯帕尼奥拉岛定居。有一些考古学的证据表明，这些首批定居者来自中美洲，尽管后来的移民来自南美洲——从特立尼达岛（Trinidad）跳岛北上。在西班牙人征服发生之前的千年里，加勒比海地区的人们杂居在一起，迁移模式复杂多样，特别是在北部大岛上：古巴、伊斯帕尼奥拉岛、牙买加、波多黎各和巴哈马群岛，大多居民都说着近年被称为"泰诺语"的语言。海上旅行非常重要，岛屿间的贸易也愈加频繁，例如，来自巴哈马的棉花和咸鱼出口到伊斯帕尼奥拉岛。西班牙人看到泰诺独木舟由一根树干制成，可承载一百五十人，都感到很稀奇。

泰诺人之所以被如此命名，是因为他们指着自己对西班牙人说了"泰诺"这个词。这个词实际上的意思是"好的"，似乎是泰诺人将自己与南部岛屿上的加勒比敌人区分开来的方式。对于那些最早的欧洲旅行者来说，加勒比人是残暴嗜血的食人族，与温柔的和平爱好者泰诺人形成鲜明对比。这种二元分类自此延续下来，至今仍在历史教科书和文学作品中出现。詹姆斯·米切纳（James Michener）1989年所著的令人叹为观止的小说《加勒比海》(*Caribbean*)以哥伦布之前刻板印象下好人和坏人的相遇开始——一方是天使般的岛屿居民（他们在自己的世外桃源里和谐相处），另一方是恶魔般的加勒比入侵者（凶残可怖之人）。"在短期内"，米切纳娓娓道来，"残暴总是会占上风"，因此，加勒比人胜出，并实施了大规模屠杀。

对这种叙述，有许多明确的反对意见，特别是站在加勒比人一方的。也有站在泰诺人一方的，认为泰诺人被幼稚化了，并被这种简单化的历史版本变成一个单一标准的事物，甚至转向于近乎在说，他们所谓的温良是西班牙人对他们实施灭绝的帮凶。这种写法轻描淡写了他们对西班牙统治的抵抗，没能展现出泰诺人得以继续存在的较小的文化和遗传方式的方面。DNA测试表明，生活在加勒比海北部的许多人，以及来自其流散人口的人，部分是泰诺人的后裔——尽管这些后裔大多来自母系的事实，提醒了我们那个时期丑恶的现实：泰诺男性很可能是被杀害或奴役了，而泰诺女性则经常被强奸和被纳为妾。

那些曾在伊斯帕尼奥拉岛抵抗西班牙统治的人并没有完全被遗忘。他们首先在欧洲的作品中，以半遮半掩的小人物出现，然后在非殖民化很久之后，再次出现在海地和多米尼加共和国。作为古代英雄，街道以他们的名字命名，人们为他们竖立起雕像，他们的肖像被印在邮票上备受推崇，受到万众敬仰。以考纳博为例，这位酋长被指控杀害了第一批欧洲移民，并在被押解到西班牙的途中，因被锁链缚身而淹死。从欧洲的文献中，我们得知考纳博也是来自巴哈马的移民，他们统治着伊斯帕尼奥拉岛中部的大部分地区。有一段时间，他的形象曾一度出现在多米尼加共和国一分面值的硬币上。在他移居的伊斯帕尼奥拉岛上的家附近的一个城市公园里，立有一尊他的巨大雕像。雕像中的他，肌肉发达、近乎赤裸，挣断了锁链。

还有他的妻子，诗人安娜考纳（Anacaona）①，来自岛上的一个王族家庭。她在丈夫死后继续战斗，于 1504 年被西班牙人绞死。她的生（与死）是 20 世纪 70 年代一首伟大的萨尔萨舞曲《安娜考纳》的主题，由波多黎各歌手荷西·费里西安诺（Cheo Feliciano）作曲演唱。在这首歌中，她以"一个被囚禁的印第安族人"和"好黑人"的形象出现，即她是坚强、善良、有"鸽子的灵魂"，但含恨死去、誓不宽恕的黑人妇女的原型。最近有一系列关于安娜考纳的英语和西班牙语的书籍，有时她被描绘成迪士尼公主出现在封面上，是波卡洪塔斯（Pocahontas）②的人物原型。她通常无法理解为什么这些面色白皙、全身被衣物包裹着的外国人，对一些世俗的东西——如金子，会如此痴迷。这似乎也完全合情理。安娜考纳作为泰诺民族的殉道者而死去。她的侄孙恩里基洛（Enriquillo）是另一位邮票和公共雕像明星。他领导了 16 世纪 30 年代在伊斯帕尼奥拉岛山丘上的最后一次泰诺叛乱，并得以幸存。有时他被描述成其部落的最后一员，这也差不多是泰诺人历史的终结之处。他们的灭绝被 20 世纪的历史学家和学校的教科书一再提及。

但这个泰诺的故事还有最后的反转，是在某种程度上的复兴，现代移民在其中发挥了核心作用。因为近几十年来，人们对泰诺人的命运重新产

---

① 关于她，丁尼森写下了无疑是他最糟糕的诗作之一。在这首诗中，他将这个女人描写成"赤裸的、黑皮肤的、快活的"。叠句部分也好不到哪儿去："谁能像安娜考纳一样快活／那西班牙的美女／海地的一朵金花？"

② 迪士尼动画电影《风中奇缘》的女主角。——译者注

生了兴趣，主要是那些自认为是泰诺人的，他们试图复兴泰诺音乐、饮食、宗教仪式，甚至重构泰诺语言。他们认为他们的传统和文化从未被消灭，泰诺人也没有被从历史中抹杀。据一位激进主义者2008年发表的讲话，所有关于灭绝的言论都是胡说八道，是对其部族的犯罪："真正的种族灭绝是说我们不存在了，我们已经灭绝了；他们看不见我在这里吗？我还没死！"

泰诺激进主义者通常可以追溯到20世纪70年代后期，当时居住在岛上或美国其他地方的波多黎各后裔个体组成了文化和政治团体，旨在挑战灭绝故事说，以及重建其部族身份。来自北加勒比海其他岛屿的人的反应相对沉默，现代泰诺激进主义一直呈现波多黎各人主导的样态。其中的原因很复杂，一部分原因是在该地区的其他前泰诺群岛，一直强调后殖民国家建设，以欧洲、非洲和原住民混合遗产的自豪感为中心，而不突出某一特定族群文化或殖民前原住民身份；另一方面，波多黎各是加勒比岛屿中唯一没有独立的大岛，它在自己的后殖民时期的空白里随波逐流。

因为波多黎各是美国正式的一部分（作为一处领土，而不是一个州），所以泰诺激进主义的兴起必须在这个背景下考量。更具体而言，泰诺激进主义在很大程度上是受第一和第二代波多黎各移民驱动才发展到美国其他地区，尤其是纽约的。波多黎各印第安人协会于20世纪80年代在曼哈顿成立，但很快就分裂成了敌对集团。一些人想吸引来自其他国家的泰诺人，寻求建立一个更广泛的组织；另一些人则更加强调音乐或语言，或与波多黎各发展中的泰诺组织，或与美国其他地方的土著建立更密切的联系。除了否认泰诺人的灭绝之外，这些组织没有能联合他们成员的明显目标。

泰诺复兴还有一个重要的美洲土著背景。最近，一位早期的泰诺激进人士记起，泰诺运动刚开始的时候，美洲土著人会说"那些该死的假装印第安人的波多黎各人来了"；更近一些的时候，他笑称这些人会说："那些吓人的泰诺人来了。"在他看来，这代表着一种进步。但这也有一个关键点，因为泰诺族群没有得到美国政府印第安事务局的正式承认，因此不属于574个拥有不同程度的自治和对祖传土地控制权的"部落"中的一员。而且，他们似乎永远没可能达到官方认可的标准，因为这在很大程度上取决于，某个部落作为某种政治主体自前欧洲时期就一直存在的连续性。对于某些激进分子来说，缺乏官方承认是一种双重不公，因为泰诺人在欧洲移民那里受到的折磨既首当其冲，又最为惨烈。另一些人则认为泰诺运动是一种实力的体现，因为它是在缺乏官方承认或支持的情况下发展起来的。

也有对这场运动的激昂批评，往往来自移民社区的内部。有一位来自波多黎各、住在纽约的学者特别固执而直率，他把一些"新泰诺人"领袖描述为"极端主义者"和"民族骗子"，他们试图得到官方的承认，以达到他们"掠夺土地"和因遭受殖民暴行获取赔偿的目的，以及将虚假的本土历史引入波多黎各和流散人口的学校课程中的目的。他断言，泰诺人的灭绝就是个简单的"事实"，因为他们纯正的血统和语言都已灭失了。

2018年9月，在纽约的美国印第安人国家博物馆举办了一场泰诺研讨会。仪式在老海关大楼里举行，那是一座20世纪初新古典主义风格的精美建筑，周围装饰着精美的艺术品，包括代表人类八个种族的石质半身像。它建在阿姆斯特丹堡的原址上，这是曼哈顿的第一座欧洲建筑，这块土地曾经属于德拉瓦族印第安人（Lenape Indians）。在研讨会上，人们在多个演讲中向他们致以感谢和怀念。会议组织者把这次活动看作是四十年来激进主义的顶峰，也是他们试图告诉世界泰诺人仍然存在的一次庆典。

这是个生动而人数众多的场合，伴有泰诺音乐和祈祷，还有很多西班牙语和英语的交谈，不时夹杂着一些泰诺语的词汇。几位与会者顺便提到，最近的敌意或竞争几乎销声匿迹了。会上偶尔会出现点警示。有一位发言人是一位教师，她在发言前说她意识到她的发言对许多听众来说会是敏感话题，然后说她不鼓励她的波多黎各学生说"我是个泰诺人"，因为这不仅表明他们自认为血统纯正，还可能意味着他们否认自己的非洲血统。她宣称"我们是混血儿"，并说这也是她教给学生的。听众们礼貌地做出回应，不同意这个观点的人也继续愉快地称自己为泰诺人。

对局外人来说，泰诺活动的兴起和关于泰诺灭绝的争论的细微差别可能很难理解，要么是哥伦布故事的一个散落的线索，要么是生活在美国的波多黎各移民之间的争论，但它们触及更广泛的问题，提醒着人们，许多移民都渴望融入新的文化，同时又渴望重建，甚至重新创造自己的旧文化。那些已经成为泰诺人土著地位最伟大的捍卫者的，是那些离开了他们祖先的家园，现在住在纽约或新泽西的人，他们就不能有意图地称自己为土著了。泰诺人的故事也提醒了我们，许多人仍然重视血统，就好像文化的延续性严重依赖于在被遗忘的过去谁和谁发生了性关系似的。

但是在现代语境中更重要的是，泰诺运动也可以被看作是当代身份政治的一个案例研究，在这个案例中，选择身份不再是科学家、学者和政府的特权。这种权力正在转移到相关个人和团体的手中，但并不总是平顺的。这可能是一种解放，也可能是一种负担。说是解放，是因为它赋予了我们决定别人如何描述我们的所有权力；说是负担，是因为它让我们很多人觉得我们必须选择自己的立场，用一个简单的形容词来定义自己。然而，最终，如果一个人想把自己主要定义为泰诺人、美洲印第安人或黑人，抑或雅甘人、热那亚人、英国人或欧洲人，那么试图说服他们不要这样做通常没有什么意义，哪怕有时证实自己特定身份的证据并不充分。

我们有其他的选择：允许我们自己拥有多重身份；改变我们对自己是谁的看法；承认我们的自我身份取决于环境，或取决于我们在和谁说话。我担心的是，这些分类、这些自我认同，有时会削弱我们的一些能力，比如想象那些和我们不同的人的生活的能力，或者去同情那些看起来和我们不同的人的能力。通过关注我们深厚的历史，关注我们共同的血统和我们作为移民的历史——无论是古代还是现代——我们或许可以开始更加重视人类的共同遗产和身份。

第六次中场休息
封闭和隔离

像世界上数十亿其他人一样，我在 2020 年初的好几个月里也处于封闭状态。我的封闭是非常舒适的，但对一个写移民话题的人却有些不合时宜。当时我回到了我出生的地方，还不仅仅是回到我出生的城市，而是回到了我第一次见到阳光的那所房子里。在那里，我和我 87 岁的老母亲边吃边聊，并在超市点了外卖。我们追忆往昔，看看糟糕的电视剧，读读关于瘟疫的小说，很快便从病毒感染中康复了——病毒可能是我在热那亚的哥伦布之旅中染上的。

为了遵循政府规定的每天户外运动，我花了许多时间，在附近的两个墓地里找寻那些讲述着故事的墓碑。布朗普顿公墓（Brompton Cemetery）很大，随处可见精美的丧葬建筑和 19 世纪新古典主义的拱廊。各式各样、来自五湖四海的尸身安葬于此——有信奉各种宗教信仰的，也有无宗教信仰的——还有大量的俄罗斯人、意大利人、波兰人和伊朗人。在他们中，我发现了一个叫"长狼"的苏族（Sioux）酋长的坟墓，他在 19 世纪 90 年代作为水牛比尔的狂野西部秀的一分子来到伦敦，死于肺炎。他曾经是个勇士，在小巨角河（Little Big Horn）战役中对抗卡斯特，后来成了秀场的一个景点演员，他身着羽毛服和鹿皮鞋，口里发着"呜呜"的叫声，表演着剥头皮——这是为维多利亚女王和更广泛的英国公众表演的歌舞杂耍版的"牛仔和印第安人"里的一个场景。他的遗骨现在已经离开了布朗普顿公墓，在 20 世纪 90 年代时被挖掘出来，送回他的家乡重新埋葬。但他的墓碑留了下来，那上面雕刻着一只奔跑的狼。

隐藏在高墙之后的微小的摩拉维亚人（Moravian）墓地则高档得多——它是为16世纪建立的一个新教传教士教派的成员准备的，在现在的捷克共和国境内。我从小就知道，这片墓地是当地两个居民养的一只名叫"克里斯蒂安（Christian）"①的小狮子经常玩耍的地方。我也在那里玩耍，但不在同一时间。在英国，这个墓地是个不同寻常的景观，因为所有的墓碑看起来都一样，而且是躺平在草地上，好像在说，我们死的时候都是一个样子。只有一个出乎意料的例外，是葬在那里的唯一一个非摩拉维亚人。他的墓碑稍微凸起，位于墓园的西南角，上面刻着简单的文字：

努纳克
一个爱斯基摩男孩
1770—1788

努纳克是被摩拉维亚传教士从加拿大北部的家中带到伦敦的，并在那里死于天花。他被和其他人分开安葬，是因为他还未受洗礼。②对于他短暂的一生，我们只知道这些。

他只是几百名到英国的早期美洲旅行者中的一员，他们中的大多数被当作标本来研究，或被当作珍奇物品在公众面前展览，或被呈送给国王，抑或被训练为口译员，以备将来征服之需。他们中的大多数死于英国，据最近的一项研究，死亡人数达到总人数的四分之一。其中包括最著名的波卡洪塔斯，她于1619年被埋葬在肯特郡的格雷夫森德港（Gravesend），她将在后续故事中再次出现。我们甚至不知道第一批在不列颠有记载的美洲人的名字，只知道其中三个来自纽芬兰，他们"穿兽皮，吃生肉，说着没

---

① 克里斯蒂安于1969年出生于英国一家动物园，后被卖给了住在切尔西的两名澳大利亚人。当克里斯蒂安长大一些的时候，澳大利亚人把它送到了肯尼亚，在那里它被放生到了野外。一年后，当这两个澳大利亚人再去肯尼亚看望克里斯蒂安时，它认出了他们，并热情地用鼻子蹭着他们。这次重聚的视频成为早期油管（YouTube）视频中最成功的视频之一，观看次数超过1500万次。
② 在摩拉维亚人的墓地里还有另一个"爱斯基摩人"的墓碑。这是一个女孩，姓名不详，但和其他人一起下葬，据此推测是受过了洗礼。

有人能听懂的语言"。他们在 16 世纪初被呈送给亨利七世，我们不知道他们是否最终得以返乡，但他们似乎在英国待了至少两年——不像"长狼"、努纳克或波卡洪塔斯，也许对于作为移民的他们来说，这时间已经够长的了。

我们可以照搬一下那些至今仍认为哥伦布"发现"了美洲的人的混乱逻辑，也搞笑地宣称这三个来自纽芬兰的无名氏"发现"了英格兰；再按照同样的逻辑，我们也可以说那些伴随着哥伦布第一次东渡大西洋的泰诺人"发现"了欧洲。在尼娜号返回西班牙的途中，船上至少有七个泰诺人被哥伦布用作他发现新大陆的证据，除其中两人外，其他人全在返回加勒比海之前因感染了欧洲的疾病而死亡。他们原本的名字无人知晓，但其中一个被介绍给巴塞罗那的伊莎贝拉女王，他的受洗名为"迭戈·科隆（Diego Colón）"，因哥伦布是他的教父和供方，所以"哥伦布"的西班牙语版本就成了他的新姓氏"科隆"。

对迭戈·科隆我们所知甚少，但有人试图重拾他的故事。何塞·巴雷罗（José Barreiro）是美国历史学家，也是安的列斯群岛（Antilles）"泰诺民族"的成员。在他 1993 年的小说《泰诺》中，他重塑了科隆的生活。巴雷罗给了他一个泰诺名，叫"瓜伊坎（Guaikan）"，并把他设定为一个勇敢的 12 岁的泰诺少年，生活在哥伦布和他的船员们第一个造访的巴哈马群岛上。瓜伊坎把哥伦布描述成"穿衣服的大胡子"，他醉心于冒险，选择离家出去冒险。他成了偷渡者，去了伊斯帕尼奥拉岛，然后又到了欧洲，一路上是哥伦布最喜欢的翻译。对西班牙宫廷的壮丽和浮华，他却不为所动，反倒认为在欧洲所有伟大的技术革新中，"手推车"是"工具的奇迹"，是最有用的。

瓜伊坎回到加勒比后，目睹了欧洲的疾病在泰诺土地上的传播，和对安娜考纳的处决。他娶了安娜考纳的表妹，并在 16 世纪 30 年代对西班牙的最后一次泰诺叛乱中幸存下来。到这个时候，瓜伊坎已成为巴托洛梅·德·拉斯·卡萨斯的好友，并且有时间在多米尼加的一座修道院里写他的回忆录。《泰诺》并不是什么文学巨著，但它是封闭期间的一本好读物，也是对某个见证了不寻常事件的人的生活和思想进行捕捉的有益尝试，否则它只能是悄无声息。它也让人不安地回想起欧洲和美洲间早期接触时弥漫其间的传染病的阴影。西班牙人将天花（和其他疾病）带到了美洲，并收获了梅毒这种致命性相对弱些的回礼。

封闭和隔离的目的，当然是通过阻止人类的移动来阻止疾病的传播。这是因为人类的流动和传染性疾病之间一直存在着一种密切和复杂的关系。过去和现在，流行病也经常被用作指摘移民和他们最近的后代的借口，而这种指摘经常是缺乏证据的。在古代，火车和飞机出现之前，传染病传播到世界的速度较慢，由移动中的人和与他们同行的动物——通常是老鼠和虱子携带病菌，但其中可能只有很少数是移民。确切的感染链很少能弄清楚，但有证据表明，士兵、商人和那些真正寻求逃离疾病的人更有可能对疾病的传播负责。现在，商务旅行者和度假者可能是主要的病毒携带者。

但是，移民及其最近的后代在传染病大流行期间，往往会遭受不公正的对待，因为社会会使他们不得安宁，对他们清算旧账，并找他们作替罪羊。自我们有历史记载的最早的传染病大流行以来，情况一向是如此。对于公元前 430 年的雅典瘟疫，修昔底德曾做了详细记述：其中城邦三分之一的居民，包括其统治者伯里克利（Pericles），都未能幸免。事后，居民中的外国人，或称"客籍民（metics）"①成为众矢之的。他们的权利受限，一些人被奴役。在欧洲黑死病肆虐期间，成千上万的犹太人失去生命，其中许多人被指控在井中投毒；最严重的数十起大屠杀则发生在斯特拉斯堡（Strasbourg），两百多名犹太人在那里被烧死，该社区的其他人则被剥夺财产，并被流放。

然后还有许多名字游戏，用一个简单的形容词妖魔化外国人成了一件易如反掌甚至自然而然的事。因此，对意大利人和德国人来说，梅毒成了"法国病"；但据法国人的说法，它叫"那不勒斯病"；俄罗斯人则称之为"波兰病"；等等。流感和现代病毒也是如此。"西班牙流感"并不是从西班牙

---

① 即古希腊享有部分公民权的外籍人。——译者注

开始传播的，但自那时起就被错误地与该国联系在一起。在艾滋病毒传播的初期，艾滋病在苏联的新闻媒体中被描绘成一种"美国疾病"，有时又被美国记者描绘成一种"海地疾病"。

对于富裕的移民来说，即使受到严重的干扰，生活也会一如既往地较为容易。严重的干扰的意思是家人被迫在全球各处长期分离，或当实施封锁时，个人被迫滞留在当时所处之地。我也和我在印度的孩子分开了好几个月，一些人像我一样，得以在他们出生的国家，度过一段自打小以来，比任何时候都长得多的连续时光——虽然不大可能会有很多人发现自己回到了自己出生的房子里。封锁终于给了我待在家里的理由。

第七章

弗吉尼亚、奴隶制和五月花号

第七章 弗吉尼亚、奴隶制和五月花号 | 167

试着给朋友讲讲约瑟夫·科尔尼（Joseph Kearney）的故事。因为他是爱尔兰人，一个 18 世纪末在奥法利郡（County Offaly）的小村庄莫尼高尔（Moneygall）出生并在那里长大的中年鞋匠。和成千上万来自爱尔兰的人一样，科尔尼在大饥荒（Great Famine）期间移民到了美国，在中西部的俄亥俄州定居下来。一到那里，他就给家里写信，希望家人——妻子和三个孩子——能够过去。由于当时的情况比较宽松，所以他们全都来到了俄亥俄州，成了美国公民。约瑟夫·科尔尼是以美国人的身份去世的。现在告诉你的朋友，爱尔兰莫尼高尔村的约瑟夫·科尔尼的后裔成了美国总统，然后让你的朋友猜总统的名字。估计大多数人都会周而复始地犯错，他们会猜克林顿、布什、里根、肯尼迪、拜登，甚至唐纳德·特朗普。答案却是巴拉克·奥巴马——他是来自莫尼高尔村的鞋匠约瑟夫·科尔尼的曾曾曾曾孙。

那些答对了的人可能还记得奥巴马在 2011 年访问过莫尼高尔村。美国第一位黑人总统乘直升机沐浴着阳光雨露飞往了爱尔兰，并将此行视为对爱尔兰进行国事访问的一部分，以此在 2012 年总统大选之前在爱尔兰裔美国人中为自己争取选票。这被描述为一个土地之子的回归，总统开玩笑地回应说，他把省文撇放在了奥巴马的姓氏上。他见了一些远房表亲，参观了约瑟夫·科尔尼的老宅，还在当地的酒吧里喝了一杯健力士黑啤酒（Guinness）。米歇尔·奥巴马也有爱尔兰血统，源自一个名叫亨利·希尔兹（Henry Shields）的奴隶主，也学会了喝一品脱健力士黑啤酒——并且因为洒了一些珍贵的饮品而受到了她丈夫的揶揄。总统的访问给人们留下了深刻而恒久的印象——主路两侧悬挂着许多美国国旗，街边矗立着一家奥巴马咖啡馆，附近有一座名为巴拉克·奥巴马广场的高速公路服务站，这里也是男男女女聚会的场所。另外，奥巴马在爱尔兰远房表亲中邀请了两个人到华盛顿参加自己的第二任总统就职典礼。

奥巴马本人对种族问题和自己种族的传统有着复杂而又雄辩的看法。我想，如果很多人都不把他当成爱尔兰鞋匠的合理后裔，那么他既不会感到吃惊，也不会感觉遭到冒犯。虽然奥巴马认为自己是黑人，但是他一直都热爱自己的混血血统——他在第一次竞选活动最著名的演讲中是这样向美国选民展示自己的：

> 我的父亲是肯尼亚黑人，母亲是堪萨斯州（Kansas）白人……我娶了一位美国黑人，她身上流着奴隶和奴隶主的混血，我们把这份遗产传递给了两个宝贝女儿。我有肤色和种族各不相同的兄弟、姐妹、侄女、侄子、叔叔和堂兄，他们各自生活在三个大洲。

巴拉克·奥巴马的身份成为美国种族政治的战场。右翼势力指责他要么是外国人，要么是穆斯林，或者两者兼而有之（甚至有人宣称他是反基督主义者），而在许多宗谱学者和业余逻辑学家看来，奥巴马因为有一半白人血统而根本算不上黑人。因此，这意味着他只能被视为混血儿，或者混合种族——而他自己的观点则无关紧要。然而，根据在20世纪60年代从几个州的法典中删除的"一滴血原则（one drop rule）"，在传统的白人种族主义者眼中，他是黑人是无可争辩的事实（尽管他们经常用另一个词）。因为这一规则限定，任何沾染了一点点黑人血统的人都是黑人。

奥巴马的身份和他自我认同为黑人的权利也受到了别处的挑战——尤其是当他首次被提名为总统候选人时，这种质疑更多。一些美国黑人并没有因为人们认为黑人肤浅就屈服。"他真的是黑人吗？"他们反问。他们指出，奥巴马是在白人的文化和社会环境中长大的。他和美国大多数黑人不太一样，他不是奴隶的后裔。作家黛布拉·迪克森（Debra Dickerson）一针见血地宣称"奥巴马不是黑人"，并解释道："在我们的政治和社会现实中，'黑人'是指西非奴隶的后裔。"她对所有为奥巴马倾倒的白人都深感不值："你不是在拥抱身为奴隶后裔的黑人。你是在毫不愧疚且不恐惧地用一个让你认可的非洲血统移民取代黑人。"

就奥巴马身份展开的争论在他总统任职期间闹得沸沸扬扬，这提醒人们美国生活中存在着更深层次、更广维度的不安情绪。很难不将这场辩论视为未竟事业的象征，种族和奴隶制以及过去的许多移民都在很大程度上继续在美国政治和社会中发挥着核心作用。这些移民都是许多以美国及其起源为主题的耳熟能详的故事的核心。就像我在谈论其他时间和以欧洲以及亚洲为主的地方时那样，我不能说移民故事受到了忽视。因为美国是有所不同的：移民活动是中心议题。

然而，这些美国故事往往像现代神话一样都是在真空语境中讲述的——虽然未必是虚假的，却是为了非历史目的而构建的——从而建立一个国家的观念，或者维护特定社区的权利。它们是以一种为过去和现在的特定版本以及这些版本的受益者提供支持和帮助的方式进行讲述的。因此，无论是受到推崇还是受到压迫，无论是国际性的还是民族性的，以特定移民群体为主题的故事都遭遇了各种各样的命运——在一个极端受到忽视或者阉割，而在另一个极端则经过浪漫化的处理变成了传奇。

自从欧洲人和非洲人在截然不同的环境下第一次在北美洲定居以来，就一直都有种族分类和等级制度萦绕在人们心头。两种截然不同的概括性移民叙述从这种痴迷中萌生出来——一种叫作自由，而另一种被称为奴隶制。这些叙述往往被孤立地考虑，仿佛它们之间毫无关联，又似乎它们是不同肤色的孪生兄弟——这是从出生时起便分化出来的尴尬。但实际上，这两种迁徙的故事深深地缠绕在一起，就像双螺旋一样彼此纠缠。它们一起为美国的伟大悖论提供了丰富的素材：既是自由之地，同时也是奴役之地。人们以这个旷日持久的悖论为背景讲述了林林总总的故事，讲述着不公和希望，讲述着噩梦与梦想，也讲述着囚禁和独立。到处都是细微差别和细枝末节，需要一遍又一遍地与印第安人的故事一起重复讲述，许多印第安人常常被驱赶到远离祖先家园的保留地，变成了心有不甘的移民。

这种纠缠不休的例子多到数不清。美国许多开国元勋都是奴隶主，这是常常被人遗忘或者忽视的事实；有相当数量的牛仔是黑人，以前有少数奴隶主也一样是黑人；一些印第安人遭受了奴役，而另一些印第安人则拥有奴隶——自从最初的大西洋移民行动以来，北美就广泛存在异族通婚现象了。现代的 DNA 测试显现出了一个更加有趣的结果，令白人至上主义者备感沮丧，因为他们在一次电视直播中发现自己拥有非洲黑人血统。也许在象征意义上更引人注目的是另一件与奥巴马有关的琐事：系谱研究人员最近发现巴拉克·奥巴马是一个奴隶的后裔——但是这血统并非来自他的肯尼亚父亲，而是来自他的"白人"母亲。奥巴马的另一个非洲血统来自约翰·庞奇（John Punch），他经常——不完全准确地——被描述为北美洲的第一个奴隶。

让我们再对约翰·庞奇多说几句。但是在此之前，我们先说说奴隶制和从大西洋到美国的移民活动的简史——其中包括小斯蒂芬（Little Stephen）的传言，以及波卡洪塔斯令人难忘的一生和她的英年早逝。

在欧洲人到来前后，一些美洲土著群体就实行了奴隶制，但是他们的奴隶并非以肤色进行定义的，而往往是在战争中俘获的。尽管他们有时可能会被赎回，但是很少像商品一样进行买卖。早期西班牙殖民者效仿自己在加勒比海的所作所为在佛罗里达州和墨西哥州的边界地区奴役了一些美国原住民——他们也开始将遭到奴役的非洲人运到美国，这些非洲人在文件和回忆录中通常被简称为黑人。然而，其中一个来自非洲并被他的俘获者称为艾斯特瓦尼克（Estevanico）或者小斯蒂芬的奴隶从历史的足迹中脱颖而出，成为一个传奇，一个现代英雄。各种各样的作家都对他的故事进行了复述、演绎和润色。

艾斯特瓦尼克在哪里出生，何时遭到奴役，我们都无从知晓。令人困惑的是，一份西班牙资料将他描述为来自摩洛哥艾宰穆尔（Azemmour）的"阿拉伯黑人"，这使人们对他的身份产生了一些分歧，因为人们近来将他称为摩洛哥人或者非洲黑人——或者兼而有之。1528 年，艾斯特瓦尼克——以及他的主人——作为计划征服佛罗里达并在那里殖民的庞大而又极其愚蠢的西班牙探险队的队员在今天的美国登陆。这次探险是一场灾难，领队因为淘金行动失败而变得精神涣散。逃亡、遇难、战死、溺亡和饥饿致死接踵而至。一小群欧洲人变成了食人族——直到把同伴吃得只剩一人为止。数百名想要在美国定居的人死在了佛罗里达，或者死在了乘着木筏沿着海岸线前往得克萨斯州的途中。西班牙当局认为所有人员全部遇难。但是 8 年之后，探险队的四名成员重新出现在了墨西哥北部。

艾斯特瓦尼克和三个西班牙人赤身裸体地从得克萨斯州步行到达墨西哥的太平洋海岸，一路上受到了几伙不同美洲原住民的帮助或者阻碍。这四个人一度遭到卡兰卡瓦印第安人（Karankawa Indians）的奴役，然后通过假扮神奇治疗师存活了下来，而艾斯特瓦尼克则扮演了这个团队中掌握语言的人和发言人，而后溜之大吉。一到墨西哥，艾斯特瓦尼克就被卖给了墨西哥城的西班牙总督，他在那里目睹了美洲大陆上对叛乱的非洲奴隶的镇压，五名疑似叛乱者被处以极刑。第二年，艾斯特瓦尼克被派到现在的亚利桑那州和新墨西哥州执行一项新的任务，随后在那里失踪了，人们推测他命丧他乡。

但是这个故事的另一个版本有着不同以往的现代版圆满结局——只有间接证据——艾斯特瓦尼克伪造了自己的死亡，以此摆脱了西班牙的奴隶制，并和祖尼印第安人（Zuni Indians）一起度过了余生。根据这种说法，在数百万横渡大西洋并生活在后来的美国的移民中，第一批移民不是欧洲白人，而是来自非洲的昔日奴隶。如此这般以及最后的转折之后，小斯蒂芬的故事变成了另一种奠基神话。

还有几个流传更广的奠基神话具有更强的史实支撑——每一个的核心

都拥有截然不同的移民故事。从时间顺序上讲，排在第二位的是佛罗里达州的圣奥古斯丁市（St Augustine），它在1565年成为欧洲人在现在的美国大陆上建立的第一个永久定居点。它最初是西班牙的军事前哨，目的是阻止法国人在杰克逊维尔（Jacksonville）附近建立永久定居点，不久之后就变成了西班牙佛罗里达州的首府。尽管从那以后一直有人在圣奥古斯丁居住，但是它的故事很少在宏大的美国历史叙述中出现——大概因为它不是英国人的殖民地，也因为直到1845年佛罗里达才成为一个完整的州。[①]

最著名的奠基神话是什么？如果你向大多数人询问美国的起源，那么他们会提到距离北方更近的仍然称为新英格兰的地区。他们通常会提到"五月花号（Mayflower）"和普利茅斯岩（Plymouth Rock），以及一船坚定地渴望宗教自由的英国男人和女人——他们愿意为了自由而冒生命的危险。他们可能还会告诉你，一年一度的感恩节是为了纪念1621年"五月花号"清教徒的第一次丰收——他们与友好的印第安邻居共进晚餐以表庆贺，因为印第安人很早就给他们提供了一些在马萨诸塞州沿海满是沙石的土地上耕种的金点子。

这是一个被丝带包裹着的美丽故事，也是一个极佳的奠基神话。它和流血、奴役或者异族通婚基本都没有太多关联——很容易在"五月花号"的叙述和以色列人前往应许之地的旅程之间画上等号。但这也是一个在几个方面具有误导性的故事。它在历史方面既不够准确又过于简单，[②]并将早

[①] 还有几个其他的早期奠基神话。例如，1521年在波多黎各岛上建立的圣胡安（San Juan），可以说是欧洲人在现在的美国境内建立的第一个永久定居点。还有一个关于短暂的西班牙殖民地圣米格尔·德·瓜尔达普（San Miguel de gualape，大概位于现在的佐治亚州）的故事梗概，1526年，从非洲带来的奴隶在那里发生了叛乱，据说许多奴隶从殖民地里跑了出来，并与当地的美洲原住民生活在了一起。还有一个与目前无人居住的缅因州圣克罗伊岛（St Croix）有关的法语族群的奠基神话，该岛位于加拿大边境，在詹姆斯敦（Jamestown）到来的3年之前，法国人在1604年曾首次在这里短暂居住过。

[②] 许多关于"五月花号"的更为基本的描述都忽略了故事的关键部分。例如，虽然他们的领袖是英国人，他们却来自已经生活了十多年的荷兰莱顿（Leiden），而船上的大多数人并非清教徒。因为以前的欧洲旅行者带来了疾病，所以他们定居的土地人口开始锐减。他们也根本没有计划去新英格兰，而是去弗吉尼亚。人们有时也会忘记，清教徒先驱从来没有使用过"感恩节"这个词，因为全国性的庆祝活动只能追溯到1863年，而一些印第安人把感恩节这天当作哀悼日。

期定居者进行了浪漫化的处理——其中一些人成了掠夺土地的印第安人杀手、冷血的女巫屠戮者和奴隶主。更重要的是，它在时间顺序上具有误导性。"五月花号"上的乘客来得相对较晚。人们一遍又一遍地讲述这个故事，让原本美国最重要的奠基神话相形见绌：发生在 1607 年的一次跨洋移民比"五月花号"启航早了 13 年，这次移民促成了英国人在美洲建立了第一个永久性定居点——弗吉尼亚州的詹姆斯敦。

弗吉尼亚的故事是以历次失败为开端的。16 世纪 80 年代，英国人两次试图在罗阿诺克岛（Roanoke Island）定居，部分原因是为了对抗西班牙在美洲的统治地位。第一批定居者持续了大约一年时间，他们在此期间杀死了自己所占领的塞科塔（Secota）部落的首领温吉纳（Wingina），并且将敌军分食了。第二批定居者——大约 100 名男女——凭空消失了。他们的尸体无迹可寻，他们的命运无从知晓。但是更为可能的是，他们遭到了塞科塔人的报复。

英国人等了整整一代人，才再次展开尝试——结果却几乎同样是一场灾难。他们在切萨皮克湾（Chesapeake Bay）的一片毒气沼泽附近建立了一个新的定居点，并以国王詹姆斯敦命名。在 1607 年 5 月登陆的 104 名移民中，只有不到 40 人熬过了第一个冬天。虽然后来又有新的移民到来，但是死亡率却越来越高了。人们将第三个冬天描述为"饥饿时期"（Starving Time），生活在美洲的欧洲人再次陷入了食人的境况。幸存者短暂地离开了詹姆斯敦，但他们在路上遇到了三艘载有更多定居者和一些补给品的船只，于是又返回了弗吉尼亚。这就是英国在北美洲大西洋沿岸殖民的惨淡开端。①

人们对第一批英国人的描述，常常让人们认为他们无法适应新的生活。这些船员主要由外出探险和寻求财富的潦倒绅士（有的身边还有仆人陪同）和在英格兰南部抓捕的失业工人和流浪汉组成。这两群人都不适应艰苦工作，也没有什么务农经验，但是并非每个人都不熟练——在 1607 年的移

---

① 詹姆斯敦以苏格兰和英格兰国王的名字命名，可以视为大英帝国（British Empire）的奠基神话。这是英国人在欧洲以外的第一个长期定居地。

民中有两个瓦匠、一些木匠、一个理发师、两个外科医生和一个渔夫。不久之后，第一批英国妇女——福雷斯特太太（Mistress Forrest）和她的女仆安妮·布拉斯（Anne Burras）——以及来自荷兰、德国和波兰的8名工匠加入了这个规模不大、人数也不断减少的移民群体。

这些早期白人移民缺乏关键技能、凝聚力和共同目标。而且中间几乎没有女性，因此几乎没有家庭生活——这与十多年后新英格兰的情况形成了鲜明对比。詹姆斯敦的指挥系统很混乱，彼时的记录显示了定居者花了多少时间互相争吵——有些争吵甚至造成了致命后果。普遍的混乱加上食物的短缺和与印第安妇女发生性关系的可能性，引发了很多人的撤离。这成为弗吉尼亚早期生活的另一个关键方面——这些情况在早期新英格兰定居者中没有出现——因为一些年轻的英国移民直接逃出了詹姆斯敦，去和附近的美洲原住民部落一起生活。虽然我们不知道大多数流亡者的长期命运，但是很多人都受到了部落的欢迎——如果他们随身带着武器，那么情况就会更好。而且只要部落里新来的欧洲人愿意融入，那么大多数印第安人就不太在乎种族问题。

对于印第安人来说，自由加入不断壮大的英国人的部落要罕见得多——一个多世纪之后，人们通过身为科学家和未来建国之父的本杰明·富兰克林坦率的语言认识到：

> 当一个印第安儿童在我们中间长大，学会了我们的语言，习惯了我们的风俗之后，如果他去亲戚家串门，和亲戚一起闲逛，就再也没有办法说服他回来了……（但是）当白人，无论男女，在年少时期遭到印第安人俘虏，和他们一起生活，那么虽然我们把他们赎回来，并以可以想象的千般温柔劝说他们和英国人一起生活，但是他们在很短时间内就会变得对我们的生活以及支持这种生活的照顾和痛苦感到恶心，然后寻找最佳时机逃进树林，自此再也无法救赎他们了。

詹姆斯敦的英国移民中有很多例子，他们逃进了"森林"，再也没有回来——他们的故事已经被遗忘了。但有一个不太一样的例子，当今世界中一半的人似乎都知道她，这在很大程度上要归功于迪士尼公司。

当然，她就是波卡洪塔斯。人们以许多不同的方式一遍又一遍地讲述她的故事，以此为不同的目的服务。1995 年的迪士尼版本无疑将她描述成了一个激进分子——一个热爱自然、反对种族主义、缔造和平的女权主义者；我的一些年轻的女性朋友从小就看了这部电影，她们说电影中充满了鼓舞。① 但是 19 世纪的文学作品通常将她描述为一个命运多舛的浪漫主义女主角，使其成为悲剧经典中的重要人物。印第安人往往将她视为一个绝望的幸存者，有时甚至将她视为一个把灵魂出卖给英国人的叛徒。而对弗吉尼亚的一些白人来说，她成了一个性格温顺、乐于助人的祖母形象——成为另一个较小的奠基神话的源泉。因为故事中有很多空白，所以一切皆有可能。但是她自己没有发声，所以尽管传说中她意志坚强，但是很难看出她对自己的生活掌握了多少真正的主动权。

我们所知道的主要来自一位名为约翰·史密斯（John Smith）的被波瓦坦印第安人（Powhatan Indians）俘虏的前雇佣兵和英国定居者。根据史密斯对这个故事的复述，他是因为身为波瓦坦酋长女儿的波卡洪塔斯的调停才活了下来，而她当时大约只有 10 岁或者 11 岁的样子。5 年之后，已婚（或者丧偶）的波卡洪塔斯遭到了英国人的绑架。她在被囚禁期间皈依了基督教，接受了洗礼，改名为丽贝卡（Rebecca），然后嫁给了一位名叫约翰·罗尔夫（John Rolfe）的英国烟草种植者。在他们有了一个孩子之后，一家三口去了英国。波卡洪塔斯在英国遇到了詹姆斯国王和安妮王后之后不久就去世了——约翰·罗尔夫独自回到了弗吉尼亚（并于 5 年后去世），临走前把 1 岁大的儿子托马斯留在了英国的亲戚那里。托马斯成年后才回到自己的出生之地，娶了一位白人女子，他们的后代成了弗吉尼亚蓄奴贵族的

---

① 有人指责迪士尼卡通版的《风中奇缘》美化殖民历史，而且其中充满了错误。关键在于迪士尼完全错误地理解了约翰·史密斯和波卡洪塔斯之间的关系。影片遗漏了很多内容，其中包括她与约翰·罗尔夫的婚姻、她儿子的出生以及她的早逝。

主要成员。

有一个版本的波卡洪塔斯的故事是值得回味的——在古老的弗吉尼亚叙事中,她以半神话般的母亲形象出现——因为这是一个令人难过的例子,是作为移民的胜利征服者有时会讲给自己听的那种故事。虽然现在很少有人讲起这个特别的例子了,但是它在整个19世纪和20世纪早期都出现过,尤其是在与弗吉尼亚的历史和宗谱有关的著作中。波卡洪塔斯的一个后裔对她的典型描述是,"虽然她天生是野蛮人",但是她谦虚、善良、完美、充满爱心,并且将她描绘成"像一颗星星一样闪耀在原始而又野蛮的黑暗背景中"。

在这些种族主义叙事中,波卡洪塔斯成为童话故事中的人物,成了最早的英国定居者和美洲原住民之间理想主义的情感关联的象征。她成为一个能够认识到基督教文化的优越性和英国男人的吸引力的"好印第安人"的原型——这与她所在部落的其他成员和大多数其他印第安人形成了鲜明的对比。而她与约翰·罗尔夫[①]的婚姻则成了异族通婚的象征性行为,而且不可复制——这宣告并证明了欧洲人永远存在于北美大地上了。波卡洪塔斯通过自己的儿子成为许多弗吉尼亚"白人"家庭的祖先,她感到自豪的是,她的家族比其他类似的家族都要更加古老。[②] 在这个版本的早期美国历史中,波卡洪塔斯成为一位奠基之母,也成为一位荣誉白人。

詹姆斯敦城建立12年后,即波卡洪塔斯去世2年后(也就是"五月

[①] 约翰·罗尔夫作为把甜烟草引入北美的人,自己成了弗吉尼亚财富的象征。
[②] 这些沙文主义的叙述偶尔会变得纠缠不清。1924年,弗吉尼亚州重新引入了一项禁止跨种族通婚的法律。根据这项法律,但凡有任何非白人祖先的人都不是白人,这对波卡洪塔斯成千上万的后代来说简直就是一场灾难。波卡洪塔斯是弗吉尼亚首批全白人家庭的拥护者,所以人们将所谓的波卡洪塔斯条款(Pocahontas Clause)添加到了法律中,规定那些拥有1/16或更少印第安血统的人为合法白人。

花号"在马萨诸塞州海岸抛锚整 15 个月之前），一艘名为"白狮号（White Lion）"的英国船只驶到了弗吉尼亚，停泊在了距离詹姆斯敦不远的康福港（Point Comfort）。这艘船的船长是康沃尔人（Cornish）约翰·乔普（John Jope），他将"白狮号"的"货物"卸在了那里，然后将之卖给弗吉尼亚的定居者，以此换取食物和饮品。那批"货物"大约包括 20 名非洲人，有男有女。他们既非自愿离开家园，亦非一路平稳而又短暂，直到近几年来，历史学家才能厘清其间发生的部分事件。

他们并非第一批来到北美洲的非洲移民——当然，在他们之前的一个世纪左右，还有艾斯特瓦尼克和其他被运往西班牙佛罗里达的非洲奴隶。此前，弗吉尼亚已经有一些非洲人了，他们也许是以英国殖民者的家仆的身份来到这里的。但是那些在 1619 年乘坐"白狮号"来到美国的非洲人却境遇不同。人们往往将他们的悲惨旅程视为北美奴隶贸易的真正伊始，也认为这标志着非洲人在未来的美国存在的开端。这群新移民断然是来自恩东戈王国（Kingdom of Ndongo）——也就是现在的安哥拉——说金邦杜语（Kimbundu）的人，他们在战争中被捕后又被押往宽扎河（Kwanza River），然后被押上船只带到葡萄牙的非洲奴隶贸易总部罗安达（Luanda）贩卖。他们在那里接受了基督教的洗礼，随后被迫登上一艘名为"施洗圣约翰（São João Bautista）"的葡萄牙船越过大西洋——似乎是以墨西哥的韦拉克鲁斯港（Veracruz）和附近的甘蔗种植园为目的地，但是"白狮号"却切断了他们的旅程。

我们可以通过这一时期的其他著作了解葡萄牙奴隶船上的实际情况。一位牧师将非洲人描述为像被迫"装在瓶子里的沙丁鱼"一样生活。他们吃着用木薯粉煮的稀粥，睡在船舱里的架子上。他们每人都有一块布，白天当成衣服穿在身上，晚上就脱下来铺成床单。"施洗圣约翰"号上的情况尤其恶劣，因为船上的 350 名非洲人中有 100 人在抵达西班牙统治的牙买加之前就已经死亡了。在牙买加，他们卖掉"24 名奴隶男孩"以此换取食物和药品。这艘船在即将到达墨西哥海岸时遭到了两艘英国私掠船——得到政府许可的海盗船——拦截。其中一艘是"白狮号"，它是在劫持了 20

名非洲人之后才离开的。对乔普船长来说，他们是战利品；而葡萄牙人则将他们视为赃物。对于非洲人自己而言，这是他们当年遭到的第二次绑架和奴役了。

无论专业历史学家还是业余历史学家，都花费了大量精力来研究这些来自非洲的新移民是否应该被描述为奴隶。就是否应该采用"被奴役的人"来代替"奴隶"的术语问题而言，存在着一个悬而未决的广泛争论，因为"奴隶"是不人道的，而"被奴役的人"则是一个笨拙的委婉语。这是一场往往会分散人们注意力的争论，使人们忽视历史学家和其他人在研究、重建甚至重新想象被奴役者的生活方面所肩负的更大责任。

但在17世纪，早期的弗吉尼亚有一个更加具体的问题。在以工业规模的种植农业为基础的终身世袭奴隶制在北美扎根之前的这个阶段，没有正式的法律类别适合来自非洲的新移民。就法律层面而言，奴隶制并不存在，所以奴隶处于法律空白之中。那些通常出于现代政治原因而主张早期美国不是建立在奴隶制基础上的人坚守法律的精确性，认为当英国在美国早期阶段建立殖民地时，奴隶制并没有正式存在。

非洲移民在这一时期的确经常与欧洲契约仆人一起生活和工作。也就是说，贫穷的白人移民将在预先确定的年限内接受一个人的奴役。这个施加奴役的人——一个有名字的主人，或者偶尔是一个主妇——在契约期间有权把奴隶卖给别人。实际上就是把他们当作次等人对待。但是即便如此，大多数证据也表明白人契约劳工要比非洲人得到更好的待遇，而且通常会首先选择美国作为移民的目的地。我们也更容易了解他们，无论是全名还是国籍，通常都会收入人口普查清单。当他们完成契约之后，他们就会得到工具和衣服，甚至有时还会得到土地。然而对于非洲人而言，他们通常被简单地描述为"黑鬼"，如果有人记录下非洲人的名字，那也不是他们的非洲名字。他们中的任何一个人来美国都不太可能是出于太多的个人选择。

正是在这种背景下，约翰·庞奇突然短暂地作为另一个可能的首位奴隶出现在历史书中。人们对庞奇几乎一无所知，甚至对他的籍贯都无从知晓。但是对他的一些后代进行的DNA测试表明，喀麦隆（Cameroon）是最有可能的地点。系谱学家认为，庞奇在弗吉尼亚州遇到了一位不知名的白人妇女①，并与她生了一个孩子（巴拉克·奥巴马和成千上万的其他现代美国人可能都是她的后裔）。但他之所以对早期美国故事的讲述如此重要，是因为1640年弗吉尼亚州的法律记录中有这样一份参考资料。庞奇和两个欧洲契约仆役——一个是名为维克多（Victor）的德国人，另一个是名为詹姆斯·格雷戈里（James Gregory）的苏格兰人——从他们名为休·格温（Hugh Gwyn）的英国主人、土地所有者兼移民同伴那里逃跑了。当这三名逃犯受到了追踪并被押回弗吉尼亚之后，法庭宣布："这三名仆人将受到鞭打的惩罚，每人30下。"这两名欧洲人都根据各自的国籍在法庭裁决中被判处在现有契约的基础上再延长4年的刑期。但是法院裁定"第三个人，即名为约翰·庞奇的黑奴应该在他的一生中为他的主人或者他的指定人服务"。这就意味着，仅仅因为肤色受到判刑的约翰·庞奇实际上是一个终身的奴隶。②

令人遗憾的是，这就是非洲奴隶制如何在未来美国的部分地区开始的故事。在17世纪40年代，这一切都是微不足道的。弗吉尼亚的非洲人仍然很少，只有大约300人，而白人定居者则有1.5万人。仅仅一个世纪之后，人口就增长到了相当惊人的程度。时至1750年，仅弗吉尼亚殖民地就有大约25万人，其中接近一半是非洲裔的奴隶。

回想起来，这种增长的主要经济原因似乎微不足道：因为许多欧洲人都对尼古丁欲罢不能，所以弗吉尼亚的新白人贵族需要数十万名移民劳工来种植烟草，从而为有上瘾需求的吸食者提供原料。这导致契约劳动制度

---

① 人们对她的情况一无所知。她的存在是人们通过其后代的种族身份推断出来的。人们认为她是欧洲契约仆人的可能性最大。

② 在约翰·庞奇受到判决之后的几十年里，弗吉尼亚州和其他殖民地颁布了法律，将奴隶制认定为一种制度，并将那些从非洲胁迫来的移民及其子女视为私有财产——这些移民几乎没有比农场动物更多的权利。1705年，弗吉尼亚州的一位牧师拒绝为约翰·庞奇的一个曾孙和一位白人女性主持婚礼，因为他含有不到一半的非洲血统。虽然当时仍有一些非洲人后裔拥有自由，但是也收到了异族通婚的禁令。当然，法律是无法阻止异族通婚的：事实上，在许多州，强奸女奴不算犯罪，但与女奴结婚却会被认定为犯罪。在1967年被美国最高法院宣布违宪之前，各种各样的反异族通婚法在弗吉尼亚州和其他15个州仍然有效。而这一法律在亚拉巴马州则一直延续到了2000年。

逐渐消亡。当境况不佳时，身在家乡的贫穷欧洲人因为收成不好或者政治迫害而只能移民——而在情况好转时，如果他们负担得起，那么他们也可以自由地返回家园。他们可以维护自己的公民权利，但是有时也会起义。对于非洲人来说，没有返回的希望，虽然他们依依不舍地离开了遥远的家园，但是也只能永远过着囚禁的生活。不仅弗吉尼亚如此，北美洲、加勒比、南美洲和中美洲中所有属于 8 个欧洲列强的殖民地也都如此。①

美洲的历史与奴隶制的故事无法分割。不要让任何人轻易说新英格兰、加拿大、阿根廷或智利没有奴隶。因为这些地区的种植园规模较小，所以人口要少得多，而且毫无疑问的是，一些欧洲定居者对奴隶贸易持有道德保留意见——但非洲人是在极不情愿的情况下被胁迫到这个双重大陆及其众多岛屿的每个角落的。北美洲甚至不是主要目的地：更多的非洲人最终去了巴西和加勒比地区。按照总计来算，这是有史以来规模最大的被迫迁徙，统计数字令人震惊。在大约 350 年的时间里，从非洲绑架来的 1200 多万名俘虏被带到了大洋彼岸。有人认为，至少有 100 万新奴役的人在从家园到非洲海岸的途中死亡，近 200 万人在穿越大西洋时死亡。

这是一个不容易讲述的移民故事，因为它除了痛苦和死亡就别无选择，也因为缺乏移民自己的主诉。即使在现代，也有一种利用当代的委婉叙述将其美化的趋势：例如，用"中间通道"来描述奴隶的旅程，用"调味"来形容他们在美国土地上最初几个月的生活；此外，如果从目的论的角度看待这个故事，那么似乎非洲奴隶贸易最重要的方面会是它最终的废除。

我们找不到来自 16 世纪和 17 世纪非洲人的鲜活记录，但是随着一系列"奴隶叙述"作为废奴运动的一部分得到出版，这种情况在 18 世纪开始发生了变化。虽然小说家有时试图填补这个缺口，但是他们通常关注的是

---

① 西班牙、葡萄牙、法国、荷兰、英国、丹麦、瑞典和俄罗斯都有美国殖民地。俄罗斯一直控制着阿拉斯加，直到 1867 年，它将阿拉斯加卖给了美国——而在早些时候，俄罗斯在加利福尼亚有一个小型定居地。丹麦殖民了现在的美属维尔京群岛（Virgin Islands）。特拉华州（Delaware）的威尔明顿（Wilmington）在 17 世纪的 17 年中是瑞典海外帝国的一部分，在更长的一段时间里，它还包括加勒比海的圣巴泰勒米岛（St Barthélemy）。意大利人在探索美洲的过程中发挥了如此重要的作用，却没有出现在这份名单上，这一点是引人注目的。

奴隶制的后期阶段,所以他们会以奴隶制废除和自由的可能性作为故事情节。在很大程度上,更能令他们感兴趣的是对移民后代的持续奴役,而不是移民本身。因此,我们在很大程度上要依赖奴隶主在日记、信件、笔记和商业文件中的叙述,并以我们自己有限的能力去想象别人的生活可能会是什么样子——那些遭受奴役的非洲人生活的样子。

我们并没有典型奴隶的案例。奴隶都是从非洲大陆的大部分地区被绑架来的,然后被成群结队地运过印度洋,到达中东、亚洲和美洲。在大西洋奴隶制的早期阶段,奴隶是从西非沿海地区俘获的——奴隶通常是在敌对部落或者种族组织的战争或者伏击中被俘获的,然后再被卖给欧洲商人。欧洲人经常用武器来支付购买奴隶的费用,然后通过销售更多奴隶来创造一系列的区域军备竞赛。他们利用树枝和藤蔓将俘虏们绑在一起,押到海岸,或者利用独木舟运到江流下游。

随着大西洋人口贸易规模的扩大,抓捕奴隶的地区也在扩大,一直延伸到非洲内陆。大多数非洲内陆人都对船只、海洋或欧洲人一无所知。许多俘虏都是儿童。在最早的奴隶叙事之一中,乌科奥斯·格罗尼奥索(Ukawsaw Gronniosaw)描述了他如何在 1720 年前后离开了现在的尼日利亚东北部的家,而他那时大概只有 15 岁。当他听到一个游商说起白人和可以"在水面上行走"的"有翅膀的房子"时,他受到了好奇心的驱使。当他到达海岸时,就遭到了绑架,并被以两段格子布的价格卖给了一位荷兰船长,然后被押上了开往巴巴多斯(Barbados)的船。

相对来说,抓捕格罗尼奥索的过程比较简单,他的抓捕者也很快就获利了。与他同为 18 世纪自传作家的奥拉达·艾奎亚诺(Olaudah Equiano)的早年经历则大不相同。艾奎亚诺和他的妹妹当时正在父亲在尼日利亚中部地区搭建的房子里,袭击者闯进去抓住了他们,先绑住了他们的手再堵住了他们的嘴。他们被迫走了好几天,然后又被分开了,而他当时只有 11 岁。在他的回忆录中,他描述了自己在到达海岸并遇到第一批欧洲人之前是如何在几个月内被当作奴隶卖了不下五次的,这让他惊魂不定。"红脸长发、长相恐怖"的船员们把他抛来扔去,以此检验他是否健康。他看到甲板上有一口大铜锅，以为自己难逃被吃的命运了。

多年以后，像格罗尼奥索一样生活在英国并娶了一位白人女性的艾奎亚诺，回忆起"各种各样的黑人被锁在一起，他们的脸上都流露出沮丧和悲伤"。他被送到船舱里，"鼻孔里受到了一生中从未受到过的问候"。艾奎亚诺随后因为不吃东西而受到鞭打，如果不是在船的周围挂有阻止奴隶自杀的网，那么他很可能就会跳船而死了。在后来的旅程中，两个被锁在一起的奴隶设法逃脱了渔网，跳进了大西洋。他们死了。第三个跟随他们的非洲人则被拖回船上，"遭到了无情的鞭打，因为他宁死不屈"。

虽然有几十个奴隶贩子对这次越洋做了记录，但是他们也几乎都是冷酷无情的。暴行是司空见惯的事——我们可以从中感受到穿越大西洋的过程有多么可怕。非洲奴隶，特别是在大西洋奴隶贸易的早期阶段，根本不知道等待他们的会是怎样的命运。他们对去过美国的人毫无所知，甚至不知道有这样一个地方。艾奎亚诺将欧洲人视为食人族的观点广为流传，而且感觉相当合理。如果这样说没错的话，那么非洲人在浮动的地牢里是对生活有着广泛的反应的。有的陷入忧伤，有的密谋造反，有的公然挑衅；而也有少数人试图与捕捉他们的人建立关系。

起义几乎是不可能的。男性奴隶通常被铐在一起，关在甲板下面，但是他们有时可能会放风，并被迫跳舞进行锻炼。女性奴隶的活动自由度略高。一个记录最完整的案例保留了下列文字：一名女奴在18世纪早期的一次渡海中成功地将一把锤子偷运给了男奴们，男奴们用它砸断了镣铐。叛军的首领名为托姆巴（Tomba），这个高大魁梧的男人在被捕前杀死了三名船员。但是船长决定留他一条命，取而代之地杀死了他在奴隶拍卖中价值会比较低的同伴。而那个偷运铁锤的女人，"则在其他奴隶面前被绑住了双手挂了起来，抽了一鞭子，又砍了一刀……直到死去"。托姆巴随后在牙买加以高价被售出，我们对他后来的事情以及其他俘虏的情况就没有更多了解了。

事实上，大多数船长的确试图尽可能让更多的奴隶活着——也尽可能让他们顺从。有些人会尝试把讲不同语言的奴隶混杂地装上船，并对那些疑似策划叛乱的奴隶施加鞭刑，或者把他们的双手绑上再吊起来。船上有一个特殊的金属装置是用来强行打开绝食者的嘴的窥口器。绑匪也会把尸体扔到海里，喂给跟随奴隶船穿越大西洋的鲨鱼，他们利用这种肢解尸体的方法对奴隶施加威慑力。船上的一名医生回忆说，船长在一次奴隶的绝食抗议中鞭打了每个奴隶，但是那些奴隶"微笑着抬头看着船长"，好像在说，"不久我们就不复存在了"。他们有时将奴隶自杀视为一种反叛行为。

对于在穿越大西洋的创伤中幸存下来的 85% 的非洲人来说，当然还要面临更多的问题。艾奎亚诺描述了奴隶船在巴巴多斯海岸抛锚后，许多小船是如何蜂拥而上的。商人和种植园主拥上船，仔细检查奴隶，命令他们跳上跳下。艾奎亚诺和他的同伴们内心充满了"恐惧和颤抖"，仍然认为自己即将被吃掉。奴隶主从这片土地上带来了一些老奴隶安抚他们，并解释接下来会发生什么。然后船长将奴隶放在一个商人的院子里，以艾奎亚诺所说的"包裹"的形式卖给种植园主。这些奴隶都因为和新朋友分开而伤心欲绝，而艾奎亚诺本人却未被售出。

一些奴隶在到达目的地之后就开始生病，没过多久就死了，通常都是被新环境里的疾病压垮的。其他人则会陷入抑郁之中。那些在美洲生活甚至在那里出生的老奴隶的工作就是鼓励新来的奴隶，让他们长胖，润滑他们的皮肤，治愈他们的伤口，剪掉他们的头发——所有这些都是为了使他们在奴隶拍卖会上能卖上个好价钱。奴隶主会给奴隶们起新名字，而且通常是好几次。艾奎亚诺——最终被卖掉了，然后又被卖掉了——先后有了雅各布（Jacob）、米歇尔（Michael）和古斯塔夫斯·瓦萨（Gustavus Vasa）这三个名字。古斯塔夫斯·瓦萨最初是领导国家从丹麦独立出来的瑞典第一任国王的名字，一些奴隶主发现用从恺撒到赫拉克勒斯（Hercules）等过去的名人来给奴隶命名是非常有趣的。艾奎亚诺说他在开始时是如何拒绝新名字的，但是奴隶主总会打他脑袋，"所以我最后屈服了"。

对于自己的文化遭到破坏的情况，大多数移民要么选择忍受，要么选择欢迎。毫无疑问，许多较为贫穷的欧洲移民在跨越大西洋前往美国的过程中，以及在试图立足新大陆的过程中，都在身体和心理方面遭受了巨大的苦难。但是他们中的大多数人都有选择。例如，他们可以建立持久的家庭关系，可以保留自己的语言，可以将自己的故事代代相传。他们所经历的一切都无法与被奴役的非洲人所承受的移徙创伤相比。因为不仅 1200 万非洲人遭到了奴役，被极不情愿地运送出海，而且他们的思想和行为所承载的文化也几乎遭到了根除。尽管名字的象征意义在当时和现在都很重要，但是失去名字只是文化遭到阉割的一部分。几十年来，艾奎亚诺一直以古斯塔夫斯·瓦萨的名字为人所知和嘲笑，直到晚年才得以重拾自己的本名。对于绝大多数受到奴役的非洲人来说，他们的名字、他们的语言、他们的历史、他们的神、他们的食粮，以及他们的音乐全都遭到了剥夺。

诚然，还有文化层面和政治层面的阻力，甚至偶尔会出现全面的叛乱，以及自我解放的奴隶群体进行的创造。在海地伊斯帕尼奥拉岛的西半部，非洲奴隶通过一场革命获得了权力，并从法国殖民统治下完全独立出来。但是家庭的分裂和再分裂以及来自非洲不同地区的民族的深度融合则更为普遍，这意味着即使奴隶或者曾经的奴隶能够维护自己的权利，他们也几乎没有能力将自己的文化发扬光大。非洲语言的一些单词或句法结构在一些地方幸存了下来，烹饪、演奏音乐或者祈祷方式也是如此，这些都是已逝昨日的影子。但这种损失是巨大而又无法修复的——在奴隶制被正式废除之后很久，它仍然是美国和更为广泛的美洲的现代故事的一部分。

1860 年，就在美国内战开始之前，一艘名为"克洛蒂尔达号（Clotilda）"①的状况良好只有 5 年航龄的远洋轮船被它的主人付之一炬了。他想要以此掩盖自己所犯下的罪行，而事实证明，他永远都不会因此受到惩罚。"克洛蒂尔达号"的损毁残骸很快就在距离未来的"非洲城

---

① "克洛蒂尔达号"是以一位 6 世纪的圣徒命名的，她是一位哥特血统的勃艮第公主，嫁给了法兰克国王克洛维一世（Clovis I），并在基督教在西欧的传播中发挥了重要作用。流亡者和失望儿童将其尊为守护神。

（Africatown）"并不遥远的亚拉巴马州莫比尔河（Mobile River）满是鳄鱼的泥沼中消失了。

"克洛蒂尔达号"的主人是一个名为蒂莫西·米赫（Timothy Meaher）的男人。他的父亲是一名为了躲避占领家乡的英国军队的征召而逃离了祖国并在缅因州定居的爱尔兰移民。米赫本人出生在缅因州，但是他在年轻时也移民到了 2000 多千米外的南方腹地，住在一个在很多方面都宛若另一个国家的地方。他像许多其他美国白人一样搬到了亚拉巴马州，这个新成立的州刚刚清除了大部分印第安人，把他们驱逐到了密西西比河（Mississippi）以西。他去了靠近墨西哥湾（Gulf of Mexico）的莫比尔市，他和兄弟在那里通过棉花、木材和汽船发了一笔小财——用他们的一位北方亲戚的话来说，他们在那里成了"热心的南方人"。

米赫夫妇认为将非洲奴隶带入美国不再合法是最不公平的。尽管国际奴隶贸易遭到了废除，但是作为美国经济和社会制度以及受害者活生生现实的奴隶制本身在内战爆发之前的岁月里一直都在美国南部根深蒂固。另外，还有一个很大的国内奴隶市场。旧时南方弗吉尼亚州和卡罗来纳州的大奴隶主们都对这种情况心怀欢喜，因为这会使被他们视为自己财产的人的价值得到提升；而南方腹地各个新州的种植园主们对此则感到不满，如果他们想要奴隶劳工——而且他们的确有此需求——那么他们就必须以高价从别处购买了。正因如此，在沿着莫比尔河航行的汽船上，蒂莫西·米赫向一群朋友吹嘘，他知道如何在当局没有察觉的情况下把非洲奴隶运进美国。据其中一位朋友描述，米赫押了 1000 美元的赌资说："我自己就能在官方的眼皮底下将一船奴隶带到莫比尔湾。"

就在内战爆发的前一年，小人物米赫的故事和最后一批遭受奴役的非洲人经过远洋运输到达美国的痛苦史诗故事，截然不同地在这里交织在了一起。这一次，我们比奴隶主更了解奴隶。后来，一些记者和作家寻找过那些在内战中获得解放的奴隶，时至 1940 年，这些奴隶中的最后一人去世。他们中的许多人都在莫比尔郊区的非洲城定居下来，而他们的一些后代至今仍然住在那里。

"克洛蒂尔达号"上这些不太情愿的乘客大多来自贝宁（Benin），即彼时的达荷美（Dahomey），和尼日利亚西南部，他们说着多种多样的语言，信仰着至少3种不同的宗教。他们被达荷美国王的军队俘虏，押送到海岸和维达（Ouidah）的海港，囚禁在奴隶禁闭营的围栏里，直到一个买家出现。人们把奴隶禁闭营看作哀悼之地，一大批人从家乡被披枷带锁地流放到那里，再也没有机会回到故里。奴隶的家人有时也会出现在营房之外，主动提出拿钱赎人或者替奴隶禁闭。

"克洛蒂尔达号"的船长威廉·福斯特（William Foster）跟着领路人进入了维达奴隶禁闭营，俘虏们按照要求排成十男十女一组的圆圈以便接受检查。检查工作通常是由船上的医生来完成的，但是"克洛蒂尔达号"没有医生。因此，福斯特自己从营中挑选了110个人，男人、女人、男孩和女孩的数量都大致相当，然后支付了大约9000美元的费用。奴隶们在非洲土地上吃了最后一顿饭，然后在黎明时分被带上了船。半个多世纪之后，其中一个名叫奥瓦莱·科萨拉（Oluale Kossala）的非洲人，彼时已经更名为库乔·刘易斯（Cudjo Lewis），回忆起了离别时的哭泣："因为我们不想把其他人留在奴隶禁闭营里，我们都很想家，而且我们更不知道自己会变成什么样子。"

大多数奴隶都会被人用热烙铁在身上留下一个公司印记，但是"克洛蒂尔达号"上的奴隶却没有这样——原因未知，但可能是为了让他们更容易在不被发现的情况下被销售出去。船员将他们身上仅有的衣服扒光，他们一路上都赤身裸体。库乔·刘易斯回忆道："我感到非常羞耻。我们赤身裸体地来到美国土地上，所以人们说我们是赤身裸体的野蛮人……他们不知道我们的衣服是被抢走的。"在这些俘虏出生的非洲地区，既复杂又独特的服装文化在某种程度上为个人和社区提供了自我认同的方式。当他们被赤身裸体地送到一个非洲人经常被想象成裸体的地方，他们的愤慨和屈辱感就变得格外明显了。

更糟糕的是，他们一到亚拉巴马州就收到了一大堆与自己习惯的宽松、飘逸的衣服大不相同的欧式布料。男性俘虏在横渡大西洋的过程中都看到了美国男人的穿着，但女性俘虏还没有见过一个美国女人，所以对分配给她们的衣服一头雾水。多年以后，出生在美国的负责照顾新人的奴隶诺亚·哈特（Noah Hart）这样描述了当时的情景：

> 女人们把裙子的袖子系在身上，下摆拖在脚下的沙地上。有些人把衬裙系在脖子上，一只胳膊从衣襟里伸出来。有些人把衬裙穿在衣服外面。有些人根本不穿衬裙。

在亚拉巴马州的大多数白人看来，新来的人只是更多的奴隶。对于现有的黑人来说，这些奴隶却是完全不同的。因为奴隶贸易在1808年被废除了，美国几乎没有第一代非洲人了，而且这些奴隶多数很老。"克洛蒂尔达号"上的非洲人并非来自将大量奴隶运送到美国的大陆。他们中的许多人都有仪式上的疤痕和锉牙，这让亚拉巴马州的现有黑人无法识别，而且他们的许多文化习俗看起来都很奇怪。他们是局外人，而且许多人仍然如此。诺亚·哈特说："尽管他们从未愚弄过我们，也没有彼此争吵过，但是他们比我们更加黝黑、更加魁梧和高大，而且似乎更加凶猛。"库乔·刘易斯回忆说："我们想和其他有色人种交谈，但是他们对我们并不理解。有些人甚至会取笑我们。"

1865年4月，随着内战的结束，联邦士兵入驻亚拉巴马州南部。库乔·刘易斯回忆，一群士兵来到河边吃桑葚，并告诉他和其他一些"克洛蒂尔达号"的奴隶："你们自由了，再也不属于任何人了。"他们问："我们应该去哪里？""你们想去哪里就去哪里。"对方回答说。非洲人自由了，但是既举步维艰又身无分文。他们希望蒂莫西·米赫支付他们回非洲的费用，①或者给他们一些可以居住的土地，但他都拒绝了。取而代之的是，非

---

① 事实上，如果他们知道美国殖民协会（American Colonization Society）经营的"遣返"计划，那么他们几乎肯定可以自由前往独立的西非国家利比里亚（Liberia）了。自19世纪20年代以来，这个计划一直在将以获得解放的奴隶为主的美国黑人送往利比里亚。美国内战之后，这个计划没有停止，只是规模小了一些。

洲人把一部分劳动工资节省下来，逐渐购买了一些小块土地。他们建立了自己的社区，这些社区大部分都是自治性的——并任命前"克洛蒂尔达号"上的一个俘虏古帕（Gumpa）担任他们的领导人，这主要是因为他来自达荷美一个等级较高的家庭。

一些在奴隶禁闭营或者奴隶船上首次相遇的非洲人现在已经成双成对了，他们形成了长期关系，也确保了一些非洲语言和传统得以延续。几个家庭将约鲁巴语（Yoruba）视为母语，一些非洲人也将个人名字代代相传。但是他们与更为古老的非裔美国人社区的融合甚至在黑奴得到解放之前就迅速开始了，其中两个年轻的非洲妇女很快就和美国黑人生了孩子。"克洛蒂尔达号"上的大多数俘虏都皈依了基督教，并在非洲城建造了一座教堂，还有一所学校和一座墓地。

非洲城是莫比尔一个几乎被人遗忘的贫穷黑人郊区。受到最后一艘奴隶船的故事和对非洲人社区在美国土地上的浪漫期望的吸引，作家们从19世纪90年代开始访问这里。在20世纪20年代，当今公认的美国第一位重要的黑人女小说家佐拉·尼尔·赫斯顿（Zora Neale Hurston）两次对非洲城进行了长时间访问，并与库乔·刘易斯共度了一段时光，刘易斯彼时是"克洛蒂尔达号"的最后一位幸存俘虏。她以刘易斯为主题在杂志上发表了一篇文章，也在自传中对他进行了描述。她在刘易斯的房外拍了一些照片和一段无声短片，这是从非洲绑架到美国的奴隶的唯一动态图像，现在已经上传到了油管网。她把他的人生故事写了下来，也把他用方言说的话都抄录了下来，也许是出于这个原因，她不仅找不到出版商，而且手稿在一所大学的档案馆里消失了。1935年，库乔·刘易斯去世了。

尽管经历了许多次移民，非洲城在贫穷的逆境中生存了下来，目前仍有"克洛蒂尔达号"俘虏的后代住在那里。这个地方非常友好，到处都是小木屋，人们都与来访的陌生人亲切地交谈，只是话语中夹杂着悲伤和希望。非洲城的人口正在减少，人们普遍认为，这是附近工厂的工业污染导致老一代居民癌症高发所产生的后果，而且非洲城的四座教堂也举行了许多葬礼。这里几乎没有工作机会，更连一家商店都没有，一排排用木板封住的空房子已经成了蚂蚁和爬山虎的领地。毫不夸张地说，非洲城正在消逝。因为它坐落在莫比尔河与一条小溪之间的一条裂缝上，被很少使用的铁路线和废弃的工厂等工业时代的遗迹切断了与城市其他地方的联系。一条绕过莫比尔的供超大型卡车使用的可怕高速公路将非洲城一分为二，这给行人带来了很多危险。公路的北侧是一座古老的浸信会教堂，上面有一座精美的库乔·刘易斯铜像，而公路的南侧就是埋葬他的墓地。

这里显然不是旅游目的地。这就是为何非洲城的人立刻就知道外地人为什么来这里了：我确实感觉到他们对这个地区不同寻常的历史有一种真正的自豪感。非洲城的故事在莫比尔和其他地方变得越来越闻名，这是伴随着年轻一代长大的东西。20世纪80年代，一个代表"克洛蒂尔达号"俘虏后代的组织成立了，一年一度庆祝社区历史和文化的非洲城民间节日也开始了。时隔120多年，美国和非洲恢复了联系。①

时至21世纪，人们在社区墓地里开展了一系列学术研究和考古活动，并且计划建设一个博物馆——最后——佐拉·尼尔·赫斯顿的不朽名著《奴隶禁闭营》(*Barracoon*)在2018年出版了，她在书中讲述了库乔·刘易斯的生活故事。同年，人们在离非洲城不远的河泥里发现了"克洛蒂尔达号"烧毁的外壳。2020年，美国参议院通过了一项决议，宣布这艘船的发现是一项具有"地方、国家和国际重要性和教育价值"的"重大发现"，值得为后世保留。人们将唤醒对"克洛蒂尔达号"的记忆，而且目前正在建设一个遗产中心，并计划沿着莫比尔河修建一条穿越非洲城的旅游路线。在这块南方腹地上，那些被迫乘坐最后一艘北美奴隶船横渡大西洋的移民没有被历史遗忘，奴隶制的创伤也没有被人类遗忘。

---

① 其中包括一名贝宁外交官访问非洲城，以及一名非洲裔美国高级政治家从莫比尔出访贝宁。达荷美国王的后代也为其家族在奴隶贸易中所扮演的角色表达了歉意。

第七次中场休息
奴隶制和移民活动

我在前几天告诉一个朋友,我正在写与美国的奴隶制和移民有关的内容。她表示反对,因为她认为奴隶不是移民。我沉默了一会儿,然后轻声问了一句:"为什么不呢?"她答道:"因为他们在这件事上没有发言权。"移民和选择有关,她的语气就像五年前选择从亚洲最大的城市之一搬到华盛顿特区(Washington DC)的人一样。

这是一次简短的电话交流,但是这次交流让我回到了我对移民的定义,回到了这本书的前几页,这值得深思。根据现代心理治疗师所下的定义,移民是一个人——

> 从一种文化迁移到与之显著不同的另一种文化,并且从事足够长久的日常活动,以及面临着适应新环境的挑战。

这无疑是一个宽泛的定义。它还依赖于其他一些值得进一步阐明的概念,比如文化和适应。它具有包容性,对古代和现代的移民都广泛适用。它甚至没有间接提到国籍、民族、种族或者边界。它没有被拖进许多当代移民叙事的泥淖和刻薄中——因为它没有提到入境移民、出境移民、难民、寻求庇护者、游牧者、外籍人士、非法移民、客工和所有其他可能存在的移民类型,所有移民被细分为不同的类别。至少,它试图包罗万象。最重要的是,它强调了移民的经历。

但是这个定义并没有假装对选择或者意愿进行处理。我想我的朋友是在说，奴隶穿越大西洋的运输经历与她自己或我自己的经历大有不同，所以把经过运送的奴隶和"像我们这样的人"都包括在"移民"这个总称下是没有意义的。① 因为奴隶没有自由意志，而我们却有。一种回应是，我们处于一个范围的一个极端——而前往北美的非洲奴隶则处于这个范围的另一个极端。与我或者我的朋友相比，大量奴隶的选择余地小之又小。从英国被运送到澳大利亚的囚犯就是一个例子。人们通常将契约劳工视为"选择"了临时性的奴隶制，似乎这是一个重大选择。当家庭迁徙时，孩子们通常没有发言权。从历史上看，女性也较少参与家庭迁徙的决策。社区和个人有时因为灾难、战争或者迫害而被迫迁徙，他们的选择范围都有局限性。那些受到人贩子欺骗或者操纵的人也是如此。

正如一些现代历史学家的观点，从哲学角度来看，遭受奴役的人可能还有一些剩余的自由意志——他们确实有选择，但是这些选择非常有限。对此进行否认似乎是对在奴隶禁闭营和奴隶船上发生的许多——几乎全都失败的——叛乱行为的不尊重。毕竟，自杀也可以是一种叛乱行为。很多将奴隶自杀视为个人财产毁坏的奴隶主也持有这种观点。基于所有这些原因，以奴隶无法做出选择为基础，将奴隶制的历史排除在移民史之外是没有好处的，甚至是存在误导性的。

试图对迁徙进行定义的另一个重要问题是距离。我想说的是，如果一个人想要成为移民，那么他并不需要参与大规模长途迁徙。对于许多对移民持积极态度的人来说，移民往往与浪漫、冒险的年轻人有所关联，他们离开家乡，长途跋涉，甚至要过关斩将，才能开始新的生活。但是更愿意搬家的往往是女性——只是距离较短，而且司空见惯。在许多社会中，儿子因为想要继承父母的土地，所以迁徙的可能性不大。

人们经常认为19世纪的地理学家E. G. 拉文斯坦（E. G. Ravenstein）是移民

---

① 当然，许多奴隶都不是移民，例如，虽然那些生活在美国的奴隶都是在同一个种植园出生和死亡的，但是他们却是新移民的后代。在20世纪20年代，制定美国移民配额的白人至上主义者并没有把非洲裔美国人视为移民的后代，因为按照他们自己的规则，这样做会使非洲发起新的移民运动。他们只会将美国描绘成一个欧洲移民国家的积极移民叙事，而这些规定却把非洲裔美国人和印第安人全都排除在外。

理论的发明者，他宣称"女性比男性更容易移民"，并补充说"这可能会让那些把女性与家庭生活联系在一起的人感到惊讶，但人口普查的数据清楚地证明了一切"。他以维多利亚时代的英国为例，当时女性比男性更有可能为了结婚或者工作——通常是家庭教师、用人和商店服务员——而在国内迁徙。而在19世纪时，人们跨越英国一个大郡的距离可能和当今时代飞越半个地球的距离不相上下了。

移民活动通常都是凌乱不堪的，没有清晰界限，无法进行整洁而又简单的定义。拉文斯坦谈到了所谓的"逐步迁徙"，即农村人先搬到小镇，然后再搬到城市，之后才可能出国移民。与此同时，诸如游牧者之类的季节性工作者每年都会在不同地方度过一部分时间。有些人离开家之后并不知道要离开多久。他们可能会去学习，或者去某个地方旅游，找一份临时工作，然后遇到某个人，随后待得更久一些，再然后组建家庭，此后才会永不离开——但是从原则上讲，他们仍然计划回到曾经生活的地方。想要确定每个人是在何时成为移民的，是不太可能的事。因为许多移民永远不会把这个标签贴在自己身上。

重要的是，不要让有关移民的讨论因这些问题而受阻。如果有人试图开发模型或者算法来预测或解释移民行为，那么这样的定义显然就会很重要。我的项目和目的是不同的。我认为，就迁徙而言，无论是被迫的还是自愿的，或者介于两者之间的某种情况，这种活动都是人类经历的核心。如果我们记住这一点，那么我们就能更好地了解我们自己。如果我们对从17世纪起，或者更早，甚至人类最初被迫或者自愿走出非洲的迁徙进行反思，那么我们也许就能对现代美国形成更好的理解。

如果我是一个哲学家，那么我也许就会就此问题展开更加深入的探讨，并且采用宏大的理论来代替讲故事的行文风格。因为我打算在此对一个观点简单地谈谈我的看法，希腊哲学家赫拉克利特（Heraclitus）[①]在2500年前

[①] 赫拉克利特在当时隶属于波斯而如今却靠近土耳其西海岸的以弗所（Ephesus）出生。他的作品只星星点点地流传下来一些片段，受到了诸如柏拉图等后世哲学家的引用。人们通常因为他的忧郁状态和他的格言而对他有所铭记，他说过"万物都在运动"和"你不能两次踏入同一条河流"，每一句都可以视作为各种运动都是普遍现象的世界观提供了一个重要的起点。

说过"万物都在变化",这种观点是对的;事实上,动物和植物——和人类一样——时时刻刻都在运动,以大大小小的方式不断变化。近代以来,我们通过物理学家得知,即使惰性最强的鹅卵石原子或者任何无生命的物体都是时刻运动的,我们的宇宙也是一样。这个论点告诉我们,宇宙的普遍规律是运动,而不是静止——我认为人类的行为层面也是一样,常态是迁徙,而不是定居。

从哲学的角度来说,这并非全部。因为我们人类如何想象时间概念的问题也会对这一争论产生影响。我的意思是,当我们试图对过去和现在之间的界限进行详细研究时,我们对时间的传统观念似乎就从指间溜走了——从某种意义上说,现在总是转瞬即逝,在我们完全感觉到它之前就变成了过去。这就是问题所在,因为这些天关于对过去划清界限、擦去历史重新开始以及活在当下进行了太多讨论,特别是当涉及奴隶制或者帝国主义的历史偏颇时,好像现在可以与过去完全隔离开来,但是当下也只是历史的一部分。

我不相信这是现实的或者可取的。因为我们的历史是人类生活的一部分:它们远远超出了我们在学校或者博物馆学到的东西。它们很难埋葬,因为它们是我们定义自我的基础。它们无处不在:在我们的语言中,在我们的奠基神话中,在我们的仪式中,在我们的故事中,在我们的家庭中,在我们的DNA中,在我们对待移民的态度中,也在我们的焦虑和愿望中。在任何关于移民、奴隶制、种族主义、不公正或者民族主义的讨论中,它们都会出现。我想说的是,我们应该回到那些历史中去,对它们提出质疑和挑战,寻找其中的缺口,寻找那些不为人知的历史,看看我们能够如何讲述它们,至少要将标记它们的缺失作为一个起点和最低限度。

总的来说,历史书都是由定居者为定居者书写的,这为我们提供了一种对过去的特殊看法。少数探险家、诗人和拓荒者——主要是来自欧洲和中东的人——留下了他们对移民的叙述,但是绝大多数移民没有这个机会,这就是为何标记这种缺失具有重要性的原因了。就这个项目而言,这意味着指出数百万没有留下任何痕迹的移民个体的存在,而有些不为人知的移民甚至连名字都没有留下。即使在这些名字幸存下来的地方，也往往不会留下什么痕迹。我一直都在研究中国人移民到东南亚的不同历史，以及罗马人——曾被称为吉卜赛人——在欧洲的传播。虽然我从法庭案件、政府记录和墓碑上获得了很多名字，但是我无法从 19 世纪以前的社区的任何成员那里找到一份第一手资料。

历史学家和小说家对北美奴隶制的反应可以作为有用模型为此处做出贡献。尽管来自奴隶的证词比较匮乏，但是事实证明，对他们的故事进行一定程度的改编是可行的。经过对零零星星的参考文献的仔细斟酌，以艾斯特瓦尼克为主题的小说和其他体裁作品成功地复活了。对被遗忘的历史资料的老式分析，结合口述历史和非洲旅行，使塞内加尔裔美国历史学家西尔维安·迪乌夫（Sylviane Diouf）能够重述"克洛蒂尔达号"奴隶船及其俘虏的故事，而加纳裔美国小说家雅阿·吉亚西（Yaa Gyasi）最近则在她 2016 年的畅销小说《回家之路》（Homegoing）中展示了如何通过想象被遗忘者的生活来重现过去。她塑造了两个 18 世纪的非洲姐妹，埃菲亚（Effia）和艾斯（Esi）：一个遭受了奴役并被运送到了美国，另一个嫁给了加纳的一个奴隶贩子。她还描述了她们的后代在大西洋两岸对抗重大政治和社会事件时的生活。这是一部讲故事的佳作，也是关于小说如何帮助我们理解过去的极佳案例。

第八章

林奈、中国城和淘金热

第八章　林奈、中国城和淘金热

17世纪60年代初，两个法国人并肩站在一座亚洲城市里，凝视着一座新建的白色大楼。其中一人是早在5年之前就离开法国周游世界的医生，名叫弗朗索瓦·伯尼尔（François Bernier），他非常欣赏这座建筑。事实上，他认为这是他在古今历史上所见过的最精美的建筑之一。正当他打算告诉同胞自己对这座建筑有多么艳羡时，他却陷入了沉默，取而代之的是，一股羞耻感油然而生。他担心这位刚从法国过来的商人同胞会因此对他形成判断，会看低他，会认为他因为远离家乡"久居海外而变得崇洋媚外"了。

这是许多移民都将感受到的发人深省的时刻。伯尼尔深深感受到了自己身处两种文化之间。他既不想遭到法国同胞的嘲笑，也不希望被人视为"入乡随俗"了，所以他沉入了一片缄默之中。伯尼尔记录道，当这位法国商人转过身来对他说自己从未在欧洲见过和眼前凝视的这座建筑同样"大胆而雄伟"的建筑时，他才如释重负。你大概已经猜到了，这是一座炫目的白色新建筑——泰姬陵（Taj Mahal）。

虽然在莫卧儿王朝统治期间也出现过一些由白人男性移民撰写的其他描述印度的作品，但是伯尼尔的情况与众不同。彼时，莫卧儿皇帝以半游牧的方式在印度北部四处迁徙，而他是宫廷里一位高级大臣的私人医生。他并非像其他出现在宫廷里的外国人那样扮演着商人、传教士、雇佣兵或者外交官的角色，而是以自己身为哲学家和医生感到自豪。伯尼尔之所以进入朝堂，并非是为了赚钱或者传递信仰，而是为了对朝堂进行观察并参与其中。试图理解一个似乎永远都在演进而且演进得比以往任何时候都更加迅速的世界，令他兴趣盎然。他并没有打算改变印度文化，也没有打算寻找奇迹和怪物来迎合欧洲观众，而是三番五次地将印度的某些地方与欧洲的某些地方进行比较——因此，他坚持认为，泰姬陵的穹顶和巴黎圣宠谷教堂（Val de Grace church）的穹顶仿佛相同，亚穆纳河（River Yamuna）与卢瓦尔河谷（Loire Valley）有所类似，而贝拿勒斯（Benares）则堪称"印度的雅典（Athens of India）"。尽管这种比较的作用仅是根据欧洲的条件对印度进行简化和类比，但是这的确是一个帮助欧洲人在心中勾勒莫卧儿帝国样子的真心尝试。

还有一个更重要的原因能够说明为何伯尼尔对这个故事很重要；为何在后世无情的聚光灯下，他要么选择成名，要么选择臭名昭著。因为在这个词语的特定意义的观照下，他是第一个"种族主义者"。伯尼尔最终离开了印度，回到了法国，至于原因，他从未提起。他在法国发表了他对莫卧儿帝国的论述，但是他也为《学者报》（Journal des Savants）写了一篇短文，文章标题是"根据由一位著名的旅行者送来的居住在地球上的人类的物种对地球进行新的划分"。这篇文章主要以人类的地理位置和外貌为依据，试图将全人类划分为四个种族。他把从欧洲到中东，再深入亚洲，然后囊括美洲的所有人都纳入了一个种族；非洲黑人是第二个种族；他将远东地区的亚洲人称为"真正的白人"并且将其认定为第三个种族；斯堪的纳维亚北部的拉普人（Lapps）则大概是第四个种族。伯尼尔的分类充满了令人不快的废话——他说非洲人没有头发，头上只有羊毛，拉普人"非常丑陋，看起来很像熊"——但是他并没有从严肃的科学意义上做出这样的论断，也没有后来出现的许多分类中所提倡的纯粹的系统化的种族主义。

回想起来，伯尼尔试图填补日益增长的空白似乎是显而易见的了。就世界的范式而言，古代欧洲和中东地区已经无可挽回地崩塌了：它们的逻辑矛盾太深刻，以至于没有任何实际用途。例如，美洲和亚洲复杂社会的存在破坏了以地中海及其周边为基础、以野蛮人为内环、以怪物为外环的世界文明中心的古典观念。

我们需要一个新的框架来解释和简化一个已然变得更加复杂和更加互联的世界。这个最初由伯尼尔提出的框架最终会促使人类社会形成等级观念，其中欧洲血统的人往往会位于等级顶端，而进一步的分支会使特定群体的欧洲人赋予自己更加优越的地位。这是一种种族主义的、种族化的世界观，而其后续影响一直延续至今。它淡化了我们作为移民的共同历史，因为它基于一个在时间中冻结、静止而非动态的世界，一个将定居视为主流而且其中每个人都属于一个种族群体的世界。这是一种对那些无法清晰地将自己归属于单一类别的人妖魔化的世界观——游牧民族或者"混血儿"便是案例；它不仅使异族通婚蒙羞，而且再次否认了人类的共同遗产。

这一切不能都怪伯尼尔。他是首位对这种分类做出笨拙尝试的人，他的分类细节遭到了后来的种族学家的拒绝，他的模式也因此没有得以保留。但是大约在伯尼尔去世 70 年后，瑞典生物学家卡尔·林奈（Carl Linnaeus）发表了自己的种族清单——尽管他没有使用这个称谓（他更喜欢用"品种"这个词语）——以此作为他对整个自然界进行分类的杰作的子类：动物、植物和矿物。他的作品在多次修改之后继续影响着现代科学，也毫无悬念地影响着现代的种族主义。

林奈的方法是按照界（动物）、纲（哺乳动物）、目（灵长类动物）、属（人）和种（智人）的模式对人类和其他一切事物进行分类。他发明了拉丁语名称"智人（Homo Sapiens）"，意思是聪明的人，这个自我满足的物种继续用这个名字来描述自己，而没有采用貌似更为合理的"迁徙者（Homo Migrans）"，即移民者。[①] 然后林奈不太明智地将智人划分为四个主要的亚群：美洲人、欧洲人、亚洲人和非洲人。他不仅根据其起源所在的大陆来描述每个亚群，还试图根据他们的头发、肤色、鼻孔形状等身体特征，以及道德品质来对每个亚群的成员进行分类。因此，身为主要组织人物以及祖国

---

① 人们还发明了许多其他替代"Sapiens"的词，其中包括特里·普拉切特（Terry Pratchett）在《碟形世界》（*Discworld*）系列中提出的"Narrans（即故事讲述者）"，以及马克斯·弗里施（Max Frisch）在 1957 年的小说《匠人》（*Homo Faber*）中使用的"Faber（工人）"，而大卫·鲍伊（David Bowie）在 1971 年发行的歌曲《哦！你们这些美丽的东西》（*Oh! You Pretty Things*）中只是简单地把我们称为"优越人种（Homo Superior）"。

英雄人物的林奈，在他那本根据动物和植物的体貌特征进行分类的最著名的作品中记述道，亚洲人天生贪婪且傲慢，非洲人狡猾且慵懒，而欧洲人则温和及富有创造力。

林奈不是旅行家。他从未离开过北欧，而且可以看出来的是，他似乎很少遇到欧洲以外的人。因为他还用颜色来划分种族：不仅将欧洲人划分为白种人，将非洲人划分为黑种人，而且将美洲原住民划分为红种人，将东亚人（有时）划分为黄种人。① 他将美洲原住民定义为红种人似乎是因为他听说有些印第安人会在身上涂上红线。他们后来获得了"红印第安人（Red Indians）"的称谓，这是一个荒谬的双重混淆，因为他们既不是红色的，也不是印度的——尽管视觉证据与之相反，但是有些人真的开始相信美洲原住民的皮肤为红色。在19世纪和20世纪的大部分时间里，"红印第安人"和"红皮（Redskins）"是美国原住民在英语中最常用的称谓，而林奈的用法至今仍在沿用，只是公众压力迫使美国橄榄球队"华盛顿红皮队（Washington Redskins）"在最近的2020年删除了队名的后半部分。

这与东亚人公认的黄皮肤是有所类似的，只是林奈照比其他地方略不精确。他在对人类进行分类的早期尝试中认为亚洲人通常是棕色皮肤或者肤色更深的，但是他在1758年《自然系统》（*Systema Nature*）的最终版本中使用了拉丁词语"luridus"。如今这个词语可以并且已经按照多种方式进行了翻译，其中包括"可怕的（lurid）""苍白的（pallid）"和"死一般的（deathly）"——并且带有病态的含义——但是在林奈的同代人和后继者中，"黄色"这个词语在几种欧洲语言中保留了下来。即使他最大的竞争对手，往往就如何划分物种之间的界限这个问题远没有他那么严谨的法国生物学家布冯（Buffon），也采用了同样的人类颜色编码观点，他宣称，"欧洲人

---

① 林奈对颜色以及与之相关的一些行为特征的选择似乎源自古希腊的"四体液（Four Humours）"的概念，即血液、黄胆汁、黑胆汁和痰液（多血性、胆汁性、黏液性）。一些崇拜林奈的人认为关于他提出的种族问题的观点被误解了，部分原因是他从未使用过这个词语；他也曾在其他地方声称肤色是由气候造成的。作为一名学生（大概是开玩笑），林奈发现了另一种更加灵活地为四大洲分类的方式：亚洲＝茶，非洲＝咖啡，美洲＝巧克力，欧洲＝啤酒。虽然印第安人的皮肤是红色的概念并不是由他发明的，但是毫无疑问的是，他将这个概念发扬光大了。

是白种人,非洲人是黑种人,亚洲人是黄种人,美洲人是红种人"。至此,即使无法通过视觉判断,东亚人也被正式认定为黄种人了。

尽管种族科学家之间就到底有多少种族以及他们应该具有何种称谓绵绵不休地争论了数十年,但是种族科学的原理以及它所涉及的静态世界在19世纪初期几乎很少受到挑战。林奈的后继者们放弃了大部分以大陆命名的类别,转而采用高加索人种、蒙古人种和黑人取而代之——这不仅在逻辑上没有明显的原因,而且有很多变化。但对他们中的大多数人来说,东亚人尤其是中国人的黄色皮肤则被认为是理所当然的。然而,直到19世纪后期,随着中国移民的第一波浪潮席卷美国、欧洲和澳大利亚,东亚人在普通人的想象中才变成了黄色。

就中国移民而言,还有很多话要说。首先,尤其是与数千年的东亚移民有关的更深的历史背景。其中包括欧洲人和中国人之间奇怪交织的互动,这种互动可以追溯到400多年前的东南亚。但同样重要的是,任何对东亚移民故事的重述都要对前欧洲时期的情况有所留意,并且承认中国南海及其周边地区的重要性。无论就面积来说还是就人口而言,这个地区都要比地中海更大,并且具有更加丰富的文化多样性和语言多样性。因为自古以来,连接两大洋的中国南海就为人类迁徙和海上旅行提供了支点,而这个支点常常被研究古代世界的怀有欧洲中心主义观念的历史学家所忽视或者淡化。

中国南海周边地区的史前移民活动既复杂又重要,而移民的种种方式才刚刚得到解读。以最近在印度尼西亚和菲律宾的洞穴中发现的人类遗骸为例,经过鉴定,它们属于两个前所未知的古人类物种,每个物种都比智人小得多。此外,更不寻常的是,操着一系列相关语言的"南岛人(Austronesians)"进行了许多古代航海旅行。而且几乎可以肯定的是,他们起源于中国台湾，然后被传播到了中国南海及其他地区。南岛语系是马来西亚、印度尼西亚和菲律宾的主要语言，但是其他南岛人生活在远洋分隔的独立岛屿上：从智利海岸附近的复活节岛（Easter Island）和非洲海岸附近的马达加斯加（Madagascar），到新西兰的毛利人和美国夏威夷州的原住民。作为海上移民，他们令维京人自觉逊色，宛如过着定居生活——例如，南岛人在夏威夷和复活节岛定居的时间似乎与维京人探索北大西洋并在美洲建立临时居所的时间大致相同。

在欧洲殖民者到达东亚之前的数千年里，中国南海是一个多种文化聚居的中心，中国人和印度人民及其思想发挥了重要作用。中国南海在近来被称为"海上丝绸之路（Maritime Silk Road）"的地区充当着核心地位。海上丝绸之路起始于中国沿海地区，穿过东南亚和印度洋，到达波斯湾（Persian Gulf）和非洲。历史学家和考古学家才刚刚开始重建这段被遗忘的历史，他们梳理古代中国文献，破译古爪哇语（Old Javanese）铭文，挖掘古代沉船残骸，从而构建一幅在许多方面比中世纪欧洲更为复杂、更多样化的地区图景。

这方面的一些证据是显而易见的。在最简单的层面上，对于统治者而言，诸如拉贾和苏丹之类的梵文和阿拉伯语头衔的使用起始于印度和中东。还有所有文化、艺术和宗教提醒人们由商人、侵略者和传教士带来的印度教、佛教和伊斯兰教在该地区所发挥的重要作用——虽然并非总是如此，但是有时的确是通过更大规模的移民传播的。例如，不太为人所知的主要是信奉印度教的满者伯夷帝国（Majapahit Empire），该帝国在14世纪中叶控制了现代印度尼西亚和马来西亚的大部分地区。还有同一地区的许多华人定居者社区——其中至少有两个社区在15世纪由来自中国的移民统治。

中国明朝在15世纪初期的伟大航海之所以引起了历史学家的关注，在很大程度上是因为一支庞大的中国舰队比瓦斯科·达·伽马（Vasco da Gama）早了半个多世纪到达了非洲东海岸。人们将它们描述为中国对世界的短暂开放，是中国在历史上曾一度试图成为超级大国的一线曙光。这些航行——总计7次，历时28年，船只多达200艘，随船人员共计27 000

人——无疑是中国实力、财富和造船能力的一次令人惊艳的展示。这些航行的记录还引人入胜地提供了有关亚洲文化融合以及穿越中国南海和印度洋的长途旅行的常态细节。①

但是回想起来,明朝的远航似乎是一种反常现象。中国的朝廷很快放弃了所有成为海外帝国的野心。一位15世纪末期的行政长官公开宣称:

> 天地之间有一条至关重要的界限:中国人在这一边,外国人在那一边。让世界井然有序的唯一方法就是尊重这一界限。

可以说,那时候的中国在很多方面都是闭关自守的,并且更加关注对本国地理和文化边界进行保护。明朝航海之后,中国开始了移民——尽管人们是在政府政策的影响下移民的,但是政策绝非决定性成因。但移民遭到了劝阻——有时是主动干预,甚至一度处以死刑。然而,这一切都无法阻止大批中国移民在东南亚定居,也无法阻止移民在19世纪移居到世界的每个角落。他们以一种个性十足的方式进行移民,这是一种案例层出不穷的特殊移民模式,以英语为母语的国家在许多年之后将其称为"中国城"。

中国城是一个复杂的概念,而且在许多地方只不过是一个旅游景点的象征,以美食和中国新年庆祝活动而闻名。但是它植根于早期欧洲殖民主义某些最黑暗的日子。将中国城建成一个与外界隔绝的城市飞地是控制中国移民的一种方式,因为虽然中国移民被视为对欧洲势力的潜在威胁,但是他们对繁荣帝国经济也至关重要。在西班牙征服菲律宾的早期阶段,中国人是获准与欧洲人一起住在首都马尼拉的。但是到了1594年,许多中国移民在鼓励之下离开了,搬到了与欧洲人隔河相望的对岸的一块分配给他们的新地上——如今自称是世上现存的最古老的中国城的岷伦洛

---

① 船队的指挥官是郑和,他的父亲和祖父都曾前往麦加朝圣。英国潜艇手、业余历史学家加文·孟席斯(Gavin Menzies)在他于2002年出版的畅销书《1421:中国发现世界》(*1421: The Year China Discovered the World*)中声称,郑和船队不仅也"发现"了美洲,而且也做了环球航行。2008年,他又出版了一本同样与历史不符的续作,名为《1434:一支庞大的中国舰队抵达意大利并点燃文艺复兴之火》(*1434: The Year a Magnificent Chinese Fleet Sailed to Italy and Ignited the Renaissance*)。

(Binondo)。

中国移民在风云变幻的世界经济中发挥着关键作用,马尼拉则处于变化的核心。从本质上讲,欧洲人想要诸如丝绸和瓷器之类的中国奢侈品,而中国人对欧洲商品则不屑一顾——但是他们确实想要西班牙人在美洲开采的黄金和白银。因此,身在马尼拉的中国商人充当了中间人,把中国和该地区其他地方生产的制成品带到菲律宾,然后把它们卖给西班牙商人换取黄金和白银,西班牙商人再把它们带回欧洲。但是马尼拉的华人不仅是商人,他们也深深植根于城市经济的各个方面,正如一位西班牙观察家所指出的那样,他们还担任裁缝、鞋匠、石匠、市场园丁、鱼贩、屠夫、面包师、医生和"饮食屋"的老板,以及非技术工人。许多西班牙人甚至对生活在马尼拉的中国移民的数量和影响力感到不满,他们认为这些中国人对他们构成了威胁。

其实,中国从来没有,至今也不是西方想象中的那种单一文化社会。因为中国北方和南方在现实和观念上都存在众多差异,这些差异塑造了中国人往境外移民的模式,彼时和此后前往东南亚和世界其他地方的大多数中国移民最初都来自中国南方。

除了更加频繁的移民之外,南方人似乎对外国人和外国影响多多少少心存信任。这其间的原因颇为复杂,但是显而易见的是,与东南亚毗邻和远离中国权力中心都是非常重要的因素。然而,这里有更深层次的东西。佛教似乎在使移民从文化方面得到接受发挥了作用。毕竟佛教起源于国外,并且强调旅行和朝圣。一直在北方皇城中占有重要地位的儒家思想主张一种更加明显的定居文化。反对移民的人经常引用孔子的话:"父母在,不远游。"虽然北方人确实迁移,但是通常局限于中国边界之内——而且往往是向南方迁移,这有助于鼓励已经在那里生活的人迁徙。

即使在南方人中,也有证据表明他们反对永久移民,即永远离开自己的家园。汉语中的"侨"通常译为古英语中的"sojourner",意思是临时移民,广泛用于形容那些移居国外的人。这引发了一场关于中国移民的所谓独特性质的辩论,暗示着相对于移民而言,中国人具有更难与祖籍割裂的情结。

这并非一种全然不真的宏大概括，但是往往隐藏起来的要比显现出来的更多。事实上，在护照、签证、国籍文件和居住要求被发明之前，世界各地的大量移民并没有明确的长期计划，而且他们也不需要。即使他们在那里度过余生，他们也往往把自己在一个新国家的生活视为临时性的或者不确定性的——这是常常发生的事情。就此而言，中国人没有什么不同。

但是许多中国人确实与自己的祖国保持着特殊的关系。直到19世纪末期，绝大多数中国移民都是男性，他们经常把妻子和孩子，还有父母，都留在家乡。这些移民中的许多人都与当地妇女建立了第二个家庭——在菲律宾，这种情况尤为突出——但是仍会定期返回中国。就文化层面而言，即使对那些没有回到中国的人来说，正如对遥远的祖先祠堂的尊重一样，期待回归的想法也是很明显的。相反，中国的许多家庭试图记录那些移民和他们的后代，并把他们列入祠堂——毫无疑问，相对于许多国家而言，家谱在中国发挥着更加重要的作用。

尽管存在歧视性的法律和更多的屠杀，但是大量来自中国南方沿海的移民继续迁徙到了东南亚。当然，少数欧洲人也是如此。欧洲人移民到东南亚是为了统治，而中国人的角色则更为复杂和多变——而且正如事实证明的那样更为持久。随着欧洲殖民主义在东南亚的发展，中国移民毫无悬念地成为重要的参与者，甚至是合作者，但是他们的存在对该地区的政治地理和人口结构产生了更为深刻的影响，这种影响一直持续到后殖民时代。

新加坡就是明显的例子。1819年之前，距离中国大陆2000多千米的新加坡几乎是一个无人居住的岛屿。在它成立两个世纪之后，500万新加坡人口中几乎有四分之三是华人，超过一半的人在家里说汉语。这个地区的大多数主要城市都有数量惊人的中国少数民族。相比之下，几乎无人认为自己是欧洲人，殖民地移民的子孙在很大程度上融入了更加广泛的人口。

16世纪后迁徙到东南亚的中国人起初以商人和手工业者的身份南下，虽然这种情况的确有所延续，但是及至18世纪，情况发生了巨大转变，中国移民被大规模雇用为诸如胡椒种植和锡矿开采等新经济企业的劳动者。招聘通常是由中间人操作的，中国企业家自己在海外变得富有和强大，并与祖国保持着密切的商业联系。

华人移民社区在当地出现了领导，他们通常是由殖民列强任命的，称为甲必丹。① 这些是需要对书面的职责和责任清单负责的正式职位，允许殖民地政府间接行使权力，并为一些更大的移民社区提供有限程度的自治权。在1800年为英国统治的槟城（Penang）殖民地准备的一份此类清单中，甲必丹"有责任"在"你的人民中"维护"良好秩序"，并"每周两次在自己家里"开庭，以及审理"自己部落的人民之间的琐事"。他们还必须保存一份与出生、死亡和婚姻有关的登记簿，并且对任何路过访客的详细信息进行记录。

1786年，槟城在被当地苏丹割让给东印度公司之后，成为英国殖民地。槟城此前已经只有少量马来人居住了，不到100人以捕鱼和提取木材油料为生。英国宣布槟城为自由港口，无须缴纳关税——因此槟城立即吸引了大批移民，其中第一年就有60个中国家庭移民至此。10年之内，槟城——官方称威尔士亲王岛（Prince of Wales Island）——拥有了超过2万的人口。1804年，它的英国总督乔治·利斯爵士（Sir George Leith）在一本关于新殖民的小册子中骄傲地宣称：

> 世界上可能没有任何一个地方能够在这么狭小的空间里聚集着如此之多讲着形形色色语言的不同的人……其中包括英国人、荷兰人、葡萄牙人、亚美尼亚人、阿拉伯人、帕西人、中国人、马来人、缅甸人、暹罗人、爪哇人等。

然后，利斯提出了他对不同移民群体的偏见，其间充满了林奈风格的夸夸其谈的判断。他认为，马来人"懒惰、报复心强、背信弃义"，来自苏

---

① 华人甲必丹（马来语：Kapitan Cina）或简称为甲必丹，是葡萄牙及荷兰在印度尼西亚和马来西亚的殖民地所推行的侨领制度，即是任命前来经商、谋生或定居的华侨领袖为侨民的首领，以协助殖民政府处理侨民事务，"甲必丹"即是荷兰语"kapitein"的音译，本意为"首领"（与英语"captain"同源）。——译者注

拉威西岛（Sulawesi）的布吉人"勇敢、独立、有进取心"，而帕西人是"一种相当安静、举止良好的人"。但是利斯最为详细的评论却是针对华人社区的，他们是三个群体之一——另外两个是马来人和来自印度南部的朱利亚人——华人社区大到可以有自己的甲必丹，因此在殖民统治下有一小部分自治权。

利斯有言，中国人"总体上是一个勤劳的民族，而且对这个殖民地而言，是最有价值的收获"。他认为槟城华人的工资比其他移民工人的高一些是他们应得的，因为他们是"好工人"。他断言"每个中国人每年都会把收入的一部分寄给中国的亲友，这是一成不变的规则"。

就中国移民对英国人和其他许多事情的看法来说，目前似乎没有找到任何记载。但是我们可以从包括家庭记录、口述历史、寺庙碑文和墓碑在内的其他源头拼凑出一点他们的早期移民生活。许多人直接从中国南方远渡重洋而来，但是也有一些人从该地区的一些老华人社区，尤其是荷兰统治的马六甲，临时或者永久地迁徙过来。槟城的华人不仅比其他移民群体扎根更深，而且人口数量也更大，这就使一半以上的现代槟城人都认为自己是马来西亚华人。然而，在世界上的其他地方，中国移民的后代更有可能融入更加广泛的人群之中。

中国移民活动的下一阶段在19世纪下半叶达到了顶峰。数以千万计的大量移民——其中多数是契约劳工——离开了中国南方的家乡，前往一系列彼此迥异的目的地。例如，超过10万人去了秘鲁，在甘蔗种植园或者肥料厂工作，他们从近海岛屿收集鸟类粪便做肥料之用。几乎同样数量的中国劳工去了古巴，还有大量移民去了巴拿马和墨西哥。及至19世纪末，美洲大陆几乎每个国家都有华人社区。许多印度人也是如此，尽管他们作为大英帝国的臣民更倾向于前往其他英国殖民地，例如斐济、圭亚那、特立尼达和多巴哥，以及毛里求斯——这些国家至今都有印度少数民族，约占总人口的40%，如果把所有带印度血统的人包括在内，那么这个比例还会更高。①

从经济角度来看，来自中国和印度的契约劳工——通常被称为"苦力"——填补了奴隶制废除后所出现的空白。热带地区的殖民政府和土地所有者对工人有所需求，主要是用于满足新甘蔗种植园的需要，但也是为了修建铁路、公路和运河。他们无法继续简单地购买遭受绑架的非洲人——而欧洲人大多都会拒绝在炎热的国家从事体力劳动。因此，他们利用经过改进的新就业制度从世界上人口最多的国家引进大量男性劳动力。虽然有些人是自愿来的，但是许多人则是被巨额财富的承诺欺骗来的，其他人则仅仅是像奴隶一样通过绑架被运输过来的。

一位英国官员描述了他在1853年访问中国厦门时的情形，那里的奴隶禁闭营与跨大西洋的奴隶制全盛时期的西非奴隶营几乎一模一样：

> 我在厦门亲眼看到了运输苦力的安排：数百人赤身裸体地聚集在营房里，他们的胸口根据他们要去的目的地印着或者涂有字母 C（加利福尼亚）、P（秘鲁）或者 S（桑威奇群岛）。

他们花了 4 个月的时间从中国乘船到达秘鲁——当时的环境非常恶劣。犯点小错就要皮鞭加身：说谎 6 鞭，赌博 12 鞭。十分之一的中国劳工在途中死亡，其中大多数都死于疾病，但是其他人——尤其是遭到怀疑叛乱的人——就要遭到谋杀，还有一些自杀的。

抵达古巴之后，就会看到更多奴隶禁闭营了。一名不愿透露姓名的契约劳工向调查委员会讲述了苦力的待遇，描述了自己遭到了怎样的隔离，自己的辫子如何被剪掉，以及自己被剥得精光的情形，"这样就能轻松检查我们的身体，然后确定价格了。这让我们羞愧难当"。在合同结束时，他们希望大多数中国劳工回国，但是很少有人能存足钱，所以都留了下来，

---

① 这些国家都有过印度血统的总理，只是斐济的印度血统总理在位期间很短。马亨德拉·乔杜里（Mahendra Chaudhury）的祖父 1902 年以契约劳工的身份来到斐济，马亨德拉·乔杜里执政仅一年多，就被斐济族人发动的政变推翻了。

往往和已经住在那里的混血妇女结婚。美国驻秘鲁大使理查德·吉布斯（Richard Gibbs）在19世纪70年代写道，中国丈夫"被视为上等对象，因为他们都是勤劳、爱家、疼孩子的好丈夫"。因为整个南美洲和中美洲都很少有中国女性移民，所以这成为那里的一贯模式。

更为普遍的是，大量中国男性无疑是在受到胁迫或者欺骗的情况下才移民的，但是还有许多人是选择了主动离开。重要的是一定要认识到移民的经历是多种多样的，哪怕他们中的大多数人在开始时不得不忍受巨大的艰辛。移民的原因有很多，贫穷和政治动荡是主要因素。但是还有很多人离开是为了寻找新的生活或者冒险，再者就是为了寻找黄金。从19世纪40年代末开始，许多人向东越过太平洋远赴金山（Gum Shan），即加利福尼亚州。

移民美国的故事有很多不同的讲述方法。就这个主题而言，最著名的作品当属奥斯卡·韩德林（Oscar Handlin）于1952年首次出版的《连根拔起：19—20世纪美国移民史》（*The Uprooted: The Epic Story of the Great Migrations That Made the American People*）。这是一本激动人心的读物，是身为东欧犹太移民后裔的韩德林的一部杰作。"我曾经想写一部美国移民的历史，然后却发现移民是美国的历史。"他以司空见惯的句子开头，恰如其分地表达了他所处理的主题的范围和重要性，以及移民在美国故事里的中心地位。在21世纪，人们雄辩地认为韩德林的书有助于重新定义大众想象中的美国，使其成为一个新近移民的国家。"背井离乡"将重点从主要是在独立前150年自愿在这里定居的北欧人的早期定居者转移开，因为韩德林将尚未公开的聚光灯投射到了那些在19世纪和20世纪初跨越大西洋的数千万人身上，他们往往是为了逃离饥荒或者迫害才选择了移民。但是韩德林的作品、他的开篇陈述，以及由此衍生的移民叙事，也因为遗漏了一部分人物和事件而受到了批评。

美洲原住民并不是韩德林故事的一部分。书中没有提及"血泪之路（Trail of Tears）"，即 19 世纪许多印第安人被迫迁移到距离祖籍数千千米的指定地点的"印第安领地（Indian Territory）"。来自非洲的奴隶和他们的后代也几乎不见影踪。虽然书中提及了白人女性，但主要是以旁观者的身份出现的——欧洲男人的妻子和女儿——很少作为对移民问题怀有令人感兴趣的观点的独立人物出现。而对于中国人漫长而又曲折的移民史，几乎只字未提。

1850 年至 1910 年间，近 40 万中国人移民到了美国。与同期大约 2500 万移民的欧洲人相比，这一数字相形见绌。

1849 年时值淘金热伊始，大量中国人开始移民到加利福尼亚，而仅仅两年之后，这片原属墨西哥的部分领土遭到了美国的吞并。旧金山这个只有几百人的小港口，成为从世界各地带来数千名淘金者和其他移民的船只的终点。许多早期移民来自中国南方广东省的两个小地方，1849 年大约有 500 人，而 1852 年则接近 2 万人。与那些来自欧洲甚至美国东部各州的人相比（当时既没有巴拿马运河，也没有横贯大陆的铁路），中国人的旅行要容易得多——仅需穿越太平洋。

尽管中国移民的权利逐渐受到了削弱——剥夺他们的孩子受教育的机会，禁止他们在法庭上做证反对白人，对新移民的船只征税，然而，这并没能阻止移民的流动。随着加拿大、澳大利亚和新西兰发现了金矿，一些早年的中国矿工继续踏上了移民之路。但是更多中国人来到了旧金山，并在那里建立了第一座中国城，开设了洗衣店，在生产从雪茄到鞋子的各种产品的各类工厂里工作。而在跨越大陆的铁路上工作的中国人，至少有 1 万人。

时至 19 世纪 70 年代，美国爆发了大萧条（Great Depression）。于是，美国禁止大多数中国移民入境。

当美国经济有所好转时，加州的雇主再次对移民劳工有所需要了，于是又有更多移民乘势而入，但是这次移民浪潮中的大量移民是以日本、菲律宾（1898年成为美国殖民地）和墨西哥为故国的。虽然一些中国人的确继续向美国移民，但是往往是通过绕路加拿大或者墨西哥然后进入美国的方式，再者是通过向太平洋沿岸的美国边境当局证明自己属于少数有权进入美国的中国人类型（商人、学生）的方式实现的。

第八次中场休息
护照

天赐良机。我碰巧出生在一个护照可以让我便捷旅行的国家——经常连签证都不需要。对我来说，获得在许多不同国家生活和工作的许可就相对简单了。我甚至合法拥有两本护照——所以我可以带着一本护照旅行，而另一本护照则在我计划工作的下一个国家的伦敦领事馆中核对指纹、贴邮票和盖印。英国的缺点是举世闻名的——英国气候不好、食品风味较差、政治辩论低劣、人们愤愤不平、自以为是——但是我可以因为护照的加持而远离这一切。而且，如果我下定决心，那么移民到任何地方都会是易如反掌的事。

近年来，英国在"护照指数（Passport Index）"上的排名略有下降。"护照指数"是对各国国民旅行便利程度的年度排名。2022 年，日本连续第 5 年位居榜首，而英国在 2015 年还位居第一，如今却已经跌出了前 10 名，部分原因在于英国脱欧了。护照指数的最后三个名字是叙利亚、伊拉克和阿富汗——我曾分别以语言学生、游客和记者的身份访问过这些国家，它们中的每一个都曾在我成年后的生活中发挥了重要作用。对于叙利亚、伊拉克和阿富汗的朋友来说，无论出于何种原因，要来我的国家都要困难得多。但这里还有更深层次的不对称。他们的国籍和护照都对他们的重要人生选择构成了限制，而我的却不会。无论我还是他们，从来都没有做过什么来拥有这份属于自己的待遇。

正是在这种背景的关照下，护照象征着两国人民之间和国家之间根深蒂固无法根除的不平等，如果你的国家的护照指数排名垫底，那么这种落差就会尤为明显。因为所有护照都是平等的,或者不再需要护照的世界是难以想象的。国际旅行时,我们都需要护照,或者与其相当的身份证件——除非你是英国女皇或者沙特阿拉伯国王。如今,任何人严肃地建议废除护照都会无法想象,毕竟现在已然不是百年之前的情况了。

维也纳小说家斯蒂芬·茨威格(Stefan Zweig)是他那个时代最成功、最擅长旅行的作家之一。他在自传的最后一章花了宝贵的四页半篇幅,慷慨激昂地针对一个主题发表了看法:护照,我对它们充满了仇恨。他争论道:"没有什么比这更生动地说明第一次世界大战后世界所遭受的可怕倒退了。"当他告诉年轻人他在 1914 年之前不用护照就去过印度和美国时,那些年轻人的脸上都"充满了惊诧"。茨威格满怀伤感和强烈的怀旧追忆了往事,谈及一位(男性)俄罗斯流亡者对他说过的话:"一个人过去只有身体和灵魂;现在也需要一本护照,否则就没谁会把他当成人了。"

斯蒂芬·茨威格出生的那个世界,几乎无人对护照强制要求,而且也常常没有必要——护照这个词在彼时的含义也和今天不太一样。"护照"一词最初是从法语引入英语和许多其他语言的,在法语中,护照曾经是一种允许持有人进入或者离开城门的文件。包括 18 世纪的法国在内的许多地方都曾多次尝试引入护照,但它们从未在国际上真正流行起来,而且经常被视为独裁的象征。护照在彼时使用它们的国家似乎与我们现在认为的护照大不相同,而且具有不同的功能。

这些战前护照通常以介绍信的形式存在,据称是由一方政府代表持票人写在一张纸上递交给另一方政府的。这些证件并不能为持票人提供可靠的身份识别依据,因为尽管有些证件具有诸如鼻子形状之类的详细外形描述,但是大多数证件都没有照片。各国之间几乎没有进行过统一尝试:既没有标准的护照格式,也没有针对谁可以签发护照达成一致。因此,穿越英吉利海峡的英国游客通常会携带法国或者比利时的护照。而且,由于如此之多的边境都既没有标记也没有巡逻,所以对于稍有决心的旅行者而言,护照在阻止他们周游的问题上都无法发挥真正的作用。

尽管战争很可能只是加速了本来就会发生的事情,但是茨威格认为这一切都在 1914 年之后发生了变化，这是正确的。欧洲在第一次世界大战期间表现得更加偏执——政府试图对人口流动施加更大的控制，但是往往收效甚微。签发护照，然后在边境检查，有时在国内检查；这些护照往往都是内部身份证件，上面详细描述了不同特征，有时还附有照片。它们成为新的战时监控设备的一部分，目的是铲除间谍和破坏分子，发现逃兵和叛徒——这种基础设施一直延续到和平时期，彼时许多国家的边界得到了重新划定，数百万人踏上了迁徙之途。

战争结束之后，许多人都乐观地谈论着重新过上不用护照的美好生活。他们之所以这样做，是出于对诸如人道主义和经济之类非常广泛的原因的考虑，而不仅仅是考虑到斯蒂芬·茨威格热情宣称的自由主义和怀旧情绪。例如，对一些经济学家来说，工人跨境自由流动对重建战后经济至关重要。诸多人道主义组织强调了让人们通过自由迁徙的方式逃离内战和迫害以及在其他地方建立新生活的重要性。

1920 年，在新成立的国际联盟（League of Nations）的主持下，第一次国际护照会议（International Conference on Passports）① 在巴黎召开，会议预见到有一天将不再需要护照，并"完全取消"对流动的"限制"。但是目前还没有完全实现。各国政府担心移民会造成革命和传播西班牙流感的问题。民族主义的增长也发挥了重要作用，因为包括一些新成立的国家在内的许多国家都试图将自己定义为一个拥有相似属性的人类社区：相同的语言、历史和文化——以及相同的护照。

因此，巴黎会议（Paris Conference）的代表们转而着手为一个紧迫问题提供一个临时解决方案：在护照的功能和格式方面缺乏国际协议和一致性。他们提出了一种在今天很容易辨认的新的护照标准化设计。从此以后，所有国家签发的护照都将采用小册子的形式，上面配有经过认证的照片、发行日期、有效期限、签证盖章的空白页、大量个人信息和显著特征，以

---

① 会议的全称是"护照、海关手续和通票问题会议（Conference on Passports, Customs Formalities and Through Tickets）"。22 个代表团参加了会议，其中大多数是欧洲代表团，还有 4 个非欧洲国家：中国、日本、乌拉圭和委内瑞拉。苏联、美国和土耳其没有代表出席。

及至少两种语言的文字。会议商定了具体的设计规格：护照尺寸为 15.5 厘米乘以 10.5 厘米，32 页，用硬纸板装订，封面顶部是国家名称，中间是国徽，底部是"护照"字样。护照的时代已经开始，而且永远告别了过去。

斯蒂芬·茨威格富有而且闻名，因此他的一些乡愁带有特权、势利和急躁的味道。[①] 在许多人眼中，战前没有实行护照时的旅行绝非田园诗那样美好。对于穷人和单身女性来说，生活总是要历尽磨难。然而，茨威格的长篇大论确实触及了移民待遇的重要问题。他描述了主人期望移民向他们表达永恒的感激之情。更重要的是，他阐述了护照如何以一种非人性而且不平等的方式来定义我们——或者更准确地说，作为个体的我们是如何在乍看之下被简化为护照所描述的样子的。

茨威格在自己生命的最后时日里写下了亲身经历。他是一名犹太人——当奥地利被希特勒统治的德国吞并之后，他知道自己已经无法回家了。在英国流亡期间，他申请并获得了无国籍难民的白色护照，这份文件将他描述成了"外国人"。他说，"这份英文文件"感觉就像"一个随时可以收回的恩惠"。第二次世界大战开始之后，他被告知自己目前的身份是"敌国侨民"，因此可能会被拘留。茨威格离开了英国，前往大西洋彼岸寻找新的家园。他迁徙到了巴西，搬到了里约热内卢山上的彼得罗波利斯城（Petrópolis），完成了自传，整理了个人事务，然后像奥维德一样为自己的 60 岁生日写了悲伤的诗。他在自己最后一封信中声称，"我内心的痛苦在于我无法认同护照上的我，流亡的我"。1942 年 2 月 22 日，斯蒂芬·茨威格和他的第二任妻子洛特（Lotte）服用了过量的安眠药，躺在床上，然后再也没有醒来。

在第二次世界大战之后，护照可能会遭到废除的想法并非是完全不可想象的，但它成了一个备受尊重的白日梦——一般来说，那是每个人都会先同意然后再忽略的东西。早在 20 世纪 60 年代，就有迹象表明了茨威格的崇拜者对无护照生活的向往。一系列以护照和旅行为议题的联合国会议

[①] 他宣称："在过去的 10 年里，认识一个在领事馆工作而且能缩短等待时间的女孩，要比诸如托斯卡尼尼（Toscanini）或者罗兰（Rolland）之类的人的友谊要重要得多。"

持续提及这个问题,而且常常将它描述为一个"目前不可行"的长期愿望。然后,随着那些记得无护照生活的人成为历史,这个问题慢慢地褪色为了不可思议。今天,不再有主张废除护照的国际运动,甚至不再有会提出这样政策的严肃政客了。

但是护照以及护照所象征的不平等,仍然占据着现代移民故事的中心地位。时至今日,来自护照指数排名靠后国家的数以百万计的人口都想获得一个更好的护照——一个能够让他们有权在其他地方生活以及更加自由地旅行的护照。如果你很有钱,那么这就非常容易。一个名为"投资移民"的资产高达数十亿美元的金融部门能够帮你实现这个梦想。几十家公司非常愿意在收取高额费用的情况下指导你走过宛若迷宫的黄金签证世界和"投资入籍(citizenship by investment)"项目——而且他们不会太多过问你的钱的来处。只要你消费不到 50 万美元,你就可以"买"到加勒比国家的护照;只要你再多花点钱,手续也再复杂一些,那么你就有可能买到欧盟国家的护照。根据一个英国政府网站上列出的一个浮动标准,那些投资超过 1000 万英镑的人可以迅速获得英国公民身份。

如果你不富有,那么情况就要复杂得多了。但你也有很多种选择:你可以通过婚姻获得新护照。或者捏造一个祖先,也不必在乎那是不是真实的。又或者是通过缓慢就业的方式获得公民身份——美国绿卡,以及其他国家的类似计划——尤其是如果你掌握了一项需求较高的技能,那你就更容易获得身份了。这些都是比较安全的选择。尽管还有一些更危险的选择,但是也许会使你获得护照的概率低一些。

第九章

犹太复国主义者、难民和舅婆婆波莉

自我外祖母那一代起，我的家族就是一个人口众多、喧喧闹闹的犹太人大家族了——每隔一年左右，各路亲戚就会选择某个成员的伦敦宅邸作为场所，组织一次年度午餐聚会，而且几乎所有成员全部都是纯粹的英国犹太人。之所以这样说，是因为他们全都操着爱德华时代①的正统口音，举手投足间尽显上层阶级的礼仪和规范，而且全都未曾在20世纪欧洲大陆历次针对犹太人的战争和迫害中受到任何伤害。不过，我外祖母的两个兄弟娶了一对从俄罗斯帝国②移民过来的姐妹为妻，她们独特的口音就像是血统留下的烙印。尽管姐妹二人血脉相连，但是性格却有着天壤之别。妹妹名叫米莉安（Miriam），她相貌甜美、温柔和善，脸上总是挂着笑容，不时发出一阵银铃般的笑声。年长14岁的姐姐名叫波莉（Polly），她天生傲骨、冰雪聪明、气质高冷，令人远观尤避。③ 毕竟我们多次耳闻，她是一名物理学家，而且曾与阿尔伯特·爱因斯坦共事。

---

① 1901年至1910年英国国王爱德华七世在位的时期。——译者注

② 彼时尚未发生第一次世界大战。——译者注

③ 她的真名并非波莉，而是埃丝特·波利亚诺夫斯基（Esther Polianowsky），后来更名为埃丝特·萨拉曼（Esther Salaman）。但是因为她丈夫有一个妹妹也叫埃丝特，所以大家总是用她俄罗斯姓氏的简称来称呼她。也有人称她为大埃丝特（Big Esther），以此和她的小姑子小埃丝特（Little Esther）区分开来，但是小埃丝特身材却几乎是她的两倍。还有些人叫她波莉·埃丝特（Polly-Esther），和聚酯纤维（polyester）发音很相似，这事对于这个科学家辈出的大家族来说格外滑稽。

我的父母对舅婆婆波莉的经历有很多了解，其中多数都是不太光彩的事，譬如：她不仅是孤芳自赏的典范，而且到了刚愎自用的程度；她曾经话里有话地恭喜我父亲"培养了"我母亲；以及她只有自言自语的时候才会打开助听器。他们说，舅婆婆波莉不舍得浪费时间在家族聚会上和妯娌们闲聊呢，人家宁愿竭尽所能寻找最聪明的优质男。但是每当我私下里见到她时，我总是抑制不住心中的兴奋。她教我下国际象棋，而且张口就能说出我的名字——对于我这种没心没肺的野孩子来说，这些事情都显得太重要了。但是直到最近，我才通过她那本未竟的自传对她早年的不凡生活有了些许了解。她去世快三十年了，如果是从她患上老年痴呆症的时候算起来，那都快四十年了。

波莉于 20 世纪的第 6 天出生在日托米尔市（Zhitomir）——那曾经是俄罗斯帝国的一部分，如今当属乌克兰西部地区。她在书中提及的最早记忆之一是 1905 年的一场反犹太暴力大屠杀，在此期间，她不得不随着家人逃离家园，过着背井离乡的生活。当时波莉只有 5 岁，她记得大街上到处都是行凶的暴徒。1905 年反犹太暴力运动结束之后，移民在日托米尔的犹太人之间成了热门话题。她叔叔从一个朋友那里搞到了一张去往美国的不限时客票，但是从没用过，而是把它当作护身符时时刻刻都带在身上，以防局势继续恶化。她父亲是一个成功的木材商人，他对移民秉持着坚定不移的态度，声称只有"左右逢迎的人"才会离开。他曾经说过："只要是犹太人，无论高低贵贱，都不会急三火四地抛下父母的坟墓离开。"他曾经在军中服役，讲俄语，并把几个孩子送进了俄语学校。波莉对母语意第绪语心怀鄙视和厌恶，但是对俄语和俄语文学的崇拜感却有如滔滔江水般奔流不息。虽然她已经对犹太复国主义运动表现出了一些兴趣，但是她在那个年龄，不太可能成为移民潮中的一员。

继十月革命之后，俄国在 1919 年 1 月爆发了内战，日托米尔的犹太人再次遭到袭击。波莉在自传中记述道，那些骑在马背上的暴徒一边沿街狂奔，一边追打一对犹太父子。另一伙匪徒闯进她的邻居家烧杀抢掠，接着又闯入了她父母的房子。波莉当时不过是个孩子，她与这些强盗对峙，和他们争辩，给他们敬茶，盯得他们无地自容，最后说服他们离开了。波莉一家人都幸免于难。但是有人统计，大概有 400 名犹太人在日托米尔 1919 年初的两场屠杀中惨死。

位于内战前线的日托米尔饱受摧残，而且排犹士兵威胁不断，不久之后，波莉当机立断，选择了离开。她既没有护照，也没有身份证件，所以只能先逃到基辅，而后又一路向南逃到了位于黑海之滨的敖德萨港（Odessa）。她和几个朋友决定亡命巴勒斯坦，但是其中两人在敖德萨附近遭到屠杀，而波莉和她男友则差一点被一些农民当作布尔什维克分子（Bolshevik）。她在自传中记录了自己感染伤寒的往事，"受到形形色色折磨"的往事，以及她生命中第一次真正忍饥挨饿的往事。最后，波莉和她男友终于找到了一艘满载犹太人的船，驶向了巴勒斯坦。至此，她人生中的第一段历险告一段落。

到了巴勒斯坦之后，波莉一边学习希伯来语，一边在一片农场上种植桉树。自从离开俄国边境之后，她就和家里失去了联系，此时在她找到了一个相对安全的避难之所，首先想的就是将她母亲和四个弟弟妹妹从日托米尔接过来。为了早日团聚，她带着巴勒斯坦护照只身穿越欧洲和波兰，路上遇到另一场大屠杀。她到了俄国边界之后，给了当地农民一些卢布，让他们给她家里通风报信，然后她在边境接应——她成功把家人全都接到了巴勒斯坦的新家，那时她才 21 岁。

舅婆婆波莉并不想一辈子都躲在巴勒斯坦过农民的日子，而是想要重新拾起被俄国革命中断的教育。所以她带着一封写给爱因斯坦的介绍信，动身去了柏林，潜心钻研数学和物理，而爱因斯坦建议她继续从事剑桥大学的研究工作。波莉在剑桥大学遇到了我的外曾祖父，一个刚刚丧偶的科学家，名叫雷德克里夫·萨拉曼（Redcliffe Salaman），他在一个为贫穷的犹太人颁发奖学金的委员会任职。外曾祖父向波莉求婚，波莉回绝了，但是她对外曾祖父的长子麦尔（Myer）颇为中意，二人很快步入婚姻殿堂。她因此得以留在英国，有时住在剑桥，有时住在伦敦，养育了 4 个儿女，平常写写小说和回忆录——全部都是用英文，她所学的第六门语言写成。①她找到了自己的归属。她的母亲和两个弟弟都留在了巴勒斯坦，并在1948年成为以色列合法公民。而她的两个妹妹则跟着她去了英国。

这就是舅婆婆波莉的故事，丝毫没有添油加醋的成分。她用坦诚又朴素的语言记录了自己早期的生活，十分令人动容。现在，要想将她视为一个有趣的卡通人物就更不容易了，而想要把对她的记忆定格为一个在家族聚会上侃侃而谈的老妇人形象也更难了。不置可否的是，她的故事提醒我们，许多移民者身上都背负着一段历史，而当移民者身处新家园中时，他们的历史往往会遭到忽视或者误解。她提醒着我们，每个移民者都有独一无二的坎坷经历。波莉对历史的叙述被保留了下来，这是十分罕见的，对于女性移民者而言，这更显得弥足珍贵。透过这些文字，波莉在两个宏大而且富有争议的移民叙事中扮演的小角色跃然纸上，这两个叙事的起源可以追溯到许多世纪之前，而它们直至今日仍在定义我们的世界，也决定了我们谈论移民现象时所使用的词汇——"犹太复国主义"的故事，以及"难民"的故事。

先说犹太复国主义。虽然这个词语在1890年就被创造出来了，却仿佛是最近才创造出来的新词一样，它指的是犹太人希望大规模迁徙回巴勒斯坦，重建犹太家园的运动和意识形态。然而，犹太复国主义的根源盘根错节，可以追溯到更为久远的年代。毕竟移民以及归侨自古以来就是犹太人自述中不可或缺的内容，就像摩西和应许之地以及"巴比伦之囚"和"失落的部落"一样历史悠久。但是自从耶路撒冷在70年遭到摧毁以及众多犹太人遭到罗马帝国驱逐和奴役时起，他们大约已经有2000年没回家了。在后来几个世纪的岁月里，巴勒斯坦逐渐变成另外两种宗教的圣地和战场。为数不多的犹太人继续以社区的形式聚居在巴勒斯坦，但是自从奥斯曼帝国在16世纪稳坐江山，牢牢统治这片土地起，他们就沦为苟活在这片土地上的少数群体。

---

① 她此前掌握的五种语言分别是：意第绪语、乌克兰语、俄语、希伯来语以及德语。另外，她还能讲一口流利的法语。

流散在外的犹太人常常暗有所指地谈起想要回到巴勒斯坦那片应许之地，但是几乎所有人都是空有此念而力不从心。耶路撒冷和锡安原本只是一座城市和这座城内的一座山的名字，却逐渐承载了许多层意思，而且变得几乎可以互指。在犹太人、基督徒以及历史时期更近一些的拉斯特法理教徒（Rastafarians）眼中，这两个词语具有不同寻常的意义，犹太人采用这两个词语描述弥赛亚出现时的光辉岁月，基督徒则利用它们表达救世主复临时天堂方有的乌托邦一样的假想未来。关于打造耶路撒冷的话题比比皆是——就连威廉·布莱克都曾经提议，在"绿意袭人的英格兰土地上"重建耶路撒冷。

对于欧洲犹太人而言，在逾越节（Passover festival）期间吟诵"明年就到耶路撒冷"成了一种风俗。但这早已淡化成了一种表达愿望的方式，而不再是不达不休的坚定意志了。犹太人往往将巴勒斯坦描述成无论如何都属于别人的荒芜之地，同时将重回巴勒斯坦视为虽然温暖人心却又不切实际的幻想。①19世纪末期，犹太人开始严肃而实际地探讨能够迁居的家园，可他们并未理所当然地将巴勒斯坦视为理想之地。而且他们移民的动机往往都与犹太历史或者犹太宗教传统毫无关联。

事实上，就波莉在日托米尔所见所闻的那种犹太复国主义而言，它只有处于欧洲当时的历史背景下才有意义可言。这在某种程度上无疑是对东欧犹太人遭到大规模屠杀和其他地区犹太人遭到长期歧视的一种防御性保护反应；也在某种程度上承认了一个事实——无论他们如何努力尝试与当地文化融为一体，大多数欧洲国家都永远不会平等地对待他们。然而，当民族主义情绪几乎在欧洲大陆的每一个角落日益高涨之时，犹太复国主义也很大程度上体现了犹太人对独立掌握自身命运的主张。

在欧洲大陆的大部分地区，这意味着人类社区——操持着同样语言、怀揣着同样信仰以及延续着同样传统的人类团体——往往都会要求建立属于自己的主权家园，最终成为民族性国家。意大利和德国在19世纪70年代成为

---

① 此外，自17世纪时起，在犹太民族向巴勒斯坦尤其是向耶路撒冷发起的迁徙运动中，最重要的支持者并非犹太人，而是千禧年基督徒。

公认的现代独立国家,罗马尼亚和塞尔维亚在 1878 年从奥斯曼帝国的统治中独立,而保加利亚则在 1908 年独立。这种民族主义是以当时已有的疆域为基础建立起来的,那些生活在疆域范围之内并将自己视为罗马尼亚人、塞尔维亚人或者保加利亚人的臣民,即使无法十分明确也能足以令人信服地声称自己是主体民族。然而,星星点点地散落在众多国家和帝国境内的犹太人却无法就自己的归属问题做出任何声明。实际上,欧洲的民族主义总是牵涉到一些出入核心疆域的移民问题。但是对于信奉犹太复国主义的人而言,移民会被提升为先决条件和决定性特征,即使他们的长期目标是寻找一个永久的家园,让犹太人在某地定居下来。

在当今时代,人们对早期犹太复国主义作品展开的探讨通常是从一本在 1882 年匿名出版的小册子《自我解放:一个俄罗斯犹太人对同胞的呼吁》(Auto-Emancipation: An Appeal to his People by a Russian Jew)出发的——当波莉在学生时代第一次对犹太复国主义产生兴趣时,就有人把这本书赠予了她。① 事实上,这本书是由擅用医学隐喻的敖德萨医生莱昂·平斯克(Leon Pinsker)创作的,他在俄国南部大屠杀中幸存下来,并写下了这部作品。这场屠杀使他认识到,任何试图融入环境的同化行为都是毫无意义的,他将这个世界对犹太人的仇恨定义为"犹太恐惧症",并且认为这是一种"遗传性、蔓延了两千多年、根本无法治愈"的"精神变态"。但是他在呼吁创建属于犹太人自己的家园的同时,也激昂地褒扬民族主义的重要意义。平斯克在书中感慨道:

---

① 波莉对犹太复国主义的最初记忆源自临近毕业的几年。犹太复国主义只是对一些和她一样的人描述了一系列可能的意识形态中的一种,但是没有真正暗示要移民到巴勒斯坦。似乎她所有朋友在十几岁时都对未来的"职业"做过设想:做个社会主义者、马克思主义者、托尔斯泰主义者……或者犹太复国主义者。波莉不想参与政治生活。她喜欢一个信仰托尔斯泰主义的年轻人,但是对他的信仰不太感兴趣。她最终心不在焉地和一些犹太复国主义者结为朋友,组建了一个阅读社团,并且像当时大多数年轻犹太复国主义者一样获赠了一本平斯克的作品,也在同伴的推荐下阅读了乔治·艾略特(George Eliot)的最后一本小说《丹尼尔的半生缘》(Daniel Deronda),该书讲述了一个决定移民去巴勒斯坦的英国犹太人的故事。但是波莉对书中的女主人公格温多伦·哈勒斯(Gwendolen Harleth)更感兴趣,格温多伦并非犹太人,而且最终留在了英国。

> 我们所祈求的仅仅是一个能够让我们疲倦的身躯得以休息的角落……请允许我们独立,让我们能够照顾自己,只给我们一小块塞尔维亚或者罗马尼亚那样的土地。

平斯克呼吁召开一个由各方犹太领导人组织的国际会议,研讨犹太人应该在世界何处定居,然后通过外交努力征得世界各个大国的信任,从而支持他们的计划,并进一步筹措足够的资金,以此购买"一片足够在一段时间内安置几百万犹太人的土地"。平斯克并不赞成在巴勒斯坦建设新家园,因为前不久在那里进行的几次小规模定居尝试都不是很成功。取而代之的是,他建议"可以在北美洲规划一小片领土,或者在亚洲土耳其地区构建一个有主权的帕夏领地(Pashalik)"。平斯克更倾向于在北美洲建设新家园,而且主张犹太人应该在其他移民者使美国产生人口过剩问题之前"尽快"在那里购买土地。

平斯克在创作这部作品的时候,已经大约有 25 万犹太人在美国安家落户了,其中大多数是 19 世纪时的欧洲移民。在随后的 20 年间,这个数字翻了 4 倍。19 世纪 20 年代,当一个名为末底改·诺亚(Mordecai Noah)的美国犹太人试图在毗邻加拿大边境的尼亚加拉河(Niagara River)中的大型岛屿上购置一片土地为犹太人建造一个"避难所"时,犹太复国主义者甚至试图开辟一片独立的犹太领地,但是无疾而终。他根据诺亚的方舟最初停靠的那座山峰为这片新殖民地取了一个名字——阿拉拉特(Ararat),并在那里奠定了一块基石。但是一些欧洲犹太教神职领袖指出,没有任何圣文预言过"北美洲的沼泽"会成为"以色列流亡难民"的未来家园,没有一个犹太人会移民至阿拉拉特,包括诺亚本人在内。①

---

① 末底改·诺亚常常被视为第一个受到全国瞩目的美国犹太人。他是美国驻突尼斯领事、硕果累累的剧作家、著名记者,以及"美国印第安人是以色列失落部族后代"这一概念的主导者。他也是格雷瓜尔修士的朋友和仰慕者,后者发明了"故意毁坏他人财产罪(vandalism)"这个术语。这块带有英语和希伯来语铭文的阿拉拉特奠基石目前收藏于纽约州北部的布法罗博物馆(Buffalo Museum)。而现场目前则建有一座丽笙酒店(Radisson Hotel)和一座十八孔的高尔夫球场。

在此后的岁月里，许多在巴勒斯坦境外的土地上创建家园的尝试都半途而废了。其中最为闻名同时也最为严重的一次失败性尝试，是在受到英国支持的情况下于 1903 年开展的乌干达计划。按照这项计划，人们准备将东非地区一块面积稍小于现今以色列领土的方形土地划为犹太人的自治居留区。彼时生活在这片土地上的多数居民属于游牧民族，所以英国将这片实际上并非位于乌干达，而是位于肯尼亚的土地视为无人区。乌干达计划让犹太复国主义者内部出现分裂，其中少数人继续在巴勒斯坦之外的地方寻找犹太家园的替代品——在安哥拉、利比亚、巴拉圭和阿根廷这些国家。他们的尝试逐一失败，原因之一在于，他们选择的这些目的地不够有吸引力，比不过其他几个与巴勒斯坦相似的地方，而这些地方比欧洲大陆其他任何一个角落都更能给人安全感。具体来说，这些地方包括英国（波莉三姐妹最终的定居之地）、南美洲的几个国家、南非、澳大利亚，当然还有美国——尽管移民到巴勒斯坦的人口数量在第一次世界大战之前的几年里持续飙升，但是对于离开欧洲的犹太人而言，美国依然是最理想的目的地。

第一次世界大战结束之后，将巴勒斯坦视为犹太家园甚至视为独立犹太国家的想法变得不再那么遥不可及。奥斯曼帝国土崩瓦解，英国转而获得了巴勒斯坦的控制权。英国官员笨手笨脚地兑现着本国的承诺，即《贝尔福宣言》（*Balfour Declaration*）中的内容——"推动"在巴勒斯坦建立"一个犹太人的民族家园"。对许多犹太复国主义者而言，这从长远来看至少意味着犹太人的大规模移民——彼时犹太人仅占巴勒斯坦人口的 12%。英国政府和几个犹太复国主义领袖试图对移民规模加以控制，因此最初并没有形成新的犹太移民浪潮。也正出于这个原因，许多和波莉舅婆婆一样在战后几年就立刻动身移民的犹太人，就只有通过撒谎的方式才能移民到巴勒斯坦。实际上，大多数和她一起经由敖德萨移民的人都声称自己以前就在巴勒斯坦生活，但事实并非如此。

波莉舅婆婆在 1919 年前往巴勒斯坦时所乘坐的那艘船并非普通意义上的船。那是鲁斯兰号汽船（SS Ruslan），它最近名声大噪，因其作为"犹太复国主义五月花号（Zionist Mayflower）"在以色列建国神话中扮演了重要角色。坐落在耶路撒冷的以色列博物馆也举办了以这艘船为主题的百年纪念展会。当年，在英国宣布支持建立一个犹太家园之后，鲁斯兰号汽船上的644名犹太乘客成为首个登陆巴勒斯坦境内的大型移民群体——回首往事就会发现，正因如此，鲁斯兰号抵岸堪称以色列建国前夕的一个重要时刻。因为这是犹太人向巴勒斯坦移民新浪潮的开端，史称"犹太人第三次回归（The Third Aliyah）"。对于理解现代以色列移民叙事而言，"Aliyah"这个词语和它前面序数词构成的整体称谓具有举足轻重的意义，因为这个称谓是移民团体如何使用语言创造完全不同于其他移民团体的独特身份的显著例证。

尽管希伯来词语"Aliyah"如今已经悄无声息地融入了其他语言系统当中，但是它拥有一段颇为曲折的历史。它最初指的是"向上"或者"上升"，用于爬山等语境中。但是在长达几个世纪的岁月里，它也指犹太人在教堂里"修行"，直至有资格踏入珍藏《摩西五经》（Torah）的藏经阁。到了19世纪，这个词语又衍生出了犹太人向巴勒斯坦迁徙的意义。时至20世纪20年代，"Aliyah"开始在意识形态方向发展出了更加具体的意义，人们会认为这类移民者在践行爱国思想或者履行神圣使命。人们有意地采用"Aliyah"与古老的希伯来移民语境词汇"Hagira"形成鲜明对比，"Hagira"的含义便自动演化成了出于更加自私的原因进行移民的人或者非犹太移民。于是，"Aliyah"不再意味着生活方式的选择，而是已经转化为了一种道德规范——因此，它不仅是一种移民行为，也是一种归国情结。

此外，以色列的历史学家不再使用这个词语描述个人行为，而是用它来描述移民浪潮，这也使"Aliyah"这个词语在现代语言系统中得到了重新定义。因此，以色列在1948年建国之前历经的70多年风风雨雨，可以细分为五个长度不同的历史阶段——例如，从1881年至1903年的犹太人

第一次回归，从1904年至1914年的犹太人第二次回归，等等。①历史学家们通过这种方式坚持主张移民活动在以色列建国之前的历史阶段所发挥的核心作用，这理所当然，但是他们有时会将其他故事搁置一旁，并且针对究竟哪一次回归最为重要吵得不可开交。

就这些具体方面而言，美国建国前历史阶段的叙事方式与以色列存在着显著的相似性。因为无论在以色列还是在美国，这些都是事关紧要的历史沿革，它们不仅有助于决定究竟是谁掌控着更加广泛的民族叙事，而且有助于决定究竟是谁定义着国家的现代身份。举例来说，在以色列，怀有宗教信仰的犹太复国主义者更倾向于强调他们与从古巴比伦归国的移民先驱之间的渊源，而左翼犹太复国主义者往往会强调众多社会主义者和工团主义者在建国时所发挥的作用，其中包括在第二次犹太人归国运动中从俄罗斯帝国迁徙到巴勒斯坦的以色列前三位总理。②其他人则强调特殊移民群体的民族起源——所以始于1924年的第四次犹太人归国运动（The Fourth Aliyah）也被称为波兰犹太人归国运动（Polish Aliyah），而始于1933年的第五次移民浪潮有时则大体是指德国犹太人归国运动（German Aliyah）。

许多历史学家指出，对每一次犹太人归国运动的历史分期和描述往往过于简单，这相当危险。那种分期方式不仅没有为差别留下一丝一毫的余地，而且袒胸露背地标定了何人、何事不在范围之内。在这样的情况下，其他犹太移民，尤其是非欧洲移民的叙事通常会受到忽视，正如那些已然在巴勒斯坦生活的阿拉伯人一样——他们大部分人的故事都被新的移民者

---

① 关于这种历史分期，最早可以追溯到《贝尔福宣言》发表的两个月之后，当时犹太复国主义作家艾萨克·尼森鲍姆（Isaac Nissenbaum）热切地宣称，犹太人即将开始第三次归国运动，"从而在那片古老的土地上振兴他们的国家"。但是他所主张的时间线和后来的犹太复国主义者所经历的时间线截然不同。就彼时的尼森鲍姆和其他犹太复国主义者而言，虽然第一次和第二次犹太人归国运动历史久远，但是却和《旧约》中描述的分别由以斯拉（Ezra）和尼希米（Nehemiah）领导的两次古巴比伦归国运动有所不同。也有一些人对尼森鲍姆主张的历史分期持有明显的反对意见，因为这种分期理念不仅将巴勒斯坦的战前移民运动排除在外，而且对其持有鄙视态度；因此，他们对其稍做修改，将第一次犹太人归国运动（调整成1881—1903年）和第二次犹太人归国运动（1904—1914年）的时间归到现代。

② 以色列第四届总理果尔达·梅厄（Golda Meir）也是在俄罗斯帝国出生的，却是以第三次犹太人归国运动成员的身份从美国移民到巴勒斯坦的。

所取代。举例来说，人们往往会忘记，在第一次和第二次犹太人归国运动的建国叙事中，大部分移民到巴勒斯坦的犹太人并没有留下来，而是决定迁徙到其他国家或者返回自己的故乡。

这些"Aliyah"叙事也试图具有误导性地将一个模糊的共同目的归咎于每个不同的移民团体。所以人们有时将第三次犹太人归国运动称为"先锋归国运动（Pioneer Aliyah）"，似乎所有登上鲁斯兰号以及后续船只的人们都很年轻，都会为了建立一个新的家园而满怀热忱地在这片土地上工作。但是，事实并非如此。鲁斯兰号上一位名叫耶和达·列维拖夫（Yehuda Levitov）的乘客言及，他因为同船乘客的年龄和观念差异而感到失望，抱怨其他多数人都是"投机分子"，还说在巴勒斯坦日渐增多的犹太社群内，只有"极少数人"可以称得上"积极分子"。列维拖夫后来在以色列创办了一家农场。事实上，鲁斯兰号上的乘客并没有因为背景、年龄、目的或者对犹太复国主义的承诺而团结起来。其中许多人的唯一目的仅仅是逃离屠杀和内战。

那些乘客乘坐鲁斯兰号前往巴勒斯坦的原因，大多都湮没在了历史中。就拿我的舅婆婆波莉来说，虽然她的文字流传了下来，但是她旅行的原因就像个人迁徙行为经常出现的情况一样错综复杂。她之所以会前往巴勒斯坦，部分原因在于她一些犹太朋友有这样的计划，但是也有另一部分原因是，她感觉这次旅行就像冒险一样。另外，犹太复国主义也是影响因素之一，尽管很难避免这样一种感觉，即俄罗斯南部和巴勒斯坦的相对接近对选择巴勒斯坦而非西欧或者美国为终点具有决定性作用。巴勒斯坦仅仅是离他们最近的安全之地，只要乘坐火车和轮船就能到达。而她，以及许多其他乘客，几乎从没考虑过到了那里之后的下一步要做什么。

值得特别注意的是，早期的犹太复国主义作品中几乎没有提及巴勒斯坦的阿拉伯人。巴勒斯坦几乎完全荒芜、无人居住，"没有土地的民族回到没有民族的土地"——这一观点流传甚广。但任何去过那里的犹太复国主义者都知道，那并非事实。于是，当波莉在1919年12月到达雅法（Jaffa）港时，她惊讶地发现遍地都是非犹太人：

> 那里四处都是阿拉伯人,他们服装各异,声音大得吓人。"他们为何如此生气?"我问道。"他们根本没有生气,只是想把橘子卖给你。"

对于这个自信的青少年来说,这是一个难得一见的不和谐时刻,让她半个多世纪后仍然记得。她克服了重重困难,到达了巴勒斯坦,但是她在此过程中失去了目的感和方向感。许多移民都有这样的感觉——就好像旅途和逃离远比目的地更加重要。波莉对新生活没有明确的规划,她只有一个模糊的想法,即可能要耕种一些田地。

波莉对她在那里的最初几个月的许多细节进行了描述。她最先考虑加入一个在北部地区与阿拉伯人作战的犹太复国主义组织,但是她的朋友都劝她放弃这种想法。不久之后,在阿拉伯人-犹太人骚乱期间,她去耶路撒冷拜访一位朋友,怀揣着枪通过了英国的检查站。在那之后,一个激进的犹太复国主义政客聘她照顾一个部族武装组织的领导人,然后找机会行刺——可能这就是惊悚小说作家所说的美人计吧。波莉拒绝了。① 她开始在一个农场工作,一边种树一边帮助排出感染了疟疾病毒的沼泽中的废水,但是她自己却在不久之后感染了疟疾。她提到有一天她病得特别严重,当时村子里只有她自己一个人,而她身边也只有一头不能动的驴。一个当地的阿拉伯人对她非常同情,不仅教她如何才能让驴再动起来,而且把她送回了家,替她请了医生。虽然波莉并没有言明,但可以看出,那之后她仿佛顿悟了一样,知道了自己并不适合乡村生活,阿拉伯人也不是敌人,她

---

① 波莉计划加入由出生在俄罗斯帝国的独臂前牙医约瑟夫·特伦佩尔多(Joseph Trumpeldor)领导的犹太准军事组织。特伦佩尔多如今被认为在以色列和黎巴嫩边境的特拉·哈依(Tel Hai)战役中与贝都因人作战时牺牲,因此被现代以色列视为民族英雄。试图招募波莉的政治家是另一位现代以色列英雄,即出生在敖德萨的前记者泽耶夫·贾博廷斯基(Ze'ev Jabotinsky),他激进的犹太复国主义思想曾对后来的总理梅纳赫姆·贝京(Menachem Begin)和本雅明·内塔尼亚胡(Benjamin Netanyahu)起到了激励作用。在以色列,以贾博廷斯基命名的街道、公园和广场远远超过其他任何历史人物。特伦佩尔多和贾博廷斯基是在1915年的加里波利战役(Gallipoli campaign)中支持英国军队的迦南骡马队(Zion Mule Force)的共同创始人,他们后来又成立了与英国人共同在巴勒斯坦对抗奥斯曼军队的犹太军团。

亦非自己所称的"先锋"。巴勒斯坦并不是她的梦中之地。

希伯来语中有一个用来描述波莉离开巴勒斯坦这一行为的词语，即"Yerida"，它指的是来自应许之地的后裔和移民。无论就古代意义和现代意义而言，它的意思都与"Aliyah"完全相反。在以色列，这是一个带有浓厚负面含义的词语——它传递着一种变节和叛国意味的失望之情。伊扎克·拉宾（Yitzhak Rabin）是第一位在巴勒斯坦出生的以色列总理，他的母亲和波莉乘着鲁斯兰号一同到达了巴勒斯坦，他在20世纪70年代将这些移民称为"辍学的弱者"。"Yerida"一直延用到了21世纪，虽然其使用比率低于"Aliyah"，但是它足以令一些犹太复国主义者感到尴尬了——尽管也有人认为这是一个好迹象，表明我们这个全球化的世界需要以色列公民和他们的技能。

现在有一群以色列侨民，虽然他们与犹太侨民重叠，但是又与之截然不同。他们在洛杉矶、纽约、伦敦以及柏林都有大量的社区——没错，还有柏林，有些以色列人对此感到十分惊愕。以色列摇滚乐队谢梅尔（Shmemel）通过演奏希伯来语歌曲《柏林》的方式对"Yerida"表示庆祝。但是这首歌也引起了一些反感，因为它就为何早期犹太移民迁徙到应许之地的问题做出了全面反映：

咱们诚实点。
爷爷和奶奶并不是为了犹太复国主义才来这里的。
他们逃跑了，是因为他们不想死……

它还指出，事实上"Yerida"拥有悠久的历史；值得特别提醒的是，以撒之子雅各布和他的家人在古代出于经济方面的原因离开了应许之地。

就连族长雅各布都"屈尊"去了埃及，
那里的租金只有原来的三分之一，而薪水则是原来的两倍。

无可辩驳的是，人们普遍认为低工资和廉价住房短缺是如此之多的以色列年轻人移民的根本原因。但实际情况总是更加复杂，就像世界上许多其他国家的人民那样，以色列人也会因为林林总总、波澜不惊而又相互交织的原因而离开，譬如为了爱情、工作、政治和冒险——或者仅仅因为他们能够离开。

波莉与和她一同乘坐鲁斯兰号的乘客一样，是一个难民。至少英国驻敖德萨总领事在一封信中使用的就是这个词，用以证明他们作为"犹太难民"有权回归"巴勒斯坦的家园"。"Refugee（难民）"这个词语在彼时已经广泛使用了，尽管尚未被赋予现代的法律意义。虽然它具有寻求避难所或者安全之地的普遍意义，但是它也被用来指代在民族国家及其定居公民的世界中作为异常现象出现的人。

时至20世纪20年代，一种旨在对流动性和移民现象加以控制的新型基础设施问世了——这种设施在当今时代受到了广泛认可——其中，明确界定的边界、护照、移民配额、签证和工作许可都发挥了核心作用。在20世纪，"难民"一词的用法变化应该在这种基础设施的语境下看待。它可以在法律和语言上提醒人们，定居世界是如何试图对流动的人进行分类的。

"难民"这个词首次在英语中得到使用是在17世纪晚期，它是以一个非常具体和语言适用的目的从法语词汇"Refugié"演变来的，用于描述因为遭受迫害而逃到英国或者其他地方的法国新教徒。它渐渐用于描述因为受到迫害而离开家园或者寻求庇护的其他团体，而不仅仅局限于来自法国的范畴。第一次世界大战期间，当它的意思再次发生变化，强调战争诱发因素的作用时，与这个词有所关联的同情心就表现得更为强烈了。例如，在战时的英国，把难民看作因为遭受德国暴行而不幸被迫逃离家园的无辜受害平民是习以为常的事情。

第九章　犹太复国主义者、难民和舅婆婆波莉

　　典型的难民是 25 万多比利时人，他们被送往英国各地的难民营和家庭之中，由数百个本地社区和小型慈善机构看管，全部受到所谓的战争难民委员会（War Refugees Committee）的监督，这堪称史上最大一次难民拥入不列颠活动。"贫穷的小比利时"或者"勇敢的小比利时"的故事以及它在德国手中的命运成为英国宣传叙事的核心，政府并不支持媒体对难民进行任何负面报道。与之相反的是，比利时人成为某类故事的一部分，在这类故事中，英国人被描述为拯救生命的英雄，而难民们则充满了绝望、被动、无助和感激之情。这种叙事忽略了那些在德国占领期间选择留在比利时的民众，也淡化了大量在法国和荷兰避难的比利时人的印记。值得注意的是，就比利时的战时移民而言，虽然对许多参与者来说是具有毁灭性的，但是与东欧和巴尔干地区人民的流离失所相比却显得微不足道，后者具有更加重要的长期影响，甚至跨越大西洋，延伸到了美国。

　　尽管欧洲在第一次世界大战结束之后的头几年中形成了几个新的国家以及数千千米的新疆域，但是在整片欧洲大陆上还有数百万计的移民背井离乡，而其中只有一部分人被视为难民。致使所有这些移民活动发生的直接原因是在俄罗斯、奥斯曼和奥匈帝国这三个帝国之间战争的最终剧烈崩塌，以及由众多民族国家取而代之的运动，其中每个国家都至少在理论上由一个单独的社区所主导，而这个社区亦常常使用一种约定俗成的语言。①

　　这所有一切的影响都是既混乱不堪又历史深远的。民族主义政客们开展了一个逐渐在婉言下称为"民族分离"的过程，就好像欧洲是一盘沙拉，里面的种种食材都可以轻而易举地分离开来，与把它们搅拌在一起一样容易。在现实中，这意味着调整边界以适应"民族"，或者调整这些人民以适应边界，又或者像最为常见的那样，双管齐下，兼而顾之。对于绝大多数欧洲人来说，期望或渴望生活在一个自己的语言和社区占主导地位的国家

---

① 从奥斯曼帝国和奥匈帝国的崩塌中崛起的两个新国家南斯拉夫和捷克斯洛伐克，被建立为在旧有的多民族帝国实体和新的民族国家之间的"中途之家"。这两个国家的名称（及至 1929 年之前，南斯拉夫曾是塞尔维亚人、克罗地亚人和斯洛文尼亚人所共有的王国）映射出了它们的多民族特征，它们最终在 20 世纪 90 年代分裂成为更小的民族国家。

之中，很快就会成为常态。

　　对数百万计的个体和家庭来说，战后的这些岁月痛苦不堪、动荡不安，却又十分关键——当他们发现自己位于新型国际边界的"错误"边缘时，这种感触便尤为明显。20世纪20年代早期，生活在罗马尼亚的匈牙利语使用者便是极好的例证。他们不仅受着这种新民族主义二元性的桎梏，而且需要做出艰难的抉择：究竟是留下，还是离开？他们可以留守在先辈奋斗的土地上，在近来得以拓宽和获得自信的民族国家中成为羸弱的少数民族的星星点点。或者他们可以不带分毫地离家而去，加入新的民族国家的主流社区，接受永远无法回到故土的事实。在匈牙利因为不堪重负而关闭边境之前，有十几万居住在罗马尼亚的匈牙利语使用者选择了越过新的边界，移民到匈牙利。更多人则留在了罗马尼亚，他们的大部分后代也依旧生活在罗马尼亚。这些都是移民和国家在整个欧洲范围内做出的决定。

　　其他许多人却没有选择的余地。1923年，在一场灾难性的战争之后，希腊和土耳其在国际联盟的监管之下签订了一份"人口交换"协议。100多万希腊人被迫离开土耳其，其中一些人不得不离开希腊语使用者定居了3000多年的地方——他们早已在这些社区深深扎根，他们离开早已认定的家园的时间甚至比犹太人更加久远。无论列国政府还是国际联盟，都理所当然地认定他们会离去，而且认为这场移民活动在某种程度上可以被粉饰为归国行为，所以这些移民实际上是被遣返回国了。①

　　地中海东部地区的"民族分离"现象既混乱又残酷，而且没有人在意移民的感受。在那里，区分土耳其人和希腊人的标准就是语言，因此对那些说他族语言的人而言，他们的命运尤为多舛。举个例子，居住在土耳其中部卡帕多西亚（Cappadocia）、讲土耳其语的希腊血统的基督徒就被迫离开了。居住在克里特岛（Crete）讲希腊语的穆斯林亦是如此，他们许多人都是新近皈依伊斯兰教的后裔。克里特岛的小说家潘德利斯·普雷维拉基

---

① 只有那些住在君士坦丁堡（即后来的伊斯坦布尔）或者附近两座岛屿上的希腊人获得许可留了下来。大约30万土耳其人被迫离开希腊；只有那些住在靠近土耳其边境的西色雷斯（Western Thrace）地区的人才能够留下来。

斯（Pandelis Prevelakis）在穆斯林离开时只有 14 岁，他说人口交换的新闻对岛上的社区来说是一场"可怕的冲击"。他说道，他们"就像一对刚和好如初就宣布离婚的夫妻"。大约 1000 名克里特岛的穆斯林试图在最后一刻重新皈依基督教，但是希腊东正教会表示拒绝，所以他们也不得不离开。

尽管人们非正式地将匈牙利人、希腊人或者土耳其人称为难民，甚至有关政府也这样称呼他们，但是这些移民都没有被国际联盟正式地认定为难民。1921 年，国际联盟在任命挪威探险家弗里乔夫·南森（Fridtjof Nansen）为第一位难民事务高级专员时，赋予了他一项既具体又有限的责任：为数百万名因为战争和饥荒问题而逃离家园的俄罗斯难民提供帮助，而且这项帮助仅仅针对俄罗斯难民。国际联盟认可的大多数俄罗斯难民都是住在路边、火车站或者难民营中的无家可归的移民——他们的老家远在千里之外，成了再也回不去的归途。①

我们来看个例子，波兰有 100 多万俄罗斯难民，波莉一家在某一段时间里亦属于这个行列；在君士坦丁堡及其周边地区也有 10 万俄罗斯人，另外还有 20 万人从俄罗斯远东地区逃到了中国的哈尔滨。虽然某些人最终自愿接受遣返回到了苏联，但是其他大多数人则借助国际联盟的临时身份证件（叫作南森护照）找到了新的落脚之处。虽然美国是他们最理想的去处，但是到 1924 年时，美国开始对许多移民群体关闭边境——我们接下来会讲到这一点。法国和德国继而成了最大的难民目的地国。对迁徙到那里的大量俄罗斯犹太人而言，这往往造成了致命性的长期后果。

国际联盟确切无疑地在轻微的尺度上扩大了自己的作用，它为从土耳其逃离出来的亚美尼亚人和亚述人提供了援助。但是在 20 世纪 30 年代

---

① 有时候，这些难民并非真正的移民，这种情况会在边境变化而非个人迁徙时发生。美国作家丹尼尔·门德尔松（Daniel Mendelsohn）重述了一个历史久远的笑话："一个人在奥地利出生，去波兰上学，然后在德国举办了婚礼，接下来在苏联生了孩子，最后在乌克兰告别了尘世。虽然他经历了这么多，"这个笑话笔锋一转，"但是他从未离开过村庄！"就 1918 年之前在如今的乌克兰城市利沃夫（Lviv，即以前的 Lvov、Lwow 和 Lemberg）或附近城市出生并一直生活到 20 世纪 90 年代而且从未离开的人而言，事实可能即是如此。

和 40 年代的历次重大难民危机中,它并未发挥重要作用。① 即使联合国在 1950 年重新设立了难民事务高级专员(High Commissioner for Refugees)的职务,但是其早期工作也局限在欧洲范围内,而且基于时至今日仍在沿用的"因为受到迫害而产生的根深蒂固的恐惧"——对谁应该作为难民得到保护的定义也进行了限定。因为贫困、饥饿、气候变化或者自然灾害而离开家园的移民不会被视为难民,所以他们的权益更难得到保证。

出于种种原因,想要对难民和其他类型的移民进行明确区分并非易事。世界各地对难民的法律定义在狭义上不尽相同——对于"因为受到迫害而产生的根深蒂固的恐惧"这个概念的理解尤其不同。富裕国家的政府倾向于主张一个人只在逃往的首个国家被视为难民;许多人坚持要求难民提供受到实际或者潜在迫害的证据,但这并不实际;还有一些人则故意营造不欢迎潜在难民的环境。时至今日,这是一个在大体上已然崩溃的系统,并且人们已经认识到了这一点。它是由联合国(UN)和非政府组织(NGO)拼凑而成的,难民识别的问题往往是政府和移民之间的一场游戏——而这场游戏有时甚至会产生致命的后果。而且最糟糕的是,这个制度对那些愿意承受极端风险的移民以及那些演技逼真、能说会道的骗子更加有利。

举个例子,我认识一个人,我们叫他 MG 好了。MG 虽然历尽艰辛,但是他的故事不够有说服力。2012 年,我的一位故友在谢菲尔德(Sheffield)一个难民权利中心做志愿者时认识了他。MG 在十几岁时就逃离了故土厄立特里亚(Eritrea),而彼时他已 21 岁,孤苦伶仃,无家可归。我的朋友觉得他既讨人喜爱又楚楚可怜,就将自己的空房借给他住。之后的几年里,MG 不时就去我朋友那里借住一段时间,因为他多次试图向移民法庭申请

---

① 这些危机既包括与纳粹德国的兴衰直接或者间接相关的欧洲移民危机,也包括由诸如印度、巴基斯坦和以色列等几个新民族国家的建立所引起的危机。

获得难民身份，但是都以失败告终。我初识 MG 是在访问英国的时候，彼时他是一个性格外向、意志坚定的年轻人，他绘声绘色地说着自己在利比亚拘留营中的时光，说着自己如何在没有车票的情况下从西西里岛乘坐火车来到加莱，说着自己是如何坐着卡车偷渡到英国的。但是，当我问及他在厄立特里亚老家的生活时，他却三缄其口。MG 离开后，我的朋友说，他的经历太让人痛苦了。

几年之后，MG 向我的朋友承认，他以前一直都在对她和其他所有人撒谎。事实上，他比自己所称的年龄更大一些，他的父母也都还健在，另外他根本就不是厄立特里亚人，而是埃塞俄比亚人。他对此表示道歉，并且解释说，当他抵达英国时，他在英国唯一认识的人嘱咐他要撒谎，因为埃塞俄比亚人彼时在英国根本就没有获得政治庇护的机会，但是厄立特里亚人却可以。所以 MG 在一夜之间变身成为厄立特里亚人。他以为自己能瞒天过海，因为他的童年时代就是在厄立特里亚度过的，并且因此会说厄立特里亚的官方语言——提格雷尼亚语（Tigrinya）。但是当英国移民当局询问他关于家乡城市的地理知识时，他压根回答不上来，而且他也回忆不起厄立特里亚车牌的颜色。

当 MG 承认了自己撒谎之后，他以因政治活动受到迫害的埃塞俄比亚人的身份提交了一份新的政治庇护申请。虽然他这次能够提供更多的证据，但是依旧不足以令移民法庭信服。MG 在准备新材料的时候已经在英国待了近十年，但是他没有工作的权利，只能委身在为流浪汉开设的招待所里，而且他不愿与我交流——但是他有时依然会和我的朋友说说话。我的朋友认为他很沮丧，而且说他已经接受了将被遣送回国的事实，这令他感到羞辱，而且回国也危机重重。她为 MG 感到担忧。我也一样。

除了政治庇护程序的无效之外——我们可以通过 MG 的故事汲取许多潜在可能的教训。其中之一便是，同理心和善良会影响我们对移民的看法。有些人在听我讲过 MG 的故事后，并不会觉得他值得同情。他们的观点是，MG 离开埃塞俄比亚是不理智的，他在远离祖国的地方申请庇护亦非明智之举，撒谎更是下下策，他们还怀疑 MG 在埃塞俄比亚遭受迫害的故事也是谎言。也许他们是对的。但是，他们从未亲眼见过MG——一旦有过亲身接触，一切都会有所不同。我见过他，所以我喜欢他。我感觉他就像是我的一个远房亲戚。我甚至在他逃离的国家生活了数月——不过，我的身份是富有的外籍人士。所有这一切都使我希望他能不费周折地住在他想住的任何地方。这也使我想到，在从特洛伊的埃涅阿斯到舅婆婆波莉的这段漫长历史当中，说过谎话、冒过风险的移民多到数不清。所以，我们可以说，这是领土变化的产物。

　　而且在这种深厚的历史背景之下，有很多观点值得讨论，而就非洲和移民而言，能谈论的话题似乎更多了。这不仅是因为我们的祖先都源自非洲，我们多数人都是走出非洲的移民的后代，而且还因为我们经历了更加近代的事情：奴隶贸易和殖民主义。就在不久之前，欧洲人还迫使数百万非洲人远离故土，将非洲大陆的大部分土地让与别人。人们可能会想象，甚至期望这些才过去不久的历史经历会激起欧洲人的恻隐之心。当他们看着非洲移民的眼睛，堂而皇之地说出"不，你不能来欧洲"时，即使最铁石心肠的欧洲人，也会稍稍感到汗颜。

第九次中场休息
外籍人士和移民工人

细心的读者也许已经注意到了，我在上一章末尾采用了"Expat（外籍人士）"这个词语来形容自己。这是一个令人烦忧甚至困难重重的词语，所以我轻易不会使用。我和一位印度女子结为连理，因此我在印度不算是真正的外籍人士，所以当我在德里（Delhi）生活了十多年之后，是能够将这种描述弃之门外的。我们夫妻二人会说起那些"外籍群体"，他们一有时间就扎堆，从不说印度语，而他们的雇主投入了大量资金让他们快速适应环境。"外籍人士"成了我们对那些生活在贫穷国家，富裕而且自负的西方人的简称。

不得不承认的是，后来我也成为一名外籍人士。我只身一人环游世界，虽然身赴非洲和亚洲的一些国家工作了数月，但是我和这些国家并无牢固的联系。我试着学习新的语言，但失败了。我的朋友都是外国人，我的雇主甚至为我提供了"外籍人士"的医疗保险，这是专为"外籍人士税务顾问"提供的服务。2013 年，我在前往坦桑尼亚时收到了一份 56 页的文件，里面全是给外籍人士的建议——怎样雇用女佣和园丁，"铁路服务质量堪忧，不建议外籍人士使用"，以及"欧·威利爱尔兰人酒吧（O'willie's Irish Pub）深受外籍人士欢迎"。我享有特权——免费的住房、机票、苹果手机、笔记本电脑，以及其他一些小型福利。我越发难以否认自己是一名外籍人士了。

我也开始意识到，其他人在使用这个词时是怀揣着骄傲感和自负心的，仿佛自己拥有了一家高级俱乐部的入场券；无论在祖国，还是在新的环境里，他们都认为自己高人一等。我于 2018 年在亚的斯亚贝巴（Addis Ababa）参加了一个名为"国际（InterNations）"的外籍人士短期国际协会，之后不管我去哪里，都会收到该协会的电子邮件。"国际"称，"外籍人员有一种特别之处——一种驱使我们朝向未知领域前进并与之拥抱的精神和力量"，并称外籍人士为开拓者和探险家，就好像他们迁居至了荒无人烟的土地，而非烟火鼎盛的都市。这一切似乎都染上了一点殖民主义的味道。而且令人绝望的是，外籍人士似乎都担心自己会被人错误地当成那种更为普通的移民，例如移民工人。

如果你想挫挫外籍人士的锐气，不妨问问他们这个问题："外籍人士和移民工人之间有何差异？"他们的反应常常很有趣，而且很能说明问题。通常来说，被你质问的人会语无伦次、不知所云，以避免说出最明显的答案，即相对于移民工人而言，外籍人士更加富有、皮肤更加白皙，而除此之外，两者无异。当然，你也可能会得到更加详细、更专业的答案，回答的人也许会强调二者工作任务的性质和时长、雇主的身份和地点，或者雇员的专业技能等方面的差异。①毫无疑问的是，这些都与我们对外籍人士的理解相关，但是其中没有任何一点能够真正地证实我们将其视为任何其他人物，而非特殊类型的移民工人。

正如诸多用以描述移民的词汇一样，"外籍人士"一词的存在方式曲折而又委婉，这就是为什么它用在现代场景中时会显得有些模棱两可。18世纪时，它首次以动词"to expatriate（移居国外）"出现在了英语当中。该词源于法语，而任何学过拉丁语的人都知道，它很明显带有"驱逐或流放某人"的意思。该词很快就延伸出了自反代词的用法，譬如"to expatriate oneself（移居国外）"，新词强调离开祖国是种自由选择，变得更接近其现代的含义之一。②但是直到19世纪末期，"外籍人士"才成为名词，人们开

---

① 近年来，"外籍人士研究"已经成为人力资源专业人士和管理专家研究的严肃课题。一本以该主题为主旨的重量级学术"手册"甚至对"在外籍人士研究领域，术语的日益泛滥和概念的草率应用"进行抱怨，并对 AEs（Assigned Expatriates，派遣的外籍人士）、SIEs（Self-initiated Expatriates，自发的外籍人士）、流动的外籍人士（Flexpatriates）和全球外籍人士（Glopatriates）等进行了深入论述。

② 19世纪50年代，美国散文家拉尔夫·沃尔多·爱默生（Ralph Waldo Emerson）写道，德裔英国天文学家威廉·赫歇尔（William Herschel）如何在20年前"自主移居到好望角，生活多年"，以便更好地观察南方的天空。

始用它描述特定的移民群体——移居法国的富有美国白人,以及那些因为生活奢靡而声名狼藉的人。

这些人物多是诗人或者作家,他们笔下的世界大多细腻、隽永,令人难以忘却——与外籍人士有关的情节更是如此。欧内斯特·海明威(Ernest Hemingway)的《太阳照常升起》(The Sun Also Rises)便是一个很好的例证。这本小说的主人公是一位常驻巴黎的美国记者,名叫杰克·巴恩斯(Jake Barnes),他与海明威个性极其相似。一位新来的美国同胞指责他身具外籍人士的多重恶习:

> 你早已远离故土,身价倍增,虚伪的欧洲标准让你忘乎所以。你嗜酒如命,纵欲无度,把大把的时间花在谈天说地,却不见你对工作有丝毫用心。你是一名外籍人士,明白吗?你就是那种终日都在咖啡馆附近闲逛的人。

海明威这段话是在自嘲,却为20世纪20年代的读者刻画了一种富有的美国人在海外的新形象——虽说是刻板印象,但它即使在当今这个时代,也存在一定的事实依据,尤其是移民工人的确并非总是做很多有用的工作。这也是"expat"作为另一种用法所保留下来的意义,而英语报纸则是其主要使用环境——它用来形容英国人,其中一些是搬到阳光海岸(Costa del Sol)享受退休生活或逃避司法审判的罪犯。

然而,当代企业界广泛使用的那个聊胜于无的原意,似乎是取而代之地从大英帝国的余烬中浮现出来的,并在全球石油行业当中得到了广泛应用。英国的公务员也试图采用这个理论来证明外籍员工的薪酬远远高于本地员工是合理的。其中一人在谈及20世纪40年代的尼日利亚时曾说:

> 外籍员工与殖民地居民履行了相同的职责,却获得了更多报酬,乍看之下这似乎并不公平。然而就实际情况而言,只要仔细研究就能发现,外籍员工没有其当地同事那样富裕……(因为)

外籍官员有必要在其他地方安家,并在殖民地以外的其他地方教育孩子。

许多人都持有类似的观点,主张外籍人士在贫穷国家获得高薪是合理的。但是,更重要的是,这样的观点创建了一个新的类别。它们的作用是让我们持之以恒地认为,外国人在某种程度上与本国人存在天壤之别,我们甚至不应将其视为移民工人。①

我们也可以在英语和其他语言中针对与移民相关的许多其他术语进行这种词源学的探讨。例如,"Emigré(移民)"一词在两次世界大战期间被身在法国的俄罗斯移民广泛使用,但是如今却很鲜见了。再举个例子,"Alien(外国人)"这个词直到最近才获得了"外星人"的含义,但是法律文件仍然采用该词形容那些来自外国的人。再者,在现代西方思想之中,那些诸如出境入境移民、英雄和恶棍之类的镜像词汇,即使在用于描述完全相同的人员时,也会存在紧密的关联性。另外,在联合国内部,那些将难民视为移民的人和对此有异议的人往往会发生激烈的争论。这样的例子还有很多。在许多情况下,其效果是将一个群体与其他群体分割开来,并且认为该群体的成员(比如外籍人士)具有特殊性,因此不应与其他类型的移民混为一谈。

反而观之,这又代表了共同基础的萎缩,即我们可以毫无争议地视作移民的人的数量和类型的减少。这不仅使争论变为我们所用语言的争论,而非关于移民本身和他们面临的选择,而且也意味着只有少数移民是无可争议的。从现今世界来看,这些移民要么受到排斥,要么没有资格,要么

---

① 有这样一个历史悠久的传统,即能力和期望并不出众的年轻白人可以通过移居到殖民地的方式迅速成为等级较低的统治者。这一传统在吉卜林(Kipling)的短篇小说《霸王铁金刚》(*The Man Who Would be King*)中得到了很好的体现;现实生活里,不计其数的白人雇佣兵也是很好的例证。例如,来自爱尔兰蒂珀雷里(Tipperary)的乔治·托马斯(George Thomas),后来成了印度北部汉西地区的拉贾;英国冒险家詹姆士·布鲁克(James Brooke)在婆罗洲的岛屿上建立了一个王朝,统治砂拉越州(Sarawak)超过一个世纪之久。根据年代较近的一位传记作家所述,布鲁克在晚年时期将帝位传给侄子之后返回了英国,"亲身参与了托特尼斯的粗暴交易"。

两者兼而有之。而且这些移民往往会被视作敌人或者替罪羔羊——几乎任何事都能怪到他们头上。

毫无疑问，这是同情心的失败，也是对那些与我们的生活有所不同的人的难以想象。当一个身着西式服装、皮肤苍白的幼童遗体被海水冲上岸时，当人们在冷藏卡车里发现一群因失温而逝去的移民横七竖八地叠在一起时，这个失败才会在偶然间得到修正。这些事情发生后，在那些短暂的瞬间之后，这个世界似乎对移民的处境心怀关切。可时过境迁之后，一切又回到了原点——移民再次变成了和"我们"有所不同的人。

然而，这也不仅是同情心的挫败，而完全可能被专有所指地称为长期暴政的一部分。在这样一个世界里，维持原有的生活方式是最正常不过的，而移民则是一种异常活动。只有在某些特殊情况下，例如当一个人面临生命危险，或者当一个人所拥有的技能在世界其他地方被需要时，移民才能发生。否则，你就应该待在家里，或者至少在你所出生的国土范围内活动。而移居的冲动以及在其他地方生活的渴望，都可以采用诸如出国度假和朝圣等无伤大雅的方式来代替。

一个虚幻的平行世界应运而生。在这个世界里，移民活动被视为反常现象，我们亦在鼓励之下遗忘了移民活动在人类历史上所发挥的指导作用。取而代之的是，家乡得到了神圣化和感性化的改写，而外籍移民则令人恐惧。我们深受敦促，对自己的移民历史予以否认，仿佛我们像古雅典人那样，认为我们的祖先便是在我们当前所据的土地上诞生的。

第十章

自由、哈莱姆区和彩虹部落

第十章 自由、哈莱姆区和彩虹部落 | 247

碧绿的眼眸、傲人的身材、优雅的姿态——即使遥望一眼轮廓，也能认定她堪称最为知名的美国移民。从查理·卓别林（Charlie Chaplin）的《移民》(*The Immigrant*)到《人猿星球》(*Planet of the Apes*)，再到《教父》(*The Godfather*)和《超人》(*Superman*)，都能找到她客串的身影——她无疑已经成了一名作品颇丰的电影明星。更重要的是，她成为美国的象征。美国人将她视为同胞，常常忘了她出自法国雕塑家之手，而且灵感来自罗马女神。事实上，她是在1885年从法国北部城市鲁昂乘船来到大西洋彼岸的。和当时的许多移民一样，她在纽约港登陆。自此之后，她在这里安居百余载。如今的她略显颓唐，不仅遭受着年龄的困扰，还因为一些她完全无法掌控的事情而不再像从前那样被同胞移民奉若灯塔了。因为这些移民不再乘船登陆埃利斯岛，也因为移民现已不如往日那般深受欢迎了。

曾几何时，当自由女神像（Statue of Liberty）映入远赴美国的欧洲移民的眼帘之时，他们就知道终点近在咫尺了，因为这座雕像与埃利斯岛只有700码的距离。① 很多人可能早有听说，自由女神像就是用来欢迎移民才被树立在那里的。她的创作者从艾玛·拉撒路（Emma Lazarus）的诗作《新巨人》(*The New Colossus*)中摘录了句子"向整个世界欢迎"，并将其雕刻在了雕像底座的内壁之上。在这首诗中，自由女神似乎亲自做出承诺，任

---

① 和普利茅斯岩、罗阿诺克和詹姆斯敦有所类似的是，埃利斯岛在现代美国的基础神话中是具有重要地位的竞争者。在这一方面，圣奥古斯丁和天使岛（Angel Island）的排名要靠后很多。

何人都能参与美国梦,她还向大西洋对岸的陈旧世界(Old World),那片"古老土地"致辞:

> 拥挤海岸上的可怜弃儿们,
> 将你们的疲惫交给我,将你们的贫穷交给我,
> 将你们那挤成一团渴望自由呼吸的人群交给我。

但等他们真的抵达埃利斯岛之后,情况就会变得不太一样了——更别提很多人都到不了。时至20世纪20年代初期,美国针对多数移民关闭了国门。这致使美国看待自己的方式以及世界其他国家看待美国的方式都发生了本质性的变化,也在重新定义移民可能性方面发挥了核心作用。它为移民官僚机构——一个由配额和签证、领事官员、面谈、赞助信、健康证明和银行对账单构成的世界——的发明和扩张做了直接贡献。

在某种程度上,美国对边境问题做出的决定是对大量有意愿的移民者的回应,但也是因为一些美国人对何种类型的移民应该获得入境许可权的问题变得更具鉴别能力的结果。显而易见的是,他们变得对那些"抱团取暖"的人不太感兴趣了,尤其是南欧移民、东欧移民或者犹太移民。

《移民法》(Immigration Act)在1891年发布时,列了各种"不受欢迎者":

> 精神病患者、易于成为公共负担的乞丐或者穷人、患有令人厌恶或严重疾病的人、被判犯有重罪或其他臭名昭著的罪行或涉及道德败坏的不法行为的人、多重配偶者。

从1903年开始,这个特殊的名单范围逐渐扩大到包括癫痫病患者、职业乞丐、无政府主义者和失足妇女。四年之后,低能儿、弱智者、无人陪伴的儿童和没有自行支付能力的人也被加入名单中,酗酒者和文盲则是在1917年加入。

在美国港口和边境工作的联邦官员的职责,就是发现这些受到排斥的

群体，然后将其驱逐出境，而出境的费用则由运送他们入境的轮船公司承担。联邦官员们在埃利斯岛的新移民队列中走来走去，并用粉笔在他们的后背标记符号。字母"L"代表跛脚，"E"代表视力有问题，①"X"代表有智力低下的可能。检查人员接受过训练，可以通过观测目标人员的头骨形状来识别。

反移民团体一直在发展壮大，这类团体尤其吸引具有英国血统的美国人。在拉撒路发表《新巨人》的十年之后，托马斯·贝利·奥尔德里奇（Thomas Bailey Aldrich）创作了《无人看守的大门》(*Unguarded Gates*)，这首华丽诗篇与《新巨人》风格类似，也将自由女神像视为一个富有感情的人物形象。但是奥尔德里奇传达的信息截然不同。他把美国描绘成一块"迷人的土地"，其存在以如同"熙来攘往的哥特和深受汪达尔人践踏的罗马"的方式受到移民的威胁。皮肤"白皙"的自由女神，受到讲"奇怪语言"的现代野蛮人的威胁：

> 我们敞开大门无人把守，
> 人群在混乱中一拥而入，
> 伏尔加沿岸的人和鞑靼草原的人，
> 马来人、斯基泰人（Scythian）、条顿人（Teuton）、凯尔特人和斯拉夫人，
> 纷纷远离陈旧世界的贫穷和轻蔑，汹涌而至。

时至 20 世纪初，奥尔德里奇的种族主义世界观在"旧有血统"的美国人中已经司空见惯，他们的北欧祖先在美国独立之前就踏上了这片土地。其中一位名叫麦迪逊·格兰特（Madison Grant）的纽约人是一位人脉广泛、

---

① 截至 1905 年，所有登陆埃利斯岛的移民都要接受医生的沙眼检查，医生会用钩子翻动这些移民的眼睑来寻找沙眼的迹象——这会在某种程度上导致移民自动离境。在 1904 年到 1914 年之间，大约有 25 000 名疑似沙眼的准移民被驱逐出境，这在所有与"令人嫌恶的"或者传染性疾病有关的驱逐出境事件中几乎占据了接近三分之二的份额。

自学成才的自然学家,他不仅创立了布朗克斯动物园(Bronx Zoo),而且随后又摇身成为尽人皆知的科学种族主义的主要思想家。他于1916年出版的《伟大种族的消逝》(The Passing of The Great Race)影响深远(希特勒后来称其为"我的《圣经》")。20世纪20年代,格兰特本人在针对多数外国移民而关闭美国边境的运动中发挥了重要作用。

他极其反对将美国视为一个由不同出身的人所构成的"熔炉",这种理念在战前的大规模移民时期颇受欢迎。①格兰特基于可以追溯至林奈和伯尼尔时期的肤色问题阐述了年代更为久远的种族分类问题,但是其创新之处在于将欧洲人进一步划分为三个亚种或者子类:思维迟缓却颇具文艺气质的地中海人;性情温顺的阿尔卑斯山人;以及阳刚高贵的北欧人(如果血统纯正,则是完全令人钦佩的)——格兰特则正是最后这一类别的后裔。

格兰特所属的族群由北欧人组成,尤其以身材高挑、金发碧眼的人居多,他认为这些人在很大程度上影响了北美的早期殖民活动。他甚至把自己和其他"北欧"移民的后代称为美洲原住民——当然,是与那些最近移民的人相比。他自然也认为,北欧人就是他作品标题中所称的"伟大种族",受到其他欧洲亚种或者异族通婚生下的"混血种族"的威胁。

格兰特认为,地中海人和阿尔卑斯人应该被禁止移民美国。

格兰特的书起初并没有引起人们的注意,但是由于第一次世界大战把欧洲搅得天翻地覆,加上美国变得越发孤立,现有的反移民叙事很快便得到了加强。格兰特是一位极具影响力的说客,其主要政治盟友是阿尔伯特·约翰逊(Albert Johnson),这位前任记者曾经担任众议院移民与归化委员会主席。在格兰特的鼓励之下,约翰逊于1920年撰写了一份国会报告,这份报告不仅使众多政界同人深受震撼,而且使其采取了行动。这份报告

---

① "熔炉(Melting-Pot)"这个词语是由出生于伦敦的犹太人伊斯雷尔·赞格威尔(Israel Zangwill)提出的,并因为1908年在华盛顿首次演出的同名戏剧而在纽约流行起来。那出戏剧的主角是一个名为大卫·奎沙诺(David Quixano)的犹太移民,他在1903年的基什尼奥夫(Kishinev)大屠杀中幸免于难。他宣称,"美国是上帝的熔炉(God's Crucible),是欧洲所有种族融化和重构的大熔炉"。事实上,他与父亲原是大屠杀领袖的欧洲移民俄罗斯基督徒维拉(Vera)坠入爱河,并且真爱最终获胜。

在许多混合的隐喻中含有一份以埃利斯岛的"新移民雪崩"和"欧洲不稳定状况"造成的"移民潮"为主题的笼统警告，宣称可能有多达 800 万移民准备移民美国。他随后主张暂停批准几乎所有的移民申请。

约翰逊在附录中收录了一些近期出访欧洲的美国政府官员的评论，读过之后让人颇感不悦。一篇由荷兰官员撰写的新闻报道提及鹿特丹有大批东欧犹太人准备横渡大西洋，并且将这些犹太人描述为"典型的贫民……（他们）肮脏、与美国人格格不入，而且他们的习惯往往充满危险"。一篇来自波兰的新闻报道则称，超过 90% 的准移民是犹太人——这些人通常是来自俄罗斯"最底层"的难民；他们"完全不受欢迎"。计划从意大利南部移民的农民被描述为"不可教也"，作者建议所有从意大利到美国的移民均应暂停。瑞士人和德国人在这个问题上被轻易放过了，而英国人和斯堪的纳维亚人则没有被提及。但显而易见的是，这些报道都传递出了一个明确的信息：不惜任何代价阻止大多数准备移民美国的人。

因此，根据由格兰特策划并由国会议员约翰逊提出的《紧急配额法案》（Emergency Quota Act），美国政府于 1921 年首次对每年进入该国的移民数量进行了限制。政府根据旧有的人口普查结果进行了一套复杂的运算，由此避免了在立法中指定具体国家所带来的外交后果。这实际上意味着，大多数国家都会获得月度配额。一旦超过配额，任何抵达美国的人都会自动被驱逐出境——但是牧师、舞者、护士和家庭用人在内的一小部分人员则是例外。新法案刻意针对南欧和东欧人士，致使来自意大利和希腊的移民数量降低了 80%，东欧的移民数量也出现了类似的下降。如果舅婆婆波莉和她的家人选择了美国而非巴勒斯坦，那么他们几乎肯定会被拒之门外。

另外，新法案也让前往埃利斯岛的过程变成了一场闹剧，史称"午夜赛跑（The Midnight Races）"。每月的最后一天，满载移民的轮船聚集在下纽约湾（Lower New York Bay），每艘船都争前恐后地穿过布鲁克林（Brooklyn）和斯塔滕岛（Staten Island）之间的假想线。他们力争在午夜之后最先越过假想线，通过这种方式确保船上的乘客能够获得新月份配额的隶属权限。

但是 1923 年 8 月最后一天的当夜，随着一艘轮船被判定提前 5 分钟越过警戒线，而另外三艘穷追不舍的轮船亦被判定为午夜之前越线，一切都沦为了笑谈。1896 名乘客被取消了竞聘新月配额的资格——这意味着这几艘轮船要为每名乘客缴纳 200 美元的罚款，而且几乎船上所有乘客都面临着立即被驱逐出境的危险。这起事件成了美国媒体的头版新闻，人们面面相觑，并将这一错误归咎于轮船计时有误。几艘轮船支付了罚款。政府最终被说服，将这些乘客视为了新月配额的有效成员，没有将他们驱逐出境。

麦迪逊·格兰特于 1924 年再次提出倡议，更加严格的新规定应运而生。年度配额不仅再度下降 50 个百分点，而且向北欧人种倾斜。格兰特宣布，新立法是"一个惊人的胜利……我们及时关闭了国门，以此防止我们的北欧人群受到低等民族的侵扰"。但是新法律也改变了美国大多数移民活动的流程。随着美国驻外领事官员权力的永久增加，埃利斯岛曾经发挥的主要作用即将收尾——午夜赛跑的混乱也随之结束。

关于究竟哪些人应该获准在美国定居，种种决策不再由埃利斯岛或者其他入境机构决定，这些决策都是在远离纽约媒体窥探的使馆大楼中裁定的，或者是由经常处理即将遭到驱逐的移民案件的众多移民援助协会裁定的。准移民现在需要在本国申请移民签证，他们需要提供照片、出生证明的有效复印件以及身处美国的亲友姓名。他们需要证明自己没有进过监狱或者救济院，他们的父母不曾在精神病院接受过治疗——一长串原本在埃利斯岛使用的、可能会使他们失去移民资格的心理和身体健康清单，如今仍然被用来拒绝他们在原籍国的移民签证。对大多数人而言，移民到美国已是难成之事，他们的美国梦已然遭遇了灭顶之灾。虽然 1914 年时的移民数量超过了 120 万人；但是 20 年后，这一数字已然不足 3 万。

对许多富裕国家而言，解决移民问题的新型外部官僚机构的增多迅速成为常态，这只是美国决定对大多数新移民关闭边境的一系列急转直下的后续效应的首个反应。第二个效应是这些措施至少暂时性地实现了其众多倡议者们所期望的目标：它有助于通过排除大量南欧人和东欧人的方式，确保含有北欧血统的人继续在美国的政治领域和经济领域占据主导地位。

这种排斥也使难民和受迫害群体更加难以通过移民的方式逃离故国。那些准移民人群中有许多欧洲犹太人，他们后来在纳粹手中殒命。①

第三，新措施还有助于创建一种具有竞争性、高度种族化的民族主义和种族背景的等级秩序——这破坏了受到排斥的群体的团结。以印度移民巴加特·辛格（Bhagat Singh Thind）为例，他宣称自己是雅利安人，因为他的家族是高种姓，所以他在法律层面上是白人（美国最高法院对此予以否认）。另外，纽约意第绪语新闻编辑威廉·埃德林（William Edlin）认为，犹太人是与"印度人以及其他没有所谓文明的种族"形成鲜明对比的高加索人。与此同时，一些意大利人与自己的同胞争得不可开交——一些意大利北方人声称自己是白人，比意大利南方人受过更加良好的教育，更加文明，因此更加适合获准进入美国。②在两次世界大战之间的年月里，美国人普遍认为意大利人不是绝对的白人。20世纪30年代，一份关于加利福尼亚各大工厂的政府报告对种族混合问题持友好态度，但是在文中提及了"白人妇女与墨西哥和意大利妇女一起工作，但是拒绝与黑人一起工作"的习俗。意大利人和其他南欧人已经变成了历史学家约翰·海厄姆（John Higham）所说的"中间"民族，也就是并非十分白或者足够白的人。

第四，经常发生的情况是，当政府试图对某种类型的移民活动进行限制时，其他类型的移民活动就会急剧增长——无论外部和内部，亦无论授权和未经授权，均是如此。这就意味着，那些意志坚定的欧洲人能够找到其他进入美国的方式——主要是以加拿大或者墨西哥作为跳板。

事实证明，超过1万千米的美国北部和南部陆地边界几乎是守不住的。20世纪20年代，美国边境巡逻队（US Border Patrol）大约配有750名警官，这与快速发展的人口贩运罪恶行动相距甚远。1927年，《纽约时报》（New

---

① 最著名的案例是1939年5月运载着900多名犹太难民驶离德国的圣路易斯号客轮（SS St Louis）。这艘轮船并未受到登陆和归航欧洲的许可，人们认为有254名难民在大屠杀中丧生。
② 格兰特及其盟友甚至为他们仰慕的意大利北部故人——哥伦布、列奥纳多·达·芬奇（Leonardo da Vinci）和但丁——施以了特殊豁免，宣称他们（和亚历山大大帝以及耶稣基督一样）全部拥有"北欧人的特征"。

York Times）发布一篇标题为"境外不速之客仍然涌入我们的边境"的报道，称每年超过10万移民非法越境进入美国。该报道对"波兰人、俄罗斯人和其他北方种族……"如何"采取加拿大路线"进行了介绍，特别提到一些移民在五大湖（Great Lakes）附近偷渡到了底特律河（Detroit River）对岸的通勤渡船上。另一些人则被带上一艘小船过了河，并且获得"一套与对岸文化相配的美国服装和发型"，以便他们能够融入对岸的生活。每个移民需要缴纳高达100美元的渡船费用，但是短暂的旅程中，许多移民会被"一遍又一遍地敲诈"，他们最后支付的费用远远超过实际所需。

当时和现在一样，南部路线更受欢迎。对准移民而言，首先入境墨西哥或者登陆加勒比岛会更加容易。据《纽约时报》报道，以希腊人、意大利人和一些叙利亚人为主的大量欧洲人选择了这条路线，他们要么乘船从古巴前往佛罗里达，要么通过墨西哥经由陆路前行。该报道称，经由海路运输的移民有时会被人贩子遗弃在小岛之上，然后由那些趁火打劫的渔民送往大陆。经由陆路运输的移民则由人称"马贩子"的人贩子送过美国与墨西哥之间的边境，"马贩子"这个名字源于携带着"威士忌、麻醉剂或者外国人"的驮马群，他们越过格兰德河（Rio Grande）远处的浅滩，将移民带入得克萨斯州。经由这一路线进入美国，被边境巡逻队发现的概率微乎其微。

但相对于北美境内规模更加庞大的人口流动而言，无论持续进行的欧洲移民活动是否得到了官方许可，它都显得相形见绌。在某种程度上，这些流动是由新的反移民活动措施导致的劳动力短缺的连锁反应。因此，由诸如麦迪逊·格兰特和阿尔伯特·约翰逊等白人（和北欧人）至上主义者制定的反移民法在不经意间掀起了非欧洲移民活动的新浪潮。20世纪20年代，大约有45万墨西哥人越过国境，在得克萨斯州、新墨西哥州和加利福尼亚州的水果农场和罐头食品厂里工作。但是最为重要的是，即使没有跨越国境，他们的运动也堪称众所周知的大迁徙（Great Migration），数百万美国黑人离开南方陈旧的蓄奴地区，前往北方的大城市——其中一些人甚至会迁徙至更加遥远的地方。①

在重塑美国的过程中，大迁徙的规模和重要性怎么强调都不为过。依照最闻名的历史学家伊莎贝尔·威尔克森（Isabel Wilkerson）所见，这是一场规模庞大的自发性运动，它将会"使触及的每个城市的社会和政治秩序得到重塑"。它有助于创建美国黑人形象的新视野。它也为许多美国黑人提供了另一种移民叙事，并非被迫乘坐奴隶船只进行运输，而是以选择、风险和自由为主题的移民叙事。美国黑人哲学家阿兰·洛克（Alain Locke）于1925年在大迁徙期间写道，这是一次"不仅从农村到城市，而且从中世纪美国到现代美国的从容迁徙"。这是对歧视、私刑和贫穷问题的逃避，更广泛地说，是对奴隶制和内战遗留问题的逃避。

这次由南到北的迁徙始于1916年，原因是"一战"时欧洲向美国移民的短暂中止。而美国北方的工厂需要工人。根据当时的一篇报道记载，他们把招聘人员派往南方，这些人会伪装成保险销售人员悄悄溜到黑人集会上偷偷传话："谁想去芝加哥，就来找我。"虽然一些南方白人种族主义者很高兴看到这些黑人离开，但是另一些人看到的则是失去廉价劳动力对经济造成的影响。招聘机构被要求支付巨额执照费；准移民则受到威胁，他们的火车票也遭到撕毁。但是一切都为时已晚：消息早已不胫而走，招聘人员亦成画蛇添足——黑人男女青年的向北流动势不可当，随着欧洲移民活动大门的关闭，他们在大城市的机会越发宽广。

以芝加哥为例。截至1930年，该市黑人人口约为23万，其中超过70%是来自美国南部的移民——这其中有许多人是因为受到了美国最受欢迎的黑人报纸《芝加哥卫报》（*Chicago Defender*）的鼓励才有此行动的。这对新移民而言并非易事，他们面临着城市南部地区的种族骚乱、歧视和贫民窟问题。但是对这些人中的大多数来说，这比他们迁徙前的状况要好

---

① 人们常常忘记，尽管南方腹地几个州的黑人迁徙在这一时期更为广泛，但是就数量而言，向北方迁徙的白人数量更为庞大，白人也更有可能返回南方。尽管几个主要城市部分地区的主要定居者是南方白人，但是白人的移民活动却相对不易显见。例如，芝加哥的上城区有大量南方白人，因此常常被人打上"乡巴佬（Hillbilly）"聚居区的标签。

得多。早期黑人移民样本在政府自20世纪20年代初资助的一项调查中得到如下观点：一些人提及了新城市的噪音和孤独，另一些人则谈论了他们在芝加哥的收入能够达到几何，但是许多人也感到了如下述的受访者所描述的那种意想不到的自由：

> 当我到了这里，上了有轨电车，看到黑人坐在白人旁边……我立刻屏住呼吸，因为我觉得他们随时都会惹麻烦。当我发现人们对这一切都视若无睹时，我才明白这是黑人具有人权的环境。

该市长期存在的小型黑人社区的一些成员对新移民感到尴尬，并且经常将其视为来自另一个世界的人——在某些方面，他们确实如此。《芝加哥卫报》就如何"融入"的问题向新移民提供了建议，并就"应该做的事和不该做的事"列出了清单——主要是不该做的：

> 切勿赤足散发地在庭院中和门廊下闲坐
> 切勿头顶手帕
> 切勿在公共场所说脏话
> 切勿穿戴破旧的帽子、肮脏的围裙和褴褛的服装逛街

尽管较为古旧的黑人社区习以为常地对移民表现出居高临下的态度，但是在后来的哈莱姆文化复兴过程中发挥了主导作用的却是新来的人。在芝加哥，新星包括爵士音乐家路易斯·阿姆斯特朗（Louis Armstrong）和金·奥利弗（King Oliver），以及稍后的作家理查德·赖特（Richard Wright）和诗人格温多林·布鲁克斯（Gwendolyn Brooks）。在纽约，文艺复兴以一场运动的形式出现，以哈莱姆区为中心。哈莱姆区以前是新欧洲移民的家园，后来这些移民搬到了更远的城市，或者完全离开了纽约。时至20世纪20年代，哈莱姆区成为由黑人主导的中心，并且作为文化和娱乐场所赢得了国际声誉。1925年，来自佛罗里达并且沿袭了巴哈马文化的

早期移民、历史学家詹姆斯·韦尔登·约翰逊（James Weldon Johnson）宣布哈莱姆区：

> 对于整个黑人世界来说，是伟大的麦加，观光客、寻欢作乐者、好奇者、冒险者、进取者、雄心勃勃者和天才，都适合来这里；因为它的诱惑已经延伸到了加勒比海的每座岛屿，甚至已经渗透到了非洲。

哈莱姆文艺复兴运动的主要人物大多来自南方各州，但约翰逊认为哈莱姆文艺复兴运动具有世界性特征是正确的。诗人兰斯顿·休斯（Langston Hughes）和小说家内拉·拉森（Nella Larsen）来自中西部，黑人民族主义者马库斯·加维（Marcus Garvey）和作家克劳德·麦凯（Claude McKay）是牙买加人。哈莱姆文艺复兴的副产品之一是人们对更久远的历史、更古老的家园和更早的移民越来越感兴趣。

康德·卡伦（Countee Cullen）在其于1922年创作的诗歌《遗产》（*Heritage*）中多次发问"对我来说，非洲究竟意味着什么？"，并且仅能针对那些人——"……三个世纪已经随风而去／远离了他的父辈们所钟爱的景致"——提供部分答案，包含丛林、蟒蛇和野蛮人所信奉的神灵。兰斯顿·休斯设想了一个寿与天齐的"黑人"谈起远古河流的事情，其中包括刚果河、尼罗河和密西西比河，所有这些河流都"比人类血管中的血液流动更加古老"。

马库斯·加维鼓吹回归非洲创立黑星航运公司（Black Star Line），部分目的在于送奴隶的子孙回"家"。由美国黑人奴隶后裔在19世纪初创建的西非国家利比里亚是首批目的地之一——但是不久之后，航运公司土崩瓦解，加维被判入狱，虽然利比里亚对加维的追随者们关闭了边境，但是没有进行反向移民。与非洲常常被视为失落伊甸园的理念同时存在的，是真正去往那里总会令人产生显而易见的不悦之感。对包括加维在内的哈莱姆文艺复兴的大多数参与者而言，非洲仍然是一个幻想中的世界。

在一战结束后、二战开始前,兰斯顿·休斯作为一个主要例外乘坐客船前往西非,并在白天拜访各大港口,这就意味着他实际上从未在非洲大地上度过一个夜晚。他在自传中回忆初次看到祖先的土地时所怀有的兴奋之感:"我的非洲,黑人的祖国!我就是黑人!非洲!"他在心中这样默念。但是他是怀有失望之感的。在非洲,尽管他一再声明("我也是黑人!"),但是他还是遭到了义正词严的告诫:"你——白人!"对于在美国一直被视为黑人的休斯而言,他具有非洲人、犹太人、法国人、苏格兰人和美国印第安人的融合血统的文化属性,且由于肤色过浅而无法在非洲受到非洲身份的正视。

然而,大量美国黑人,确实越过了大西洋,但不是回到非洲,而是来到了欧洲。他们最喜欢的目的地是法国。第一次世界大战期间,大约有20万美国黑人在那里服役,法国人并不像美国人那么偏执的论断很快就传到了街头巷尾。少数士兵留了下来。①1922年,一位名叫阿尔伯特·柯蒂斯(Albert Curtis)的退伍军人写信给他曾在芝加哥街头出售的《芝加哥卫报》,解释说他选择在法国定居是因为那里没有肤色偏见。正如这段时期的其他报道所显示的那样,这种见解并非完全正确,但是不置可否的是,许多美国黑人发现法国的生活非常自由,希望留在那里。时至20世纪20年代中期,如果算上临时暂居的人员,那么在巴黎居住的美国黑人多达数千——无处不在的兰斯顿·休斯便是其中一员,他在1924年的大部分时间里都在巴黎做门卫和洗碗工。还有许多其他人是这里的长期居民——包括后来成为战时抵抗运动英雄的演艺人员约瑟芬·贝克(Josephine Baker)、夜总会老板艾达·"砖发"·史密斯(Ada'Bricktop'Smith)和音乐家亨利·克劳德(Henry Crowder)。

对外国人而言,以易于流亡、宽容、性和文化冒险之地而闻名的巴黎

---

① 第一次世界大战之前就有美国黑人在法国居住,其中包括画家亨利·奥萨瓦·坦纳(Henry Ossawa Tanner),他于19世纪90年代在法国学习,并在那里度过了余生的大部分光阴,于1937年在巴黎去世。身为美国首位战斗机黑人飞行员的尤金·布拉德(Eugene Bullard)也是一名拳击手和爵士鼓手,他于1913年的青少年时期来到巴黎,直到1940年因为法国遭到德国入侵才返回美国。

要比大多数城市更受欢迎，它已经成为许多流离失所的作家、艺术家和演员的家园，其中包括乔伊斯（Joyce）、毕加索、斯特拉文斯基（Stravinsky）和海明威。而巴黎的白人精英，无论是法国人还是外国人，都习以为常地以高高在上的姿态和欣赏异域的眼光对非洲血统的人表示浓厚兴趣。

这是对黑人友好（négrophilie 或者 negrophilia）的时代，这个词语在法语中一度带有贬义。但是时至 20 世纪 20 年代，它在很大程度上成了一个褒义词。人们最初采用这个词语表示对"原始"非洲艺术和文化的崇拜，但是不久之后便将其用途延伸到普遍意义上的"黑人"，即使他们的祖先很久以前就离开了非洲。20 世纪 20 年代，人们习以为常地将身在巴黎的美国黑人直接视为来自丛林。因此，19 岁的约瑟芬·贝克于 1925 年从哈莱姆区搬到巴黎之后不久，就身披几根粉红色的火烈鸟羽毛在舞台上表演了一段袒胸露乳的"野蛮舞蹈"。舞蹈评论家安德烈·莱文森（André Levinson）认为贝克拥有"远古动物的光辉"和"乐善好施的食人族的笑容"。英美白人女继承人南希·库纳德（Nancy Cunard）对她交往多年的男友爵士钢琴家亨利·克劳德（来自佐治亚州盖恩斯维尔）说要"更有非洲人的样子"时，克劳德回答："但我不是非洲人。我是美国人！"

贝克和克劳德分别以性感的象征和彼时最著名的混血夫妇成员的身份得到了人们的铭记。对他们中的大多数人来说——尤其是对那些喜欢脱颖而出或者面对人群表演的人来说——这种生活远比他们原来的生活要好得多。约瑟芬·贝克在孩童时代目睹了东圣路易斯的种族骚乱，她在此期间逃过了密苏里河（Missouri River）。她回忆：

> 跑过一座桥从而摆脱那些土著，白人追着他们殴打和屠戮。我永远不会忘记我同胞的惊声尖叫，我看到他们争先恐后地跑到桥上，然后我也开始发了疯一样地跑。

她说她在巴黎感觉到了"解放"，"比法国人更具法国特征"。她在自己选定的家园里成为超级明星，并且自豪地回忆起法国人如何"都像约瑟芬·贝克一样拥去海滩做日光浴"。这些观点获得了克劳德的赞同，他在亚特兰大（Atlanta）和华盛顿特区目睹了种族骚乱，并在英国遭遇了偏见。他声称，就自己的经历而言，"成为法国的有色人种向来不是自卑的标志"。

逃离美国的种族偏见并非移民到法国的唯一优势。在他们的祖国，就连酒精都受国家禁止，而法国，无论在公共场合还是在私人场所，就应该如何做事而言，几乎没有来自社会或者家庭的压力。贝克的朋友艾达·史密斯以西弗吉尼亚州为祖籍，她因为拥有一头红发而获得了"砖发（Bricktop）"的绰号，因为开办夜总会，她曾获得巨额财富，随后又因夜总会而失去它们，但是在后续数年当中每当想起巴黎生活中可以实现的性自由时都会感到喜悦。她也提及"很少有种族歧视"。但当她在第二次世界大战之后访问法国时，情况发生了变化，她说"巴黎人明显开始针对黑人采取了一些美国才有的态度"。

纳粹占领巴黎使业已萎缩的非洲黑人移民社区加剧分散——这些社区太过显眼，无法续存。我只能找到一个美国黑人的证据，那是一位在70多岁高龄时娶了一个法国女人的翻译，他设法留在了这座城市。"砖发"在战争打响一个月之后动身去了美国，然后迁居到了墨西哥城，再然后又搬到了罗马。亨利·克劳德在比利时和德国的纳粹战俘营里囚居了两年才返回美国，而约瑟芬·贝克最初则前往多尔多涅省，租用了一座城堡，一边利用她的名气防御迫害，一边秘密地为法国抵抗运动工作。最后，她也离开了法国，带着三只猴子、两只老鼠、一只仓鼠和一只名为邦佐（Bonzo）的狗去了马拉喀什（Marrakesh）。1942年，她在摩洛哥的一家医院"病逝"时仅有36岁，全世界都对这一消息进行了报道。兰斯顿·休斯在《芝加哥卫报》上为她发布了一份讣告，宣称她"和当今时代在非洲与敌军作战的士兵一样，都是希特勒的牺牲品。雅利安人把约瑟芬从她心爱的巴黎赶了出去"。

事实上，约瑟芬·贝克还活得好好的——并将在 20 世纪 50 年代的一次颇为怪异的移民实验中成为主角。她在马拉喀什患上了严重疾病，并在后来向一位美国记者透露自己的确是"太忙了，不能就这么离开尘世"。不久之后，她开始振作自我，生活不再一地鸡毛。她为红十字会工作，为抵抗运动筹措资金，为军队演唱《马赛曲》(Marseillaise)，并在战争即将结束时再次移居到了多尔多涅省，买下了曾在那里租住过的城堡。她在彼时已经成为法国公民，并受命成为法国空军上尉，骄傲地在大庭广众之下穿上了制服。20 世纪 50 年代，她开始在美国针对民权问题发表个人见解，[①] 并在回到出生地之后刻意针对那里的种族隔离制度发声。

约瑟芬·贝克正在法国的家中设计一个新项目——尽管包括米娅·法罗(Mia Farrow)、迈克尔·杰克逊(Michael Jackson)、麦当娜(Madonna)和安吉丽娜·朱莉(Angelina Jolie)在内的其他艺人已经在该项目的某些方面有所经历，但是该项目在彼时堪称新奇产品。贝克决定和她的第四任丈夫——法国乐队指挥乔·布永(Jo Bouillon)组建一个多种族家庭，并将其命名为"彩虹部落(Rainbow Tribe)"。"乔和我打算，"她解释道，而后来又多次提及这种想法：

> 收养四个儿童：红种人儿童、黄种人儿童、白种人儿童和黑种人儿童。我将在农村养育这四个孩子，在我多尔多涅省的美丽城堡里养育他们。他们将会成为真正民主的典范，并且成为"假如人们处于和平之中，那么自然界将会把剩余的一切安排得妥妥当当"的活生生的证据。

不久之后，她就放弃了林奈的配色方案，临时换成了一个更加具体的

---

① 她因如此行为而受到了公众的嘲笑，并在 1952 年提及："如果有人谈到种族或者人类的平等问题时，那么此人就会立即被外界贴上自由主义者、反美主义者或者共产主义者的标签。"

国别愿望清单：五个两岁的男性孤儿——一个来自日本，一个"拥有以色列血统"，一个是"肤色较深的"南非人，一个"拥有北欧血统"，再从秘鲁选一个"土著"。她后来解释道，她的目的是"为了证明所有人都是平等的"。

贝克于 1954 年开始按照清单收集家人：她在日本旅行期间走访了东京的一家孤儿院，选择了一个有韩国血统的小男孩，然后看到了另一个令她无法抗拒的带有"肃穆眼神"的日本男孩，这让她就像在购物旅行中那样左右为难，所以她把他们两个都带回了法国。她一共选择了 12 个孩子，其中大多数都是从阿尔及利亚、摩洛哥、科特迪瓦（Ivory Coast）、委内瑞拉、哥伦比亚、芬兰和法国选出的蹒跚学步的男孩，而这两个孩子则是她最初的选择。她在寻找犹太男孩的过程中花费了很多力气。1954 年冬季，她在特拉维夫（Tel Aviv）演出时试图在那里收养一个孤儿。以色列政府发表了一份新闻声明解释道，虽然"我们感谢贝克女士的人道主义精神，但是目前正值以色列竭尽全力为犹太儿童安置生活的时候，外交部不会允许其他人将任何一名犹太儿童从以色列带走"。然而，约瑟芬·贝克并没有因此放弃。她在一家法国孤儿院遇到了"一个肤色黝黑、下巴倔强的婴儿"，她和乔·布永断定这个男孩是犹太人，并给他取名莫伊兹（Moïse）。①

贝克的母亲、哥哥和妹妹从圣路易斯赶了过来。在他们的照看之下，这 12 个孩子在多尔多涅省广阔的米兰德斯城堡里长大。对贝克来说，把这些收养的孩子们小心翼翼地公开展出是很重要的。因此，城堡的场地变成了一个主题公园，其中包括一个 J 形游泳池和一个以纪念约瑟芬·贝克生平为宗旨并向那些可能会看到彩虹部落的付费游客开放的蜡像博物馆。

20 世纪 60 年代，一切都开始变得有些酸楚。乔·布永动身去阿根廷生活之时，正值那里发生青少年叛乱，致使钱财耗尽，约瑟芬·贝克一筹莫展。迫于无奈，她开始变卖家产：一些孩子被迫离开——去了寄宿学校，

---

① 还有一个时间更加长远的计划。虽然有时会令人不悦，但是大多数受到领养的孩子都会在十几岁时被送回原籍所在地一段时间，以便他们对自己的本国文化形成更加深刻的了解。因为莫伊兹出生在法国，所以他曾被送入以色列的一家基布兹集体农场。

或者和朋友住在一起，又或者和乔·布永一起生活。另一位来自美国的娱乐界移民格蕾丝·凯利（Grace Kelly）——彼时的摩纳哥王妃，向约瑟芬和她日渐凋零的儿童"部落"伸出了援手，并把他们安置在一座与地中海遥相呼应的大房子里。为了还债，约瑟芬·贝克重返舞台。1975年，约瑟芬在终场演出之后不久便在心爱的巴黎与世长辞了。

时至今日，米兰德斯城堡已经成了一座博物馆，也是一座以移民生活为主题的纪念馆。一个在大迁徙时期从中西部地区迁徙到纽约的"普通贫民窟女孩"参加了哈莱姆文艺复兴，然后越过大西洋前往了旧世界，并且有证据表明她在那里历尽千辛万苦，成为彼时最为盛名的国际名人。诸如作家詹姆斯·鲍德温（James Baldwin）和理查德·赖特，音乐家孟菲斯·斯利姆（Memphis Slim）和妮娜·西蒙（Nina Simone）等其他美国黑人也在战后的岁月里追随了她的脚步：他们都离开了自己的出生之地，他们的祖先都曾在这片土地上饱受奴役，然后全部迁徙到了法国生活，并在那里死去。

约瑟芬·贝克的"彩虹部落"实验依然在城堡中深受纪念，并且深深印刻在她遍布世界的许多孩子的记忆之中：其中一些人乐于在公开场合谈论他们的母亲和自己不同寻常的成长经历，而其他人则对此比较隐晦。如今再看这个实验，就会感觉它不太成熟。也许我们将其看作一个以创造多种族乌托邦为目的的虽然心存善意但是不乏幼稚的尝试，才会显得更好一些。这个过程涵盖了将儿童从世界各地选择出来，然后进行形形色色的强迫式的移民活动，最后宛若他们是马戏团演出成员那样把他们聚集在一起。但是无可厚非的是，这个实验确实是一次非常直观和触动人心的挑战，它挑战了人们普遍持有的关于种族和国籍的观念，以及我们每个人属于哪里的观念。

最后一次中场休息
游牧民族

这个世界上究竟还有多少游牧民族是一个难以确定的问题。诚然，在农业驯化了人类之前，我们都曾是游牧民族，并且与其疆域的特定部分有所关联。因此，世界上那些被视为游牧民族的人口比例已经在过去的 12 000 年里从 100% 下降到了不足 1%。但计算游牧民族的数量并非易事，因为他们通常都对政府派遣的人口普查员的问题毫无兴趣。对游牧民族进行定性也实属不易。

如果你对大多数人进行询问，那么他们都会给出一个负面的定义——游牧人民是没有永久居所的人。他们实际上是在描述人类种族在排除绝大多数拥有所谓家园的固定居所的"正常人"之后所剩下的东西。这就留下了形形色色的狩猎采集者、牧民和旅行社区的成员，其中众多成员会根据季节的变化而周游，他们往往会受到定居世界以怜悯、无知和不信任的杂糅态度的对待。但是这其中也存在一个转折，因为"游牧民族"这个词语已经诞生了新的生命并且形成了新的含义。它已经成了一个包罗万象的术语，被许多像我一样选择将大部分时间用于迁徙或者打算迁徙的人赋予了浪漫主义色彩。

这些新来的游牧民族种类繁多（尽管他们在很大程度上由来自富裕国家的白人构成）。例如，有一种"数字游民"，他们能够利用网络在任何想要的地方工作。还有那些以露营车为居所的美国季节工——他们是 2021 年金球奖获奖影片《无依之地》(*Nomadland*)的主演。一些澳大利亚人称其为"灰色游民"，他们是一些在夏季跟随太阳移居到更加温暖的气候中的老年人——在美国文化中，这些人拥有"雪鸟（snowbirds）"的美名。而且即使我愿意，我也不应该排斥那些似乎仅仅存在于生活方式杂志上、贴着"glomads"标签、四处游荡的炫目生物——前缀gl既可以指全球，也可以指魅力。还有在宫殿之间迁徙的王室，他们的游牧倾向由来已久，这在当今时代得到了世上众多亿万富翁的印证。因此，"游民"这个词语已经得到了扩展，涵盖了世上一些最为贫穷、无家可归、漂泊不定的人，以及一些坐着私人飞机在私家豪宅之间往返的最为富有的人。新意义上的游民是可以拥有财产的。

旧式的游牧民族几乎一无所有。在史前时代，人类是没有财产的——至少就我们当前所使用的财产这个词汇的意义而言，是不存在的。人类可能有一些附属品，即我们能够携带的物品，也可能对我们所熟悉的领土拥有所有权的感觉，特别是当一个新的人类群体出现的时候，这种感觉就会格外强烈。但是只有当我们随着农业文化的到来首次过上定居的生活时，财产才开始成为我们生活和身份的核心。这是卢梭对这个历史转折点的设想：

> 第一个把一块土地围起来，脑子里想着土地说"这是我的"，并且发现人们简单到能够相信他的人，是公民社会的真正创始人。如果有人离家出走或者死战到底地大声喊道："小心江湖骗子。如果你忘了地球的果实是人类共有财产，也忘了地球本身不属于任何人，那么你就迷失了！"那么人类将会避免多少罪恶、战争、谋杀、苦难和恐怖事件！

我们无法确切地知道地球最初是如何作为人类的财产进行划分的，我们也永远不会找到答案，但卢梭将其视为一个定义物种发展的里程碑却无疑是正确的。大量游牧者在被定居者"开化"的过程中失去了土地。大多数定居者认为，而且其中许多人直至今日似乎仍然抱着绝对肯定的态度坚信，他们的生活方式要比游牧者的更加优越。他们认为，把游牧者聚拢起来、赶出自己的土地以及雇用他们做卑贱的工作是在帮他们忙。作为回报，他们希望这些曾经的游牧者能够对文明带来的诸如房子租金和购物钱财等有利之处心存感激。他们认为一些游牧者是不可拯救的，因为这些人对这些"好处"几乎不感兴趣。因此，取而代之的是，他们将这些人的孩子带走并且送入学校，孩子们会在那里学习如何成为"正常人"。

对定居背景的人而言，想象游牧者的生活并非易事。加拿大人类学家理查德·李（Richard Lee）在 20 世纪 60 年代创作的一本书中有一个简短的句子，这个老生常谈的问题可以作为我的切入点。李引用了来自非洲南部的坤族（Kung）游牧者中的一个无名之辈在被问到为什么没有成为一名农民时的答案，他回答说："既然世界上有那么多蒙刚果坚果（Mongongo Nuts），那么我们为什么要种呢？"这句话里蕴藏着一种人生哲理和一种对事实的陈述。对于坤族人而言，蒙刚果坚果是产量较高、营养丰富的食物来源，还有其他一百多种可食用植物以及随机猎杀的动物作为补充。这意味着每个成年人每周收集食物的时间都可以远远少于 20 小时，这使他们比大多数定居者拥有更多的自由时间。坤族人对积累财富和建造永久家园都不太感兴趣：他们更喜欢享受当下和讲述故事。对于许多游牧者而言，这种"蒙刚果坚果"的反应代表了一种奢侈生活的样子——一种比大多数定居者所享受或者忍受的生活压力更小、物质需求更少的生活。①

当然，大多数移民都不是游牧者。但是，无论古代还是现代，无论传统还是数字化，游牧者的经历可能都会帮助我们更好地处理与流动和移民有关的一些更加广泛的问题。我们可能不会再问人们为何迁徙，取而代之的是，我们会开始问人们为何选择定居？

---

① 坤族（现在通常称为 Ju/'hoansi 族）属于非洲南部的狩猎采集者群体，他们至今仍以布须曼人（Bushmen）或者桑人（San）闻名，传统上居住在毗邻纳米比亚（Namibia）和博茨瓦纳（Botswana）现代边界的地区。理查德·李的研究进行了半个多世纪之后，坤族人的生活发生了变化：他们有了固定的村庄和几所学校，还有西方服装、手机、酒精。他们不再是游牧者，而且许多族人都会面临终生贫困。他们努力保留包括对祖先土地的监护权在内的曾经的生活方式的方方面面。蒙刚果坚果在他们生活中发挥的作用小了很多。

第十一章

外来工、短工和偷渡劳工

1964年9月，一个害羞而又憔悴的葡萄牙木匠阿曼多·罗德里格斯·德·萨（Armando Rodrigues de Sá）爬上了一列从里斯本开往科隆（Cologne）的列车。这位38岁的木匠后来几乎将他前往德国的两天行程忘得一干二净，只记得自己不仅非常紧张，而且对离开村庄和家人而深感不安，所以经常头痛。当到了科隆的道依茨（Deutz）车站时，他惊讶地听到扬声器里播放着他的名字，而且只有他一个人的名字。他对此感到一头雾水，因为他自认为什么都没有做错。罗德里格斯·德·萨后来描述了他当时有多么恐惧，自己是如何受到偏执狂追赶的，以及他相信葡萄牙便衣警察正在——毫无缘由地——追捕他。

几分钟后，罗德里格斯·德·萨——以一位象征性英雄的形象——站在了站前广场的聚光灯下，胯下骑着一辆崭新的摩托车，车把上插着一束康乃馨。1000多人在围观他，数十名记者和葡萄牙大使也身在其中。一名西装革履的男子用德语发表了演讲，正式向他赠送了摩托车、鲜花和荣誉证书。一个乐队演奏了西德国歌和葡萄牙国歌。翌日的报纸铺天盖地地刊登了罗德里格斯·德·萨的照片，这是一个头戴软呢帽子试图微笑却惊慌失措得笑不出来的男人，僵硬得就像蜡像一样。这是为什么呢？因为他被随机地从这列刚刚进站的移民列车中挑选出来，成为西德第100万名外来劳工。他和随行的外国同胞们因为在德国经济"奇迹"中发挥的作用而受到了感谢。

向困惑的阿曼多·罗德里格斯·德·萨赠送一辆摩托车的仪式，以及媒体对此进行的广泛报道，不仅是更大叙事的部分结构，而且对林林总总的更为广泛的原因也颇为重要。在两次世界大战之后不到 20 年的时间里，这场仪式和后来在 20 世纪 60 年代举行的诸多类似仪式都在宣传一种新型非侵略性德国自信的过程中起到了有益作用。针对国际移民活动发明的"外来工"模式成为一种民族自豪感的象征。这种叙事将西德描绘成一个不太可能的成功故事——一个合作的天堂——与民权运动时期的美国形成鲜明对比，也与当时法国和英国政治中关于种族、帝国、移民和去殖民化的激烈政治争论形成鲜明对比。

毫无疑问的是，事实要复杂得多。首先，我们需要对"Guest Worker（外来工）"这个词语稍微解构一下。让我们仔细看看这个词语，它堪称矛盾修饰法的优良案例。因为让客人工作是不正常的，所以它的核心位置存在一个矛盾。这个词语也是一个精心设计的委婉语。它之所以会得到创造，是用来代替具有字面意思为"外国工人"的"Fremdarbeiter"，这个词语因为与纳粹有关而受到了玷污。事实上，我们甚至可以将"Guest（客人）"这个词语的使用视为一种承诺，即工人们将受到比过去更加友好的对待。但是这也表明了移民活动的临时性。你看，外来工是要回家的。他们仅仅是为了履行一种特定的经济职能而作为工人出现在异国他乡。

在外来工项目刚刚开始的时候，第二次世界大战的历史及其动荡的余烬仍是时间并不久远的记忆。德国的战时经济一直对移民工人有所依赖，其中大多数人都是在受到极端胁迫的情况下被运至德国的。其中有一些犹太人和罗姆人——也是由专列运送的——尽管他们中的健康人员通常会最先接受命令工作，但是后来也被运至集中营杀害。还有从其他国家挑选出来的外籍劳工——其中很多是波兰人。虽然没有针对波兰人的大规模灭绝计划，但是实际上他们因为沦为了奴隶而遭受了骇人听闻的痛苦。他们在波兰遭到围捕，然后被运至德国。他们必须住在军营里，不能参加德国教堂的礼拜，获得更低的工资，禁止使用诸如特快列车或者游泳池等设施，衣服上必须佩戴字母 P，而且波兰男子可能会因为与德国女子发生性关系而遭到公开处决。不同国籍之间存在着清晰的啄序（Pecking Order）——一般来说，波兰人要比来自法国、意大利或者斯堪的纳维亚半岛的移民工人处境更加艰难。

在战争结束时对东欧和中欧大部分地区混乱程度的描述几乎不会言过其实,这在很大程度上是由流动人口数量惊人所产生的结果。其中包括数百万计的移民工人、集中营幸存者和试图回家的战俘。朝着相反方向前进的德国士兵不再是英雄,无论他们身在何处,几乎都会受到鄙视。许多士兵都以炸毁的火车站和残垣断壁的建筑物作为避难之地。德国记者乌尔苏拉·冯·卡多夫(Ursula von Kardorff)描述了哈勒(Halle)火车站在战争结束四个月后的惨状:

> 眼前的景象满目疮痍。到处都是残垣断壁,那些流浪的动物似乎早已遭到了世界的抛弃。一个个衣衫褴褛、棉絮破烂的返乡者的身上都长满了脓疮,拄着用树枝做的简易拐杖步履蹒跚地挪着步子。遍地都是活死人。

同时向西迁徙的还有更多来自东欧的多达1200万的日耳曼人,这可能是有史以来规模最大的欧洲移民活动。在德国战败之后的日子里,他们被迫离开了在波兰、苏联、匈牙利、捷克斯洛伐克、罗马尼亚和南斯拉夫的老家。除了迁徙,他们别无选择,他们常常徒步行走,连推带拉地把木制手推车运到遭受占领、分割,以及萎缩的祖辈田地上——其中的许多人甚至此前从未踏足过这片土地。总的来说,他们是不受欢迎的。他们被视为吉卜赛人、波兰人,并且因为对大蒜和辣椒粉充满热爱而遭到嘲笑。他们在北部城市不来梅(Bremen)看到一些海报,上面写着"我们无法继续容纳更多人了!停止移民!"他们被视为一种负担,以及德国耻辱的象征。时至今日,历史学家认为,他们的到来实际上是对西德经济有利的,他们是一支灵活变通、雄心勃勃、勤奋刻苦的劳动力大军,他们帮助推动了一场截至20世纪50年代中期需要更多移民工人的新一轮工业革命。

考虑到最近的移民创伤,德国采取自上而下、政府主导的方法或许不足为奇。它选择通过与其他国家签订正式的劳工招募协议并且以一种受控而且规范化的方式"进口"工人,这与同样依赖来自以前或者现在殖民地国家移民的法国和英国形成了鲜明对比。1955年，德国与意大利签署了第一份协议。虽然工会对协议存在一些温和的反对意见，但是允许意大利人在德国工作的想法却是毫无争议的。毕竟，意大利人自中世纪以来就移民到了德国，就像德国人在罗马时期和中世纪向南移民一样。意大利人也不像许多波兰人那样认为存在把自己的名字德语化的必要。不置可否的是，1955年签订协议时的西德外交部长有一个华丽的混血名字：海因里希·冯·布伦塔诺（Heinrich von Brentano），他的祖先早在几个世纪之前就离开了意大利。

为了执行协议，西德在维罗纳（Verona）和那不勒斯设立了多所招聘办公室，将多达10万名意大利人按照每次最多工作一年的期限分配到德国的建筑工地、工厂和农场。几乎所有的早期入职者都是男性，他们因为无法携带家眷而感到失落。这种模式很快就被视为一种成功。20世纪60年代初——当时经济蓬勃发展，冷战阻止了苏联的劳动力招募——德国与西班牙、希腊、土耳其、葡萄牙和南斯拉夫达成了类似的协议。

阿曼多·罗德里格斯·德·萨的最初经历相当典型。他在里斯本与德国劳工招聘办公室进行了第一次接触。他不得不提供一份详细的就业记录，并被送去做血液检查、尿液检查和胸部X光检查。最终，在他的档案被送到德国之后，他被分配给了一家位于德国南部小镇水泥厂的新雇主。这家水泥厂支付了他乘坐外来工人列车的费用，并且为他安排了住宿。和大多数外来工类似的是，他住在水泥厂附近的一家大旅馆里。旅馆里有一个厕所和两个厨房，他和另外七个人合住一个房间。每个周日，罗德里格斯·德·萨都会去一家咖啡馆和其他葡萄牙人见面。但是据他妻子说，他生活十分简朴，不仅不去看电影，而且把大部分收入和摩托车都寄回了家。他很想家，出国打工只是为了赚钱，从来都没有对离开葡萄牙的生活有所适应。[①]

许多其他外来工在德国过得要快乐得多，并且留在了德国，甚至有些人选择永久性地居住在这里。轮岗工人的最初理念只是一个幻景，它并不适用

[①] 一场工业事故过早地结束了他"最著名的西德外来工人"的角色，阿曼多·罗德里格斯·德·萨返回了他的村庄和家，年仅53岁便死于胃癌。他的摩托车——从他的遗孀那里购买的——目前由波恩历史博物馆（House of History museum in Bonn）收藏并展览。

于任何人。雇主想要的是他们认识的、学过一些德语并且经验丰富的工人。雇员想要安全感和连续性——以及在德国工作所能给他们的高薪。有些人为自己换了份新工作，或者坠入了爱河，又或者只是想去一个新的国家。虽然蓬勃的经济对工人有大量需求，但是并没有什么阻力妨碍他们留在这里。

实际上，随着大多数欧洲国家自身经济的增长，来自这些国家的外来工开始对远赴德国工作表现出较少的兴趣，而意大利人不久之后就能在欧盟前身组织的规则之下自由迁徙了。但是土耳其人却并非如此。不久之后，土耳其就成为西德最大的外国劳工单一来源国，以至于后来整个外来工计划都与土耳其移民有所关联。

和其他移民工人如出一辙的是，土耳其人乘坐火车旅行，从伊斯坦布尔经过巴尔干半岛到达慕尼黑（Munich）需要3天时间——尽管那些来自安纳托利亚（Anatolia）乡下的人要进行更加遥远的旅行。每个工人都获许携带一千克奶酪、一千克橄榄以及十箱香烟上火车。虽然不含猪肉但是并非总是符合清真食品习俗的其余食品则由德国组织者提供。乘客们会获得一本名为《你好，穆斯塔法》（Hallo Mustafa）的土耳其语小册子——也有希腊语、意大利语和西班牙语的类似出版物，分别用于欢迎斯皮罗斯（Spiros）、马里奥（Mario）和何塞（José），以有用的漫画告诉读者在德国的工作场所守时的重要性。这本小册子认为土耳其人很"热血"，并且告诉虚拟人物穆斯塔法："如果你明天可以通过同样的方式得到整只母鸡，那就不要总想着眼前的鸡蛋。"这就是在建议他"小不忍则乱大谋"。第一批土耳其工人几乎没有患上任何伊斯兰恐惧症，只是深受数不清的无知和刻板印象的侵袭，以至于难以说出他们和其他移民有什么不同。①

西德的外来工计划随着世界经济的急转直下和1973年的原油危机走向终结，宛若水龙头一样可以随时关闭。但是彼时并没有人真的将外来工视

---

① 深谙历史的人可能会觉得这里有种讽刺意味，因为土耳其移民并无任何新奇之处。尼安德特人和现代人首先通过土耳其进入欧洲是几乎可以肯定的事实，而来自特洛伊和福西亚（即现在的土耳其）的移民——无论现实中的还是想象中的——都在这个移民故事中发挥了核心作用，当然，也是罗马和马赛神话的基础，以及有时被称为西方文明的基础。

为客人或者工人。仅仅根据移民对社会的短期经济价值来对移民进行界定的理念已经变得难以持续了。瑞士剧作家马克斯·弗里施总结了这类项目核心的道德空白："我们需要工人，但是来的却是人类。"数百万人来到了这里。自第一批土耳其外籍劳工出现以来，60多个春秋已经过去了，据估计，现在至少有700万德国人拥有时不久远的土耳其血统。

在20世纪70年代和80年代，曾有人试图说服一些移民离开，甚至强迫他们离开，但是总体来说收效甚微。此时，许多外来工，尤其是来自土耳其的工人，已经获得了永久留在德国的权利——而且可以将家人迁居到德国。限制迁徙的努力往往适得其反——部分原因在于它们如何影响实际移民和潜在移民的态度。移民活动在20世纪70年代变得更加困难的事实意味着，即使是暂时性的，愿意回到原先家园的移民也更少了，而且他们经常急于说服不确定的家庭成员加入其中，以免失去以后再来的权利。对他们中的许多人来说，留在德国的权利就像一种经济资产，这是一种具有真实价值的令他们难以轻易放弃的东西——否则他们就会在诱惑之下返回故乡。移民也不再对工厂就业依赖得如鱼饮水，他们已经可以远离宿舍了。一些移民创办了自己的企业——比如餐馆，然后又成了其他移民的雇主。他们如今在德国生活。

就像在诸如奥地利和瑞士等采用了外来工模式的其他国家一样，对移民活动的偏见也随着经济的急转直下而有所增加。这往往具有鼓励移民社区更加有效地进行组织，并且以工会或者社会和文化协会的形式发展支持网络的效果。这也使来自特定国家的移民更有可能想要住得更近。直到20世纪80年代，德国才出现了明显的反土耳其的情绪，同时还有更为普遍的反移民情绪，有时也会针对那些来自更远地方（例如越南和埃塞俄比亚）的人出现暴力行为。即便如此，它的规模通常也比诸如20世纪50年代以来的法国、英国（或者美国）等其他地方所表现出来的反移民偏见和暴力运动的规模要小。

在法国和英国，战后移民与两个帝国缓慢而又血腥的崩塌交织起来。大量移民非常合法地从它们以前和现在的殖民地来到法国和英国生活——

主要从西印度群岛和南亚来到英国，以及从北非来到法国。虽然德国没有帝国，但是至少可以假装与过去划清界限，在一些委婉语、善意和蓬勃发展的经济的帮助之下，糊里糊涂地度过了20世纪50年代和60年代，既没有种族骚乱，也没有移民在首都街头遭到谋杀。

新的移民神话在战后的法国和英国得到了表达——以白人多数人口定居者为主——这将产生巨大影响，并改变人们想象中的移民方式。这些神话有助于产生一种传染性强、症状多、在西方大部分地区传播的我们姑且称之为"迁移健忘症"的疾病。这种健忘症或许也有助于对为何我们作为移民的共同历史受到如此忽视，以及对为何需要写这本书和其他类似的书等问题做出部分解释。第二次世界大战成为起点，成了健忘症开始的分水岭。从这个意义上说，战前和战后的移民将会得到完全不同的设想，战前和战后时期之间的许多与移民有关的连续性将完全受到忽视或者否认。

让我们尝试一个简单的实验。设想有一个移民，现在就在你的脑海中想象一个，加油。他们是白人吗？他们是欧洲人吗？可能不是。当今时代，移民往往被想象成来自发展中国家肤色较深的穷人，他们要么在寻找工作，要么在寻求安全，或者两者兼而有之。① 我怀疑两次世界大战之间进行的类似实验也是这种情况。对许多人而言，尤其是对西方人而言，前往美洲或者大洋洲的欧洲白人是战时（以及战前）的典型移民。而且更为重要的是，白人自二战以来大体上不再把自己想象成实际的或者可能的移民。他们可能会取而代之地使用"Emigrant（移出者）"或者"Expat（外派人员）"，至少在英语中更倾向于使用"Immigrant（移入者）"来表示那些有色人种的移民。

这是想告诉我们什么？这显然是想提醒我们，关于移民的现代辩论已经变得有多么种族化了。但是它也反映了一种占主导地位且往往具有误导性、与现代移民有关的叙述的出现，而且这种叙述直到最近才得以澄清。这种叙事包含了这样一种观念，即尽管有明确的相反证据，但认为英国和

---

① 在我所做过的这个非常不科学的实验所涉及的许多西方人中，有一个小小的例外。一些英国人的第一反应是，他们认为移民是东欧人——通常是波兰人或者罗马尼亚人，以及最近常常认为的乌克兰人。

法国在 20 世纪 50 年代之前都是由白人统领的单一文化国度。而且最为偏颇的观点是，就像那些古代雅典人一样，法国和英国白人居民的祖先从有历史记载时起就生活在那里——这是对定居主义、种族纯洁性和民族国家的三重赞颂。这种叙述往往在更详细的层面上忽略了两次世界大战期间来自亚洲、非洲和加勒比地区的人们在欧洲发挥的重要作用——充当过武装部队的分支，或者担任过支援角色。但是在对 20 世纪 50 年代以前欧洲历史的重述中，几乎没有为有色人种留下什么空间。他们的存在被人一笔勾销，直到现在才逐渐被人提起。

就战后时期的叙述而言，失忆症以另一种几乎镜像的形式表现出来，其中白人（向内或者向外的）移民在很大程度上都受到了忽视，或者被当作一种完全不同的现象按照自己的特殊类别进行对待。事实上，在 20 世纪 50 年代的大部分时间里，每年进入英国的人要比离开的人更少——在那些永久离开的人中，有一部分是所谓的"10 磅英国佬（Ten Pound Poms）"：超过 25 万的贫穷英国白人前往澳大利亚和新西兰的旅行是由他们的新国家所补贴的。[①] 就截至当时的这段时间而言，前往英国的新移民人数最多的并非加勒比或者南亚的人，而是来自爱尔兰共和国的人。在法国，战后最重要的大规模移民可能是 20 世纪 60 年代 100 多万"黑脚（Pieds Noirs）"，即白人移民及其后裔从阿尔及利亚迁回法国大陆的运动。

失去的还有与过去连接的意义，以及移民的常态和相互联系的意义。有些时候，寻找这些意义是很重要的。以"疾风号（Windrush）"——英国最著名的现代船只——为例，它因为在 1948 年装载着 400 多名牙买加黑人

---

① "Pom"是澳大利亚人对英国人的称呼，它在词源学上存在争议。但是追溯到 20 世纪初的最可靠版本表明，这个词语曲折地起源于"Immigrant（移民）"。一个墨尔本的小丑把一位移民称为"Jimmy Grant（吉米·格兰特）"，这个词语很快演变成"Pomegranate（石榴）"，然后演变成"Pom"。两位未来的澳大利亚总理，托尼·阿博特（Tony Abbott）和朱莉娅·吉拉德（Julia Gillard），都是官方所称的"辅助通行移民计划（Assisted Passage Migration Scheme）"的受益者。该计划显示，成年人去澳大利亚（或者新西兰）只需支付 10 英镑，儿童则享受免费旅行的待遇。吉布兄弟（Gibb brothers）、巴里（Barry）、莫里斯（Maurice）和罗宾（Robin）也是如此，他们更广为人知的名字是比吉斯乐队（Bee Gees）。

驶入英国而得到了世人的铭记。① 虽然"疾风一代（Windrush generation）"成为对来自西印度群岛的早期移民的集体称呼，但是由驱逐一些早期移民的尝试所导致的 2018 年的"疾风号"丑闻却迫使一名政府高级部长辞职了。尽管"疾风号"声名远扬，而且它在建立一个更加多元文化的英国中扮演了象征性的角色，但是它有一个几乎被人遗忘的移民背景。

以前，这艘船只还有另外一个名字。它首航时的名字是"蒙特罗莎号（Monte Rosa）"，这是一艘在汉堡（Hamburg）建造的德国远洋客轮，在 20 世纪 30 年代的大部分时间里都过着双重生活。它在夏季充当欧洲游轮，而在冬天则用于运送移民，装载着数万名德国人越过大西洋驶向南美洲的新生活。当美国在 20 世纪 20 年代中期对大多数德国人关闭边境之后，巴西、阿根廷和乌拉圭都成了广受欢迎的目的地；许多德国人离开了，就像他们几个世纪以来所做的那样，只为自己能够开启新生活。在战争期间，人们用未来的"疾风号"将挪威犹太人运送到汉堡，然后再用火车将他们运到奥斯威辛集中营（Auschwitz）进行杀害。在战争结束时，英国人将"蒙特罗莎号"作为敌军财产占领，并根据泰晤士河的一条细小支流将其更名为"帝国疾风号（Empire Windrush）"。人们将它用作洲际运兵船，然后再把英国家庭从刚刚独立的印度接回英国——其中一些人已经在那里生活了几代之久。

1948 年夏天，"疾风号"进行了它最令人难忘的一次旅行，加勒比海之旅——这个故事背后隐藏着另一个受到忽视的移民故事。因为"疾风号"不仅去过牙买加，而且还去墨西哥接了 66 名游历甚广的波兰难民。这些难民已经在苏联军队的强迫之下背井离乡向东迁徙了 8 年，他们先被带到西伯利亚的劳改营，然后被运到印度，并从那里跨越半个地球之遥被运到加利福尼亚的一个日裔美国人的前拘留营，然后在墨西哥边境获得了临时庇护。战争结束之后，他们中的大多数人不想回到当时处于共产主义统治之

---

① 事实上，"疾风号"并非第一艘在战后运送西印度移民到英国的船只。它也无法标志着西印度群岛大规模移民浪潮的开端：那只会发生在 20 世纪 50 年代中期。而且，"疾风号"牙买加人中有很大一部分人——可能多达三分之二——是以前去过英国的退役军人。

下的波兰，许多人去了美国或者留在了墨西哥，但是其中66人申请在英国定居。"疾风号"受命去接应他们，而他们的车票由英国政府支付。

这艘船还按照指示去牙买加接了一些英国军人——也正因如此，才发生了广为人知的"疾风号"故事。因为船上的乘客远不足以满员，所以雄心勃勃的船主决定在牙买加报纸《每日拾穗者报》（Daily Gleaner）上刊登广告，售卖前往英国的打折船票。几百名更加富有商业头脑的牙买加人买下了这些船票，并将它们出售给了伦敦郊外的蒂尔伯里码头（Tilbury Docks）。① 他们在那里遇到了百代电影公司（Pathé）的一个摄制组，虽然摄制组对"疾风号"上的波兰人不感兴趣，但是通过一个两分钟的新闻报道使"疾风号"上的牙买加人获得了永久的声誉。报道称其中几个人解释说他们来英国是为了找工作，其中一名乘客是被称为罗德·基奇纳（Lord Kitchener）的卡利普索（Calypso）表演者，他在报道中唱道"伦敦是我的梦中之地"，并将英国称为"祖国"。

"祖国"这个词很重要，对于理解牙买加人移民到英国的经历同样重要。在对来自牙买加和加勒比其他地区的战后移民的采访中，这个词语是一次又一次重复出现的。这些移民正在去往一个他们自以为熟悉的国家，因为他们会说英语，也会唱英国童谣。他们通过殖民教育体系学习了与英国历史、地理和文学知识有关的所有一切，但实际上对奴隶制、非洲或者牙买加却一无所知——当然对诸如泰诺人之类的早期岛上居民更是无从知晓。许多人都取了诸如温斯顿（Winston）、纳尔逊（Nelson）或者格莱斯顿（Gladstone）之类的基督教名字，以此向英国的英雄们致敬。他们有权在英国生活和工作。他们将自己视为英国人，而根据大英帝国的法律，他们的确如此。

---

① 这不是"疾风号"第一次在泰晤士河口航行。它曾经作为从德国到地中海、斯堪的纳维亚半岛和英国的游轮运营，至少做过20次前往伦敦的航行。一张以伦敦塔卫兵守卫伦敦塔为背景的1936年海报，为德国人以65帝国马克（Reichsmark）的价格乘坐"蒙特罗莎号"邮轮在为期6天的航程内游览伦敦做了一个广告。在"疾风号"得以被世人铭记的加勒比海之旅之后，它成为英国驻韩军人和女兵的运兵船。1954年3月，这艘载有1500人的运输船返回英国，在驶离阿尔及利亚海岸不久之后机舱起火了。除了四名船员在大火中丧生外，所有人都成功撤离了，"疾风号"在地中海中沉入了海底。

其中许多人都在到达之后描述了一种错愕的失望之情。这里不仅要比他们预想的更黑暗、更寒冷，也更破旧，而且到处都是爆炸之后的废墟和定量配给。然而，最糟糕的是他们每天都不得不面对种族主义。在雇主的眼里，他们的教育和工作经验几乎无法得到认可——尽管对劳动力的需求如此之大，找到一份工作并不难，但是其中一些雇主根本不会雇用黑人。

最大的问题是住房。许多英国房主不会把房屋租给黑人，他们对此表现得相当直白，直接在房屋租赁广告上标清"有色人种不得入内"的字样。因此许多新来的人别无选择，只能取而代之地选择破旧的地区，与剥削他们的贫民窟房东住在一起。那些与白人女性建立关系的人们会在几十年后的日子里仍然记得，他们是如何在大街上遭受种族嘲笑、随地吐痰以及时不时的暴力行为的。

虽然对数量相对较少的西印度移民入境存在反应，但是英国政客花费了这么长时间限制来自非白人国家的移民，就似乎显得令人惊讶了。原因在于，移民政策与英国人对过去的怀念之情，以及比英国摇摇欲坠的帝国更加长久的帝国心态交织在一起。因为尽管许多政治家明确表示，他们不欢迎加勒比地区的移民入境英国，但是对这种移民活动施加的实际限制却几乎并不存在。这主要有两个原因。

尽管在彼时的政府内部文件中显而易见，但是第一个原因是既非常实际又往往不言而喻的。历届政府都不想对移民施加广泛的限制，因为他们都不想让带有英国血统的白人——在大英帝国和英联邦范围内，这样的人多到数百万计——在移民到英国的过程中历尽千辛万苦。他们担心，如果他们在白人移民和非白人移民之间的法律存在明显不公，那么就会激怒彼时正受苏联拉拢的旧有和现存的非白人殖民地。事实上，当移民限制于1962年得到最终推行时，文件并没有提到肤色问题，而是取而代之地炮制了看似无视肤色而实际上对非白人移民充满歧视的令人费解的法规和方案。

第二个理由则高大上得多。它建立在一个帝国和帝国内部自由流动的观念之上，这与古老的过去遥相呼应——在受过古典教育的人中尤其流行。1954年，一位名叫亨利·霍普金森（Henry Hopkinson）的政府部长在一次关于牙买加移民活动的议会辩论中提出了如下观点：

> 根据法律规定，只要能够提供令人满意的证据来证明英国身份，那么任何来自殖民地的英国臣民都可以在任何时候自由进入这个国家……无论一个人究竟是什么肤色，他都可以说出"我是英国公民（Civis Britannicus Sum）"，而且我们为他想要并且能够回到祖国仍然深感自豪。

"Civis Britannicus Sum"这三个拉丁文单词的意思是"我是英国公民"，其意义在于唤起人们对罗马帝国的回忆。霍普金森对西塞罗的语言稍加变更，然后以此向他的议员同僚们进行炫耀。西塞罗堪称罗马最伟大的演说家，他的那句"Civis Romanus Sum"代表了帝国对国家任何地方的罗马公民的权利进行保证。这是从未到过罗马附近任何地方的圣保罗在耶路撒冷不断重复的话，以此作为在帝国首都得到公平审判的一种方式。①

但是大英帝国正值夕阳西下。当乘坐着"疾风号"的牙买加人出现在伦敦时，源自印度和巴勒斯坦的灾难性管理失误开始产生影响，每个人都需要对属于自己的持久性移民危机负责。1954年，当霍普金森发表演讲时，英国正在肯尼亚和马来亚进行残酷的战争，帝国军队使用就地正法和残酷刑罚来镇压要求独立的民众，以及那些依据霍普金森的定义和帝国法律具备英国公民身份的人。两年之后，英国（和法国）在第二次中东战争（Suez Crisis）中受到了埃及的羞辱。

---

① 霍普金森还对19世纪英国首相帕默斯顿勋爵（Lord Palmerston）的说法做出了呼应。帕默斯顿勋爵采用了西塞罗式的语言解释为何他的政府在雅典人洗劫了英国公民在希腊的房屋后派遣了一支炮艇中队前往希腊。1963年访问柏林的约翰·F. 肯尼迪（John F. Kennedy）也引用了西塞罗的话，然后提出了自己的观点：我是柏林人（Ich bin ein Berliner），用以表示国际团结，而非民族团结。2015年巴黎《查理周刊》（Charlie Hebdo）恐怖袭击事件后，这种说法也得到了呼应，这一事件无处不在地催生了话题标签"我是查理（Je suis Charlie）"。另一个经典短语出自维吉尔的《埃涅阿斯纪》，英国政治家伊诺克·鲍威尔（Enoch Powell）于1968年在他著名的"血河（Rivers of Blood）"演讲中引用了维吉尔对"台伯河，冒着鲜血的泡沫（River Tiber, foaming with blood）"的描述，以此作为对允许更多移民进入英国的警告。

与此同时，大英帝国的衰落意味着特权移民的减少。在管理帝国的过程中，需要作为管理者或者为私营公司服务的英国男性（几乎都是男性）越发减少。对于一个在英国长大、热衷冒险、身怀自信的年轻人来说，他的职业选择在突然之间就会少了很多，因为他需要离家数千千米，去一个会在职业生涯的早期阶段能够为自己产生强大影响力的地方。与此相反的是，如果一群热衷冒险、身怀自信的年轻人远没有英国的同龄人那样享有特权，那么他们就会开始走向相反的方向。这就是牙买加诗人路易斯·贝内特（Louise Bennett）所说的"反向殖民"，或者正如斯里兰卡政治理论家A. 西瓦南丹（A. Sivanandan）所说的，"我们之所以会在这里，正是因为你们在那里"。因为随着时间的推移，这些人口流动存在一定的对称性，这使英国难以证明将移民排除昔日的帝国之外存在合理性。

　　对于法国来说，与战后几年和帝国末年有关的人口流动甚至更为复杂——而且和在英国有所类似的是，继续就其现代身份进行的激烈争辩在该国发挥着关键作用。彼时有大量劳动力从意大利、西班牙和葡萄牙移民到法国，现在基本上都已成为过眼烟云，相对来说这是毫无争议的，而且一旦在未来欧盟的支持下实现了自由流动，那么这种争议就更是微乎其微了。但是北非的情况正好相反，尤其是阿尔及利亚，数百万移民陷入了一场无情而又血腥的独立战争。

　　阿尔及利亚是一个特例。阿尔及利亚的去殖民化与其他任何地方都有所不同，这主要是因为它的现代历史和法律地位与法国其他主要殖民地截然不同，甚至与其邻国突尼斯和摩洛哥存在差异——这两个国家都是法国的官方保护国，当地统治者仍然在位。然而自 19 世纪 30 年代起，阿尔及利亚就被白人殖民者完全吞并以及广泛定居了，并被视为法国不可分割的一部分。①

　　在经历过多年的暴力斗争之后，阿尔及利亚较为贫穷、面积较大的南

---

① 阿尔及利亚划入法国管辖的时间比尼斯要长，尼斯在 1860 年才成为法国的一部分。直到 1962 年，阿尔及利亚约占法国陆地总面积的 80%，这主要是因为它在撒哈拉沙漠几乎空旷的南部疆域拥有大片土地。

部穆斯林聚居区从中分离出来，建立了自己的民族国家。这至少对四个大型移民群体（以及几个较小群体）产生了巨大的影响，他们在 20 世纪 60 年代早期横跨地中海来到法国的遗留之地进行了短途旅行：第一个群体，名为"黑脚"的欧洲血统白人定居者；第二个群体，阿尔及利亚大型犹太社区的成员；第三个群体，名为"哈基斯（harkis）"并与法国人合作的阿尔及利亚穆斯林；最后一个群体，通过移民的方式寻找工作和其他机会的阿尔及利亚穆斯林。

相对于前三个群体而言，最后一个群体——这部分故事的焦点——不仅迁徙的速度要慢得多，[①]而且没有那么多戏剧性的事件和新闻报道，但是他们的经历却同样遭到了独立战争的掩盖。他们通常被归类为劳工移民，而且绝大多数都是年轻男性。他们在许多方面都与德国的土耳其人或者英国的西印度人相当。但是由于阿尔及利亚在独立之前的地位，他们的定居历史要更加长久，也更加深刻。直到 1962 年，他们才为了移民而不得不跨越国际边境。举个例子，到 20 世纪 30 年代末，已经有 50 多万阿尔及利亚人有在法国大陆生活的经历——其中许多人都以远远高于阿尔及利亚的工资在法国待了一两年，然后才返回家乡。战争结束之后，因为需要工人重建破碎的经济，所以移民数量再次增加。

黑人抱怨移民的离港扰乱了劳动力市场，导致了工资的飙升——而那些随后返回阿尔及利亚的移民却对维护自己的政治权利和社会权利怀有更加十足的信心。20 世纪 50 年代中期，来自阿尔及利亚的移民再次迅速增加——具有讽刺意味的是，原因在于需要工人替代大量被征召到阿尔及利

[①] 前三个群体由大多数认为自己除了离开别无选择的移民构成。一些黑人家庭已经在阿尔及利亚生活了一个多世纪。但是 20 世纪 60 年代，他们几乎全都离开了，被"遣返"到了法国，那是一个许多人从未生活过的国家。阿尔及利亚的大型犹太社区大约有 14 万人，他们与欧洲的联系甚至更加薄弱——尽管在某些人的记忆当中，他们的移民往事可以追溯到 15 世纪受到西班牙驱逐的犹太人后裔。他们中的绝大多数也被"遣返"回了法国。1962 年，大约 6 万名哈基斯人因为通敌者的罪名遭到了杀害；大约 85 000 人去了法国，他们在那里没有受到公民的待遇，而是像难民一样遭到了人们的排挤。人们普遍认为他们是尴尬的，让人想起法国在阿尔及利亚的耻辱。某些人遭到隔离，被安置在了森林营地；许多人住在贫民窟（bidonvilles）或者棚户区，经常面对其他北非移民时隐瞒自己的哈基斯身份。

亚作战的法国白人士兵，以及阿尔及利亚年轻人渴望避免卷入战争。

但随着阿尔及利亚局势的恶化，冲突蔓延到法国大陆，导致一系列政府倒台和法兰西第四共和国的崩溃。反阿尔及利亚种族主义有所增加，许多法国城市郊区新移民的聚居区也有所强化，这些地方反过来又成为阿尔及利亚民族主义团体容易招募人员的环境。法国发生了一系列针对警察的袭击事件，大量阿尔及利亚移民遭到拘留。1961年10月，巴黎警方以相当残暴的方式驱散了一场支持独立的集会，将一些抗议者绑起然后扔进塞纳河溺亡。至少有40名移民遭到屠杀，而这个数字实际上可能多达300名——警察对这次行动进行了行之有效的掩盖，以至于将这场被后世称为"巴黎大屠杀（Paris Massacre）"的详细描述雪藏了30年。

不到6个月，阿尔及利亚就成了一个新的民族国家——阿、法两国普遍认为，许多身在法国的移民都将返回他们新独立的祖国。然而，他们当时并没有这么做。事实上，逐渐有越来越多的人以庞大的数量纷至沓来。阿尔及利亚对他们寄回家里的汇款有所需求，而移民活动为那些拥有冒险精神的年轻男性提供了一种社会安全控制——而且越来越多的年轻女性也是如此。与此同时，法国需要工人，并且在非常实际的原因的影响下希望与阿尔及利亚保持良好的关系：他们希望能对石油产业有所控制，并且确保阿尔及利亚不会和苏联形成过于友好的关系。移民政策继续在两国之间有效实施，与此同时，阿尔及利亚政府既能确定潜在移民，又能与法国协商年度配额。

但是漫长的独立战争留下了创伤，人们对阿尔及利亚移民怀着深深的犹疑。这在黑人和曾经在阿尔及利亚战争中服役过的200万法国白人中尤为明显。阿尔及利亚的穆斯林移民三番五次地遭到"其心必异"的描述。从20世纪70年代到80年代的民意调查显示，阿尔及利亚人得到的负面评价明显高于其他任何移民群体的结果。而更多女性移民的到来开启了一场新的战争：女性服装。法国殖民地痴迷于摘掉许多阿尔及利亚妇女的头巾，这种文化蔓延到法国本土——与欧洲其他许多国家不同的是，在21世纪初的移民文化战争中，头巾（然后是布基尼①）将会成为一个颇有争议的问题。

正如欧洲其他国家一样，20世纪70年代迁徙到法国的劳工急剧放缓，部分原因在于由石油危机导致的经济衰退。但是，直到1973年法国种族主义者屠杀阿尔及利亚移民，才导致持续了70年的合法劳工移民正式终结。这是由阿尔及利亚政府在当时的情况下单方面做出的决定，以此控制国家的石油产业，现在对未来经济怀有更大的信心了。一些来自阿尔及利亚的移民活动仍在继续，但是通常是通过走后门的方式或者海外探亲的方式操作的——妻子和孩子加入已经生活在法国的超过75万阿尔及利亚人的行列。

一直到2000年，这些以移民和帝国崩塌为主题的故事都源源不断地在法国政治中发挥着重要作用（这和它们在英国的过往如出一辙）。这是一种常常不受认可的纠葛，有些人更愿意采用与殖民主义毫无关联的眼光看待那些来自前殖民地的现代移民活动，似乎在现在和不久的过去之间划清界限是一件易如反掌的事情。

历史学家本杰明·斯托拉（Benjamin Stora）是一名在童年时期随着家人逃到法国的阿尔及利亚犹太人。他谈到了阿尔及利亚独立战争30年后普遍存在的"失忆状态"，似乎这种特殊的殖民末期的恐怖、摧残和掠夺使法国和阿尔及利亚两国都受到了创伤，陷入沉默和遗忘之中。然后，这一切在20世纪90年代爆发，愤怒和痛苦喷涌而出——而且源头不仅仅是那些曾经遭受殖民的人。斯托拉在1991年记述了这种创伤对那些在法国对帝国的失落感到遗憾的人意味着什么：

> 曾经遭受殖民的人，由于入侵大都市而被视为殖民"文明"人的领土……阿尔及利亚人是他们厌恶的对象，他们的存在让法国人想起了他们打过（并且输了）的最后一场战争，以及由战争

---

① 2015年，包括尼斯和戛纳在内的几个法国城镇禁止穿布基尼（burkini）。布基尼是一种为了符合保守的穆斯林传统按照覆盖大部分身体的风格进行设计的女性泳衣。发布禁令的主要原因是，布基尼是伊斯兰极端主义的象征。事实上，从法律层面区分布基尼和泳装并非易事——布基尼在皮肤癌幸存者以及那些容易受到太阳灼伤的人中非常流行。

所造成的深入骨髓久未愈合的民族创伤。

以帝国的失落为代表的"民族创伤"以及英、法两国帝国心态的幸存，都有助于针对移民形成更加广泛的态度，这和历史之间存在着鸿沟。两国为数众多的白人的移民历史基本上都已遭到遗忘了。当人们回忆起这段历史的时候，也通常会为它们冠上"特殊案例""特殊移民""向野蛮人传递文明的尝试"等字眼，而英、法两国也许会从他们的移民人口中学到很多文化的想法则往往被视为一种侮辱。普遍存在的情况是，移民者在他们有机会开口之前就被先行评判了。因为即使在那些总会表示欢迎的人当中，也有一种居高临下的态度——那种表现好像认为移民是可怜的生物，是一个定居的世界中失落的灵魂在寻找一个永恒的家园。然而，事实有时恰恰相反，因为我们中的许多人都对搬家充满了渴望。

就战后的经济角色而言，与欧洲劳工移民最为接近的美洲人是墨西哥人，他们往往在没有获得签证的情况下成千上万地向北迁徙。但是从根本上说，这种情况也大不相同——在很大程度上，这和美墨边境所发挥的作用有关。美墨边境是19世纪横跨美洲大陆的一条3000千米长的边境线，在西部沙漠地带参差曲折，在东部沿着格兰德河蜿蜒而行。这条边境线的地理和历史（以及史前历史）使它成为至今依旧充满纷争和强烈情感的源头。

1万多年以前，第一批跨越如今的美墨边境的人类就这样做了。然而，和他们如此之多的现代同行有所不同的是，他们的旅行是从北向南进行的。事实上，所有美洲中部和南部早期定居者的祖先——包括雅甘人、泰诺人、玛雅人和印加人——都进行过那次旅行。阿兹特克人的祖先也和世界上的许多其他人一样，把迁徙作为他们建立神话的核心。他们相信自己是在至高之神的命令之下，从北部故土阿兹特兰（Aztlan）迁徙到后人称之为墨西哥城的地方。如今，学界常常将阿兹特兰认定为美国西南部，从得克萨斯到加利福尼亚以及从加勒比海到太平洋之间的区域。

在就墨西哥移民活动展开的当代讨论中，人们常常遗忘的是，直到19世纪中叶，墨西哥都曾深入现在的美国——其中包括得克萨斯州和加利福尼亚州。因此，墨西哥人口在美国的第一次大规模增长并非由移民引起，而是由征服引起的。因为在1848年的一场灾难性战争之后，墨西哥被迫将一半的领土割让给了美国。这导致的直接后果之一是，超过10万墨西哥人在没有迁徙的情况下就成为一个新国家的居民。

这些新美国人中的许多人都是土著社区的成员，尤其是对于游牧的阿帕切人（Apache）来说，新边界的出现将是灾难性的。两国政府签署了一项条约，将阿帕切人称为"野蛮的印第安人"，并赋予任何一方越过边境追捕他们的权利。1886年，最后一位阿帕切部落领袖杰罗尼莫（Geronimo）在墨西哥境内遭到美军缉捕并被押回美国；他的余生都是在监狱里度过的，只有在有人要求的情况下，他才可以参加"狂野西部（Wild West）"的巡回演出。在美国人看来，虽然边疆地区已经被征服了，但是不仅没有墙，而且甚至连栅栏都没有。边境漏洞百出，基本上既没有标记，也没有守卫。墨西哥人可以非常自由地向北迁徙。

20世纪20年代出现了一些检查站，在墨西哥境内新城涌现的地方尤其如此，其部分原因是迎合在禁酒令时期前往南方寻找酒精和妓院的美国人。还有一些更具机动性的边境巡逻官员，他们试图识别并遣返那些躲避美国检查森严的海港的欧洲和亚洲非法移民。但是大多数墨西哥人都是获准入境的。这是因为他们以前（现在往往仍然如此）被视为后备劳动力，不仅廉价而且随叫随到——需要的时候可以招之即来，不需要的时候就挥之即去。

在这个阶段，人们并没有认为墨西哥人会构成人口威胁，部分原因在于他们仅被视为了少数民族。正如历史学家雷切尔·圣约翰（Rachel St John）所指出的那样，美国的雇主和政界人士认为：

墨西哥人不仅天生驯良，而且甘为低薪工作，宗族主义使他们成为坚持岗位并在完工之后便返回墨西哥的理想劳工。边境的毗邻和墨西哥人能够以此轻松返乡为墨西哥人具备没有威胁的"候鸟"的特征提供了便利。

墨西哥人还被雇主视为具有"天生的才能"，从事后来被称为"弯腰劳动"的工作，即任何需要弯腰或者蹲下的工作。一位农民的发言人解释说，他曾见过墨西哥人"一连几个小时弯腰干活，却没有伸直身子。这是盎格鲁人根本无法做到的……墨西哥人通常比盎格鲁人矮得多——他们天生就距离地面更近"。反对墨西哥移民的主要理由是他们可能携带疾病。因此，那些越过边境的人预计将接受侵入性的健康检查，包括对一群关在特殊围栏里的裸体墨西哥男子进行消毒。

但是美国在20世纪30年代爆发了大萧条，不再对墨西哥的劳工有需求了，数十万居住在美国的墨西哥人遭到了驱逐出境。例如，在洛杉矶，墨西哥人和墨西哥裔美国人聚集的公园经常遭到突查。那些无法证明美国公民身份的人经常被直接送到边境。一些不愿意"自愿"离开的人，在被告知只有主动离开才会得到再次入境的许可之后，才会被"劝诫"离开。众人称之为"悲伤的大篷车（Caravans of Sorrow）"的车队向南行驶，而其他人则被装进特制的驱逐火车或者公共汽车，在墨西哥境内被丢弃。

到了20世纪40年代，一切又发生了变化。美国卷入第二次世界大战的那一刻，就迫切需要劳动力来推动快速增长的战时经济了。美国需要工人来代替那些去打仗的人，或者离开田地去工厂工作的人，或者因为有日本血统而被关在拘留营的人。不久之后，墨西哥人就受到了热烈的欢迎——人们举行了公开仪式，欢迎大批名为"墨西哥短期合同工（Braceros）"的体力劳动者的到来。① 墨西哥人和美国政府之间达成了一项移民劳工协议——在许多方面对德国的战后客工计划具有启迪作用——旨

---

① "Bracero"这个词语来自西班牙语"Brazo"，意思是手臂，"Braceros"的字面意思是用手臂工作的人。

在对入境美国的工人的流动进行管理。墨西哥短期合同工项目引入了由墨西哥当局挑选的年轻男性工人,按照短期合同的限定在农场或者铁路工作。它的生效正好赶上了3000名墨西哥人参加1942年的加利福尼亚甜菜大丰收。"墨西哥人,"《纽约时报》(New York Times)上发表了充满感激的报道,其中写道,"帮助拯救甜菜作物。"

在后续的20年中,将会签发超过450万份工作合同,而且如果你对官方的说法确认无误,那么你就会认为墨西哥短期合同工项目是一个巨大的成功。它为两国政府提供了一个广为宣传的睦邻友好合作范例,并且通过移民为他们提供更加严密的控制。这种合同的短期性有助于安抚那些身在美国却普遍反对任何形式的移民的人——因为这种合同中没有收录任何关于妇女和儿童移民的条款。这个项目的有限性也让工会放心地认为,墨西哥短期合同工项目的问世不仅不会用于压低工资,而且还会为大雇主们提供定期供应的工人。而根据合同条款的规定,这些工人是无法罢工的。至少就原则层面而言,它为墨西哥短期合同工本身带来了相当大的优势。他们能够合法进入美国;他们得到了两国政府的保护;他们的工资水平得到了保证,交通、住房和食物都得到了照顾——他们中的一些人每年都会满怀欣喜地签下这份合同。

但是对许多人来说,情况并非果真如此。墨西哥短期合同工觉得强制性的健康检查具有侮辱性。其中一个名为本尼·卡兰萨(Benny Carranza)的人记得,人们是如何命令他们张嘴检查牙齿的——"就像马一样,我们觉得很掉价。"正如另一位墨西哥短期合同工回忆的那样,20世纪20年代的大规模熏蒸消毒法(Fumigations)非常盛行:

> 他们把我们分成200人一组,命令我们就像刚刚来到这个世界上一样脱得精光,然后再把我们送到一个大约60平方英尺的大屋子里。然后会进来一些戴着面具背着药桶的人,用化学品从头到脚地对我们进行消毒。

一些墨西哥短期合同工没有得到合同中承诺的报酬，或者遭到雇主的殴打或虐待。他们通常住在距离最近城镇都很远的宿舍里，没有任何娱乐活动，更没有女性陪伴。大量墨西哥短期合同工会"溜走"，也就是说，他们直接离开工作岗位，然后待在美国，这个数量在某些地方会超过10%。

在更加广泛的层面上，即使就所设定的目标而言，也很难认为墨西哥短期合同工项目是成功的。它既没有足够的规模，也没有足够的灵活性来应对美国雇主对墨西哥劳动力的需求，更无法满足如此之多的墨西哥年轻人向北方移民的愿望。与此同时，未经批准的移民活动急剧爆发。因为这也是一个"湿背人（Wetback）"的时代，这是美国对跨越格兰德河的"非法"移民的蔑称。在墨西哥短期合同工项目得以实施的22年间，上千万墨西哥人在未经许可的情况下越过边境（其中大多数人甚至不需要下水）。

1954年的一份美国政府报告采用通常用于描述自然灾害的术语对大规模移民进行了描述：

> 从墨西哥非法入境的外国人流宛如潮涌，他们就像此起彼伏的浪潮一样涌入这个国家，然后再被遣返，然后再以更加庞大的浪潮涌过来，每一波人流都会走到内陆更远的城市。

因此，墨西哥人会定期遭到遣返出境。1954年，在一项官方称为"湿背行动（Operation Wetback）"的计划下，100万墨西哥人和墨西哥裔美国人遭到驱逐出境——这是美国历史上规模最大的一次此类行动。许多遭到驱逐的人都被丢弃在了边境线上的墨西哥境内，而其中许多人又直接从那里回到了美国，另一些遭到驱逐的人则被刻意丢弃到了位置更远的墨西哥境内。上万名遭到驱逐的人被从得克萨斯州运往一个墨西哥港口，① 但是这些都没有对移民的潮涌起到任何作用。

---

① 在美国和墨西哥有一些关于过度拥挤的"地狱船"的批评，他们会因为船上的条件而把船比作奴隶船。1956年，四名被驱逐者在试图逃跑的过程中要么溺水而亡了，要么遭到了鲨鱼的吞噬——此后不久，海上驱逐便结束了。

现在看来，墨西哥短期合同工计划实际上并未减少非法移民，而是使其数量得到了增加，这种判断几乎是无懈可击的。导致这种状况的原因之一是，官方对移民的成功描述让数百万墨西哥年轻人觉得移民美国是一种既正常又可取，而且十分现实的生活选择。但该计划也受到了严格限制，女性是不能参加的。该计划主要是从墨西哥内陆农村招募男性，这引起了广泛不满，尤其是住在边境附近的人对此深恶痛绝，因为他们原本拥有可以使其相对容易进入美国的联系和知识。一些思想敏锐的、能言善辩的准墨西哥短期合同工后来描述道，招募官员对温顺的农场工人有多么挑剔，因此他们对任何细皮嫩手、"貌似聪明"或者穿鞋的人都会给予拒绝。还有一些人穿着拖鞋、假装很笨，或者通过在石头上搓手的方式把手变得粗糙，企图以此蒙混过关。还有一些人干脆自己闯关，或者借助名为"郊狼"的人贩子越境——他们往往发现在边境对面的国家找份工作不是什么难事。

另一个原因是管理和监督不力。这意味着一些移民决定不以墨西哥短期合同工的身份工作。以卡洛斯·莫拉莱斯（Carlos Morales）为例，他原本是一名没有得到全额工资的墨西哥短期合同工，于是决定偷渡。

> 作为一名偷渡者，我在独自一人安全越过边境之后，可能会寻找一个需要帮手的农民。我想，他会诚实地给我报酬的。但是作为一个墨西哥短期合同工，我只是薪水支票上的一个数字……他们会把我当作一个数字来对待……而不是把我当成人看。

像莫拉莱斯这样的移民得到了一些美国雇主的支持，特别是那些经营小农场的雇主，他们不喜欢官方计划的官僚主义，有时甚至威胁那些试图搜查农场以此寻找未经授权的偷渡客的巡逻人员。由于墨西哥短期合同工计划将妇女以及任何涉及父母和子女的家庭团聚全部排除在外，许多极为脆弱的潜在移民不得不使用未经批准、九死一生的方式越过边境。

自20世纪30年代以来，人们沿着部分边境线竖起了某种形式的围栏，尽管这些围栏在彼时存在的目的主要是为了阻止牛群在两国之间游荡或者遭人走私。边境也有巡逻——这种巡逻往往是采用传统的跟踪方法执行的。一位官员在回忆起20世纪30年代的情景时描述了他是如何寻找人类足迹的:"当墨西哥人走路时,他们的脚掌外侧总是很用力……印度人也是如此。而白人和黑人则通常会把脚掌放平。"很难相信,很多墨西哥移民都是因为这种方式遭到缉捕的。

1945年,人们将一个从日裔美国人拘留营拆除回收的链环围栏在加州边境6千米的位置架设起来。但是移民们很快就了解到在这些围栏上凿洞或者在围栏下的土地上挖洞都是多么容易,或者干脆直接把床垫或者旧外套扔到铁丝网上都行。后来美国将这些围栏竖起、延长和强化,尽管这使穿越围栏变得更加危险,但是移民者只需沿着边界多走一段距离就行了。例如,1952年,在加利福尼亚沙漠中发现了5具墨西哥人的干尸;他们的尸体旁边有"一个水袋,两罐沙丁鱼和两条面包"。他们的身份没有得到确认。

时至20世纪50年代,新的战术出现了。移民者开始利用人贩子提供的错综复杂的虚假文件——这些人贩子有时也会让移民者往美国境内运毒。美国边境巡逻队对大量遭到驱逐的移民在被释放之后立即返回美国感到忧心,于是想出了一系列技术含量较低的应对措施,这主要是为了在墨西哥人心中产生震慑作用。他们开始脱衣搜查,并在拘留中心扣留更多的偷渡者,而不再像往常那样把他们扔到最近的边境。或者他们把偷渡客送到与遭到逮捕时完全不同的边境线位置,以阻止他们利用当地的关系网迅速返回美国。在得克萨斯州的一个地区,边境巡逻队给惯犯剃光头,甚至给他们中的一些人剪了阿帕切发型。一位前任官员回忆道,"一个老男孩长着浓密的大胡子……(我们)如何剃掉了一半"。边境警卫更多地把这种行为看作让墨西哥男性偷渡客难堪和萎靡的机会,而不是试图认真地让他们在再次越境时更加容易辨认。

边境巡逻队还试图更加宽泛地改变公众对移民的态度。巡逻队开始将未经授权的移民描绘成罪犯,并且建议不要使用"湿背"这种说法,因为正如一位高级巡警所说,这个词语在"公众和法院的脑海中创造了一幅画面,一个贫穷瘦弱的墨西哥工人之所以非法进入美国,就是为了养活国内饥饿难耐的家庭"。事实上，他坚信被拘留的移民"主要是犯罪分子，往往都是邪恶的以及极端顽固和心怀挑衅的惯犯"。他呼吁采用"可以驱逐的外国人"或者"外国罪犯"来取代"湿背人"的说法。半个世纪之后，总统候选人唐纳德·特朗普在媒体上再次提起了同样的语言和叙述。特朗普在谈到穿越墨西哥边境的移民时表示："他们带来了毒品，他们带来了犯罪，他们是强奸犯。"①

20世纪60年代，墨西哥短期合同工计划宣布告终，取而代之的是对墨西哥移民的年度限制。正如来自美洲其他地区的众多移民那样，大量墨西哥人将继续尝试在未经授权的情况下越过边境——而且许多人已然成功了。在此之后的数十年间，美国对跨越墨西哥边境的移民发生了翻天覆地的态度转变，美国彼时的经济状况是这种转变的决定性成因。例如，里根总统在20世纪80年代几乎对所有在美国居住四年以上的非法移民实行了赦免，受到这项措施影响的人超过250万，其中许多是墨西哥人。最近几任总统都试图采取更加强硬的措施，尽管潜在移民的生命和自由都面临着越来越大的威胁，但是对越境人员的流动几乎没有产生长期影响。

历届政府都坚信自己可以利用恐惧、数量更加庞大的执法人员和现代技术——包括无人机、远程传感器、"智能"围墙和面部识别软件——来确保几乎不会有移民能够越过边境。但是这一切都收效甚微。2021年，数千名海地人（Haitians）找到了一种技术含量非常低的解决方案。他们在电视工作人员的注视下，用一根系在河道两端的绳索引导自己跨过了格兰德河。其他移民则直接绕着延伸到太平洋并将蒂华纳（Tijuana）海滩和圣地亚哥（San Diego）海滩分开的栅栏游过去。在边境的其他地方，人们发现了配有电梯和通风系统的设计精良的隧道。而在一个地方，移民们用便携式吹叶机掩盖他们在沙子上留下的痕迹。正如亚利桑那州的一位州长所言，"如果你给我准备一堵15米的高墙，那么我就会制造一架15.3米的梯子"。在应对技术进步和铺天盖地的法律力量时，移民表现出的聪明才智和果决

---

① 特朗普还说："我认为其中一些人是好人。"然后又在同一次演讲的晚些时候说："我将在美国南部边境线上建造一座巨大的长墙。我会让墨西哥为这堵墙买单。"

信念都是不可战胜的，这对权力机构而言，无疑是一种惩戒。而且这种惩戒绝非仅仅针对美国。

在深厚的移民历史语境下，人们在当今时代对跨境流动进行控制的失败是值得反思的。因为经常令定居世界（其中包括对移民怀有广泛性支持的人）感到震惊的是，许多移民表现得有多么坚定，或者鲁莽。他们愿意采取这种貌似自杀的行动，而且对他们来说威慑似乎毫无作用。定居世界期望潜在移民因为对拘留甚至死亡心存恐惧而推迟行动。毫无疑问的是，某些人果真如此；但是很多人并不这样。

事实上，数量惊人的移民总会去冒被许多现代人视为深不可测的风险。在古代，移民划着独木舟深入大海，浑然不知他们是否能够找到陆地——或者仅仅为了看看丛林另一面的样子，就在虎豹豺狼横行的荒野丛林中步履惊心。愿意冒险，甚至不惜在未知世界殒命，是人类历史的宏大部分。一些与他们志趣相同的现代探险者可能会试图仅仅利用一块木板越过英吉利海峡，或者偷偷藏在飞机的起落架上或者不通风的冷藏集装箱里飞到一片新大陆。我们倾向于使用绝望以及寻找安全和新家作为理由来解释这种行为。绝望和寻找家园——作为对贫困、饥饿、自然灾害或者迫害的反应——往往发挥了作用。但是它们还远远不足以解释。

例如，后期接受采访并用"冒险"这个词解释渴望越过边境的原因的前"湿背人"和墨西哥短期合同工的数量多到令人惊诧。他们不再觉得需要假装仅是绝望把他们逼到了移民的地步。对他们中的许多人来说，尽管（有时正是因为）有风险，移民还是令人异常兴奋的。这感觉就像游戏一样，一边利用智商碾压边防，一边有效利用有限资源，同时需要隐藏自己的身份。然后在年纪轻轻时就能寄钱回家以此赡养父母和扶持兄妹，进而在同龄人中赢得一声喝彩。也许在某个适当的节点，开着装满送给父老乡亲的外国礼物的新车衣锦还乡。这是众人共同的梦想，而有些人却梦境成真了。

对许多年轻的墨西哥人，以及世界各地的大量移民来说，移民的想法也代表了独立的可能性——在保守文化中逃离家庭控制的可能性，变得与父母不同的可能性，认识与自己完全不同的新朋友的可能性，在家乡之外的环境中找到配偶的可能性。如果有人想要实现这些目标，那么他就必须承担风险。记住，有那么一刻，那种荒谬的冒险行为是我们期望年轻人在其他时候做出的表现：例如，在为国家而战的时候。那么，为何他们要为特殊的国家利益冒险而不为自己的利益承担类似的风险呢？

其中一些切实可行的利益是非常实际的：未来会有一份体面的工作、更好的医疗护理、属于个人的住宅、更加长久的寿命、为孩子提供良好的教育，当然还有免受迫害的自由。但是自从最为远古的时代起，人类迁徙的原因就一直是一个错综复杂、难以捉摸的混合体。在这个由诸多边界和众多民族国家组成的定居世界里，我们常常忘记了这段历史。我们忘记了，我们人类也会因为无聊、好奇、冒险、享受挑战或者想要实现梦想而迁徙。几千年来，尽管前路漫漫、艰难险阻，但是人类几乎迁徙到了世界各地，而且迁徙之路仍将长此以往地延续下去。人类的迁徙史是将我们与我们的近亲——猿类同胞——最为彻底地区分开来的标志之一。我们是否应该将这一标志铭记于心？我们能否认识到，人类作为千千万万的移民和千千万万移民的子孙的历史，是我们所有人的公共宝藏？

作者赘语

这部作品是在一段漫长而又多变的旅程中完成的。开篇部分受到孟加拉国移民在印度陷入困境的启发,是我在21世纪头几年里在德里落笔的。随后我写了几十段文字和一份简要的大纲,将它们储存在几个破旧笔记本电脑的硬盘里,带到了世界各地。忧郁的第一章是在达累斯萨拉姆(Dar es Salaam)完成的——然后在阿布贾(Abuja)完全改写成了愤怒的论战。后来,我在喀布尔(Kabul)住了一段时日,周围都是渴望移民却无法合规实施的人,这让我信心大失,于是暂且搁笔了。

我之所以放弃,主要有两个原因。首先,因为以移民为核心的公开论战已经变得尖酸刻薄、令人不悦、党派色彩深刻、沙文主义横行,在西方表现得尤为激烈,这让我怀疑这本书未必会有读者。其次,我在阅读过程中深深陷入了移民研究的学术领域,这一领域的研究方向是将移民作为一种当代现象和常见模式,并且经常出于善意将移民视为一种"特例"以及现代世界的一种异常现象。这让孤独局外人的思想在我心里油然而生。无论过去还是现在,我一直都在寻找能够将移民视为人类历史核心而非边缘的人——但是迄今为止,劳而无功。因此我告诉自己,也许我错了。

2018年,我又重新燃起了改编前文并续写作品的意愿,这主要得益于我在伦敦一家酒吧里与朋友的一次谈话,因为从哲学的视角来说,朋友即将创作一部主题振奋人心、内容包罗万象的小说。当我从希腊马瑟拉齐岛(Mathraki)的一家酒店的酒吧里捡到一本页面褶皱甚至沾染了一些墨渍的

《埃涅阿斯纪》——罗伯特·法格尔斯（Robert Fagles）译本时，重读了一番，这让我找到了切入点——一个适合所有年龄段的读者的移民故事。我参观了杜塞尔多夫郊外的尼安德特博物馆，发现可以采用一种既不那么激进又更加缜密深思的方式来创作这部作品——这让我能够以一种可以将移民而非定居重建为永恒的方式从深厚的历史中汲取灵感。

不仅如此，我也开始意识到我并非茕茕孑立，还有更多人也对定居主义的神话感到不满，但是他们会用不同的语言来表达这种情绪。因为学科类目林林总总的作家似乎都怀着与我类似的思想，如同雨后春笋般地来处理类似的问题，只是他们采取了截然不同的策略和步骤。地理学家蒂姆·克雷斯韦尔（Tim Cresswell）对定居主义者和游牧主义形而上学之间的区别做出的论断就是一个很好的例证，哲学家多纳泰拉·迪·切萨雷（Donatella di Cesare）提出的"外国居民"的概念以及她的观点"国家……甚至是阻碍我们思考移民问题的障碍"都亦是如此。

克雷斯韦尔的《在路上》（On the Move，劳特利奇出版社，2006年）和迪·切萨雷的《外国居民》（Resident foreigner，国体出版社，2021年）对本书产生了很大影响。一系列优雅地跨越了考古学、人类学和政治学领域的作家亦是如此——包括詹姆斯·C. 斯科特的《作茧自缚》（Against the Grain，耶鲁大学，2017年），以及最近的大卫·格雷伯（David Graeber）和大卫·温格罗（David Wengrow）的《人类新史》（The Dawn of Everything，艾伦·莱恩出版社，2021年）——他们的作品除去了前文字社会的神话色彩，使我们的理解产生了微细差别，让我们认识到人类自我组织的方式具有复杂性和多样性。居住在民族国家里的定居者从来都不是人类进化的必然结果，也不是对现代世界的准确描述。

阅读罗伯特·加兰（Robert Garland）的《流浪的希腊人》（Wandering Greeks，普林斯顿出版社，2014年）为我提供了一种截然不同的突破。加兰是一位历史学家，他把移民问题置于古希腊历史的核心——这是许多其他历史领域的研究者应该好好考虑的一个例子。而伊莎贝尔·威尔克森（Isabel Wilkerson）的《他乡暖阳：美国大迁移史》（*The Warmth of Other Suns*，克诺普双日出版社，2010 年），作为对 20 世纪美国黑人移民的深度研究，在这本书所涵盖的时间线的另一端对我起到了类似的作用——它关注的是移民本身的声音。其他引人注目的热门书籍包括索尼娅·沙阿（Sonia Shah）的《大迁徙》（*The Next Great Migration*，布卢姆斯伯里出版社，2020 年）、罗伯特·温德（Robert Winder）的《血腥的外国人》（*Bloody Foreigners*，艾博克斯出版社，2005 年）和里斯·琼斯（Reece Jones）的《血腥国界：难民与迁徙的权力》（*Violent Borders*，沃索出版社，2016 年）。

  我也希望能向那些期望从这本书中获得其他信息的人做个简短的道歉，并就此做出解释。本书的目的并不在于成为一部百科全书式的移民史，所以我对许多重要的移民史进行了忽略，或者只是一笔带过。就本书的创作主旨而言，它取而代之的是一次精心尝试，以期重置与移民有关的主流历史叙事，并就如何实现这一目标提出建议。本书也没有直接针对当代移民问题进行探讨；事实上，本书有意以 20 世纪 70 年代作为时间终点，以此作为鼓励我们审视自己作为移民——人类迁徙者（Homo Migrans）——的深厚历史的方式。本书也没有试图对移民活动的经济优势和劣势进行衡量——然而，的确令我感到失望的是，如此之多的现代移民分析都没有触及常由较为贫穷国家承担的未来移民的抚养和教育成本问题。最后，本书也没有试图就"人类如何滑入定居主义"和"'家'的理念如何变得如此重要"这两个论题进行深入研究。也许那会是在另一本书中探讨的内容了。

  一直都有几个读者给予我帮助。最孜孜不倦的读者一如既往的是我的母亲简·米勒（Jane Miller），她是一位桀骜不驯的定居主义者，自我出生以前就住在这所房子里，从我三岁时起就开始编辑我的作品。显而易见的是，如果没有她的帮助，这本书就不会问世。可以与母亲的帮助比肩的是，如果没有贾尼斯·帕利亚特（Janice Pariat）不知疲倦的鼓励、友谊和编辑技巧，这本书也不会问世。在此之前几个月，她令人眼前一亮的新小说《一切都在阳光下》（*Everything the Light touch*）出版了。特别感谢丹尼尔·拉克（Daniel Lak）、拉纳·达斯古朴特（Rana Dasgupta）、克里斯汀·瓦格纳（Kristin Wagner）、爱丽丝·阿伦尼（Alice Alunni）、萨斯基亚·珍（Saskya Jain）、安德鲁·怀特海德（Andrew Whitehead）、洛克希·米勒（Roxy Miller）、卒宾·米勒（Zubin Miller）、佩妮·理查兹（Penny Richards）、米沙·斯奈耶（Mischa Snaije）和本尼迪克特·利（Benedict Leigh），他们每个人都阅读了部分或者全部手稿，并且帮助我——至少我认为如此——将这本书修改得更好。还要感谢我的父亲卡尔·米勒（Karl Miller），他是来自苏格兰的移民，也是一名已经过世的定居主义者，他喜欢的谚语是："无论东方还是西方，只有家是最好的地方。"虽然他几年前就去世了，但是他给我的思想和写作留下了深刻的印记。这本书的后半部分就是在他的书房里创作的，书桌旁边全都是他的书、他的照片和他的老式打字机——有时，他好像也在那里。

还有一些人以其他方式为这本书提供过帮助和付出过辛苦，但是他们如今可能已经忘了，或者从一开始就不知道。这些人包括凯瑟琳·希尼（Catherine Heaney）、凯瑟琳·古德曼（Catherine Goodman）、斯蒂芬·萨克（Stephen Sackur）、安迪·贝尔（Andy Bell）、朱莉亚·内格里尼（Giulia Negrini）、安妮塔·罗伊（Anita Roy）、乌尔米拉·贾格纳森（Urmila Jagannathan）、克洛伊·圣罗兰（Chloe Saint Laurent）、克洛伊·派杜西斯（Chloe Paidoussis）、玛丽·菲茨杰拉德（Mary Fitzgerald）、拉胡尔·诺布尔·辛格（Rahul Noble Singh）、杰妮·阿布什（Jenine Abboushi）、达尔林普尔家族（the Dalrymple family）、安东尼·萨丁（Anthony Sattin）、尼尔·阿舍森（Neal Ascherson）、约翰·萨瑟兰（John Sutherland）、卡特琳·奥梅斯塔德（Catrin Ormestad）、莫里斯·埃克（Maurice Aeek）、尼尔·库里（Neil Curry）、凯特·米勒（Kate Miller）、凯雅·贝尔（Kaia Bell）、拉什米·罗山·拉尔（Rashmee Roshan Lall）、迈克尔·梅西（Michael Macy）、埃洛伊丝·卡伯特（Eloise Carbert）、拉兹·韦纳（Raz Weiner）、詹妮弗·科恩（Jennifer Cohen）、梅芙·威利（Maeve Wiley）、玫琳凯·马吉斯塔德

（Mary Kay Magistad）、费尔吉娜·巴纳吉（Ferzina Banaji）、詹姆斯·斯托特（James Stout）、菲利克斯·图萨（Felix Tusa）、香·基（Hiang Kee）、范妮·德维尔（Fanny Durville）、伊曼·西蒙（Iman Simon）、尼兰贾尼·耶尔（Niranjani Iyer）、安恰尔·卡普尔（Aanchal Kapoor）、劳尔·贝索尔（Laure Berthaud）、罗伯特·达克（Robert Darke）、夏洛特·欧文（Charlotte Owen）、菲奥娜·格林（Fiona Green）、克莱门西·弗雷泽（Clemency Fraser）、埃莉斯·凯特拉斯（Elise Ketelaars）、丹·富兰克林（Dan Franklin）、比·亨明（Bea Hemming）、迈克尔·德怀尔（Michael Dwyer）、雷切尔·德怀尔（Rachel Dwyer）、萨利姆·穆拉德（Salim Murad）、南希·阿卜杜拉马拉克（Nancy Abdelmalak）、米歇尔·韦尔登（Michele Weldon）、马丁·海耶斯（Martin Hayes）、休·汤姆森（Hugh Thomson）、蒂拉·舒巴特（Tira Shubart）、帕斯卡尔·哈特（Pascale Harter）、彼得·桑德（Peter Sunde）、亚历山德拉·艾尔巴基扬（Alexandra Elbakyan）、亚伦·斯沃茨（Aaron Swartz）、马丁·普劳特（Martin Plaut）、基思·萨默维尔（Keith Somerville）、伊丽莎白·赖特（Elizabeth Wright）、希琳·瓦基尔·米勒（Shireen Vakil Miller）、乔治亚·米勒（Georgia Miller）、阿达希尔·瓦基尔（Ardashir Vakil）、丹尼尔·米勒（Daniel Miller）、苏·普雷斯顿（Sue Preston）、基兰·戴（Kieran Day）、谢丽娜·费利西亚诺·桑托斯（Sherina Feliciano Santos）、马克·豪瑟（Mark Hauser）、哈里·梅农（Hari Menon）、乔纳森·克鲁奇（Jonathan Crush）、娜塔莉亚·利（Natalia Leigh）、克里斯蒂娜·诺布尔（Christina Noble）、安妮特·埃金（Annette Ekin）、汤姆·阿拉德（Tom Allard）、露西·派克（Lucy Peck）、克里斯·克莱默（Chris Cramer）、卡罗琳·豪伊（Caroline Howie）、塔利亚·波拉克（Thalia Polak）、珍妮·曼森（Jenny Manson）、索尔·华兹华斯（Saul Wordsworth）、劳拉·佩恩（Laura Payne）、塔拉·拉尔（Tara Lal）、阿拉达纳·塞斯（Aradhana Seth）、克里斯蒂安·来昂（Christian the Lion）和费格斯·凯特（Fergus the Cat）。

我要感谢的人主要有三个更加广泛的类别：图书管理员、游泳运动员和同事。就第一个类别而言，我特别感谢那些在大英图书馆（British Library）、法国国家图书馆（Bibliothèque Nationale de France）和托特尼斯公共图书馆（Totnes public library）帮助过我的人。此外，还有我在希腊、意大利、土耳其、阿曼和墨西哥的温水海洋游泳伙伴——每当我们坐在岸边谈论移民问题时，他们就会忍受我的长篇大论或者对我进行鼓励——还有我在印度、坦桑尼亚、尼日利亚、阿富汗、柬埔寨、埃塞俄比亚、黎巴嫩、突尼斯和印度尼西亚的英国广播公司媒体活动的同事，我以他们就移民活动的观点和经历为借鉴在本书中塑造了一些讨论。

感谢引导这部作品走向出版的出版专业人士——包括我的经纪人埃莉诺·伯恩（Eleanor Birne），以及她在皮尤文学公司（Pew Literary）的同事玛格丽特·霍尔顿（Margaret Halton）、约翰·阿什（John Ash）和帕特里克·沃尔什（Patrick Walsh）。当然，还有理查德·贝斯威克（Richard Beswick）、佐伊·葛兰（Zoe Gullen）、琳达·西尔弗曼（Linda Silverman）、玛丽·赫林扎克（Marie Hrynczak）、贝奇·古亚特（Bekki Guyatt）和小布朗（Little Brown）团队的其他成员。

自从我和孩子祖宾（Zubin）及罗克西（Roxy）共用一台电脑以来，每当我在作品中发现错误时，训斥孩子就成了我的一个习惯。这个习惯已经让我在他们面前失信了，所以我现在应该承认错误都是我自己造成的了。但是我开了一个非常小的玩笑，在文中嵌入了一个细微的错误，以此作为对另一个习惯的延续。如果你是第一个发现错误并且告诉我的人：那么你就会和任何能够告诉我为何这部作品以"呼吸"这个词语结尾的人一样，得到适当的奖励。

参考文献

序

1 He is Aeneas of Troy: My account of Aeneas as a migrant is based on Virgil's Aeneid – written more than a millennium after the events it purports to describe. Shadi Bartsch's English-language version of The Aeneid (Random House, 2021) is highly recommended. In the opening lines of her translation, Aeneas is a refugee: 'My song is of war and a man: a refugee by fate.' Elsewhere, he is typically described as an exile or a fugitive.

2 a broad definition: Greg Madison, The End of Belonging: Untold Stories of Leaving Home and the Psychology of Global Relocation (Createspace, 2009), p. 27n.

3 'We called for workers': My translation of Wir haben Arbeitskräfte gerufen, und es sind Menschen gekommen. From Max Frisch's introduction to Alexander Seiler's Siamo Italiani – die Italiener: Gespräche mit italienischer Gastarbeitern (EVZ-Verlag, 1965), p. 7.

4 Migration, some are now arguing: See, for instance, Gaia Vince, Nomad Century: How to Survive the Climate Upheaval (Allen Lane, 2022).

5 Canadian city of Kingston: Robert MacNaughton et al., 'First steps on land: Arthropod trackways in Cambrian-Ordovician eolian sandstone, southeastern Ontario, Canada', Geology, 30:5 (2002), pp. 391–4.

6 animals known as cynodonts: Kennth D. Angielczyk and Christian F. Kammerer, 'Non-mammalian synapsids: The deep roots of the mammalian family tree', in Frank E. Zachos and Robert J. Asher (eds), Mammalian Evolution, Diversity and Systematics (De Gruyter, 2018), pp. 162–3.

7 The cynodont's world: On Pangaean distribution, see ibid., p. 203. For rat–human ancestry, see Guillaume Bourque, Pavel A. Pevzner and Glenn Tesler, 'Reconstructing

the genomic architecture of ancestral mammals: Lessons from human, mouse, and rat genomes', Genome Research, 14:4 (2004), p. 513.

8 daily micro-migrations: Barbara Fruth, Nikki Tagg and Fiona Stewart, 'Sleep and nesting behavior in primates: A review', American Journal of Physical Anthropology, 166:3 (2018), p. 501.

9 the lemurs of Madagascar: Jason Ali and Matthew Huber, 'Mammalian biodiversity on Madagascar controlled by ocean currents', Nature, 463 (2010), pp. 653–5.

10 forty thousand years ago: Tom Higham et al., 'The timing and spatiotemporal patterning of Neanderthal disappearance', Nature, 512 (2014), pp. 306–9.

第一章

11 This part of the Neander valley: Frederic Rich, 'The Neander Valley: The place we learned we were not alone', SiteLINES: A Journal of Place, 11:2 (2016), pp. 5–7.

12 those of modern humans: Rebecca Wragg Sykes, Kindred: Neanderthal Life, Love, Death and Art (Bloomsbury Sigma, 2020), p. 21.

13 named Homo Neanderthalis: By Professor William King. See Report of the 33rd Meeting of the British Association for the Advancement of Science (John Murray, 1864), Notices and Abstracts, pp. 81–2.

14 Homo Stupidus: James Walker, David Clinnick and Mark White, 'We are not alone: William King and the naming of the Neanderthals', American Archaeologist, 123:4 (2021), p. 9.

15 Professor August Mayer: Wragg Sykes, 2020, p. 25.

16 The valley was named after: Helmut Ackermann, Joachim Neander: Sein Leben, Seine Lieder, Sein Tal (Grupello, 2005), p. 10.

17 Neanderthals and Sapiens had sex: David Reich, Who We Are and How We Got Here (OUP, 2018), p. 40.

18 A number of other hominids: João Teixeira et al., 'Widespread Denisovan ancestry in Island Southeast Asia but no evidence of substantial super-archaic hominin admixture', Nature Ecology & Evolution, 5:5 (2021), p. 616.

19 a third of the world's population was nomadic: James C. Scott, Against the Grain (Yale, 2017), p. 14.

20 southernmost tip of South America: For the earliest evidence of human settlement

on Tierra del Fuego see Luis Alberto Borrero, 'Taphonomy of the Tres Arroyos 1 Rockshelter, Tierra del Fuego, Chile', Quaternary International, 109–10 (2003), pp. 87–93. On genetic isolation see Constanza de la Fuente et al., 'Genomic insights into the origin and diversification of late maritime hunter-gatherers from the Chilean Patagonia', Proceedings of the National Academy of Sciences of the USA, 115:17 (2018).

21 earliest humans in North America: For a summary of recent research on early human migration to the Americas see Ben A. Potter et al., 'Current evidence allows multiple models for the peopling of the Americas', Science Advances, 4:8 (2018). For the Kelp Highway Hypothesis, see Jon M. Erlandson et al., 'The Kelp Highway Hypothesis: Marine ecology, the Coastal Migration Theory, and the peopling of the Americas', Journal of Island and Coastal Archaeology, 2:2 (2007), pp. 161–74.

22 Magellan of Portugal: Anne Chapman, European Encounters with the Yamana People of Cape Horn, Before and After Darwin (CUP, 2010), p. 193. The Yaghan are also often referred to as Yahgan or as Yamana – the last of these is the name by which they usually describe themselves. However Yamana is also used to denote all humanity, while Yahgan or Yaghan originally referred to people who live on either side of a particular stretch of water known in English as the Murray Narrows.

23 the Elizabethides: Ibid., p. 18.

24 seventeen sailors from a Dutch fleet: Ibid., p. 26.

25 Captain FitzRoy took hostages: Ibid., pp. 122, 145.

26 sent to boarding school: Ibid., p. 155.

27 only surviving portraits: Ibid., pp. 165–6.

28 Darwin later described the teenage Jemmy: Entry for 5 March 1834, in Nora Barlow (ed.), Charles Darwin's Diary of the Voyage of HMS Beagle (CUP, 1933), p. 215.

29 FitzRoy was of royal blood: Peter Nichols, Evolution's Captain: The Story of the Kidnapping That Led to Charles Darwin's Voyage Aboard the Beagle (HarperCollins, 2004), pp. 15, 21. Devotees of the British shipping forecast may know that in 2002, the Finisterre shipping area in the Atlantic Ocean was renamed FitzRoy in honour of his role in British meteorology.

30 Button was bought: Chapman, 2010, pp. 127–41.

31 These poor wretches: Charles Darwin, Journal of Researches into the Natural History and Geology of the Countries Visited during the Voyage of the HMS Beagle round

the World (Appleton, 1871), pp. 213, 215–16.

32 'We could not recognise poor Jemmy': Charles Darwin's Diary, 1933, p. 215.

33 Darwin's low opinion: Chapman, 2010, pp. 181–2.

34 Yaghan-researching journalist: Jack Hitt, 'Say no more', New York Times, 29 February 2004. According to Hitt, Christina Calderón asked 'impossible sums of money' for an interview. Instead, he spoke to her sister-in-law.

35 cult movie, Life in a Day: Documentary film directed by Kevin Macdonald, Scott Free Productions, 2011. The explanation of mamihlapinatapai is at 51′40″.

36 the concept of mamihlapinatapai: For the history and mythology that surrounds this word, see Anna Bitong, 'Mamihlapinatapai: A lost language's untranslatable legacy', BBC.com, 3 April 2018.

初次中场休息

37 a string of markers in our genome: The distribution of the gene was discussed as long ago as 1996 in F. M. Chang et al., 'The worldwide distribution of allele frequencies at the human dopamine D4 receptor locus', Human Genetics, 98:1 (1996), pp. 91–101.

38 growing evidence of a correlation: The migration context is considered in depth in Luke Matthews and Paul Butler, 'Novelty-seeking DRD4 polymorphisms are associated with human migration distance out-of-Africa after controlling for neutral population gene structure', American Journal of Physical Anthropology, 145:3 (2011), pp. 382–9. See also J. L. Royo et al., 'A common copy-number variant within SIRPB1 correlates with human Out-of-Africa migration after genetic drift correction', PLOS One, 13:3 (2018).

第二章

39 About twelve thousand years ago: Scott, 2017, p. 5.

40 first non-migrants lived in places of abundance: Ibid., pp. 65, 72.

41 border of two climatic zones: Ibid., p. 52.

42 such as Göbekli Tepe: E. B. Banning, 'So fair a house: Göbekli Tepe and the identification of temples in the pre-pottery Neolithic of the Near East', Current Anthropology, 52:5 (2011), pp. 619–60.

43 villages in Palestine: Ofer Bar-Yosef, 'The Natufian culture in the Levant, threshold to the origins of agriculture', Evolutionary Anthropology, 6:5 (1998), pp. 159–

77. Some of the earliest villages were not in Mesopotamia but in Israel/Palestine. These were part of what is referred as Natufian culture which flourished at least twelve thousand years ago. Most Natufians remained hunter-gatherers, but they also cultivated grain and baked bread. Hunter-gatherers had used some agricultural techniques for millennia – harvesting wild grains, burning the undergrowth, killing only male animals – but year-round agriculture was only possible for people who lived in one location.

44 single-room circular huts: Kent Flannery, 'The origins of the village revisited: From nuclear to extended households', American Antiquity, 67:3 (2002), pp. 417–33. On agriculture and inequality, see Kent Flannery and Joyce Marcus, The Creation of Inequality: How Our Prehistoric Ancestors Set the Stage for Monarchy, Slavery, and Empire (Harvard, 2012).

45 earliest significant evidence of human inequality: There's been much recent discussion about this following the publication of David Graeber and David Wengrow, The Dawn of Everything: A New History of Everything (Allen Lane, 2021). They argue persuasively that greater inequality was not an immediate or inevitable outcome of the agricultural revolution. But it did, one can still argue, make it far more likely.

46 first city-states emerged: Marc Van De Mieroop, A History of the Ancient Near East (Wiley Blackwell, 2016), p. 24.

47 personal property in land: Jane R. McIntosh, Mesopotamia and the Rise of Civilization: History, Documents, and Key Questions (ABC-CLIO, 2017), pp. 67–70.

48 what we would now refer to as racism: I have found one description of a specific member of a nomadic group being a 'monkey from the mountains', and having the 'mind of a dog'. See Anne Porter, Mobile Pastoralism and the Formation of Near Eastern Civilizations (CUP, 2012), p. 295.

49 'Pure are the cities': Translation from Jeremy Black et al., The Electronic Text Corpus of Sumerian Literature (ETCSL), Oxford 1998–2006, https://etcsl.orinst.ox.ac.uk/cgi-bin/etcsl.cgi?text=t.1.1.1.

50 the Marriage of Martu: Ibid., lines 126–41. Discussion in Porter, 2012, pp. 290–4.

51 world's first great work of literature: Many overlapping versions of Gilgamesh have survived in varying degrees of completeness. I've used the accessible but scholarly edition (with lacunae) compiled and translated by Andrew George as The Epic of Gilgamesh (Penguin, 2003).

52 'Enkidu was erect': Gilgamesh, 2003, lines 193–4.

53 'fugitive and a vagabond': Genesis 5:12. All quotations are, unless indicated, taken from the King James version of the Bible

54 'be fruitful, multiply': Genesis 9:1.

55 Table of Nations: Genesis 10.

56 Mrs Noah and her three daughters-in-law: R.H. Charles, The Book of Jubilees or the Little Genesis (Adam and Charles Black, 1902), pp. 42, 60–1.

57 Get thee out of thy Country: Genesis 12:1.

58 'I will make of thee a great nation': Genesis 12:2.

59 having made a fortune: According to Genesis 13:2, Abraham became 'very rich in cattle, in silver, and in gold'.

60 descendants of Abraham happily settled in Egypt: Genesis 47:27, 'Israel dwelt in the land of Egypt, in the country of Goshen; and they had possessions therein, and grew, and multiplied exceedingly.'

61 four generations earlier: According to Exodus 12:40, they had actually been in Egypt for 430 years. But generations in the early parts of the Bible last a lot longer.

62 'more and mightier than we': Exodus 1:9.

63 'a stranger in a strange land': Exodus 2:22.

64 He said this while: Christiana van Houten, The Alien in Israelite Law: A Study of the Changing Legal Status of Strangers in Ancient Israel (Bloomsbury, 1991), pp. 15–20.

65 married a non-Israelite: Numbers 12:1. Moses' siblings Aaron and Miriam refer to their sister-in-law as Cushite (Ethiopian in the Vulgate and King James versions), which could bear the sense of being dark skinned. Because of her unfriendly and arguably racist attitude toward Moses' wife, God gives Miriam leprosy.

66 'keep alive for yourselves': Numbers 31:18. Though the Midianites magically reappear for Gideon to destroy them all over again in Judges 7.

67 adult male migrants: Numbers 14:30. They were Moses, Joshua and Caleb.

68 'ye were strangers': Exodus 22:21, 23:9; Leviticus 19:34; Deuteronomy 10:19. And Moses also declares (Leviticus 19:10, 23:22) that farmers should not cut their crops to the very edges of the field, nor should they gather gleanings nor fallen grapes. Instead, he says 'thou shalt leave them for the poor and the stranger'.

69 exiled Jewish king, Jeconiah: Edwin Yamauchi, 'The Eastern Jewish Diaspora

under the Babylonians', in Mark W. Chavalas and K. Lawson Younger, Mesopotamia and the Bible: Comparative Explorations (Sheffield Academic Press, 2003), pp. 359–61. The King James Bible has several different versions and spellings of Jeconiah, including Jehoiachin, which is more widely used by modern archaeologists and historians, and is closer to the name the Babylonians used for him. For discussion of the ration tablets and other foreigners in Babylon, see Tero Alstola, Judeans in Babylonia: A Study of Deportees in the Sixth and Fifth Centuries bce (Brill, 2019), pp. 65–9.

70 the most populous city: Ian Morris, The Measure of Civilization: How Social Development Decides the Fate of Nations (Princeton, 2013), pp. 147, 155.

71 mingling of 'the holy seed': Ezra 9:2.

72 'put away' or expel all the foreign wives: Ezra 10:19.

73 the 42,360 Jews: Ezra 2:64–7.

74 Esther, the great-granddaughter: Esther 2:5–17.

75 there's a cuneiform tablet: K. Lawson Younger, 'Recent Study on Sargon II, King of Assyria: Implications of Biblical Studies', in Chavalas and Younger, 2003, p. 291.

76 Bartolomé de Las Casas: Tudor Parfitt, The Lost Tribes of Israel: The History of a Myth (Weidenfeld & Nicolson), pp. 34–5,

77 Juan de Torquemada decided: Ibid., p. 26.

78 'Their eye is little and black': William Penn, Select Works of William Penn, vol. 3 (London, 1825), pp. 227–32.

79 Newark Holy Stones: J. Huston McCulloch 'The Newark, Ohio Decalogue Stone and Keystone' (1999), accessible at https://www. asc.ohio-state.edu/mcculloch.2/arch/decalog.html.

80 The British were also a Lost Tribe: Parfitt, 2002, pp. 52–65.

81 two million members: Ibid., p. 52.

82 'Dan' or almost-Dan in their name: See Philip Neal, America & Britain: Two Nations that Changed the World (York Publishing Company, 2014), pp. 78–80.

83 The Babylonish EU: See https://www.britishisrael.co.uk/showart. php?id=113.

84 in the Nordic countries: For Nordic Israelism, see Mikkel Stjernholm Kragh, 'Witnesses to the Israelite origin of the Nordic, Germanic, and Anglo-Saxon Peoples' (2008), accessible at http://www. nordiskisrael.dk/artikler/WitnessestoIsraeliteOriginofPeoples.html.

85 Germans were descended from the Assyrians: Herbert W. Armstrong, The United States and Britain in Prophecy (Everest House, 1980), pp. 178, 183.

第二次中场休息

86 undermine many of our ethnic and racial certainties: See Bessie L. Lawton, Anita Foeman and Nicholas Surdel, 'Bridging discussions of human history: Ancestry DNA and new roles for Africana studies', Genealogy, 2:1 (2018), and Keith Hunley et al., 'Colonialism, ethnogenesis, and biogeographic ancestry in the US Southwest', American Journal of Physical Anthropology, 176:4 (2021).

87 wonderfully unforgettable name of Israel Israel: Arthur Ellis Franklin, Records of the Franklin Family and Collaterals (Routledge, 1915), p. 111.

88 three of them married their own first cousins: Ibid., p. 108.

89 This is something borne out by genetic studies: See Dr Gil Atzmon, quoted in Nicholas Wade, 'Studies show Jews' genetic similarity', New York Times, 9 June 2010.

第三章

90 Dido: Dido was also known as Elissa, the name commonly used in modern Tunis. Her tyrannical brother was called Pygmalion, one of two important figures in classical history with that name. They are sometimes confused. The other Pygmalion fell in love with his own sculptures, and is best remembered now through George Bernard Shaw's play Pygmalion, which became the musical My Fair Lady. It's been suggested that Shaw named his heroine Eliza because he got his Pygmalions mixed up. If so, he's in good company – Goethe did the same in his Italian Journey. Virgil, meanwhile, in his version of the Dido story, gets confused about where she comes from. In the Aeneid, he refers to both Tyre and Sidon, still the two biggest cities of southern Lebanon, as her original home. For Shaw, see Derek McGovern, Eliza Undermined: The Romanticisation of Shaw's Pygmalion, doctoral thesis, Massey University, 2011, p. 33. In his translation of Goethe's Italian Journey, W. H. Auden surreptitiously corrected Goethe's text, substituting Galatea for Elise. For Tyrian Dido see the Aeneid Book 1, 446, for Sidonian Dido see Book 9, 266.

91 The skeleton of the Young Man of Byrsa: Jean-Paul Morel, 'Les fouilles de Byrsa (secteur B) à Carthage: un bilan', Comptes rendus des séances de l'Académie des Inscriptions et Belles-Lettres, 155:1 (2011), 330–1.

92 A forensic reconstruction: See 'Documentaire: le jeune homme de Byrsa', 2013, on YouTube https://www.youtube.com/ watch?v=hL3HNg6KMpY

93 DNA was extracted from the bone fragments: Lisa Matisoo-Smith et al., 'A European mitochondrial haplotype identified in ancient Phoenician remains from Carthage, North Africa', PLOS One, 11:5 (2016).

94 stray reference in Aristotle's Politics: Aristotle, Politics (Penguin, 1992), p. 159, 2.1273b

95 the Greeks built no less than 270 independent settlements: At least 279 such settlements according to Robert Garland, Wandering Greeks: The Ancient Greek Diaspora from the Age of Homer to the Death of Alexander the Great (Princeton, 2014), p. 35. For a list of settlements see Mogens Herman Hansen and Thomas Heine Nielsen, An Inventory of Archaic and Classical Poleis (OUP, 2004), pp. 1390–6.

96 It is clear that the city-state: I've joined together two translations from Robert Garland, 2014, p. 26, and altered the first one so that polis is translated as city-state throughout. Original from Aristotle, Politics, 1.1253a.

97 When Zeus the Thunderer: Homer, The Iliad, 24.531–33.

98 'no life is worse for mortals than roaming': Homer, The Odyssey, 15.343.

99 'the greatest misfortune': Euripides, Phoenician Women, 1.389. Garland, 2014, translation, p. 21. The speaker is Polyneices, talking to Jocasta, who was both his mother and his paternal grandmother – which some might consider a greater misfortune. Polyneices' father was, of course, Oedipus.

100 he was accused: Particularly by Plutarch in his essay 'The Malice of Herodotus', On Writing History from Herodotus to Herodian: Lucian Dionysius & Plutarch (Penguin, 2017), pp. 296–326.

101 notion of 'the Greeks': The word 'Greece' comes to us from Latin and was used to describe Greek migrants in Italy. Hellas is the Greek word, while many west Asian and south Asian languages use varieties of the word Ionian, so that in Sanskrit, Greece is yavana and in Arabic it is yunan and in Hebrew it is yawan. That Hebrew version is reflected in the name of Noah's grandson Javan, who is mentioned the Table of Nations in the Old Testament, and who became the legendary founder of the Greeks in some Jewish and Christian traditions.

102 apoikia, meaning 'home away from home': Garland, 2014, pp. 35, 241–3. See

also Robin Osborne, 'Early Greek Colonization? The Nature of Greek Settlement in the West', in Nick Fisher and Hans van Wees (eds), Archaic Greece: New Approaches and New Evidence (Duckworth, 1998), pp. 268–9.

103 Greek poet Pindar, 'born of the earth': Garland, 2014, p. 32, and see further discussion in Jonathan M. Hall, Ethnic Identity in Greek Antiquity (CUP, 2000), p. 54.

104 'We Athenians, the most ancient people': Herodotus, Histories 7.161. For this translation and wider discussion, see Benjamin Isaac, The Invention of Racism in Classical Antiquity (Princeton, 2006), pp. 114–15.

105 a large community of foreign migrants: Garland, 2014, pp. 155–64. For further discussion on the number of metics in Athens see James Watson, 'The origin of metic status at Athens', Cambridge Classical Journal, 56 (2010), pp. 259–78.

106 According to Apollodorus: See his Biblioteca, 3.14.6. Euripides, Ion, 542. Thucydides, History of the Peloponnesian War, 1.2.1.

107 'he behaved as resident foreigners should behave': Euripides, The Suppliants, 891–3. Translation from Garland, 2014, p. 163.

108 Miletus, on what is now the coast of Turkey: Garland, 2014, p. 30. Pliny in his Natural History (V.112) says 'Miletus is the mother of over ninety cities'.

109 Greek is still spoken: See Neal Ascherson, Black Sea (Jonathan Cape, 1995), pp. 187–96; on the Pontic Greek language see Nataliya Hrystiv, 'Translating from Mariupolitan Greek, a Severely Endangered Language, into Ukrainian: Historiographic and Sociological Perspectives', in Michał Borodo et al., Moving Texts, Migrating People and Minority Languages (Springer, 2017), pp. 33–4.

110 The Marseille story: Emile Temime, Histoire de Marseille (Editions Jeanne Lafitte, 2006), pp. 7–15. Thucydides, in History of the Peloponnesian War, makes one of the earliest references (1.13.6) to the Phocaean origins of Marseille. The marriage story is told by the third-century ce writer Athenaeus of Naucratis in The Deipnosophists, 13.36, which he took from the now missing Constitution of the Massiliotes by Aristotle.

111 the 'Spartan bastards': see Aristotle, Politics, 1306b 20–31.

112 the earliest known reference to Britain: Pytheas' book has not survived. However, it is described and quoted from by several later writers, including in Strabo's Geography, in which Pytheas is described as 'a man upon whom no reliance can be placed' (1.4.2) and 'a charlatan' (3.2.12).

113 Greek sources about female migrants: Garland, 2014, pp. 10, 44–5.

114 relations were said to have been good: Kathryn Lomas, 'The Polis in Italy: Ethnicity, Colonization, and Citizenship in the Western Mediterranean', in Roger Brock and Stephen Hodkinson, Alternatives to Athens: Varieties of Political Organization and Community in Ancient Greece (OUP, 2000), pp. 177–8.

115 existing inhabitants were driven out: Thucydides, History, 6.3.2.

116 'where they gather together': Athenaeus, Deipnosophists, 14.31, who referred to Posidonia as Paestum.

117 informal code of practice: Garland, 2014, pp. 38–47.

118 The word asylum was closely associated: Ibid., pp. 114–30.

119 madness in the case of one Spartan king: Herodotus, Histories, 6.75.3.

120 'outrages without limit': Diodorus Siculus, Bibliotheca Historica, 17.13.6.

121 genial and sophisticated contempt: Peter Green, Alexander of Macedon: A Historical Biography (University of California, 2013), p. 6.

122 to settle cities and transplant populations: Diodorus Siculus, Bibliotheca, 18.4.4. Translation (with my punctuation) from M. M. Austin, The Hellenistic World from Alexander to the Roman Conquest: A Selection of Ancient Sources in Translation (CUP, 2006), p. 56. There's some doubt about whether these were actually Alexander's plans. It's possible that they were drawn up after his death, by one of his successors, see Austin, 2006, p. 55.

123 compared their nomadic neighbours to real animals: Mu-Chou Poo, Enemies of Civilization: Attitudes towards Foreigners in Ancient Mesopotamia, Egypt and China (State University of New York, 2005), pp. 46, 65–6.

124 'wolves, to whom no indulgence should be given': Ibid., p. 65.

125 'are like the deer, wild birds and the beasts': Ibid., p. 66. For translation and context see John Knoblock and Jeffrey Riegel (trans.) The Annals of Lü Buwei (Stanford, 2000), p. 512.

126 some writers of this period: Poo, 2005, pp. 123–4.

127 one Chinese writer: The fourth-century bce Confucian philosopher Mengzi or Mencius. See James Legge, The Life and Works of Mencius (Trübner & Co., 1875), p. 368. There is a mysterious absence, almost total, in these ancient accounts, of foreigners who live in Chinese territory. There is one that has been tracked down, from the second

century bce, a prince from a nomadic group, who surrendered to the Chinese at the age of fourteen and became a fully assimilated and successful member of the ruling elite. Except, we are told, without further explanation, that 'he did not forget that he was a foreigner': Poo, 2005, p. 129.

128 Officers are appointed: J. W. McCrindle (trans.), Ancient India as Described by Megasthenes and Arrian (Trübner & Co., 1877), p. 44. The quote is from Diodorus Siculus, Bibliotheca, 2.42.3–4.

129 'of good family, loyal': Kautilya, Arthashastra, 1.12. For translations see R. Shamasastry, Kautilya's Arthasastra (Mysore Press, 1951), p. 20.

130 find out the causes of emigration: Arthashastra, 2.35 Translation from Shamasastry, 1951, p. 159.

131 'When the householder notices his wrinkles': Manusmriti, 6.2 Translation from Ganganatha Jha, Manu-Smriti: The Laws of Manu with the Bhasya of Medhatithi (University of Calcutta, 1922), p. 189.

132 spend a lot of time praying: Jha, 1922, pp. 190–210.

133 several scholars noticed the similarities: The eighteenth-century British Orientalist William Jones is usually given credit for first making this observation. For earlier observers see Edwin Bryant, The Quest for the Origins of Vedic Culture: The Indo-Aryan Migration Debate (OUP, 2001), p. 16, and for a broader counter-view see Lyle Campbell and William J Poser, Language Classification: History and Method (CUP, 2008), pp. 32–4.

134 called the Indo-Europeans: Bryant, 2001, p. 20.

135 migrants or invaders from the west: Ibid., pp. 20, 27, 30–5.

136 homelands were suggested for the Aryans Ibid., pp. 37–43.

137 Houston Stewart Chamberlain: Carl Müller Frøland, Understanding Nazi Ideology: The Genesis and Impact of a Political Faith (McFarland, 2020), pp. 68–70, 130. Houston Stewart Chamberlain married Wagner's daughter. On Chamberlain and the intemperate modern arguments about the relationship between European Aryanism and Nazism see Karla Poewe and Irving Hexham, 'Surprising Aryan meditations between German Indology and Nazis: Research and the Adluri/Grünendahl debate', International Journal of Hindu Studies, 19:3 (2015), 266–8.

138 more temperate modern supporters: Bryant, 2001, p. 306.

139 Megasthenes had asserted: Diodorus Siculus, Bibliotheca, 2.38.3.

140 P. N. Oak, an amateur Indian historian: P. N. Oak, Some Missing Chapters of World History (Hindi Sahitya Sadan, 2003).

141 the uncertain existence of horses: Bryant, 2001, pp. 169–75.

142 growing scientific consensus: See, for instance, Vigheesh Narasimhan et al., 'The formation of human populations in South and Central Asia', Science, 365:6457 (2019). The article was co-authored by 117 scientists, historians, archaeologists and anthropologists from India and around the world.

143 Tony Joseph was accused: See review of Early Indians at https://www.brownpundits.com/2018/12/29/tony-josephs-early-indians/. Also A. L. Chavda, 'Journalist attempts to revive Aryan invasion myth using discredited genetic research', Indiafacts.org, 21 March 2019.

第三次中场休息

144 named after Persian emperors: There were seven emperors called Bahram, three called Ardashir, and just one Anoshirvan – which was an alternative name for Emperor Khusro I.

145 local king held out a jug of milk: The story is retold, for instance, in Boman Desai's novel The Memory of Elephants (University of Chicago, 2001), pp. 22–3.

146 five anti-Parsi riots: Namely the 'Bombay Dog' riots of 1832; the Muslim-Parsi riots of 1851, 1857 and 1874; and the anti-Parsi Prince of Wales riots of 1921. See Mitra Sharafi, Law and Identity in Colonial South Asia: Parsi Legal Culture 1772–1947 (CUP, 2014), p. 29.

147 Qissa-i Sanjan: S. H. Hodivala, Studies in Parsi History (published by the author, 1920), pp. 102–3. Hodivala's book has a full translation of the Qissa-i Sanjan (which he transcribes as Kissah-I-Sanjan).

第四章

148 'dancing in the dark': Ovid, Black Sea Letters, IV.2.33–4. All translations from the Black Sea Letters and Tristia are taken from Peter Green, Ovid: The Poems of Exile (University of California, 2005).

149 'a more remote and nastier spot': Black Sea Letters, I.3.83.

150 unsolved mystery: Green, 2005, pp. xxiv–xxvi. There are some who believe Ovid was never exiled, and that his time in Tomis – described in such detail in Tristia – was a literary fiction. See Bram van der Velden, 'J. J. Hartman on Ovid's (non-)exile', Mnemosyne, 73 , pp. 336–42.

151 of Aromanian heritage: Mike Dickson, 'Wimbledon champion Simona Halep opens up on Covid, breast surgery and her spectacular demolition of Serena in the 2019 final …', Daily Mail, 23 June 2021. For Hagi's Aromanian ancestry see Jonathan Wilson, 'Why Gheorghe Hagi is a footballing icon', fourfourtwo.com, 24 July 2017. The town of Ovidiu is just north of Constanta, and was named in modern times after the lake-island of Ovidiu on which, according to local tradition, Ovid was buried. For other 'tombs of Ovid', see J. B. Trapp, 'Ovid's tomb: The growth of a legend from Eusebius to Laurence Sterne, Chateaubriand and George Richmond', Journal of the Warburg and Courtauld Institutes, 36:1 (1973), pp. 35–76.

152 perpetual snow: Ovid, Tristia, III.10.13–16.

153 treeless birdless landscape: Tristia, III.10.75 57; Black Sea Letters, III.1.21.

154 barbarian inhabitants Tristia, V.10.24.

155 frozen wine: Ibid., III.10.23–4.

156 poems in the local language: Black Sea Letters, IV.13.17–20.

157 exempting him from local taxes: Ibid., IV.9.111–12.

158 'tactless talent': Ibid., IV.14.19.

159 I've done nothing wrong: Ibid., IV.14.23–4.

160 Ovid's sentence was formally and unanimously revoked: See Jon Henley, 'Ovid's exile to the remotest margins of the Roman empire revoked', Guardian, 16 December 2017.

161 Ovid writes for millions of us: Jan Morris, 'Far away and long ago …', Guardian, 18 June 2005.

162 'capital of the world': Ovid, Amores, 1.15.26, or Metamorphosis, 14.435. Rome was probably by this time the most populous city in world, with a population of about one million (Morris, 2005). Several decades after Ovid referred to Rome as the capital of world, the Spanishborn Roman poet Lucan was probably the first to use the phrase caput mundi – which became in more recent times the best-known Latin version of 'capital of the world', rather than the caput rerum or caput orbis used by Ovid and others. Lucan,

Pharsalia, 2.136 and 2.655. For Lucan, Livy and Ovid as sources of the phrase see Charles Tesoriero (ed.), Lucan (OUP, 2010), p. 32, and https://www.rerumromanarum.com/2018/10/why-rome-is-called-caput-mundi.html

163 the city's inhabitants: Margaret Antonio et al., 'Ancient Rome: A genetic crossroads of Europe and the Mediterranean', Science, 366:3466 (2019), pp. 708–14.

164 'what people is so remote': Martial, Liber Spectaculorum, 3.1–2.

165 Unlike the Athenians: Seneca, Of Consolation to Helvia, 7.5. Seneca – born in Cordoba – was writing to his mother Helvia from Corsica where he had been exiled by Emperor Claudius for adultery with the Emperor's niece Julia Livilla. He later killed himself on the orders of Emperor Nero.

166 the only Trojan destined to survive: Homer, The Iliad, 20.349.

167 'the Trojan king, as will his descendants': Ibid., 20.355

168 claimed direct descent from Aeneas: The family was called the gens Julia. See Livy, History of Rome, I.3

169 given a magical shield: Virgil, The Aeneid, VIII.625.

170 'as various in their dress and weapons': Ibid., VIII.723.

171 'miscellaneous rabble': Three different translations of the same passage by Livy, History of Rome, I.8, by respectively Benjamin Oliver Foster (1919), Aubrey de Sélincourt (1960) and William Mesfan Roberts (1912). The translation 'wanting nothing but a fresh start' is also from Sélincourt.

172 story of Romulus and the Sabine women: See the discussion in Mary Beard, SPQR: A History of Ancient Rome (Profile, 2016), pp. 60–4, and Robert Brown, 'Livy's Sabine women and the ideal of Concordia', Transactions of the American Philological Association, 125 (1995), pp. 297–7. On raptio see William Smith, Latin–English Dictionary (John Murray, 1947), p. 615.

173 pre-Tomis Ars Amatoria: Ovid, The Art of Love, 1.101–134.

174 a lengthy war: Livy, History of Rome, I.8–13.

175 uniting and blending the two peoples: Plutarch, Romulus, 14.6. Translation: Bernadotte Perrin, Plutarch's Lives, vol. 1 (Heinemann, 1914), p. 131. Recording of 'Sobbin' Women' available at https:// www.youtube.com/watch?v=846by3LOKlA. Lyrics by Johnny Mercer and Gene de Paul.

176 Livy describes them as 'savage Gauls': Ibid., V.36–43. Quotations from Aubrey

de Sélincourt (trans.), The Early History of Rome (Penguin, 1980).

177 There's a brief, revealing conversation: Acts 23.28.

178 'I appeal unto Caesar': Acts 25.12.

179 a friendly centurion called Julius: Acts 27.1–3.

180 he was executed on the orders of Emperor Nero: In the Apocrypha, Acts of Paul, 14.5, or see General Audience of Pope Benedict XVI, 4 February 2009, available at https://www.vatican. va/content/benedict-xvi/en/audiences/2009/documents/ hf_ben-xvi_aud_20090204

181 Rome had been brought to the provinces: There's a continuing debate about the extent of Romanisation in the Empire, and the degree to which local practices and traditions endured. See David Mattingly 'Being Roman: Expressing identity in a provincial setting', Journal of Roman Archaeology, 17 (2004), pp. 5–25.

182 the town of Italica: Appian, Iberian Wars, VII.38. Italica was probably the second Roman settlement outside Italy, after Taracco, modern Tarragonna, also in Spain.

183 the first Roman emperor who didn't come from Italy: Or, strictly speaking, the Roman province of Italia, which covered most of modern Italy, and parts of Slovenia and Croatia.

184 adopted as the successor: Beard, 2016, pp. 419–20.

185 model himself on Alexander: Julian Bennett, Trajan Optimus Princeps: A Life and Times, (Routledge, 1997), p. 192.

186 the Roman Empire was its largest: Rein Taagepera, 'Size and duration of empires: Growth-decline curves, 600 bc to 600 ad', Social Science History, 3:4 (1979), pp. 115–38.

187 rationale for Hadrian's Wall: Beard, 2016, pp. 484–5.

188 excavations at Vindolanda: Philip Parker, The Empire Stops Here (Jonathan Cape, 2009), pp. 36–7.

189 One letter-writer: Vindolanda Tablet 164. See https:// romaninscriptionsofbritain.org/inscriptions/TabVindol164

190 'some socks and two pairs of underpants': Vindolanda Tablet 346. See https://romaninscriptionsofbritain.org/inscriptions/TabVindol346

191 a tombstone was unearthed: See https://romaninscriptionsofbritain.org/inscriptions/1065

192 Julia was born: Anthony Birley, Septimius Severus: The African Emperor (Routledge, 1988), p. 72.

193 reference to his non-Roman accent: Historia Augusta: Severus, 19.9; Birley, 1988, p. 35.

194 a very wide range of ethnic backgrounds: Beard, 2016, pp. 521–2.

195 skin pigmentation is barely mentioned: See Mary Beard, It's a Don's Life (Profile, 2009), pp. 80–2, for a broader discussion of race and colour in ancient Rome.

196 One modern historian believes: Beard, 2016, p. 527.

197 why Caracalla took this step: Ibid., pp. 528–9.

198 One much later writer: Birley, 1988, pp. 36, 131.

199 a man called Gaiseric: There are no contemporary references to the birthplace of Gaiseric, but the Vandals were thought – at the time of his birth – to have been in the Upper Tisza Valley in what became known as Transcarpathia, and are now the borderlands of Hungary, Romania and Ukraine. See Andy Merrills and Richard Miles, The Vandals (Wiley, 2014), pp.30–4.

200 the remains of the churches: Merrills and Miles, 2014, pp. 241–8. Lilian Ennabli, Carthage Chrétienne (Tunisian Culture Ministry, 2000).

201 It's Greek originally: Guy Halsall, Barbarian Migrations and the Roman West 376–568 (CUP, 2007), pp. 45–7.

202 the Gauls were war-mad:Strabo, Geography, 4.4.2.

203 the Irish were promiscuous Ibid., 4.5.4.

204 the Ethiopians were crafty Halsall, 2007, p. 52.

205 'here I'm the barbarian': Ovid, Tristia, V.10.37.

206 friendly towards barbarians: Harold Mattingly, Tacitus on Britain and Germany (Penguin, 1948), p. 24.

207 'satisfied with one wife each': Tacitus, Germania, 18. For Tacitus, the British were also barbarians, 'Who the first inhabitants of Britain were, whether natives or immigrants, remains obscure; one must remember we are dealing with barbarians.' Agricola, 18.

208 The Roman orator and philosopher: Cicero, Republic, 1.58, and see Carlos Lévy, 'Cicero, Law, and the Barbarians', in Katell Berthelot et al., Legal Engagement: The Reception of Roman Law and Tribunals by Jews and Other Inhabitants of the Empire

(L'Ecole française de Rome, , pp. 29–46.

209 influence on Nazi ideas: See Christopher Krebs, A Most Dangerous Book: Tacitus's Germania from the Roman Empire to the Third Reich (Norton, 2011).

210 the English, the Goths and the Vandals: Tacitus, Germania, 40, 43 and 2 respectively.

211 'astonishingly wild and horribly poor': Ibid., 46

212 'the faces and features of men': Ibid.

213 A modern German historian: Alexander Demandt, Der Fall Roms: die Auflösung des römischen Reiches im Urteil der Nachwelt (Beck, 1984), p. 695. List available at https://courses.washington.edu/rome250/ gallery/ROME%20250/210%20Reasons.htm

214 the contemporary Roman writer: Ammianus, The Roman History of Ammianus Marcellinus, 31.4–13.

215 strongest and most eloquent criticism: Ibid., 31.2.

216 Mary Beard, the modern historian: Mary Beard, 'Ancient Rome and today's migrant crisis', Wall Street Journal, 16 October 2015.

217 Historians now tend: For further discussion of the historiography of the terms see Chapter One of Walter Goffart's Barbarian Tides: The Migration Age and the Later Roman Empire (University of Pennsylvania, 2009), while the political scientist Jakub Grygiel, in his Return of the Barbarians: Confronting Non-State Actors from Ancient Rome to the Present (CUP, 2018), sets out what he sees as the similarities between Rome and today in terms of the threat posed by 'barbarians'.

218 widow of the emperor: Merrills and Miles, 2014, p. 116.

219 specific acts of vandalism: Ibid., p. 117. They also took objects stolen by the Romans during the destruction of the 2nd Temple in Jerusalem in 70 ce.

220 striking continuity with the Roman period: Walter Pohl, 'The Vandals: Fragments of a Narrative', in Andy Merrills (ed.), Vandals, Romans and Berbers: New Perspectives on Late Antique North Africa (Routledge, , pp. 42–6.

221 a revolutionary French priest: Merrills and Miles, 2014, pp. 12–14.

222 ruined arcades of a forgotten church: Ibid., pp. 156–7.

223 modern experts on the Vandals: Ibid., pp. 11, 185–92.

224 one of the great battles of ancient times: Peter Heather, The Fall of the Roman Empire: A New History of Rome and the Barbarians (OUP, 2006), pp. 402–6. Heather

argues that the defeat of the Byzantine armada at Cap Bon 'doomed one half of the Roman world to extinction'.

第五章

225 He was Abd al-Rahman: The most detailed version of the life of Abd al-Rahman is by the seventeenth-century North African historian Ahmad Ibn Maqqari. See Pascual de Gayangos, The History of the Mohammedan Dynasties in Spain by Ahmed ibn Mohammed al-Makkari, vol. 2, book 5 (W. H. Allen, 1840), pp. 59–72. He is also sometimes referred to as 'the Entrant', an alternative translation for the Arabic 'Dakhil', and as the Falcon – a nickname bestowed on him by his Abbasid enemies.

226 its tolerance and learning: See the discussion in Robert Irwin, 'The contested legacy of Muslim Spain', New York Review of Books, 12 March 2019.

227 Andalusia is Vandalusia: For an extended discussion see Alejandro García-Sanjuán, 'al-Andalus, etymology and name', Encyclopedia of Islam (Brill, 2017), pp. 18–25.

228 A palm tree stands: de Gayangos, 1840, Vol 2, Book 7, p. 77. Translation from D. Fairchild Ruggles, Gardens, Landscape, and Vision in the Palaces of Islamic Spain (Pennsylvania State University, , p. 42.

229 Some etymologists argue: Tim Mackintosh-Smith, Arabs: A 3,000–year History of Peoples, Tribes and Empires (Yale, 2019), pp. 38–40, 44.

230 a record of the word Arab being used: Daniel Luckenbill (trans.), Ancient Records of Assyria and Babylonia, vol. 1 (Chicago, 1926), p. 223. For discussion, see Mackintosh-Smith, 2019, pp. 30–1.

231 a culture of wandering: Mackintosh-Smith, 2019, p. 77.

232 the so-called 'brigand poets': Ibid., p. 99.

233 'nose-rein of a camel': Charles Horne and George Sale (trans.), The Sacred Books and Early Literature of the East, vol. 5 (Parke Austin and Lipscombe, 1917), p. 23.

234 'worn out my mounts': Mackintosh-Smith, 2019, p. 98.

235 An unnamed Arab: Ibid., p. 38.

236 Imrul Qays died near Ankara: Ibrahim Mumayiz, 'Imru' al-Qays and Byzantium', Journal of Arabic Literature, 36:2 (2005), pp. 135–51.

237 one of the most populous cities in the world: Tertius Chandler and Gerald Fox,

3000 Years of Urban Growth (Academic Press, 1976), p. 308. Chandler and Fox estimate the population of Cordoba in the year 1000 to be 450,000. However, recent studies suggest that Kaifeng in China was by then the most populous city in the world, with Cordoba the largest in Europe. Morris, 2013, pp. 147–50, 156–8.

238 stories from the life of the Prophet: The most easily accessible early sources are Ibn Ishaq's Sirat Rasul Allah, translated by Alfred Guillaume as The Life of Muhammad (OUP, 1955), and Ma'mar ibn Rashid's Kitab al-Maghazi, translated by Sean Anthony as The Expedition: An Early Biography of Muhammad (NYU, 2014).

239 The first longer migration: See Guillaume, 1955, p. 146, in which Ibn Ishaq refers to the journey to Ethiopia as the 'first hijra'.

240 According to some accounts: See Mackintosh-Smith, 2019, p. 126, who makes the comparison with boarding schools.

241 probably larger than Rome's: Taagepera, 1979, p. 125, and Rein Taagepera, 'Expansion and contraction patterns of large polities', International Studies Quarterly, 41 (1997), p. 481.

242 Cornelius, a Roman centurion: Acts 10.1–33. For the Ethiopian eunuch see Acts 9.38. It's not clear whether the Ethiopian was a Jew prior to converting to Christianity.

243 two dozen non-Arabs:Including in Wikipedia: see https:// en.wikipedia.org/wiki/List_of_non-Arab_Sahabah

244 thirty-three thousand descendants: By the tenth-century Arab historian Mas'udi. See Paul Lunde and Caroline Stone (trans.) The Meadows of Gold (Routledge, 1989), p. 202.

245 pre-Islamic aristocracy: Brian Catlos, A New History of Islamic Spain (Hurst, 2018), pp. 35–6.

246 There was also some intermarriage: Évariste Lévi-Provençal, 'Du nouveau sur le royaume de Pampelune au IXe siècle', Bulletin hispanique (1953), pp. 18–21.

247 future Christian saint: Catlos, 2018, pp. 155–6.

248 future Pope Sylvester: Ibid., p. 170.

249 Eastern European slaves: Ibid., pp. 86, 148–9.

250 a Viking raid on Seville: Philip Parker, The Northmen's Fury: A History of the Viking World (Vintage, 2014), pp. 81–2.

251 worked as cheesemakers: Hugh Kennedy, Muslim Spain and Portugal: A

Political History of al-Andalus (Routledge, 1996), p. 46. Some recent historians have argued that the Viking cheesemakers never existed and are a misreading of the ninth-century Arab legal scholar Ibn Habib. See Ann Christys, Vikings in the South: Voyages to Iberia and the Mediterranean (Bloomsbury, 2015), pp. 20–1.

252 slightly apologetic Anglophone historians: The pushback against the stereotypical view of Vikings among English-language writers goes back to the 1960s. See, for instance, Peter Sawyer, The Age of the Vikings (Edward Arnold, 1962), pp. 8–9. However, some continue to cleave to those older stereotypes. See Melanie McDonagh, 'Sorry – the Vikings really were that bad', Spectator, 10 August 2013.

253 The Viking Age: See Clare Downham, 'Viking ethnicities: A historiographic overview', History Compass, 10:1 (2012), pp. 1–12; and on those horned helmets see Roderick Dale 'From Barbarian to Brand: The Vikings as a Marketing Tool', in Tom Birkett and Roderick Dale (eds), The Vikings Reimagined: Reception, Recovery, Engagement (De Gruyter, 2019), pp. 215–16, 225–7.

254 The archaeological evidence: Birgitta Wallace, 'The Norse in Newfoundland: L'Anse aux meadows and Vinland', Newfoundland Studies, 19:1 (2003), pp. 5–43. For a more recent dating see Margot Kuitems et al., 'Evidence for European presence in the Americas in ad 1021', Nature, 601 (2022).

255 'people would be much more tempted to go there': In Chapter 1 of the Graenlendinga Saga and Chapter 2 of Eirik's Saga. See Magnus Magnusson and Hermann Palsson (trans.), The Vinland Sagas: the Norse Discovery of America (Penguin, 1965), pp. 50, 78.

256 'great talk of discovering new countries': Ibid., p. 54.

257 'white sandy beaches': Ibid., p. 59.

258 'it is beautiful': Ibid., p. 60.

259 'could never live there in safety': Ibid., p. 100.

260 earlier human settlers: See Jens Fog Jensen, 'Greenlandic Dorset', in T. Max Friesen and Owen K. Mason (eds), The Oxford Handbook of the Prehistoric Arctic (OUP, 2016), pp. 737–57.

261 The last Scandinavians had died out: Eleanor Barraclough, Beyond the Northlands: Viking Voyages and the Old Norse Sagas (OUP, 2016), p. 153. Jared Diamond attempted to solve the mystery in Collapse: How Societies Choose to Fail or Survive (Allen

Lane, 2005), pp. 266–76.

262 a few Greenlanders had survived: Parker, 2014, pp. 194–7.

263 several hundred half-American Icelanders: Egill Bjarnason, How Iceland Changed the World: The Big History of a Small Island (Penguin, 2021), p. 150.

264 largest foreign-born population coming from Poland: From Statistics Iceland website, https://px.hagstofa.is/pxen/pxweb/en/Ibuar/Ibuar__ mannfjoldi__3_bakgrunnur__ Faedingarland/MAN12103.px/table/ tableViewLayout1/?rxid=5b891d9a-d61e-4ed1-f994efa05835

265 DNA studies of maternal ancestry: Sunna Ebenesersdóttir et al., 'Ancient genomes from Iceland reveal the making of a human population', Science, 360 (2018), pp. 1028–32.

266 main form of portable wealth: Cat Jarman, River Kings: The Viking from Scandinavia to the Silk Roads (William Collins, 2021), p. 61.

267 principal source at that time: Ibid., pp. 174–6.

268 family of Rurik: Samuel Hazzard Cross and Olgerd P. Sherbowitz Wetzor (trans.), The Russian Primary Chronicle: Laurentian Text (Medieval Academy of America, 1953), pp. 59–60.

269 source of the word Russia: Jarman, 2021, pp. 196–9, 224–6.

270 'I have never seen bodies more perfect': Ibn Fadlān, Ibn Fadlān and the Land of Darkness: Arab Travellers in the Far North (Penguin, 2012), p. 45.

271 'filthiest of God's creatures': Ibid., p. 46.

272 sex with slave girls: Ibid., p. 47.

273 cruel Viking death ritual: Ibid., pp. 51–3.

274 'treat their slaves well': Ibid., p. 126.

275 'little trust in one another': Ibid., p. 127.

276 'their clothing is always clean' Ibid., p. 126.

277 'Halfdan was here' Jarman, 2021, pp. 270–1.

278 Ormika and Ulfhvatr: Raymond Page, Chronicles of the Vikings (University of Toronto, 1995), p. 12.

279 who partitioned the country: Dorothy Whitelock, English Historical Documents c. 500–1042 (Routledge, 1979), p. 417.

280 softening of English attitudes towards the Vikings: See for instance National

Curriculum guidance to teaching history for seven- to eleven-year-olds: 'How have recent excavations changes our view of the Vikings?' https://www.keystagehistory.co.uk/ keystage-2/ recent-excavations-changed-view-vikings-key-question-4-2/

281 The actual excavations in York: David Palliser, Medieval York 600–1540 (OUP, 2014), pp. 66–9, and Dawn Hadley, The Vikings in England: Settlement, Society and Culture (Manchester University Press, , p. 149.

282 '396 years from when his race': Dorothy Whitelock (trans.), The Anglo Saxon Chronicle (Eyre and Spottiswoode, 1961), p. 4.

283 descended from Woden: Simon Keynes and Michael Lapidge (trans.), Alfred the Great: Asser's Life of King Alfred and other Contemporary Sources (Penguin, 1983), p. 57.

284 most action-packed of all Icelandic sagas: Snorri Sturluson, King Harald's Saga: Harald Hardradi of Norway (Penguin, 2005).

285 a letter written in 1027: Timothy Bolton, The Empire of Cnut the Great: Conquest and the Consolidation of Power in Northern Europe in the Early Eleventh Century (Brill, 2008), p. 246.

286 thoroughly Scandinavian Gytha Thorkelsdóttir: For the 'multicultural' context of Harold's upbringing see Emma Mason, The House of Godwine: The History of a Dynasty (Hambledon Continuum, , p. 35.

287 attempted to invade England: In 1069 in support of Edward Atheling, and in 1075 in support of the Revolt of the Earls. In both cases Sweyn's forces took control of York. Richard Huscroft, The Norman Conquest: A New Introduction (Routledge, 2009), pp. 14–19.

288 a Viking raider called Rollo: Elisabeth van Houts (trans. and ed.), The Normans in Europe (Manchester University Press, 2000), pp. 14–15.

289 aristocratic diaspora: Robert Bartlett, The Making of Europe: Conquest, Colonialization and Cultural Change 950–1350 (Penguin, 1994), p. 24.

290 'an untamed race': van Houts, 2000, pp. 77–8.

291 It was Virgil who claimed Antenor founded Padua: The Aeneid, 1.242.

292 twentieth-century researcher: Maria Klippel, Die Darstellung der Fränkischen Trojanersage in Geschichtsschreibung und Dichtung vom Mittelalter bis zur Renaissance in Frankreich (Marburg, 1936).

293 all claimed Trojan ancestry: Jacques Poucet, Le mythe de l'origine troyenne au Moyen âge et à la Renaissance : un exemple d'idéologie politique, Folia Electronica Classica, 2003, available at http://bcs.fltr. ucl.ac.be/fe/05/anthenor2.html

294 the site of the Trojan War: Franz Babinger, Mehmed the Conqueror and His Time (Princeton, 1978), pp. 209–10.

295 the avenger of Troy: Philip Hardie, The Last Trojan Hero: A Cultural History of Virgil's Aeneid (IB Tauris, 2014), p. 125. The phrase 'avenging the blood of Hector' is used in a letter purportedly written by the Sultan to the Pope, but which is now thought to be a contemporary French forgery. See Steven Runciman, 'Teucri and Turci', in Sami Hanna (ed.), Medieval and Middle Eastern Studies in Honor of Aziz Suryal Atiya (Leiden, 1972), p. 345.

296 a Trojan called Corso: 'Chronique de Giovanni Della Grossa', in Agostino Giustiniani, Histoire de la Corse, vol. 1 (Bastia, 1888), pp. 99–101, available at https://gallica.bnf.fr/ark:/12148/bpt6k480065p/ f145.image

297 Britain was named after Brutus: Nennius, The Historia Brittonum (J. and Arch, 1819), pp. 5–6.

298 'the best of islands' Geoffrey of Monmouth (trans. Neil Wright), The History of the Kings of Britain (Boydell, 2007), p. 6.

299 'except for a few giants': Ibid., p. 26.

300 a notorious seventh-century remark: Stephen Barney et al., The Etymologies of Isidore of Seville (CUP, 2006), p. 198.

301 The story of Brutus also appears: Edmund Spenser, The Fairie Queene, Book 2, Canto Ten.

302 contribution from Milton: John Milton, The History of Britain (R. Wilks, 1818), p. 10.

303 Pope contemplated writing a Brutiad: Felicity Rosslyn, Alexander Pope: A Literary Life (Palgrave Macmillan, 1990), pp. 138–9. The lesser known Brutiad writers were Hildebrand Jacob (Brutus the Trojan: Founder of the British Empire (London, 1735)) and John Ogilvie (Britannia: A National Epic Poem (Aberdeen, 1801)).

304 Blake, who famously wondered: Jason Whittaker, William Blake and the Myths of Britain (Macmillan, 1999), pp. 20–2.

305 'came ashore at Totnes': Geoffrey of Monmouth, 2007, p. 26.

306 Now here I sit, and here I rest: It dates to at least the nineteenth century. See Sabine Baring-Gould, A Book of the West: Being an Introduction to Devon and Cornwall, vol. 1, (Methuen, 1899), p. 314.

307 lynched in the early days of the Turkish republic: Norman Stone, 'My dream for Turkey, by Boris's great-grandfather', Spectator, 26 April 2008.

308 The Totnes passport: See Adam Lusher, 'How the independent city state of Totnes will start the reformation of Brexit Britain', Independent, 28 July 2018.

第五次中场休息

309 sells Mein Kampf from its website: See http://www.leaguestgeorge.org/forsale.htm.

310 Greek-Egyptian geographer Ptolemy: G. J. Toomer (translator), Ptolemy's Almagest (Duckworth, 1984), p. 88.

311 the French region of Brittany: Geoffrey of Monmouth, 2007, p. 115, where he uses the phrase 'in minorem Britanniam', meaning 'in Brittany'.

312 Elsewhere Ptolemy: Versions of the toponyms Hibernia and Albion, both originally Greek words, are used, in that order, in Ptolemy's Geography as chapter titles. See Edward Stevenson (translator), Claudius Ptolemy: The Geography (Dover, 1991), pp. 48–9 – and Stevenson's introduction for the complications surrounding the Greek, Latin and Arabic manuscripts of the Geography.

313 criticism from Northern Ireland: See Martha Kelner, 'Olympic officials would resist DUP demand for Team GB to be Team UK', Guardian, 9 June 2017.

314 'Atlantic archipelago': Suggested by the New Zealand historian J. G. A. Pocock in 'British history: A plea for a new subject', Journal of Modern History, 47:4 (1975), 606. Other suggestions include Islands of the North Atlantic (or IONA) and the West European Isles.

第六章

315 the house is a fake: William Curtis, The Relics of Columbus (Lowdermilk, 1893), pp. 27–8.

316 another Trojan migrant: Steven Epstein, Genoa and the Genoese 958–1528 (University of North Carolina, 1996), pp. 164–5, 173.

317 before its main local rivals: Ibid., p. 30.

318 highly suspect Holy Grail: Ibid., p. 31.

319 Lord of Giblet: Ibid., p. 51, and Steven Runciman, The Crusades, vol. 2 (CUP, 1959), p. 69. Giblet or Gibellet is a mangled version of Jbail, a city north of Beirut better known internationally by its Greek name, Byblos.

320 In Antioch, for instance: Epstein, 1996, p. 32.

321 improbable backstory: Martin Conway, 'The Sacro Catino at Genoa', Antiquaries Journal, 4:1 (1924), pp. 11–18. For a wonderfully detailed nineteenth century version of the story from Lucifer to Napoleon see William Bell, 'On the legend of the Holy or San Graal: Its connection with the Order of the Knights Templars, and the Masonic traditions; as also with the Sacro Catino at Genoa', Freemasons' Quarterly Review, 30 September 1853, pp. 402–27. On its chemical composition see Marco Verità et al., 'The Sacro Catino in Genoa', Journal of Glass Studies, 60 (2018), pp. 115–28.

322 a great city along the sea-coast: H. A. R. Gibb (trans.), The Travels of Ibn Battuta, vol. 2 (CUP, 1962, p. 470. Kaffa, now Feodosia, was once a Greek settlement – the Milesian colony of Theodosia.

323 Kaffa was at war: Mark Wheeler, 'Biological warfare at the 1346 Siege of Caffa', Emerging Infectious Diseases, 8:9 (2002), pp. 971–5.

324 half of the population would die: John Aberth, From the Brink of Apocalypse: Confronting Famine, War, Plague and Death in the Later Middle Ages (Routledge, 2010), p. 80. For recent discussion of the figures see Carl Zimmer, 'Did the "Black Death" really kill half of Europe? New research says no', New York Times, 10 February 2022.

325 'as large as Seville': Malcolm Letts (trans.), Pero Tafur: Travel and Adventures 1435–1439 (Routledge, 1926), p. 132.

326 the sellers make the slaves: Ibid., p. 133.

327 The island of Chios: Thanks to my late stepfather-in-law Tony Mango – himself of Chiot extraction – for suggesting this to me.

328 And so many are the Genoese: Epstein, 1996, p. 166.

329 when Jews were massacred or expelled: For instance, from Gascony in the late thirteenth century. Simon Schama, The Story of the Jews: Finding the Words 1000 bce–1492 ce (Bodley Head, 2013), pp. 324–5.

330 The same poet: Epstein, 1996, p. 169.

331 Marco Polo encountered: Henry Yule (trans.), The Book of Ser Marco Polo, vol. 1 (John Murray, 1871), p. 70. There's a minority of historians who believe that Marco Polo never actually made it to China. See Frances Wood, Did Marco Polo go to China? (Routledge, 1996).

332 Andrew of Perugia: Christopher Dawson (ed.), Mission to Asia: Narratives and Letters of the Franciscan Missionaries in Mongolia and China in the Thirteenth and Fourteenth Centuries (Harper, 1966), p. 236.

333 the Vivaldi brothers: Epstein, 1996, p. 181.

334 searching for the Vivaldis: Francis Rogers, 'The Vivaldi Expedition', Annual Report of the Dante Society, with Accompanying Papers (1955), p. 34.

335 Genoese traveller to the Malian empire: Epstein, 1996, p. 286.

336 special privileges in the city: Sandra Origone, 'Colonies and Colonization', in Carrie E. Beneš (ed.), A Companion to Medieval Genoa (Brill, 2018), pp. 513–14.

337 three-quarters of the nobility: Felipe Fernandez-Armesto, Columbus (OUP, 1992), p. 14.

338 150,000 Jews are thought to have fled: See Norman Roth, Conversos, Inquisition and the Expulsion of the Jews from Spain (University of Wisconsin, 2002), pp. 374–5. Felipe Fernandez-Armesto, 1492: The Year Our World Began (Bloomsbury, 2009), p. 99, suggests 100,000 as a more likely figure.

339 Jewish refugees in Portugal: Schama, 2013, pp. 416–17.

340 African island of São Tomé: Ibid., pp. 414–15.

341 trying to raise funds: Fernandez-Armesto, 1992, pp. 54–65.

342 modest support to Columbus' project: Ibid., p. 63. The King and Queen actually put up no money of their own. The much-repeated tale of Isabella pawning her jewels is untrue.

343 Greeks and Romans were wrong: Except for the second century ce geographer Marinus of Tyre, who Columbus believed, erroneously, had got it right. Ibid., pp. 36–7.

344 far broader and vaguer meaning: Sam Miller, A Strange Kind of Paradise: India through Foreign Eyes (Penguin, 2015), pp. 103–13.

345 letters with a blank space: David Abulafia, The Discovery of Mankind: Atlantic Encounters in the Age of Columbus (Yale, 2008), p. 28.

346 'gold is abundant beyond all measure': Ibid., p. 26.

347 Hebrew, Aramaic and some Arabic: Clements Markham (trans.), The Journal of Christopher Columbus (during his first voyage 1492–93) (Hakluyt, 1893), p. 66.

348 'fairly large and very flat': Christopher Columbus, Four Voyages (Penguin, 1969), p. 57.

349 'some naked people': Ibid., p. 53.

350 'taken possession of the island': Ibid.

351 He gave the locals: Ibid., p. 55.

352 they would make 'good servants': Ibid., p. 56.

353 'do what whatever we would wish': Ibid., p. 59.

354 'to pass no island': Ibid., p. 60.

355 'strike the island of Japan': Ibid., p. 57. Like Marco Polo, Columbus used the word 'Chipangu' for Japan.

356 'letters to the Grand Khan': Ibid., p. 72.

357 'a more beautiful country': Ibid., p. 75.

358 maize, tobacco and hammock: Ibid., pp. 79–80. The words 'barbecue', 'canoe', 'hurricane' and 'potato' are also all thought to have come from Taino.

359 gold studs in their noses: Ibid., p. 57.

360 the direction of other islands: Ibid., p. 80.

361 The crew helped a Taino canoeist: Ibid., p. 86.

362 'great sorrow at our disaster': Ibid., p. 92.

363 Columbus called the island: Ibid., pp. 85–6.

364 thirty-nine Europeans: Ibid., p. 95.

365 'footloose aristocrats': Hugh Thomas, Rivers of Gold: The Rise of the Spanish Empire from Columbus to Magellan (Random House, 2003), p. 127.

366 'little trees and fruit bushes': Ibid., p. 130.

367 Hispaniola is a wonder: Columbus, 1969, p. 117.

368 gold, cotton, mastic and slaves: Ibid., p. 122.

369 evidence of cannibalism: Ibid., pp. 133–7.

370 Several conflicting stories: Ibid., pp. 147–8.

371 Caonabo was captured: Bartolomé de Las Casas, A Short Account of the Destruction of the Indies (Penguin, 1992), p. 21.

372 one of his ears cut off: Columbus, 1969, p. 167.

373 gold had been embezzled: Fernandez-Armesto, 1992, pp. 110–11.

374 'women were more beautiful': Columbus, 1969, p233

375 that he was in Asia: Ibid., p. 294.

376 tribute to their new rulers: Ibid., p. 190.

377 Their birth rate: Abulafia, 2008, p. 208.

378 leaders were tied to a griddle: de Las Casas, 1992, p. 15.

379 slice a man in two: Ibid.

380 'an unofficial agreement': Ibid., p. 17.

381 population of Hispaniola had shrunk: Ibid., p. 11.

382 'native population was wiped out': Ibid.

383 disease that caused a dramatic population collapse: Massimo Livi-Bacci, 'The depopulation of Hispanic America after the Conquest', Population and Development Review, 32:2 (2006), pp. 224–7.

384 There was also some intermarriage: Hugh Thomas, The Golden Age: The Spanish Empire of Charles V (Allen Lane, 2010), pp. 132, 269.

385 Comparisons were made: Ibid., p. 497.

386 the Leyenda Negra: See, for example, Sam Jones, 'Spain fights to dispel legend of Inquisition and imperial atrocities', Guardian, 29 April 2018.

387 expecting to find the monsters: See Markham, 1893, p. 68, for Columbus' expectation of finding one-eyed or dog-nosed men and Abulafia, 2008, pp. 20–1.

388 own next to nothing: de Las Casas, 1992, p. 10.

389 'make them particularly receptive': Ibid.

390 Humans first settled Hispaniola: William Keegan and Corinne Hofman, The Caribbean before Columbus (OUP, 2017), p. 147.

391 some archaeological evidence: Ibid., p. 27.

392 later migrants came from South America: Daniel Fernandes et al., 'A genetic history of the pre-contact Caribbean.' Nature, 590:7844 (2021), pp. 103–10.

393 great mingling of the people: Keegan and Hofman, 2017, p. 135.

394 cotton and salted fish: Ibid., p. 183.

395 amazed to see Taino canoes: Columbus, 1969, p. 84.

396 The Taino are so named: Keegan and Hofman, 2017, p. 13.

397 angelic island-dwellers: The angels in Michener's account are referred to as

Arawaks, a word used – often as island-Arawaks – as an alternative to Taino. Michener's story is set on the island of Dominica, eight hundred kilometres south-east of Hispaniola and the modern Dominican Republic.

398 'they lived in harmony': James Michener, Caribbean: A Novel (Random House, 1989), p. 9. Michener refers to the Taino throughout as Arawaks.

399 'a fierce terrible people': Ibid., p. 10.

400 'brutality always wins': Ibid., p. 18.

401 DNA tests show: Daniel Fernandes et al., 2021, and Hannes Schroeder et al., 'Origins and genetic legacies of the Caribbean Taino', Proceedings of the National Academy of Sciences, 115:10 (2018), pp. 2341–6.

402 'an Indian of the captive race': Lyrics available at https://www.lyrics.com/lyric/23237433/. Thanks to Giulia Negrini for help with the translation.

403 About whom Tennyson wrote: Hallam Tennyson (ed.), The Works of Tennyson (Macmillan, 1925), pp. xx–xxi. The poem is missing from most editions of Tennyson's poems, and the poet himself left it out of his published works. His son Hallam included the poem in an introduction to his father's work published in 1925.

404 'The true genocide is to say': Quoted in Sherina Feliciano-Santos, An Inconceivable Indigeneity: The Historical, Cultural, and Interactional Dimensions of Puerto Rican Taíno Activism, PhD dissertation (University of Michigan, 2011), p. 30.

405 Asociación Indigena de Puerto Rico: Ibid., p. 39.

406 'those effing Puerto Ricans': Jorge Estevez speaking at Session 1, Taino Symposium, 8 September 2018, New York, https://www.youtube.com/watch?v=_GJvoODyGBw (9′ 56″).

407 'extremists' and 'ethnic hustlers': Gabriel Haslip-Viera, 'The Taíno Question: Haslip-Viera Responds to Levins Morales', National Institute for Latino Policy's Network on Latino Issues, 2 March 2015.

408 'We're a mix': Carlalynne Yarey Meléndez speaking at Session 2, Taino Symposium, 8 September 2018, New York, https://www.youtube.com/watch?v=NK4AgvbmmHE (13′ 13″).

第六次中场休息

409 a visiting Sioux chieftain: See https://www.royalparks.org.uk/ parks/brompton-

cemetery/explore-brompton-cemetery/ famous-graves-and-burials/chief-long-wolf

410 pet lion cub: Mark Duell and Richard Eden, 'What happened to the lion from Harrods?', Daily Mail, 26 January 2022.

411 Nunak had been brought: George Bryan, Chelsea in the Olden & Present Times (published by the author, 1869), p. 48.

412 the first recorded Americans in Britain: Coll Thrush, 'The iceberg and the cathedral: Encounter, entanglement, and Isuma in Inuit London', Journal of British Studies, 53:1 (2014), p. 64. My translation from sixteenth-century English.

413 seven Taino on board: Jace Weaver, The Red Atlantic: American Indigenes and the Making of the Modern World 1000–1927 (University of North Carolina, 2014), pp. 44–7.

414 There is a gravestone: Kenn Harper, 'The lonely grave of an Inuit child', Nunatsiaq News, 15 November 2019.

415 'bearded men covered with cloth': José Barreiro, Taino (Fulcrum, 1993), p. 48.

416 'drunk with the pull of adventure': Ibid., p. 57.

417 'a marvel of a tool': Ibid., p. 129.

418 syphilis as a less-lethal return gift: Mary Dobson, Murderous Contagion: A Human History of Disease (Quercus, 2015), pp. 60, 282–3.

419 the Athenian plague: Thucydides, History, 2.48–52. See also Javier Martinez, 'Political consequences of the Plague of Athens', Graeco Latina Brunensia, 22:1 (2017), pp. 135–46.

420 two hundred Jews were burnt to death: Jacob Rader Marcus and Marc Saperstein, The Jews in Christian Europe: A Source Book: 315–1791 (University of Pittsburgh, 2015), pp. 155–7.

421 sorry story of Am-Shalem Singson: 'Indian immigrant beaten in Tiberias in apparent coronavirus-linked hate crime', The Times of Israel, 16 March 2020.

422 thrown into a canal: Jack Beresford, 'Chinese woman filmed being pushed into Dublin river by vile teenage thugs', Irish Post, 16 June 2020.

423 punched in the face: Kim Bo-gyung, 'Korean punched in the face in NY for not wearing mask', Korea Herald, 13 March 2020.

424 The governor of the Italian region: See La Stampa, 28 February 2020, https://www.lastampa.it/politica/2020/02/28/video/ coronavirus_zaia_ la_cina_ha_pagato_un_

grande_conto_perche_loro_ mangiano_i_topi_ vivi_-152245/. The governor, Luca Zaia, later apologised for these comments.

第七章

425 a slave-owner called Henry Shields: Rachel L. Swarns, American Tapestry: The Story of the Black, White, and Multiracial Ancestors of Michelle Obama (Amistad, 2012), pp. 297–303.

426 considers himself black: Barack Obama, Dreams from My Father (Canongate, 2007), p. 115, where he writes, 'Whatever my father might say, I knew it was too late to ever truly claim Africa as my home. And if I had come to understand myself as a black American, and was understood as such, that understanding remained unanchored to place.'

427 I am the son of a black man: 'Transcript: Barack Obama's speech on race', New York Times, 18 March 2008.

428 declared to be the Antichrist: See https://www. politifact.com/factchecks/2008/ apr/02/chain-email/ complete-distortion-of-the-bible/

429 'one-drop rule': Kevin Brown, 'The Rise And Fall Of The One-Drop Rule: How the Importance of Color Came to Eclipse Race', in Kimberly Jade Norwood (ed.), Color Matters: Skin Tone Bias and the Myth of a Post-Racial America (Routledge, 2014), pp. 72–3.

430 'Obama isn't black': Debra Dickerson, 'Colorblind: Barack Obama would be the great black hope in the next presidential race – if he were actually black', Salon.com, 22 January 2007.

431 a significant number of cowboys were black: Bruce Glasrud and Michael Searles, Black Cowboys in the American West: On the Range, on the Stage, behind the Badge (University of Oklahoma, 2016), pp. 9–10.

432 small number of slave-owners: Larry Koger, Black Slaveowners: Free Black Slave Masters in South Carolina 1790–1860 (McFarland, 1985), pp. 1–2.

433 and some also owned slaves: Barbara Krauthamer, Black Slaves, Indian Masters: Slavery, Emancipation, and Citizenship in the Native American South (University of North Carolina, 2015), pp. 2–5.

434 dismay of white supremacists: See https://www.youtube.com/ watch?v=p-XDKiO-i4Q, and Aaron Panofsky and Joan Donovan, 'Genetic ancestry testing among

white nationalists: From identity repair to citizen science', Social Studies of Science, 49:5 (2019), pp. 653–81.

435 Slavery was practised: See Leland Donald, Aboriginal Slavery on Northwest Coast of North America (University of California, 1997), p. 17.

436 his story retold and reimagined: Dennis Herrick, Esteban: The African Slave who Explored America (University of Mexico, 2008), pp. 10, 17.

437 as an 'Arab Negro': Alvar Nuñez Cabeza de Vaca (trans. Fanny Bandelier), Chronicle of the Narvaez Expedition (Penguin, 2002), p. 108.

438 conquer and colonise Florida: Ibid., p. 5.

439 Europeans became cannibals: Ibid., p. 47.

440 linguist and spokesman: Ibid., p. 87.

441 a rebellion by African slaves: Herrick, 2008, pp. 153–4.

442 happy-ending version: Ibid., pp. 181–90.

443 other early less well-known foundation myths: On San Miguel de Gauldape see Ciara Torres-Spelliscy, 'Everyone is talking about 1619. But that's not actually when slavery in America started', Washington Post, 23 August 2019, and David Weber, The Spanish Frontier in North America (Yale, 1992). On St Croix see David Fischer, Champlain's Dream (Simon & Schuster, 2008), pp. 170–3.

444 basic accounts of the Mayflower: See Nathaniel Philbrick, Mayflower: A Story of Courage, Community, and War (Viking, 2006), p. 29 (on passenger numbers), p. 48 (on disease), pp. 353–6 (on Thanksgiving).

445 tried to settle Roanoake Island: James Horn, A Land as God Made It: Jamestown and the Birth of America (Basic Books, 2005), pp. 31–2.

446 fewer than forty survived: Ibid., p. 57.

447 resorted to cannibalism: Ibid., p. 176.

448 labourers and vagrants: Alan Taylor, American Colonies: The Settling of North America (Penguin, 2001), p. 131.

449 two surgeons and a fisherman: Joseph Kelly, Marooned: Jamestown, Shipwreck and a New History of America's Origin (Bloomsbury, 2019), p. 35.

450 the first Englishwomen: Ibid., p. 135.

451 Contemporary records show: See John Smith, The Generall Historie of Virginia, New England & the Summer Isles, vol. 1 (MacLehose, 1907), pp. 88–9.

452 many were welcomed: Kelly, 2019, p. 341.

453 When an Indian child: Letter to Peter Collinson, 9 May 1753, in Benjamin Franklin, The Complete Works of Benjamin Franklin, vol. 2 (Putnam's, 1887), p. 294.

454 She is, of course, Pocahontas: See Neil Rennie, Pocahontas, Little Wanton: Myth, Life and Afterlife (Quaritch, 2007).

455 In Native American accounts: Rebecca Jager, Malinche, Pocahontas, and Sacagawea Indian Women as Cultural Intermediaries and National Symbols (University of Oklahoma, 2015), pp. 234–7.

456 Disney's cartoon version: See Alex von Tunzelmann 'Poverty, alcoholism and suicide – but at least the natives can paint with all the colours of the wind', Guardian, 10 September 2008.

457 That son, Thomas: Rennie, 2007, p. 94.

458 'though a born barbarian': Wyndham Robertson, Pocahontas and her Descendants (Randolph and English, 1887), p. 16.

459 John Rolfe himself: Iain Gately, Tobacco: A Cultural History of How an Exotic Plant Seduced Civilization (Simon & Schuster, 2001), pp. 70–4.

460 the White Lion sailed to Virginia: Engel Sluiter, 'New light on the "20. and Odd Negroes" arriving in Virginia, August 1619', The William and Mary Quarterly, 54:2 (1997), pp. 395–8.

461 almost certainly Kimbundu speakers John Thornton, 'The African experience of the "20. and Odd Negroes" arriving in Virginia in 1619', The William and Mary Quarterly, 55:3 (1998), pp. 421–4.

462 Occasionally these chauvinistic narratives: Kevin Maillard, 'The Pocahontas exception: The exemption of American Indian ancestry from racial purity law', Michigan Journal of Race & Law, 12:107 (2007).

463 'sardines in a bottle': Linda Heywood and John Thornton, 'In search of the 1619 African arrivals', The Virginia Magazine of History and Biography, 127:3 (2019), p. 208.

464 'twenty-four slave boys': Sluiter, 1997, p. 397.

465 unresolved terminological argument: See, for instance, Katy Waldman, 'Slave or enslaved person? It's not just an academic debate for historians of American slavery', Slate.com, 19 May 2015.

466 no formal legal category: See William Cummings, 'Virginia Gov. Ralph

Northam slammed for referring to "first indentured servants from Africa" instead of slaves', USA Today, 11 February 2019.

467 DNA tests on some of his descendants: Sheryl Gay Stolberg, 'Obama has ties to slavery not by his father but his mother, research suggests', New York Times, 30 July 2012. For the detailed research see Anastasia Harman et al., 'Documenting President Barack Obama's maternal African-American ancestry: Tracing his mother's bunch ancestry to the first slave in America', Ancestry.com, 16 July 2012, available at https://archive.org/details/25004473

468 'three servants shall receive': Henry McIlwaine (ed.), Minutes of the Council and General Court of Colonial Virginia (Virginia State Library, 1924), p. 466.

469 very few Africans: Philip Alexander Bruce, Economic History of Virginia in the Seventeenth Century, vol. 2 (Macmillan, 1907), p. 74.

470 one of John Punch's great-grandchildren: McIlwaine, 1924, vol. 3, pp. 28, 31.

471 in the Alabama constitution: Peggy Pascoe, What Comes Naturally: Miscegenation Law and the Making of Race in America (OUP, 2009), p. 309.

472 the colony of Virginia: Taylor, 2001, p. 154. Geographically, Virginia had shrunk in this period, with new colonies – the Carolinas and Georgia – taking some of its territory.

473 addicted to nicotine: Ibid., p. 134.

474 twelve million captives: Marcus Rediker, The Slave Ship: A Human History (John Murray, 2007), p. 5.

475 'houses with wings': Ukawsaw Gronniosaw, A Narrative of the Most Remarkable Particulars in the Life of James Albert Ukawsaw Gronniosaw an African Prince, as Related by Himself (W. Gye, 1772), p. 5.

476 'horrible looks, red faces': Olaudah Equiano, The Interesting Narrative and Other Writings (Penguin, 2003), p. 55. Some scholars believe Equiano invented the early part of his story, and was actually born in America. For further discussion see Paul Lovejoy, 'Autobiography and memory: Gustavus Vassa, alias Olaudah Equiano, the African', Slavery and Abolition, 27:3 (2006), pp. 317–47.

477 'the multitude of black people': Equiano, 2003, p. 55.

478 'received such a salutation': Ibid., p. 56.

479 'flogged unmercifully': Ibid., p. 57.

480 best-documented cases: Rediker, 2007, pp. 15–16.

481 a mix of slaves on board: Ibid., p. 212.

482 One ship's doctor: W. O. Blake, The History of Slavery and the Slave Trade, Ancient and Modern (H. Miller, 1861), p. 130.

483 'dread and trembling': Equiano, 2003, p. 60.

484 'so at length I submitted': Ibid., p. 64.

485 to avoid conscription: Joseph Casimir O'Meagher, Some Historical Notes on the O'Meaghers of Ikerrin (n.p., 1890), p. 175.

486 'ardent Southerners': Ibid., p. 177.

487 The Clotilda was named: See the website entitled CatholicSaints.Info: notes about your extended family in heaven at https://catholicsaints.info/ saint-clotilde/

488 a shipful of n—s: Sylviane Diouf, Dreams of Africa in Alabama: The Slave Ship Clotilda and the Story of the Last Africans brought to America (OUP, 2007), p. 21.

489 The unwilling passengers: Ibid., pp. 30–54.

490 The captain of the Clotilda: Ibid., pp. 56–7.

491 'we didn't want to leave': Ibid., p. 58.

492 'I was so ashamed': Ibid., p. 61.

493 the women had the dresses Ibid., p. 85.

494 ritual scarring and filed teeth Ibid., p. 111.

495 'they were blacker': Ibid., p. 106.

496 'we wanted to talk': Ibid.

497 Cudjo Lewis described a group: Zora Neale Hurston, Barracoon: The Story of the Last Slave (Harper Collins, 2018), p. 63.

498 appointing as their leader: Ibid., p. 66.

499 In fact, they almost certainly: Diouf, 2007, p. 139.

500 Yoruba was spoken: Ibid., p. 190.

501 Two of the young African women: Ibid., pp. 112–14.

502 Writers began to visit: Ibid., pp. 245–7.

503 now on YouTube: See https://www.youtube.com/ watch?v=DK7Pt9UQQoE

504 high rates of cancer: Kevin Lee, 'America's cancerous legacy for the descendants of the kidnapped Africans who arrived on the last slave ship', The Daily Beast, 3 February 2021.

505 an organisation was set up: Diouf, 2007, p. 235.

506 burnt-out shell: See the book written by the man who rediscovered the Clotilda: Ben Raines, The Last Slave Ship: The True Story of How Clotilda Was Found, Her Descendants, and an Extraordinary Reckoning (Simon & Schuster, 2022).

507 the US Senate passed: Senate Resolution 315, 116th Congress. Passed unanimously, 27 February 2020, https://www.congress.gov/ bill/116th-congress/senate-resolution/315

508 the visit of a Beninois diplomat: Ben Raines, '"Forgive us, because we sold them," says African ambassador on possible slave ship find', al.com, 07 March 2019.

第七次中场休息

509 The white supremacists: See Chapter Nine. In fact, very small-scale migration from some parts of Africa was possible. Under the 1924 Immigration Act, a large number of mainly non-European countries and territories were given a quota of one hundred migrants per year who could enter the USA. Some of these were in Africa, including the French and British mandates of Togoland and Cameroons. Supplement to the Messages and Papers of the Presidents: Covering the Term of Warren G. Harding, March 4, 1921, to August 2, 1923, and the First Term of Calvin Coolidge, August 3, 1923, to March 4, 1925 (Bureau of National Literature, 1925), pp. 9427–8.

510 as some modern historians: See Terri L. Snyder, The Power to Die: Slavery and Suicide in British North America (Chicago University Press, 2015) and Richard Bell, We Shall Be No More: Suicide and Self-Government in the Newly United States (Harvard, 2012).

511 'woman is a greater migrant': E. G. Ravenstein, 'The laws of migration', Journal of the Statistical Society of London, 48:2 (1885), p. 196.

512 'step migration': Ibid., pp. 198–9.

513 'all is flux': Quoted by, among others, Socrates in Plato's Cratylus, 401b, 402a.

514 Heraclitus was from Ephesus: For a fine guide to all things Heraclitean see Charles Kahn, The Art and Thought of Heraclitus (CUP, 1979).

第八章

515 'taste might have become corrupted': François Bernier, Travels in the Mogul

Empire (OUP, 1916), p. 295.

516 dome of the Taj Mahal: Ibid., p. 297.

517 the River Yamuna: Ibid., p. 241.

518 'the Athens of India': Ibid., p. 334.

519 help Europeans imagine the Mughal Empire: See in particular Peter Burke, 'The Philosopher as Traveller: Bernier's Orient', in Jas´ Elsner and Joan-Pau Rubiés, Voyages and Visions, Towards a Cultural History of Travel (Reaktion, 1999), pp. 124–37.

520 'A new division of the earth': François Bernier, Journal de Sçavans, 24 April 1684, pp. 133–40, https://gallica.bnf.fr/ark:/12148/ bpt6k56535g. English translation available in Memoirs Read Before the Anthropological Society of London, 1863–4, vol. 1 (Trübner, 1865), pp. 360–4.

521 'truly white': Bernier, 1684, p. 136.

522 'very ugly and look much like bears': Ibid., p. 136.

523 (he preferred 'varieties'): Nicholas Hudson, "Nation" to "race": The origin of racial classification in eighteenth-century thought, Eighteenth-Century Studies, 29:3 (1996), pp. 253–4.

524 Linnaeus' method was to classify: Charles Linne, A General System of Nature, vol. 1 (London, 1806), p. 3.

525 four main subgroups: Ibid., p. 9. He included a fifth variety: Wild Man, described as 'four-footed; mute, hairy'.

526 Asians are, by nature, haughty: Linne, 1806, p. 9.

527 colour-coded his racial categories: for Linnaeus' annotated version of these colour-codings, see Staffan Müller-Wille, 'Linnaeus and the Four Corners of the World', in Kimberley Coles et al. (eds), The Cultural Politics of Blood (Palgrave Macmillan, 2014), p. 202.

528 Many other alternatives: Terry Pratchett et al., The Globe: The Science of Discworld II (Ebury, 2013), on the final page of which humans are referred to as Pan Narrans, or storytelling apes. Max Frisch, Homo Faber (Penguin, 2006). David Bowie on the 1971 album Hunky Dory. For further alternatives to Sapiens see Luigi Romeo, Ecce Homo: A Lexicon of Man (John Benjamins, 1979).

529 Native Americans had red skins: See Nancy Shoemaker, 'How Indians got to be red', American Historical Review, 102:3 (1997), pp. 625–44, for the complex story of

how Native Americans came to be identified with the colour red – an identification that predated Linnaeus.

530 Washington Redskins: See Emma Bowman, 'For many Native Americans, the Washington Commanders' new name offers some closure', NPR.org, 06 February 2022. Since early 2022 the team has been officially known as the Washington Commanders.

531 the Latin word luridus: Christina Skott, 'Human taxonomies, Carl Linnaeus, Swedish travel in Asia and the classification of man', Itinerario, 43:2 (2019), pp. 219, 224–5.

532 'white in Europe, black in Africa': Georg-Louis de Buffon, Histoire Naturelle, Générale et Particulière, vol. 8 (Paris, 1769), p. 93, available at https://archive.org/details/cihm_42934/page/n5/mode/2up

533 presumably as a joke: Müller-Wille in Coles et al., 2014, p. 199.

534 larger than the Mediterranean: The Mediterranean is about 2.5 million km² and the South China Sea is approximately 3.5 million km². In terms of diversity, the South China Sea is home to a larger number of language groups and a wider range of belief systems than the Mediterranean. For other comparisons between the two seas, see Heather Sutherland, 'Southeast Asian history and the Mediterranean analogy', Journal of Southeast Asian Studies, 34:1 (2003).

535 discoveries of human remains: They've been given – like the Neanderthals before them – tentative Linnaean classifications, Homo Floresiensis and Homo Luzonensis, after the islands on which they were found. There's little doubt that their ancestors, like those of all humans, also came originally from Africa, and though it's not yet clear when and how they reached South-East Asia – it almost certainly involved travel by boat. See David Abulafia, The Boundless Sea: A Human History of the Oceans (Penguin, 2019), p. 7, and Florent Détroit et al., 'A new species of Homo from the Late Pleistocene of the Philippines', Nature, 568 (2019), pp. 181–6.

536 ancient seagoing journeys: Abulafia, 2019, pp. 3–5.

537 originated in Taiwan: Ibid., p. 11.

538 Austronesian settlement of Hawaii: Abulafia, 2019, p. 24.

539 'Maritime Silk Road': Kwa Chong Guan, 'The Maritime Silk Road: History of an Idea', Nalanda-Sriwijaya Centre, Working Paper No. 23, October 2016.

540 Historians and archaeologists: Abulafia, 2019, pp. 11–13.

541 migrants from China: Louise Levathes, When China Ruled the Seas: The Treasure Fleet of the Dragon Throne 1405–1433 (Simon & Schuster, 1994), pp. 98–9.

542 Ming sea voyages: Jun J. Nohara, 'Sea power as a dominant paradigm: the rise of China's new strategic identity', Journal of Contemporary East Asia Studies, 6:2 (2017), pp. 12–14.

543 two hundred ships: Sally K. Church, 'Zheng He: An investigation into the plausibility of 450-ft treasure ships', Monumenta Serica, 53:1 (2005), pp. 6, 16.

544 There exists a paramount boundary: Timothy Brook, Great State: China and the World (Profile, 2019), epigraph.

545 made punishable by death: Lynn Pan, Sons of the Yellow Emperor: The Story of the Overseas Chinese (Mandarin, 1990), p. 8.

546 a place called Binondo: Edgar Wickberg, 'The Chinese mestizo in Philippine history', Journal of Southeast Asian History, 5:1 (1964), pp. 69–70.

547 Manila was at the heart: Pan, 1990, p. 25.

548 one Spanish observer: Bishop Fray Domingo in a letter dated 24 June 1590 to the Spanish King, translated in full in Emma Blair and James Robertson, The Philippine Islands 1493–1898, vol. 7 (Arthur H. Clark Company, 1903), pp. 225–31. The bishop tells the story of a Spanish bookbinder who came to Manila from Mexico to set up a new business. He took on a Chinese assistant – who watched him 'secretly' and was soon skilled enough able to put his former employer out of work. The Chinese bookbinder, he declared, was as good as any to be found in Seville.

549 well-remembered story: José Eugenio Barao, 'The massacre of 1603: Chinese perception of the Spaniards in the Philippines', Itinerario, 23:1 (1998), p. 3. The killing of the Spanish governor took place in 1593.

550 planning an invasion: Ibid., p. 7.

551 killed more than twenty thousand Chinese: Ibid., p. 1.

552 'no shoes to wear': The colonial official was Antonio De Morga. Blair and Robertson, 1904, vol. 16, p. 42.

553 official records show: Barao, 1998, p. 11.

554 the coastal province: Pan, 1990, pp. 12–15.

555 Northerners are sincere and honest: Quoted in Lung-Chang Young, 'Regional stereotypes in China', Chinese Studies in History, 21:4 (1988), p. 34.

556 'While his father and mother are alive': Confucius, Analects, 4:19. See Burton Watson (trans.), The Analects of Confucius (Columbia, 2007), p. 34. The rest of the saying contains a minor loophole for would-be migrants: 'If he travels, he must have a fixed destination.'

557 Chinese word qiao: See, for instance, Wang Gungwu, 'Sojourning: The Chinese Experience in Southeast Asia', in Anthony Reid (ed.), Sojourners and Settlers: Histories of Southeast Asia and the Chinese (University of Hawai'i, 2001), pp. 1–14.

558 second families with local women: Steven Miles, Chinese Diasporas: A Social History of Global Migration (CUP, 2020), pp. 44–8.

559 many families in China: Ibid., pp. 38–41.

560 further massacres: There were two more massacres of Chinese migrants in Manila in the seventeenth century, and one in Dutch ruled Jakarta, then known as Batavia, in 1740.

561 almost uninhabited island: Thomas Newbold, Political and Statistical Account of the British Settlements in the Straits of Malacca, vol. 1 (John Murray, 1839), p. 279.

562 identify themselves as Chinese: Singapore Census of Population 2020, Statistical Release 1: Demographic Characteristics, Education, Language and Religion, https://www.singstat.gov.sg/publications/reference/cop2020/cop2020- sr1/census20_stat_release1. See 'Basic Demographic Characteristics', Table 1 for ethnic identity, and 'Language Most/Second Most Frequently Spoken at Home', Table 41 for language issues.

563 Chinese migrants as labourers: Miles, 2020, pp. 64–8.

564 referred to as captains: Ibid., p. 43, and Choon San Wong, A Gallery of Chinese Kapitans, (Singapore Ministry of Culture, 1963).

565 One such list: J. W. Norton Kyshe, 'A judicial history of the Straits settlements 1786–1890', Malaya Law Review, 11:1 (1969), pp. 57–9.

566 a tiny Malay population: Norman Macalister, Historical Memoir relative to Prince of Wales Island in the Straits of Malacca (London, 1805), p. 23.

567 George Leith declared: George Leith, A Short Account of the Settlement, Produce and Commerce of Prince of Wales Island (London, 1804), pp. 24–9.

568 half of the population: In the 2010 census, 54 per cent of the population of Penang island described themselves as Chinese, while the whole province, which includes a large area on the mainland, was 36 per cent Chinese. See http://www.statistics.gov.my/

portal/ download_Population/files/population/03ringkasan_kawasan_ PBT_Jadual1.pdf

569 tens of millions of migrants: Miles, 2020, p. 93.

570 Leith then complains: Leith, 1804, p. 49.

571 went to Peru: Isabelle Lausent-Herrera, 'Tusans (Tusheng) and the Changing Chinese Community in Peru', in Walton Look Lai and Tan Chee-Beng (eds), The Chinese in Latin America and the Caribbean (Brill, 2010), p. 143.

572 I have myself seen: Letter from John Bowring to the British Foreign Secretary, the Earl of Malmesbury, 3 August 1852, reproduced in The Anti-Slavery Reporter, 1 February 1855. The Sandwich Islands are the old Anglophone name for Hawai'i.

573 Floggings were normal: Don Aldus, Coolie Traffic and Kidnapping (McCorquodale & Co., 1876), p. 51.

574 One in ten of the Chinese: Arnold Meagher, The Coolie Trade: The Traffic in Chinese Laborers to Latin America, 1847–1874 (Xlibris, 2008), p. 170.

575 We must endeavour: Ibid., p. 165.

576 'our person might be examined': Ibid., p. 215.

577 quite a catch: Ibid., p. 236.

578 a history of the immigrants: Oscar Handlin, The Uprooted: The Epic Story of the Great Migrations That Made the American People (Little Brown, 1979), p. 3.

579 has also been criticised: John Bukowczyk, 'Oscar Handlin's America', Journal of American Ethnic History, 32:3 (2013), pp. 7, 13.

580 four hundred thousand Chinese: See US government census website, https://www2.census.gov/library/publications/1949/compendia/ hist_stats_1789-1945/hist_stats_1789-1945-chB.pdf, pp. 35–6.

581 port of San Francisco: There were 459 inhabitants of San Francisco in 1847. John Hittell, A History of the City of San Francisco (Bancroft, 1878), p. 117.

582 province of Guandong: Philip Kuhn, Chinese Among Others: Emigration in Modern Times, (Rowman and Littlefield, 2009), p. 202.

583 five hundred of them: Ibid., pp. 141–2.

584 They were welcomed at first: In 1850 the mayor of San Francisco invited three hundred 'China Boys' to take part in public ceremonies marking the death of President Zachary Taylor. See Frank Soule et al., The Annals of San Francisco (Appleton, 1855), pp. 287–8.

585 They are uncivilized: New York Tribune, 29 September 1854.

586 'Go West, young man!': Thomas Vinciguerra, 'Greeley only wished he had said it', New York Times, 13 February 1994, letters column.

587 rights of Chinese migrants: See, for example, People vs Hall, 1854, in which a murder conviction against a white man was reversed because three of witnesses were Chinese. California Supreme Court Historical Society Newsletter, spring/summer 2017, available at https:// www.cschs.org/wp-content/uploads/2015/01/2017-Newsletter-Spring-People-v.-Hall.pdf, and Kuhn, 2009, p206

588 the Chinese were tolerated: In the 1860s several countries negotiated treaties with the Qing rulers of China that encourage emigration from China. Miles, 2020, p. 137.

589 'The Chinese must go!': Beth Lew-Williams, The Chinese Must Go: Violence, Exclusion, and the Making of the Alien in America (Harvard, 2018), p. 42.

590 'horde of Oriental invaders': Congressional Record – House, 18 March 1882, pp. 2032–5, https://www.govinfo. gov/content/pkg/GPO-CRECB-1882-pt3-v13/pdf/GPO-CRECB-1882-pt3-v13-2.pdf

591 blamed for outbreaks of leprosy: Joan Trauner, 'The Chinese as medical scapegoats in San Francisco, 1870–1905', California History, 57/1 (1978), pp. 70–87.

592 Chinese community of Tacoma: Lew-Williams, 2018, pp. 1, 102.

593 tortured or burnt to death: Ibid., p. 91.

594 murdered in Oregon: Ibid., p. 250.

595 American lecture circuit: Scott Seligmann, The First Chinese American: The Remarkable Life of Wong Chin Foo (HKU Press, 2013), pp. 63–6, 134.

596 'almond-eyed leper': Ibid., p. 116.

597 'Irish potatoes, or Krupp guns': Ibid.

598 widely reported public debate: Ibid., pp. 150–1.

599 one of the few categories: Craig Robertson, The Passport in America: The History of a Document (OUP, 2010), p. 172.

600 thinking that the Chinese all look alike: Ibid., p. 173; Pan, 1990, p. 109. 263 An authentic citizen: Maxine Hong Kingston, China Men (Picador, 1981), p. 149.

601 restrictions on migration from China: Miles, 2020, pp. 137–41.

602 phrase 'Yellow Peril': Michael Keevak, Becoming Yellow: A Short History of Racial Thinking (Princeton, 2011), pp. 125–8.

603 San Francisco's old Chinatown: Look Tin Eli, 'Our New Oriental City – Veritable Fairy Palaces Filled with the Choicest Treasures of the Orient', in Hamilton Wright, San Francisco: the Metropolis of the West (Western Press Association, 1910), pp. 90–3.

604 'the great Yellow race': Keevak, 2011, p. 127.

605 looting and killing: Paul Cohen, History in Three Keys: The Boxers as Event, Experience and Myth (Columbia, 1997), pp. 180–5.

606 examples were set in Australia: See Catriona Ross, 'Prolonged symptoms of cultural anxiety: The Persistence of Narratives of Asian invasion within multicultural Australia', Journal of the Association for the Study of Australian Literature, 5 (2006). The books cited are William Lane, White or Yellow? A Story of the Race War of ad 1908, serialised in Boomerang magazine, 1888, and Kenneth Mackay, The Yellow Wave: A Romance of the Asiatic Invasion of Australia (Richard Bentley, 1895).

607 complete a dictation exercise: Clause 3a of the Australian Immigration Restriction Act 1901, https://www.legislation.gov.au/Details/ C1901A00017

608 'the doctrine of the equality of man': Timothy Kendall, Within China's Orbit? China through the Eyes of the Australian Parliament, official publication of the Australian Parliament, 2008, p. 17.

609 'noble idea of a white Australia': Ibid., p. 1. Words spoken in 1901 by James Black Ronald, Labor MP for South Melbourne.

610 It was also used: Kel Robertson, 'Dictating to one of "us": The migration of Mrs Freer', Macquarie Law Journal, 5 (2005), pp. 241–75.

611 hugely successful in English-speaking countries: Sascha Auerbach, Race, Law, and 'The Chinese Puzzle' in Imperial Britain (Palgrave Macmillan, 2009), pp. 77, 90. The US President Calvin Coolidge was a big fan, and used to send out a White House messenger with the task of getting an advance copy of the latest Fu Manchu story. See William Chenery, So It Seemed (Harcourt Brace, 1952), pp. 225–6

612 Imagine a person: Sax Rohmer, The Mystery of Dr Fu-Manchu (Methuen, 1929), p. 21.

613 'danger to the entire white race': Ibid., p. 118.

614 always in very small numbers: In 1911 there were just 101 Chinese people living in Limehouse, and 337 ten years later. The equivalent figures for London were 247

and 711, and for the UK 1,120 and 2,419. See John Seed, 'Limehouse blues: Looking for "Chinatown" in the London Docks, 1900–40', History Workshop Journal, 63 (2006), pp. 63–5.

615 a legendary Chinese gangster: Christopher Frayling, The Yellow Peril, Dr Fu Manchu & The Rise of Chinaphobia (Thames & Hudson, 2014), pp. 66–7.

616 first talkie film version of Fu Manchu: The Mysterious Dr Fu Manchu, 1929.

617 not the whole Chinese population: Cay van Ash and Elizabeth Sax Rohmer, Master of Villainy: A Biography of Sax Rohmer (Tom Stacey, 1972), p. 73. These words were not in fact Sax Rohmer's, but what his wife thought her late husband would have said.

618 other writers of the time: Thomas Burke's 1916 short-story collection Limehouse Nights, largely set in the Chinese community of the East End, was also very popular, inspiring a series of films including D. W. Griffith's Broken Blossoms.

619 This enormous mass of humanity: Frayling, 2014, p. 208.

620 'inscrutable, irresistible lure': Auerbach, 2009, p. 66.

621 'lack the money': Lao She, Mr Ma and Son (Penguin, 2013), p. 15.

622 Fu Manchu, meanwhile: For Fu Manchu in the 1960s, the James Bond connection and Peter Sellers's final film see Frayling, 2014, pp. 42–5, 332–3. For the earliest recorded reference to 'Flu Manchu' see Ardie Rettop's letter to the Daily News of New York, 27 August 1957 ('Hysteria is mounting about this Asiatic flu from far-off places. If that's the way it is to be, let's go all the way and call it Flu Manchu.')

623 wider mix of Chinese migrants: Caroline Knowles, Young Chinese Migrants in London, Runnymede Trust, 2015, pp. 3–5, available at https://www.runnymedetrust.org/uploads/publications/pdfs/ Young_Chinese.pdf

624 largest group of foreign nationals Ollie Williams, 'China's richest start leaving as the trade war escalates', Forbes.com, 28 May 2019.

625 'reserved Chinese businessman': Louise Dransfield, 'Meeting Mr X', Building magazine, 21 April 2017.

626 one in eight of the area's residents: Knowles, 2013, p. 7.

627 In the years of Covid: For péril jaune see Le Courrier Picard, 26 January 2020, and for yellow fever see Urban Dictionary, https://www. urbandictionary.com/define. php?term=yellow+fever

第八次中场休息

628 the Passport Index: The Henley Passport Index rankings since 2006 are available at https://www.henleyglobal.com/ passport-index/ranking

629 a tirade on a single subject: Stefan Zweig, The World of Yesterday: Memoirs of a European (Pushkin Press, 2009), pp. 435–9.

630 There had been repeated attempts: John Torpey, The Invention of the Passport: Surveillance, Citizenship and the State (CUP, 2018), pp. 23, 26–63.

631 These pre-war passports: Martin Lloyd, The Passport: The History of Man's Most Travelled Document (Queen Anne's Fan, 2008), p. 5.

632 many people talked, optimistically: Ibid., p. 98.

633 'total abolition of restrictions': Introductory statement of the 'Resolution Adopted by the Paris Conference on Passports, Customs Facilities and Through Tickets', on 21 October 1920. Available at c.641 m.320 1925 VIII in the UN archives.

634 standardised design for passports: Ibid., Annex 1.

635 'to offer special thanks': Zweig, 2009, pp. 438–9.

636 'This English document': Ibid., p. 435.

637 'In the last decade': Ibid., p. 438.

638 'my inner crisis': see George Prochnik, 'A touch of eternity', Lancet, 2:11 (2015), pp. 698–70, quoting Zweig's letter to Jules Romains.

639 'not feasible at present': 'Recommendation on International Travel and Tourism', United Nations Conference on International Travel and Tourism, Rome 21 August to 5 September 1963, United Nations, 2.A.1, p. 6.

640 known as 'investment migration': See, for instance, the Investment Migration Council at https://investmentmigration.org/

641 set out on a government website: See https://www.gov.uk/tier-1- investor. Since February 2022, new 'Tier 1' applications have not been allowed.

第九章

642 her earliest memories: Esther Salaman, The Autobiography of Esther Polianowsky Salaman (privately published, 2012), p. 5.

643 No Jew of any standing': Ibid., p. 23.

644 about four hundred Jews: Jeffrey Veidlinger, In the Midst of Civilized Europe:

The Pogroms of 1918–1921 and the Onset of the Holocaust (Picador, 2021), pp. 57, 72.

645 'plagued by lice': Salaman, 2012, p. 121.

646 coined as recently as 1890: Jess Olson, 'The late Zionism of Nathan Birnbaum: The Herzl Controversy reconsidered', Association for Jewish Studies Review, 31:2 (2007), p. 243n6.

647 'Next Year in Jerusalem': Anita Shapira, Israel: A History (Brandeis, 2012), p. 15.

648 former Vice-President Mike Pence: Dan Hummel, 'What you need to know about Mike Pence's speech to Christians United for Israel', Washington Post, 17 July 2017.

649 'psychic aberration': Leon Pinsker (trans. D. S. Blondheim), 'Auto Emancipation', Essential Texts of Zionism (Federation of American Zionists, 1916), available at https://www.jewishvirtuallibrary.org/ quot-auto-emancipation-quot-leon-pinsker

650 Polly's first memories of Zionism: Salaman, 2012, pp. 54, 66.

651 a quarter of a million Jews: Arnold Dashefsky and Ira M. Sheskin (eds), American Jewish Year Book 2019 (Springer, 2020), p. 144.

652 abortive pre-Zionist attempt: Adam Rovner, In the Shadow of Zion: Promised Lands before Israel (NYU, 2014), pp. 15–43.

653 'marsh in North America': Letter from the Chief Rabbi of Cologne, Journal des Débats Politiques et Littéraires, 18 November 1825.

654 not actually in Uganda: Rovner, 2014, p. 52.

655 Mordecai Noah is often: See Jonathan Sarna, Jacksonian Jew: The Two Worlds of Mordecai Noah (Holmes & Meier, 1981). For the foundation stone see Brian Hayden, 'Artifact Spotlight: The Ararat Stone', Buffalo History Museum website, 4 April 2022.

656 split the Zionist movement: Rovner, 2014, pp. 57–9.

657 the most popular destination: More than 2.5 million Russian Jews had migrated to the United States by 1914. Benny Morris, Righteous Victims: A History of the Zionist–Arab Conflict 1881–2001, (Vintage, 2001), p. 17.

658 only 12 per cent of the population: Shapira, 2012, p. 61.

659 'Zionist Mayflower': The Ruslan is also often referred to as the Israeli or Jewish Mayflower. Gur Alroey, 'Migrating over troubled water: the voyage to Palestine in the

first decade of the British Mandate, 1919–1929', Jewish Culture and History, 22:3 (2021), pp. 17–18. The comparison seems only to date back to 1991, and Dan Tsalka's novel A Thousand Hearts, in which the Ruslan is referred to as 'this pitiable Mayflower'.

660 centenary exhibition: See the exhibition at https://www.imj.org.il/en/ exhibitions/ cultural-pioneers-aboard-ruslan, which includes a video presentation by the curator Talia Amar – with documentation about the 644 passengers and their official status as people returning to Palestine.

661 Hebrew word aliyah: Hizky Shoham, '"Great history" to "small history": The genesis of the Zionist periodization', Israel Studies, 18:1 (2013), pp. 33–4.

662 The earliest example: Ibid., pp. 36–7.

663 historians have pointed out: Shapira, 2012, pp. 103–4.

664 majority of those Jews: Ibid., p. 33.

665 many of them were 'speculators': Shoham, 2013, p. 38.

666 'a land without a people': Morris, 2001, p. 42. The Christian proto Zionist British social reformer Lord Shaftesbury seems to have actually come up with the phrase: see Adam M. Garfinkle, 'On the origin, meaning, use and abuse of a phrase', Middle Eastern Studies, 27:4 (1991), p. 543.

667 There were Arabs: Salaman, 2012, p. 121.

668 'dropout weaklings': The Hebrew phrase was nefolet shel nemushot, which is also sometimes translated as 'fall-out of weaklings'. Hila Amit, 'Israel, Zionism and emigration anxiety: The case of Israeli academia', Settler Colonial Studies, 9:1 (2019), p. 5.

669 named after Jabotinsky: Ofer Petersburg, 'Jabotinsky most popular street name in Israel', ynetnews.com, 28 November 2007. See also Oren Kessler, 'The long shadow of Joseph Trumpeldor', Mosaic magazine, 2 March 2020, https://mosaicmagazine.com/ observation/ israel-zionism/2020/03/the-long-shadow-of-joseph-trumpeldor/

670 Hebrew-language song 'Berlin': Available on YouTube at https://www. youtube.com/watch?v=j0uosb26w9c. Thanks to Raz Weiner for the translation. For a wider discussion of yerida songs see Jasmin Habib and Amir Locker-Biletzki, 'H ama venehederet (hot and wonderful): Home, belonging, and the image of the Yored in Israeli pop music', Shofar: An Interdisciplinary Journal of Jewish Studies, 36:1 (2018), pp. 1–28.

671 the British consul-general: Letter of Certification from John Lowdon, Acting British Consul-General in Odessa, 27 November 1919, reprinted in Jewish News, 10

January 2020, https://www.jewishnews.co.uk/exhibit-opens-on-israeli-mayflower/

672 borrowed from the French: The first usage in English, spelled 'refugies', was – according to the Oxford English Dictionary – in 1685, and two year later as 'refugees'. In fact, the word refugié was rarely used in French at this time: see David Agnew, Protestant Exiles from France (privately published, 1856), p. 159.

673 more than a quarter of a million Belgians: Christophe Declercq, 'The odd case of the welcome refugee in wartime Britain: Uneasy numbers, disappearing acts and forgetfulness regarding Belgian refugees in the First World War', Close Encounters in War Journal, 1:2 (2020), p. 3.

674 British propaganda narrative: Ibid., pp. 5–9.

675 'unmixing of peoples': The phrase is said to have been first used by the British Foreign Secretary Lord Curzon. For further discussion see Sadia Abbas, 'Unmixing', Political Concepts: A Critical Lexicon, issue 5, 2019, available at https://www.politicalconcepts.org/ unmixing-sadia-abbas/

676 to return to their old homes: Under Article 64 of the Treaty of Trianon they had six months to make the decision – to stay in Romania or go to Hungary. And according to Article 66, husbands make the choice for their wives, and fathers for their children under eighteen.

677 a hundred thousand Hungarian-speakers: Michael Marrus, The Unwanted: European Refugees in the Twentieth Century (OUP, 1985), p. 72.

678 More than a million Greeks: Peter Gatrell, The Making of the Modern Refugee (OUP, 2013), p. 64.

679 'buried the hatchet': Bruce Clark, Twice a Stranger: The Mass Expulsions that Forged Modern Greece, and Turkey (Harvard, 2006), p. 31.

680 appointed the Norwegian explorer Fridtjof Nansen: Gatrell, 2013, p. 55. Nansen's full title was High Commissioner on Behalf of the League in Connection with the Problem of Russian Refugees in Europe. There wasn't yet a detailed legal definition of the word 'refugee', but Nansen's mandate referred to Russians who had lost their old nationality, and didn't have a new one – who were, for all practical purposes, stateless, in a world of nation-states.

681 Only those Greeks: Clark, 2006, p. xii.

682 in and around Constantinople: Marrus, 1985, p. 59, and for the lower

Constantinople-specific figures see Pınar Üre, 'Remnants of empires: Russian refugees and citizenship regime in Turkey, 1923– 1938', Middle Eastern Studies, 56:2 (2019), p. 1.

683 to the Chinese city of Harbin: Gatrell, 2013, p. 56.

684 assisting Armenians and Assyrians: Marrus, 1985, p. 96.

685 restricted to Europe: The UN refugee definition was not given a global scope until 1967. See Anne Hammerstad, The Rise and Decline of a Global Security Actor: UNHCR, Refugee Protection, and Security (OUP, 2014), p. 80.

686 Sometimes these refugees: Daniel Mendelsohn, The Lost: A Search for Six of Six Million (Harper 2007), pp. 42–3.

第九次中场休息

687 fifty-six-page document: This took the form of a Country Profile supplied to the BBC by an organisation called Employment Conditions Abroad Limited. Copy in author's possession.

688 'there's something unique about expats': See https://www.internations.org/about-internations/albatross/

689 'expatriate studies' has become: Yvonne McNulty and Jan Selmer, Research Handbook of Expatriates (Edward Elgar, 2017), pp. 21–2.

690 In the 1850s: Ralph Waldo Emerson, Emerson: The Essential Writings (Random House, 2009), p. 511.

691 it may appear unjust: Walter Harragin, Report of the Commission on the Civil Services of British West Africa (HMSO, 1947), p. 10.

692 'carnally involved with the rough trade of Totnes': Nigel Barley, White Rajah: A Biography of Sir James Brooke (Abacus, 2003), p. 208.

第十章

693 BMI of more than sixty: The statue weighs 141,521kg, and is 46.94m high. The formula for Body Mass Index = kg/m^2, so Liberty's BMI is approximately 64. Measurements available at https://home.nps.gov/stli/learn/historyculture/statue-statistics.htm

694 French city of Rouen: Yasmin Sabina Khan, Enlightening the World: The Creation of the Statue of Liberty (Cornell, 2010), p. 173.

695 Give me your tired: Ibid., p. 6.

696 idiots, insane persons: Vincent Cannato, American Passage: The History of Ellis Island (HarperCollins, 2009), p. 52.

697 Imbeciles, feeble-minded persons: Ibid., p. 128.

698 alcoholics and illiterates: Ibid., p. 242.

699 'L' stood for lameness: Ibid., p. 7.

700 'low receding forehead: Ibid., p. 252.

701 By 1905, all migrants: Ibid., p. 158.

702 an 'enchanted land': Thomas Bailey Aldrich, Unguarded Gates and Other Poems (Houghton Mifflin, 1895), p. 15.

703 Grant – a well-connected: Jonathan Peter Spiro, Defending the Master Race: Conservation, Eugenics, and the Legacy of Madison Grant (University of Vermont, 2009), p. xiii. Grant was friends with three presidents: Taft and both the Roosevelts, and an acquaintance of President Harding.

704 Hitler would later describe: Ibid., p. 357.

705 a particular distaste Madison Grant, The Passing of the Great Race (Scribner's, 1936), p. 263.

706 his innovation: Ibid., pp. 20–1, 226–9.

707 as Native Americans: Ibid., p. 5.

708 The danger is from within: Ibid., p. xxxi (introduction to the fourth edition).

709 The term 'melting pot': Israel Zangwill, The Melting-Pot (Macmillan, 1909), p. 53.

710 Congressional report in 1920: House Reports, 66th Congress, December 1920 to March 1921, vol. 1, pp. 2–3.

711 eight million migrants: Ibid., p. 6.

712 uncomfortable reading: Ibid., pp. 9–10.

713 a monthly quota: Cannato, 2009, pp. 333–4. The monthly quota was actually a maximum of 20 per cent of the yearly quota per month, starting in July (which was when the old US fiscal year started).

714 list of exceptions: Congressional Record, 67th Congress, 19 May 1921, section 2d.

715 80 per cent fall: Spiro, 2009, pp. 209–10.

716 'the Midnight Races': Robertson, 2010, pp. 204–5.

717 all went ridiculously wrong: New York Times, 2 September 1923.

718 'an amazing triumph': Spiro, 2009, p. 233.

719 twenty years later the figure: See US government census website, https://www2.census.gov/library/publications/1949/compendia/ hist_stats_1789-1945/hist_stats_1789-1945-chB.pdf, p. 33.

720 Bhagat Singh Thind: Anu Kumar, 'Bhagat Singh Thind: The soldier whose fight for US citizenship reverberated for decades', Scroll.in, 23 November 2021, https://scroll.in/global/1011124/ bhagat-singh-thind-the-soldier-whose-fight-for-us-citizenship-reverberated-for-decades. Thind was eventually granted citizenship in 1936 because he had served in the US armed forces during the First World War.

721 'the Chinese, Hindus and other races': Hearings before the Committee on Immigration and Naturalization: House of Representatives, vol. 1 (Government Printing Office, 1924), p. 373.

722 Italians were not quite white: Robert Orsi, 'The religious boundaries of an inbetween people: Street feste and the problem of the dark skinned other in Italian Harlem, 1920–1990', American Quarterly, 44:3 (1992).

723 The most famous example: Sarah Ogilvie and Scott Miller, Refuge Denied: The St Louis Passengers and the Holocaust (University of Wisconsin, 2006), p. 174.

724 Grant and his allies: Spiro, 2009, pp. 149–50.

725 white women worked: Isabel Wilkerson, The Warmth of Other Suns: The Epic Story of America's Great Migration (Knopf Doubleday, 2010), p. 234.

726 'in-between' people: John Higham, Strangers in the Land: Patterns of American Nativism 1860–1925 (Rutgers, 1955), p. 169. See also James R. Barrett and David Roediger, 'Inbetween peoples: Race, nationality and the "new immigrant" working class', Journal of American Ethnic History, 16:3 (1997).

727 about 750 officers: Timothy Henderson, Beyond Borders: A History of Mexican Migration to the United States (Wiley-Blackwell, 2011), p. 42.

728 'Alien gate-crashers': 'Alien "gate crashers" still pour in over our frontiers; bootleggers reap rich harvest in smuggling foreigners here from Canada and Mexico', New York Times, 19 June 1927.

729 about 450,000 Mexicans: See US government historical statistics website,

https://www2.census.gov/library/publications/1949/ compendia/hist_stats_1789-1945/hist_stats_1789-1945-chB. pdf, p. 35.

730 several million Black Americans: A total of about 1.6 million moved in the 1910s, 20s and 30s. A further five million moved from the 1940s to the 70s. James Gregory, 'The Second Great Migration: A Historical Overview', in Kenneth Kusmer and Joe Trotter (eds), African American Urban history since World War II (University of Chicago, 2009), p. 21.

731 It's often forgotten: James Gregory, The Southern Diaspora: How the Great Migrations of Black and White Southerners transformed America (University of North Carolina, 2005), pp. 15–16, 160.

732 'the social and political order': Wilkerson, 2010, p. 9.

733 a 'deliberate flight': Alain Locke, The Works of Alain Locke, vol. 1, (OUP, 2012), p. 444.

734 'Anyone want to go to Chicago': Emmett Scott, Negro Migration during the War (Arno Press, 1969), p. 37.

735 would-be migrants: Ibid., pp. 73–9, and Wilkerson, 2010, p. 163.

736 more than 70 per cent: Gregory, 2009, p. 22.

737 weekly Chicago Defender: Ethan Michaeli, The Defender: How the Legendary Black Newspaper Changed America (Houghton Mifflin Harcourt, 2016), pp. 65–76.

738 When I got here: Wilkerson, 2010, p. 349.

739 Don't sit around: Ibid., p. 291.

740 was predominantly Black: See https://www.gothamgazette.com/index. php/demographcis/4077-harlems-shifting-population

741 the great Mecca: James Weldon Johnson, 'The making of Harlem', The Survey Graphic, 53:11 (1925), p. 635.

742 Langston Hughes imagined: 'The Negro Speaks of Rivers', available at https://poets.org/poem/negro-speaks-rivers

743 Liberia closed its borders: Colin Grant, Negro with a Hat: The Rise and Fall of Marcus Garvey (Jonathan Cape, 2008), p. 386.

744 'My Africa, Motherland': Langston Hughes, The Collected Works, Volume 13, Autobiography: The Big Sea (University of Missouri, 2002), pp. 36–7, 96.

745 about two hundred thousand Black Americans: Tyler Stovall, Paris Noir: African

Americans in the City of Light (Houghton Mifflin, 1996), p. 5.

746 There were Black Americans: See Naurice Frank Woods, Henry Ossawa Tanner: Art, Faith, Race, and Legacy (Routledge, 2018) and Craig Lloyd, Eugene Bullard: Black Expatriate in Jazz-age Paris (University of Georgia, 2006).

747 there was no colour prejudice: Ibid., p. 36.

748 a doorman and a dishwasher: Hughes, 2002, p. 132.

749 a largely positive term: Carole Sweeney, From Fetish to Subject: Race, Modernism, and Primitivism, 1919–1935 (Praeger, 2004), pp. 2–4.

750 'splendour of an ancient animal': Jean-Claude Baker and Chris Chase, Josephine: The Hungry Heart (Cooper Square, 1993), p. 7.

751 'be more African': Anne Chisholm, Nancy Cunard (Sidgwick & Jackson, 1979), p. 134.

752 ran across a bridge: Ean Wood, The Josephine Baker Story (Sanctuary, 2000), pp. 30–1.

753 'more French than the French': Matthew Pratt Guterl, Josephine Baker and the Rainbow Tribe (Belknap Press, 2014), p. 143.

754 'to be colored': Anthony Barnett, Listening for Henry Crowder: A Monograph on His Almost Lost Music (Allardyce Barnett, 2007), p. 65.

755 'I had a lot of men': Bricktop with James Haskins, Bricktop (Scribner, 1983), p. 131.

756 'very little racial discrimination': Ibid., p. 127.

757 'Parisians had started': Ibid., p. 238.

758 only one Black American: Stovall, 1996, p. 124.

759 heading to Marrakesh: Wood, 2000, p. 226. The dog was a Great Dane, and there was also as part of her entourage, according to Wood, a pet hamster.

760 'a victim of Hitler': Langston Hughes, Langston Hughes and the 'Chicago Defender': Essays on Race, Politics, and Culture, 1942–62 (University of Illinois, 1995), p. 195.

761 'too busy to die': Guterl, 2014, p. 14.

762 She was pilloried: Ibid., p. 69.

763 'Jo and I plan': Josephine Baker and Jo Bouillon, Josephine (Harper & Row, 1977), p. 190.

764 country specific wish-list: Guterl, 2014, p. 88.

765 'with solemn eyes': Ibid., p. 93.

766 'Miss Baker's humanitarian impulse': 'Adoption of Israeli child by Josephine Baker rejected', Jewish Telegraph Agency, 30 December 1954.

767 'a dark-skinned baby': Guterl, 2014, pp. 97–8.

768 There was a longer-term plan: Ibid., pp. 173–5.

769 'plain ghetto girl': Ishmael Reed, 'Remembering Josephine', New York Times, 12 December 1976.

最后一次中场休息

770 The first person: Jean-Jacques Rousseau, Œuvres Complètes de J. J. Rousseau, vol. 1 (Hachette, 1865), p. 105. My translation.

771 'so many mongongo nuts': Richard Lee, 'What Hunters Do for a Living, or, How to Make Out on Scarce Resources', in Richard Lee and Irven DeVore (eds), Man the Hunter (Aldine de Gruyter, 1968), p. 33.

772 The !Kung: Richard Lee, The Dobe Ju/'hoansi (Wadsworth, 2013), pp. 175, 183–210.

第十一章

773 his two-day journey: Alexandra Ventura Corceiro and Klaus Schmidt, 'Der millionste Gastarbeiter, das Moped und die bundesdeutsche Einwanderungsgesellschaft: Biografie Armando Rodrigues de Sá', 2004, available at https://iberer.angekommen.com/Mio/bio3.pdf.

774 extensive media coverage: Rita Chin, The Guest Worker Question in Postwar Germany (CUP, 2007), pp. 1–6.

775 replacement for Fremdarbeiter: Ibid., pp. 8–10, 52–3, and interview with Ulrich Herbert, 'Wer sprach vom "Fremdarbeiter"', Frankfurter Allgemeine Zeitung, 04 July 2005.

776 publicly executed for having sex: Ulrich Herbert, Hitler's Foreign Workers: Enforced Foreign Labor in Germany Under the Third Reich (CUP, 1997), pp. 69–79.

777 Terrible images: Harold Jähner, Aftermath (W. H. Allen, 2021), p. 42.

778 'We can't take any more people!': Ibid., p. 67.

779 first agreement was signed: In fact there was an earlier 1952 recruitment programme with Italy involving the province of Baden Württemburg. See Deniz Göktürk, David Gramling and Anton Kaes, Germany in Transit: Nation and Migration 1955–2005 (University of California, 2007), pp. 23, 27–8.

780 Verona and Naples: Ibid., See Deniz Göktürk, David Gramling and Anton Kaes, Germany in Transit: Nation and Migration 1955–2005 (University of California, 2007), pp. 29–30.

781 made the first contact: Ventura Corceiro and Schmidt, 2004.

782 An industrial accident: Ibid.

783 Germany's largest single source: Chin, 2007, p. 11. Leo Lucassen, The Immigrant Threat: The Integration of Old and New Migrants in Western Europe since 1850 (University of Illinois, 205), p. 146.

784 three-day journey: Jennifer Miller, Turkish Guest Workers in Germany: Hidden Lives and Contested Borders (University of Toronto, 2018), p. 64.

785 cheese and olives: Ibid., p. 60.

786 'hot-blooded': Ibid., pp. 34–5.

787 'We called for workers': From Frisch's introduction to Seiler, 1965, p. 7.

788 Attempts to restrict migration: Miller, 2018, pp. 164–7.

789 Vietnam and Ethiopia: Chin, 2007, p. 147.

790 'Ten-Pound Poms': James Hammerton and Alistair Thomson, Ten Pound Poms: Australia's Invisible Migrants (Manchester University Press, 2005), p. 32.

791 'Pom', as an Australian moniker: See John Simpson, 'The Oxford English Dictionary and its chief word detective', BBC News Online, 3 May 2013.

792 Republic of Ireland: Robert Gildea, Empires of the Mind: The Colonial Past and the Politics of the Present (CUP, 2019), p. 123.

793 Italian, Spanish and Portuguese: Gérard Noiriel, Le Creuset Français: Histoire de l'Immigration (Editions de Seuil, 1988), p. 414, and Alec Hargreaves, Immigration, 'Race' and Ethnicity in Contemporary France (Routledge, 1995), p. 11.

794 the Monte Rosa: Paul Arnott, Windrush: A Ship through Time (History Press, 2019), p. 25.

795 In fact, the Windrush: The figure of two-thirds of the Windrush Jamaicans being ex-servicemen comes from a confidential memorandum entitled 'Arrival in the United

Kingdom of Jamaican Unemployed' sent to the British Cabinet by the Colonial Secretary, Arthur Creech-Jones on 18.06.1948 three days before the Windrush landed at Tilbury. Accessible at https://discovery.nationalarchives. gov.uk/details/r/D7655430. See also Ian Sanjay Patel, We're Here Because You Were There: Immigration and the End of Empire (Verso, 2021), p. 61.

796 Norwegian Jews to Hamburg: Arnott, 2019, p. 83.

797 well-travelled Polish refugees: Robert Winder, Bloody Foreigners: The Story of Immigration to Britain (Abacus, 2005), p. 335.

798 two-minute news story: Available on YouTube (after 46″) https://www. youtube. com/watch?v=QDH4IBeZF-M, and Amelia Gentleman, The Windrush Betrayal: Exposing the Hostile Environment (Guardian Faber, 2019), pp. 100–1.

799 This was not the Windrush's first voyage: Arnott, 2019, pp. 140, 235.

800 surprise and disappointment: Colin Grant, Homecoming: Voices of the Windrush Generation (Vintage, 2020), pp. 77–91.

801 'no coloureds' on rental advertisements: David Kynaston, Modernity Britain: 1957–1962 (Bloomsbury, 2015), pp. 173–4.

802 white people of British ancestry: Patel, 2021, pp. 68–9.

803 convoluted legal formulations: Ibid., p. 78.

804 As the law stands: Henry Hopkinson, Hansard, 5 November 1954, vol. 532, col. 827.

805 summary execution and torture: David French, The British Way in Counter-Insurgency: 1945–1967 (OUP, 2011), pp. 156–7.

806 'colonisation in reverse': The title of Louise Bennett's 1966 poem, first published in 1966, and written in Jamaican patois. Available at http://louisebennett.com/colonization-in-reverse/

807 'we are here because': Patel, 2021, p. 1.

808 more than half a million Algerians: Hargreaves, 1995, p. 15.

809 The first three groups: It's very hard to get a consensus on these figures, and they remain contested. See the valiant attempts of demographer Kamel Kateb, Européens, 'Indigènes' et Juifs en Algérie (1830–1962) (Éditions de l'Institut National d'Études Démographiques, 2001), pp. 310–3.

810 disrupted the labour market: Neil McMaster, Colonial Migrants and Racism:

Algerians in France 1900–62 (Palgrave Macmillan, 1987), pp. 5–6, 189.

811 French soldiers conscripted Martin Evans, Algeria: France's Undeclared War (OUP, 2012), p. 277.

812 known as the Paris Massacre: Benjamin Stora, La gangrene et l'oubli: La memoire de la guerre d'Algérie (Edition la découverte, 2005), pp. 93–100.

813 described as 'unassimilable': McMaster, 1987, p. 222.

814 the burkini became popular: Hortense Goulard, 'Burkini creator says controversy boosting sales', Politico, 23 August 2016.

815 killing of Algerian migrants by French racists: McMaster, 1987, p. 205.

816 'a state of amnesia': Stora, 2005, p. 319.

817 The former colonised person: Ibid., p. 289.

818 a place called Aztlan: Michael E. Smith, 'The Aztlan migrations of the Nahuatl Chronicles: Myth or history?', Ethnohistory, 31:3 (1984), pp. 153–86.

819 a hundred thousand Mexicans: I've been unable to identify a reliable estimate of the increase in the population of the USA that the resulted from the war and the subsequent peace treaty. Many of the new Americans were not deemed citizens, and many Native Americans were never counted. See Richard Griswold del Castillo, The Treaty of Guadalupe Hildago: A Legacy of Conflict (University of Oklahoma, 1990), p. 62, and Martha Menchaca, Recovering History, Constructing Race: The Indian, Black and White Roots of Mexican Americans (University of Texas, 2001), p. 257.

820 as 'savage Indians': Agreement between the United States and Mexico, 'Reciprocal Right to pursue Savage Indians across the Boundary Line', 29 July 1882, available at https://history.state.gov/ historicaldocuments/frus1882/d272, and Rachel St John, Line in the Sand: A History of the Western US—Mexico Border (Princeton, 2011), p. 59.

821 Geronimo, the last of the Apache: Robert Utley, Geronimo (Yale, 2012), p. 257.

822 Americans heading south: St John, 2011, p. 153.

823 Mexicans' innate submissiveness: Ibid., p. 183.

824 'a natural aptitude': Deborah Cohen, Braceros: Migrant Citizens and Transnational Subjects in the Postwar United States (University of North Carolina, 2011), p. 56.

825 'work stooping over': Ibid., p. 99.

826 naked Mexican men: St John, 2011, p. 184.

827 There were raids: Adam Goodman, The Deportation Machine: America's Long History of Expelling Immigrants (Princeton, 2020), p. 45.

828 'caravans of sorrow': Francisco Balderrama and Raymond Rodriquez, Decade of Betrayal: Mexican Repatriation in the 1930s (University of New Mexico, 2006), pp. 122, 167.

829 migrant labour agreement: Cohen, 2011, pp. 21–2.

830 grateful New York Times headline: New York Times, 20 October 1942.

831 4.5 million work contracts: Cohen, 2011, p. 21.

832 'like a horse; we felt degraded': Ibid., p. 107.

833 they'd send us in groups: Ibid., p. 99.

834 The influx of aliens: Goodman, 2020, p. 48.

835 Texas to a Mexican seaport: Ibid., pp. 82–104.

836 reject anyone who had soft hands: Cohen, 2011, pp. 98–100.

837 As a wetback, alone: Mae Ngai, Impossible Subjects: Illegals Aliens and the Making of Modern America (Princeton, 2014), p. 146.

838 There was some criticism: Goodman, 2020, pp. 103–4.

839 threatened patrol officers: Kelly Lytle Hernandez, Migra! A History of the US Border Patrol (University of California, 2010), p. 163.

840 'A Mexican always walks': Ibid., p. 49.

841 Chain-link fences: St John, 2011, p. 204.

842 corpses of five Mexican men: Hernandez, 2010, p. 131.

843 carry drugs into the USA: Michael Dear, Why Walls Won't Work: Repairing the US–Mexico Divide (OUP, 2013), p. 68.

844 strip-searching and detaining: Hernandez, 2010, p. 208.

845 Apache haircuts: Ibid., p. 142.

846 'one old boy had a big bushy moustache': Ibid.

847 'a picture in the minds of the public': Ibid., p. 205.

848 'they're bringing drugs': Suzanne Gamboa, 'Donald Trump announces presidential bid by trashing Mexico, Mexicans', NBC News Online, 16 June 2015.

849 replaced by an annual cap: Hernandez, 2010, p. 213.

850 Reagan granted an amnesty: As part of the 1986 Immigration Reform and

Control Act. See Section 201. Available at https://www.govinfo. gov/content/pkg/STATUTE-100/pdf/STATUTE-100-Pg3445.pdf

851 several thousand Haitians: Bernd Debusmann, 'Why are so many Haitians at the US–Mexico border?', BBC News Online, 24 September 2021.

852 swum around the fence: Austin Ramzy, 'One dead after dozens try to swim around San Diego border fence', New York Times, 31 October 2021.

853 lifts and ventilation systems: Dear, 2013, p. 174.

854 'show me a fifty-foot wall': Words spoken by the then Arizona governor (and future Secretary of Homeland Security) Janet Napolitano in 2005. See Marc Lacey, 'Arizona officials, fed up with US efforts, seek donations to build border fence', New York Times, 19 July 2011.

图书在版编目（CIP）数据

人类迁徙 /（英）山姆·米勒著；尹利萍，张旭光译. -- 天津：天津人民出版社，2025.2. -- ISBN 978-7-201-20997-5

Ⅰ . C922.1

中国国家版本馆 CIP 数据核字第 20257V6A78 号

著作权合同登记号：图字 02-2024-163

原书名：MIGRANTS：The Story of Us All
Copyright © 2023 by Sam Miller
This edition arranged with PEW Literary Agency Limited through Andrew Nurnberg Associates International Limited.

人类迁徙
RENLEI QIANXI

出　　版	天津人民出版社
出 版 人	刘锦泉
地　　址	天津市和平区西康路35号康岳大厦
邮政编码	300051
邮购电话	022-23332459
电子信箱	reader@tjrmcbs.com
责任编辑	玮丽斯
特约编辑	冯婉灵　赵哲安
封面设计	李在白
制版印刷	天津旭丰源印刷有限公司
经　　销	新华书店
开　　本	700毫米×980毫米 1/16
印　　张	23
字　　数	340千字
版次印次	2025年2月第1版　2025年2月第1次印刷
定　　价	58.00元

版权所有　侵权必究
图书如出现印装质量问题，请致电联系调换（022-23332459）